Markus Stubbig
Der VyOS-Praktiker

Markus Stubbig

Der VyOS-Praktiker

Enterprise-Routing mit Open-Source

Verlag BoD – Books on Demand

Bibliografische Information der Deutschen Nationalbibliothek
Die Deutsche Nationalbibliothek verzeichnet diese Publikation in der
Deutschen Nationalbibliografie; detaillierte bibliografische Daten sind im
Internet über http://dnb.dnb.de abrufbar.

Herstellung und Verlag: BoD – Books on Demand, Norderstedt

1. Auflage 2017
ISBN: 978-3-7448-9641-2 (Paperback)

Inhaltsverzeichnis

Vorwort

VyOS? Nie gehört!

Das ist die übliche Reaktion. Dennoch halten Sie dieses Buch in der Hand. Recherche? Schnäppchen? Oder einfach nur neugierig?

Wenn VyOS so toll ist, dass es ein ganzes Buch füllen kann, warum wird es dann nicht überall eingesetzt und in den Fachzeitschriften besungen?

Berechtigte Frage, denn grundsätzlich kann VyOS alles! Die kleinen Fehler tauchen erst im Lauf der Kapitel auf. Wenn Sie dieses Buch tatsächlich ganz oder teilweise durcharbeiten, werden Sie merken, ob VyOS zu Ihnen passt und in Ihrem Umfeld Aufgaben übernehmen darf.

Allzu häufig gehört der persönliche Geschmack mit zu den Entscheidungskriterien. Wer kauft schon Cisco, wenn er für diese Firma nichts übrig hat? VyOS macht da keinen Unterschied, also bitte: Gehen Sie neutral an die Sache heran. Und wenn Sie nur Aufgrund von Neugierde durchblättern, haben Sie die besten Voraussetzungen.

VyOS kam mir bei einer Recherche unter die Finger: Ich brauchte ein offenes Router-Betriebssystem, dass ich um *Dynamic Multipoint*–VPN erweitern wollte. Kandidaten gab es viele und mit fast allen war dieses Vorhaben möglich, wenn auch mit unterschiedlich hohem Aufwand. Die alphabetische Vorgehensweise brachte VyOS ans Ende der Liste. Die Evaluierung ist immer gleich: Distro installieren, Paketsystem untersuchen, Software kompilieren, Konfiguration in vorhandene GUI/CLI einbauen. Bei VyOS kam die Überraschung: DMVPN war bereits integriert und vollständig nutzbar. Recherche beendet.

In meinen Fingern lebt die Kommandostruktur eines Cisco-Routers, daher war die Bedienung von VyOS erst mal anders und blöd. Aber der Rest hat mich überzeugt. Und hier liegt diese Überzeugung gebunden oder als E-Book vor Ihnen.

Viel Spaß beim Ausprobieren, Staunen und Fluchen.

Übersicht

Teil 1, *Für Einsteiger*, beginnt mit dem Aufbau der Netzwerk-Umgebung mit physikalischen Geräten oder auf einer virtuellen Plattform. Die erstellten Maschinen erhalten ihr Betriebssystem und eine erste Konfiguration. Anschließend gesellen sich die grundlegenden Funktionen Routing und Logging dazu.

In Teil 2, *Für Fortgeschrittene*, bekommen die Router ernsthafte Aufgaben, die in jedem Netzwerk unabhängig von seiner Größe, erfüllt sein müssen. Neben dem Einsatz als Firewall und Adressumsetzer, zeigt VyOS seine Fähigkeiten bei IPv6 und als Webproxy.

Teil 3, *Für Experten*, taucht in Enterprise-Themen ein und baut standortverbindende VPN-Tunnel und Router-Cluster zur Verfügbarkeitssteigerung. Ein Kompatibilitätstest zeigt die Zusammenarbeit mit Routern von Cisco Systems.

Softwareentwickler kommen in Teil 4, *Für Entwickler*, auf ihre Kosten. VyOS bringt viele Methoden mit, um eigene Kommandos zu bauen oder Konfigurationsabläufe zu automatisieren. Ein einfaches Managementframework ermöglicht Massenänderungen auf Basis von Python und SSH.

Außerhalb der Laborumgebung macht VyOS in Teil 5, *Für Praktiker*, eine gute Figur als DSL-Router und Lastverteiler für mehrere Internetleitungen.

Teil 6, *Für Trickser*, zeigt Möglichkeiten zur Leistungssteigerung und viele kleine Handgriffe, die die tägliche Arbeit mit VyOS reibungsfreier gestalten. Zuletzt wandert die Konfigurationsdatei in die Cloud und landet revisionssicher bei Dropbox oder Google-Drive.

Ressourcen

https://vyos.io
Die Homepage von VyOS liefert einen guten Einstieg ins Thema und verlinkt zum Wiki, Forum, Download-Bereich und zu Video-Anleitungen.

http://blog.vyos.net
Hier verkünden die Entwickler Neuigkeiten oder machen Ankündigungen für Änderungen und Aufrufe an die Community.

http://www.vyatta4people.org
Inoffizielle Verbesserungen, kleine Helper-Tools aus der Community und eigene Softwareentwicklungen sammeln sich auf dieser Webseite. Viele der Angaben beziehen sich auf Vyatta, funktionieren aber auch unter VyOS.

https://dl.networklinx.com/vyatta/
http://www.osvx.net/downloads/docs/vyatta/
Die Handbücher von Vyatta sind hervorragende Nachschlagewerke zur Syntax und Verwendung von einzelnen Kommandos.

Schriftkonventionen

`Nichtproportionalschrift` zeigt die erzeugte Ausgabe eines Kommandos.

`Schreibmaschinenschrift` wird für Konfigurationen und Schlüsselwörter benutzt, die buchstabengetreu eingetippt werden müssen.

`Nichtproportionalschrift Fett` zeigt Befehle, die eine Ausgabe erwarten.

`Hervorhebungen` weisen auf besondere Wörter oder Zeilen innerhalb von Kommandos oder Bildschirmausgaben hin.

```
ein-sehr-langer-kommando-aufruf --mit --sehr \
  --vielen "Optionen"
```

Kommandos mit vielen Argumenten können länger als eine Zeile sein. Für die bessere Übersicht werden diese Kommandos mehrzeilig abgedruckt und um zwei Zeichen eingerückt. Am Ende jeder Zeile steht der Backslash als Hinweis darauf, dass es in der nächsten Zeile weitergeht.

Rechtliches

Warennamen und Bezeichnungen werden ohne Gewährleistung der freien Verwendbarkeit benutzt. Es ist davon auszugehen, dass viele der Warennamen gleichzeitig eingetragene Warenzeichnen oder als solche zu betrachten sind.

Bei der Zusammenstellung von Texten, Bildern und Daten wurde mit größter Sorgfalt vorgegangen. Trotzdem können Fehler nicht vollständig ausgeschlossen werden. Der Autor lehnt daher jede juristische Verantwortung oder Haftung ab. Für Verbesserungsvorschläge und Hinweise auf Fehler ist der Verfasser dankbar.

Einleitung

VyOS ist ein quelloffenes Netzwerk-Betriebssystem für Router und Firewalls. Es basiert auf Debian-Linux und vereint Applikationen wie Quagga, Netfilter, StrongSwan und OpenVPN unter einem einheitlichen Kommandozeileninterface. VyOS läuft als physikalische Hardware, virtuelle Maschine oder in der Cloud.

Zu den bekannten Namen gehört VyOS noch nicht. Eher unbekannt punktet es in den Bereichen Funktionalität und Bedienung. Denn VyOS hat das Herz von Linux und das Aussehen von Juniper mit der Budgetanforderung eines Freibiers.

VyOS ist:

Unvollkommen. Und das ist positiv gemeint. Da ist noch genug Raum zum Wachsen. Auch die Implementierung von Features ist teilweise eigenartig: Das moderne, und auf besondere Anwendungsfälle spezialisierte VXLAN ist dabei. Bei IPv6 fehlt allerdings noch sehr viel.

Open Source. Der Vorteil einer quelloffenen Lösung ist nicht immer sein Preis. Denn wirklich umsonst ist Open-Source–Software auch nicht! Lizenzgebühren fallen nicht an, aber die Zeit der IT-Abteilung zum Einrichten einer wenig dokumentierten Software ohne Herstellersupport darf nicht unterschätzt werden.

Bis heute stehen die unbewiesenen Vermutungen im Raum, dass der US-Geheimdienst NSA Hintertüren in die Sicherheitssoftware von namhaften Herstellern einbauen lässt. Als Endkunde lässt sich das nicht überprüfen,

17

aber es bleibt eine Spur von Zweifel, wenn diese Geräte im eigenen Netz zum Einsatz kommen.

In Open-Source–Produkten können sich Sicherheitsexperten austoben und haben eine realistische Chance, den Schadcode zu finden. Andersherum ist es für Hersteller auch deutlich schwieriger eine Hintertür im Quellcode zu verstecken, wenn dieser für jedermann offen zugänglich ist.

Try before Buy. Wie bei Shareware-Programmen kann (und sollte) VyOS vor dem Einsatz getestet werden, bevor irgendwelche Investitionen in die Infrastruktur beginnen. Und wer freut sich über eingeschränkten Funktionsumfang, eine Evaluierungslizenz oder einen 30-Tage-Zeitraum?

In diesem Zusammenhang steht *Try* für Ausprobieren mit Beispielszenarien und *Buy* für den Einsatz in der eigenen Umgebung.

Hardware-frei. VyOS ist Software. Diese Software braucht Hardware. Aber die Wahl der Hardware oder einer virtuellen Umgebung bleibt offen. Das macht eine sichere Kaufentscheidung schwierig. Welche Komponenten sind notwendig, um beispielsweise eine 34 Mbit/s–Leitung mit einem VPN-Tunnel und starker Verschlüsselung zu sättigen?

In der Vergangenheit gab es viele limitierende Gründe, warum eine softwarebasierte Lösung für Netzwerkinfrastruktur nicht an die Leistung der physikalischen Geräte herankam. Der Hauptgrund war das suboptimale Zusammenspiel von Software und Treiber mit der darunterliegenden Hardware. Bei der immens großen Auswahl von Netzwerkkarten, Mainboards, Prozessoren und Memory ist es für eine Software schwierig auf jede Kombination der Komponenten optimal vorbereitet zu sein.

Heutzutage sind normale Server oder eingebettete Systeme überraschend performant, sodass auch eine nicht-optimierte Software bei kleiner Paketgröße Bandbreiten jenseits der 100 Mbit/s durchbrechen kann.

Die Hardware-Frage klärt das Unternehmen *Ubiquiti*, die ihre *EdgeRouter* mit einem modifizierten VyOS betreiben. Anpassung, Optimierung und Weiterentwicklung machen daraus mittlerweile das unabhängige *EdgeOS*. Es gibt immer noch viele Parallelen zwischen EdgeOS und VyOS. EdgeOS kommt in vielen Kapiteln unter die Lupe und zeigt seine Stärken und Schwächen.

Linux. Unter VyOS läuft ein angepasstes Debian. Der Zugriff aufs Betriebssystem ist nicht gesperrt oder passwortgeschützt. Mit einem einfachen `sudo bash` liegt der Zugang offen.

Das bringt Möglichkeiten zum Anpassen, Verbessern und Nachinstallieren von Tools. Dagegen steht die Gefahr, dass die eigene Änderung ungewollte Instabilität mitbringt.

Best Of. VyOS erfindet das Rad nicht neu und bedient sich für seine Features an den vertrauten Linux-Diensten, die nach Jahren der Entwicklung eine hohe Stabilität erreicht haben. Die Daemons der Routingprotokolle stammen von Quagga. Der SSH-Server gehört zu OpenSSH und für die Umsetzung der Firewallregeln helfen netfilter bzw. iptables.

Diebstahl? Keineswegs! Eher ein Nachweis, dass Open-Source funktioniert. Solange Lizenzbedingungen eingehalten werden, darf Fremdsoftware beigemischt werden. Gerade im Security-Umfeld ist es höchst erwünscht, dass Anwendungsentwickler keine eigenen Implementierungen stricken, sondern sich an den freien und stabilen Bibliotheken bedienen.

Geschichte

Die Historie von VyOS ist eng verbunden mit Vyatta und Brocade. Angefangen hat es mit der *Vyatta Corporation*, die 2006 als Abspaltung von Debian eine eigene Firewalldistribution sein wollte. Das war auch relativ erfolgreich, denn in den darauffolgenden Jahren bis 2010 wurde eine Version nach der anderen veröffentlicht.
Mitte 2011 hat Ubiquiti aus der Vyatta-Version 6.3 ein eigenes EdgeOS gebaut und für seine Produkte *EdgeRouter* optimiert.
Ende 2012 kam der Paradigmenwechsel: Die Firma hinter der kostenfreien und quelloffenen Software verkaufte an den Netzwerkausrüster Brocade. Wenig überraschend erschien kurz darauf das letzte freie Release 6.6 Anfang 2013. Vyatta war kommerzialisiert.

Eine kleine Projektgruppe wollte Vyatta weiterführen und begann mit VyOS als eine Abspaltung von Vyatta. Das im Dezember 2013 veröffentlichte VyOS 1.0 ist also nichts anderes als Vyatta 6.6 mit Änderungen im Namen und beim Logo. Die Entwicklung von VyOS beginnt.
2014 erschien ein kurzlebiger Fork von VyOS unter dem Namen VX/OS. Die Versprechungen der Roadmap waren vielseitig, aber das Projekt ist kurz darauf eingeschlafen.

Mitte 2014 macht Brocade Ernst und entfernt jede Webseite bezogen auf Vyatta aus seinem Angebot. Vyatta heißt jetzt *Brocade vRouter 5400*. Die Bedienung und Versionierung ist unverändert, aber für die Nutzung werden Lizenzgebühren fällig.

Parallel dazu geht die Entwicklung an VyOS weiter. Ende 2014 gibts bereits VyOS 1.1.0 und Anfang 2016 kommt die aktuelle Version 1.1.7 auf den Markt.

EdgeRouter

Den kommerziellen Routern von Ubiquiti [1] kommt eine besondere Bedeutung zu, denn sie nutzen ein weiterentwickeltes Vyatta auf performanter und gleichzeitig günstiger Hardware. Das Ergebnis ist ein VyOS-ähnliches Betriebssystem, bei dem die Hardware-Frage bereits beantwortet ist. Andersherum gibt es das Betriebssystem der EdgeRouter nicht als virtuelle Variante. Das liegt hauptsächlich an der Produktpolitik von Ubiquiti. Außerdem ist es schwierig, das Betriebssystem für die MIPS64-Architektur so zu optimieren, dass es auf der eigenen Hardware *und* in einer virtuellen Umgebung leistungsstark arbeitet. Beides ist möglich, bedeutet aber Entwicklungsaufwand seitens des Herstellers.

Zur Begriffsklärung: Ubiquiti ist der Hersteller. Die Produktserie rund um Routing und Switching heißt *EdgeMAX*. Als *EdgeRouter* bietet Ubiquiti verschiedene Routermodelle mit drei bis acht Ethernet-Ports an. Das angepasste Vyatta läuft unter der Bezeichnung *EdgeOS* und ist das Betriebssystem der EdgeRouter. Ubiquiti hat zum Entwicklungsbeginn bei Versionsnummer 1.0 gestartet und ist bisher (2017) bei Version 1.9.1 angekommen.
Für eine Webrecherche ist das Schlagwort „edgerouter" am aussagestärksten.

In den meisten Kapiteln wird der Vergleich von VyOS zu den EdgeRoutern von Ubiquiti gezogen. Ausnahmen bilden Features, die es unter EdgeOS schlichtweg nicht gibt, weil Vyatta sie nicht implementiert hat oder weil sie unter der Leitung von Ubiquiti nicht als relevant eingestuft sind.

Teil I

Für Einsteiger

Kapitel 1

Das Labornetzwerk

Ein einzelner VyOS-Router ohne umgebendes Netzwerk ist wenig beeindruckend. Für den praxisnahen Einstieg erwacht VyOS in einem konstruierten Labornetz zum Leben. In dieser Umgebung kann VyOS Kapitel für Kapitel mit seinen Fähigkeiten glänzen. Vor dem Einstieg in den Umgang mit VyOS steht der Aufbau des Labornetzwerks.

Alle Themen der Kapitel haben einen praktischen Hintergrund. Theoretische Grundlagen werden nur am Anfang eines Kapitels angesprochen um Verständnis aufzubauen oder angestaubtes Wissen aufzufrischen. Die Beispiele und Übungen sind zum Nachspielen konzipiert.
Die Kapitel basieren alle auf demselben Netzaufbau. Es stellt ein kleines Firmennetz mit drei Standorten und redundanten WAN-Verbindungen dar. Je nach Komplexität eines Themas reicht ein Teil des Labornetzwerks aus, um die Kernaussage zu beschreiben.
Wenn ein Kapitel einen gesonderten Aufbau benötigt oder ein weiteres Gerät untersucht werden soll, gibts am Anfang der Lektion einen entsprechenden Hinweis mit Erklärung.

Ressourcen

Der stets unveränderte Aufbau des Labornetzes hat den charmanten Vorteil, dass zwischen den Kapiteln nicht umgebaut werden muss. Kein Umverkabeln der Geräte oder Umkonfigurieren der virtuellen Umgebung. Das spart

Zeit und verhindert Fehler. Und nach ein paar Kapiteln wird das Labornetz zum vertrauten Begleiter, denn die Namen der Router, Clients, Netzschnittstellen und IP-Adressen bleiben gleich.

Das vollständige Labornetz ist als Netzdiagramm in Abbildung 1.1 dargestellt. In den folgenden Kapiteln werden meist nur Teile dieses Netzwerks zur Untersuchung benutzt.

Da ein händischer Eingriff nach dem ersten Aufbau nicht mehr notwendig ist, kann das Lab auch „aus der Ferne" betrieben werden - Remotezugriff vorausgesetzt.
Die offiziellen Angaben für Arbeitsspeicher und Festplattengröße sind nicht die Mindestausstattungen – aber nah dran. Damit ist es möglich, das Lab auf dem eigenen Laptop zu starten oder preisgünstig in Hardware nachzubauen. Beispielsweise nutzt ein VyOS-Router gerade mal 256 MB Arbeitsspeicher mit einer 2 Gigabytes großen Festplatte.

Manche Kapitel arbeiten isoliert; andere benötigen Internetzugriff. Der Zugang zum Internet läuft stets über den Core-Router, der hinter seiner Netzkarte *eth0* das Internet erwartet. Ganz praktisch passiert das in einer virtuellen Umgebung über eine NAT-Schnittstelle. In Hardware reicht ein Uplink zum DSL-Router. Hierbei ist alles möglich, was letztendlich ins Internet führt.

Virtualisierung

Alle Geräte im Lab können vollständig virtualisiert werden. Der einzige Hardwarerouter wird dann durch einen VyOS-Router ersetzt, weil EdgeOS keine virtuelle Plattform unterstützt. Auch ein Mischbetrieb mit physikalischen Geräten ist möglich.

Jeder Router im Labornetz ist dann eine eigene virtuelle Maschine (VM) mit virtuellen Netzwerkkabeln zu den benachbarten VMs. Die Verbindungsnetze zwischen den VMs sind VMnetX (bei VMware) und vboxnetX (bei VirtualBox). Eine physikalische Netzwerkkarte im Hostsystem ist nötig, wenn mit echter Hardware gemischt wird.

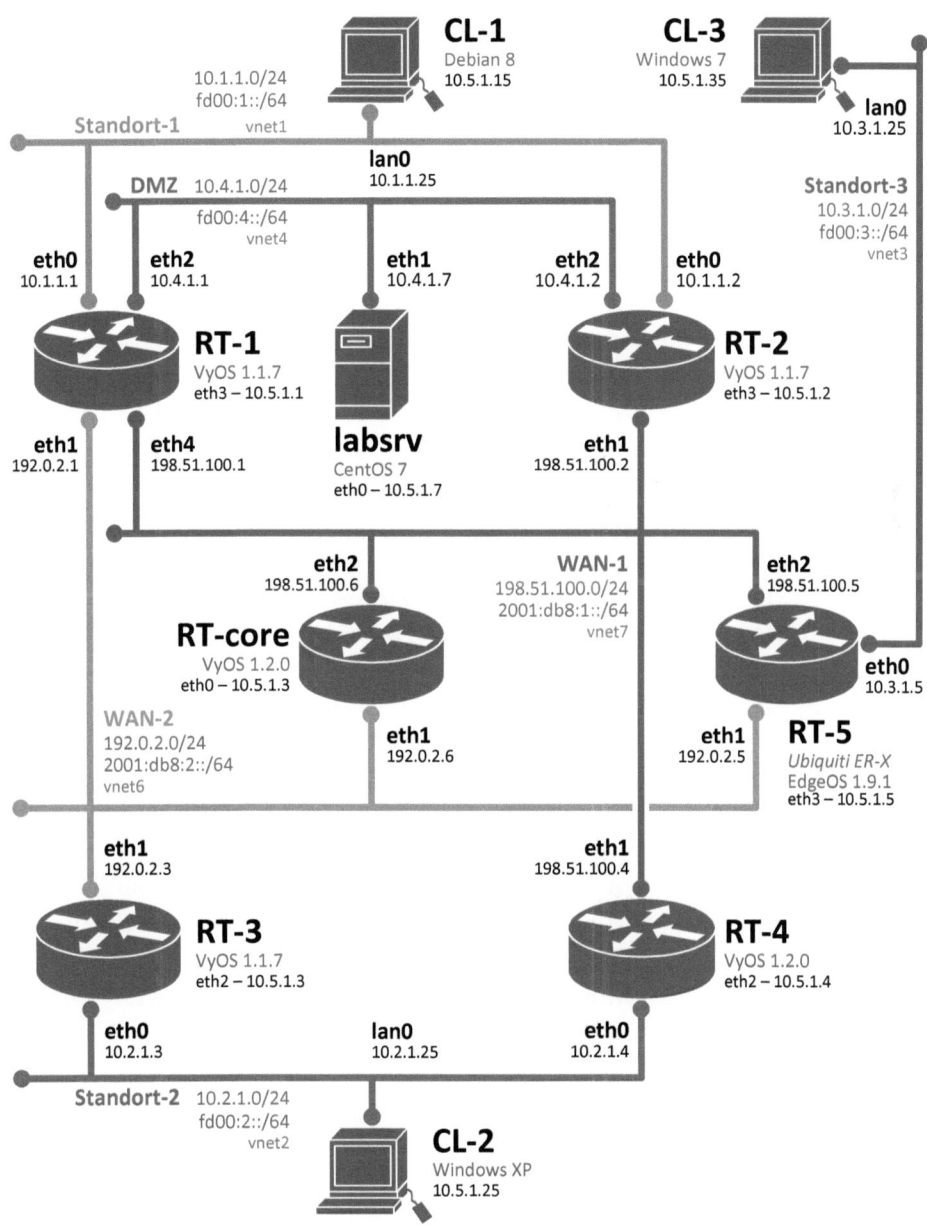

Abbildung 1.1: Das Labornetzwerk als Vorlage für alle Kapitel

Welches Routerinterface in welchem virtuellen Netz zuhause ist, zeigt Tabelle 1.1.

Router	Interface	VMnet/vboxnet	IPv4	IPv6
RT-1	eth0	VMnet1	10.1.1.1	fd00:1::1
	eth1	VMnet6	192.0.2.1	2001:db8:2::1
	eth2	VMnet4	10.4.1.1	fd00:4::1
	eth3	Management	10.5.1.1	fd00:5::1
	eth4	VMnet7	198.51.100.1	2001:db8:1::1
RT-2	eth0	VMnet1	10.1.1.2	fd00:1::2
	eth1	VMnet7	198.51.100.2	2001:db8:1::2
	eth2	VMnet4	10.4.1.2	fd00:4::2
	eth3	Management	10.5.1.2	fd00:5::2
RT-3	eth0	VMnet2	10.2.1.3	fd00:2::3
	eth1	VMnet6	192.0.2.3	2001:db8:2::3
	eth2	Management	10.5.1.3	fd00:5::3
RT-4	eth0	VMnet2	10.2.1.4	fd00:2::4
	eth1	VMnet7	198.51.100.4	2001:db8:1::4
	eth2	Management	10.5.1.4	fd00:5::4
RT-5	eth0	VMnet3	10.3.1.5	fd00:3::5
	eth1	VMnet6	192.0.2.5	2001:db8:2::5
	eth2	VMnet7	198.51.100.5	2001:db8:1::5
	eth3	Management	10.5.1.5	fd00:5::5
RT-core	eth0	Management	10.5.1.6	fd00:5::6
	eth1	VMnet6	192.0.2.6	2001:db8:2::6
	eth2	VMnet7	198.51.100.6	2001:db8:1::6
labsrv	eth0	Management	10.5.1.7	fd00:5::7
	eth1	VMnet4	10.4.1.7	fd00:4::7

Tabelle 1.1: Alle Router mit Interface und VMnet/vboxnet

Technisch nicht erforderlich, aber hilfreich zum Auswerten: Die Netzwerkkarten der VMs verwenden vordefinierte MAC-Adressen. Damit sind alle Geräte in den Kommandoausgaben eindeutig erkennbar und mit den Beispielen im Buch vergleichbar.

Getestet und geprüft sind die Labs mit VMware Workstation 10, VMware ESXi 6 und VirtualBox 5.0.

Hardware

VyOS läuft grundsätzlich auf Geräten mit i386- oder x86_64-Prozessor. Auch der Typ der Netzwerkkarte ist unwichtig, da das Labor-Netz Verständnis bieten soll und nicht Höchstleistung. Bei Unsicherheit über passende Hardware lohnt sich ein Blick in die Kompatibilitätsmatrix von Debian [2].

Die Netze zwischen den Routern basieren auf Ethernet. Jedes Teilnetz ist eine eigene Broadcast-Domäne. Bei der Verkabelung ist es also wichtig, dass sich die Kabel verschiedener Netzsegmente nicht vermischen. Für die korrekte Trennung gibt es zwei gängige Methoden:

Trennung mit Switchen Jedes Netzsegment hat seinen eigenen Switch oder Hub. Die Switche sind untereinander nicht verbunden. Da die Subnetze eher klein sind, reichen 5-Port-Geräte aus. Ein beliebiger Switch ist dafür passend.

Trennung mit VLANs Alle Kabel führen zum selben Switch. Kabel bzw. Switchports, die zum selben Netzsegment gehören, landen in einem gemeinsamen virtuellen LAN (VLAN). So erhalten beispielsweise alle Switchports zum/vom hellgrauen Kernnetz die Zuordnung zu VLAN 6. Da alle Router mit allen Anschlüssen mit diesem Switch verkabelt sind, muss es ein Modell mit ausreichend vielen Ports sein. Der Switch muss kein Routing zwischen den VLANs beherrschen. Ein VLAN-fähiger Layer-2 Switch ist ausreichend. Ein Mischbetrieb ist ebenfalls möglich: Beispielsweise terminieren die WAN-Segmente auf einen Switch und die Standort-Netze auf einen anderen Switch. Die Anforderung an die Geräte entspricht der Methode *Trennung mit VLANs*.

Router

Die VyOS-Router verwenden die aktuelle stabile VyOS-Version 1.1.7 und teilweise zum Reinschnuppern und Vergleichen die Vorab-Version 1.2.0 als 64-bit-Image. Der einzige Ubiquiti-Router läuft auf der aktuellen EdgeOS-Version 1.9.1. Wenn zusätzliche Versionen oder Geräte anderer Hersteller mitspielen, wird das entsprechende Gerät ersetzt oder der Laboraufbau ergänzt.

Jeder Router hat eine zusätzliche Netzwerkkarte für den Konsolenzugriff. Darüber erreicht der SSH-Client sein Ziel, wenn eine Konfigurationsänderung mal schiefgeht. Dieses Management-Interface kann auch weggelassen werden, wenn die Hardware nicht genug Schnittstellen bietet.

Die Labor-Router sind von eins bis sechs durchnummeriert. Diese Router-Nummer findet sich in den IPv4-, IPv6- und MAC-Adressen wieder. Damit sind Adressen in einer Kommandoausgabe leichter dem passenden Gerät zuzuordnen.

Der Name der Netzkarte ist stets am Routersymbol angeschlagen. Die vollständige IPv4-Adresse ist unterhalb davon abgedruckt. Die Angaben zum IPv4-Netz und IPv6-Präfix stehen unweit davon an der Subnetz-Linie.

Der Core-Router benutzt schon VyOS in der neueren Betaversion. Das hat weniger mit Mut zu tun, als mit der Verfügbarkeit von Features: Erst VyOS 1.2.0-beta1 bietet einen PPPoE-Server, der im Laboraufbau von Kapitel 12 benötigt wird.

Die Kompatibilität zu EdgeOS wird an Router 5 getestet: Ein kleiner Ubiquiti EdgeRouter-X nimmt im Lab Platz und bietet fünf Gigabit-Ports. EdgeRouter gibts nur in Hardware. Wenn EdgeOS uninteressant ist, kann dieser Teil des Netzwerks ausgelassen oder durch VyOS ersetzt werden.

Adressierung

Die Netze der imaginären Außenstellen bauen auf private IPv4-Adressen bzw. Unique-Local IPv6-Adressen. In jedem Standort gibt es einen symbolischen Client, der nur zum Prüfen von Features oder zum Erzeugen von Datenverkehr benutzt wird. Mehr als ping, traceroute, netstat oder einen Webbrowser wird nicht gefordert. Das Betriebssystem ist relativ egal; Im Demo-Lab finden aus Popularitätsgründen Debian und Windows 7 Verwendung.

Die zwei standortverbindenden Netze stellen das zentrale Kernnetz dar. Zur besseren Unterscheidung der IP-Adressen bedienen sich die Geräte aus den Adressblöcken für Dokumentation (RFC 5737): 192.0.2.0/24 und 198.51.100.0/24. Die IPv6-Adressen stammen ebenfalls aus unterschiedlichen Bereichen, um eine Unterscheidung optisch zu vereinfachen; die Standort-LANs benutzen fd00::/16 und das Kernnetz bedient sich aus dem Präfix 2001:db8::/32.

Die Adressen sind genau dafür vorgesehen und kollidieren nicht mit einem öffentlichen Bereich. Weiterhin ist die Adressierung bewusst einfach gehalten: Die Adressbereiche sind einheitlich strukturiert und haben nur „normale" Netzmasken von /24 (IPv4) oder /64 (IPv6). Erst die Kapitel rund um Routing und OSPF führen zu Trickserei mit Masken, Sub- und Supernetting.

Zusammengefasst zeigt Tabelle 1.2 die IPv4- und IPv6-Bereiche, die sich hinter den VMnet-Netzen verstecken. Zusätzlich benötigte Adressen (z. B. für PPPoE, Tunnel, VRRP) stammen aus denselben Bereichen.

VM/vboxnet	Funktion	IPv4	IPv6
VMnet1	Standort 1	10.1.1.0/24	fd00:1::/64
VMnet2	Standort 2	10.2.1.0/24	fd00:2::/64
VMnet3	Standort 3	10.3.1.0/24	fd00:3::/64
VMnet4	DMZ	10.4.1.0/24	fd00:4::/64
	Management	10.5.1.0/24	fd00:5::/64
VMnet5	VPN	10.6.0.0/16	fd00:6::/64
VMnet6	WAN hellgrau	192.0.2.0/24	2001:db8:2::/64
VMnet7	WAN dunkelgrau	198.51.100.0/24	2001:db8:1::/64
	VPN/OSPF	203.0.113.0/24	2001:db8:3::/64

Tabelle 1.2: Alle virtuellen Netze mit IP-Bereichen

Labor-Server

Alle zentralen Funktionen übernimmt der Labor-Server, der ebenfalls physikalisch oder virtuell integriert wird. Wenn der VyOS-Router auf ein Client-Server-Protokoll getestet wird, übernimmt der Labserver stets die Rolle des Gegenstücks. Er akzeptiert von den Routern Anfragen zu NTP, DNS, Syslog, FTP/TFTP, NetFlow und HTTP.

Der eingesetzte Labserver setzt auf CentOS 7, um das Lab etwas weniger Debian-lastig zu gestalten.

Verwendung

Jedes Kapitel verwendet nur einen Teil des Labornetzwerks. Weniger Geräte ermöglichen eine bessere Kontrolle, wenn es an die Beispiele und Kommandoausgaben geht. Diese Limitierung dient nur der Übersicht – gerne dürfen weitere Router zugeschaltet werden, um Features intensiver zu testen.
Die IP-Adressen bleiben stets dieselben, wenn auch mit anderer Bedeutung.

Kapitel 2

Plattform

Im nächsten Schritt geht es an die Verwirklichung des Labors. Es beginnt mit der Erstellung oder Beschaffung der Geräte, gefolgt von der Installation und zuletzt mit der Vernetzung.

Wie in Kapitel 1 schon angedeutet, kann das Lab auf physikalischer Hardware laufen oder komplett in einer virtuellen Umgebung sein Zuhause finden. Für den Aufbau macht das einen großen Unterschied – für die Beispielszenarien der folgenden Kapitel ist es unentscheidend.

Die Vorgehensweise bei allen Methoden ist einheitlich: Es beginnt mit dem Anlegen der virtuellen Netze, deren Trennung entweder mit einem virtuellen Switch oder einer Portgruppe erfolgt. Danach gehts ans Erstellen der virtuellen Maschinen (VM) und zuletzt erhalten die neuen VMs ihre Netzadapter in den beheimateten VM-Netzen.

Die Wahl der Virtualisierungssoftware hängt von den persönlichen Vorzügen ab. Die folgenden Erklärungen beziehen sich auf VMware ESXi, Workstation und Player, sowie auf VirtualBox.

Dieses Kapitel kann kein Fachbuch über VMware oder VirtualBox ersetzen! Die Installation der VMs setzt Grundwissen in den jeweiligen Produkten voraus. Die Beschreibungen behandeln nur den Aufbau der neuen VM und nicht, warum die einzelnen Schritte notwendig oder vorteilhaft sind.

Vorbereitung

Die Installation von VyOS startet von einem Live-Image im ISO-Format. Die Webseite von VyOS [3] bietet stets das aktuelle Release zum Download an. Für das vorgestellte Labor kommt Version 1.1.7 mit dem ISO-Image

```
vyos-1.1.7-amd64.iso
```

zum Einsatz. Zum Reinschnuppern und Testen werfen wir auch einen Blick auf das nächste Release 1.2.0-beta1 mit dem Namen

```
vyos-1.2.0-beta1-amd64.iso
```

Die verwendeten Images sind stets die 64-bit-Versionen von VyOS.
Bei einem Hardware-Lab muss die ISO-Datei vorab auf eine CD gebrannt werden, von der der Server oder das Laptop gestartet wird. Geräte mit 32-bit-Prozessor sind ebenfalls willkommen, benötigen dann aber das entsprechende 32-bit-Image mit *i586* oder *i686* im Namen.

VMware

Die Produktpalette von VMware ist groß, aber für das Lab eignen sich hauptsächlich ESXi, Player und Workstation. Die Einrichtung beginnt bei den virtuellen Netzen.

Workstation VMware Workstation ist eine englischsprachige Softwarean-wendung für Windows und Linux, die virtuelle Maschinen trägt.
Die Konfiguration findet im *Virtual Network Editor* statt. Falls nicht schon vorhanden, werden dort die virtuellen Netze VMnet1 bis VMnet7 angelegt. Alle sind vom Typ *Host-Only* und verwenden kein DHCP. Die Subnetz-IP ist unbedeutend, da sie im Lab nicht angesprochen wird.
Danach werden die virtuellen Maschinen erstellt. Der Ablauf ist stets derselbe:

1. VMware Workstation starten

2. *File → New Virtual Machine...*

3. Type of configuration? Custom (advanced)

4. Hardware compatibility: die Neueste (hier *Workstation 10.0*)

5. Installer disk image file: Wählen Sie die ISO-Datei aus dem Abschnitt *Vorbereitung* auf Seite 34

6. Guest Operating System: Linux, Version: Debian 6 64-bit

7. Virtual machine name: RT-1
   Location: *egal*

8. Number of processors: 1
   Number of cores per processor: 1

9. Memory for this virtual machine: 512 MB (oder mehr)

10. Network connection: Use host-only networking (der Wizard ermöglicht nur eine einzelne Netzwerkkarte, die anderen folgen später)

11. SCSI Controller: LSI Logic

12. Virtual disk type: SCSI

13. Disk: Create a new virtual disk

14. Maximum disk size (GB): 2
    Store virtual disk as a single file

15. Disk File name: *egal*

16. Finish

Anschließend wird die frisch erstelle Maschine erst mal entschlackt: Floppy-laufwerk, Soundkarte, USB-Controller und Druckeranschluss braucht der Router nicht. Dafür mehr Netzwerkkarten.
Über *VM* → *Settings* gibt es Einblick in die Seele der virtuellen Maschine. Hier wird gelöscht und hinzugefügt, bis die Einstellungen passen. Neue Netzwerkadapter sind stets vom Typ *Custom* mit einer Zuordnung zum entsprechenden VMnet. Die feste MAC-Adresse versteckt sich bei *Network Adapter* hinter dem *Advanced...*–Button.

Die verwendete Version ist VMware Workstation 10.0.3 unter Windows.

Player   Der *VMware Workstation Player* ist eine funktionsreduzierte Version der VMware Workstation. Für die nicht-kommerzielle Nutzung ist der Einsatz kostenfrei.

Dialoge und Vorgehensweise ähneln sich, daher gelten die Einstellungen des vorherigen Abschnitts auch hier.

Die Eigenschaften der virtuellen Netze können zwar nicht verändert werden, aber die Voreinstellung ist akzeptabel.

Die Erstellung einer VM startet mit dem Button *Create a New Virtual Machine*. Danach kommen die Fragen nach dem Installer-Image, Namen und Speicherort der VM und zuletzt die Größe der Festplatte.

Alle weiteren Details werden außerhalb des Wizards angepasst. Auch hier gelten dieselben Parameter wie bei VMware Workstation.

Die Linux-Version des VMware-Players ist für das Demo-Lab ungeeignet, weil das Dialogfenster die Auswahl der VMnet-Netze verschweigt. Alle hostonly-Netzwerkadapter der VyOS-Router sind im selben Netz. Händisches Nachrüsten von VMnet-Netzen und Anpassungen in der .vmx-Datei einer VM bringen keine Besserung.

Die beste Alternative unter Linux ist VirtualBox (siehe Abschnitt *VirtualBox* ab Seite 40).

Die verwendete Version ist VMware Workstation Player 12.5.1 unter Windows.

ESXi   VMware ESXi ist ein Typ-1–Hypervisor. Damit läuft er nicht als Anwendung auf einem Betriebssystem, sondern arbeitet direkt auf der physikalischen Hardware. Ein grafischer Webclient erstellt und verwaltet die virtuellen Netze und Maschinen. Intern kommunizieren die virtuellen Router über virtuelle Switche miteinander, wie Diagramm 2.1 veranschaulicht [4].

Zuerst wird ein Switch innerhalb der ESXi-Welt angelegt. Dieser Switch trägt später die virtuellen Netze mit einer Segmentierung über VLANs. Das Prinzip entspricht der physikalischen Umgebung aus dem Abschnitt *Hardware* in virtueller Form.

Die virtuelle Netzwerkumgebung beginnt im Navigator des Webclients unter

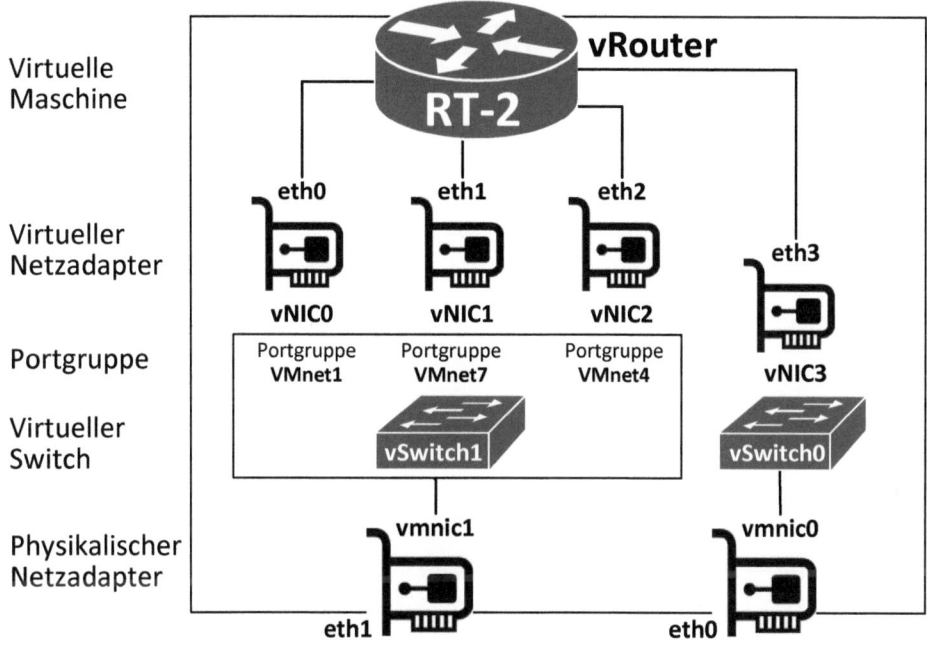

Diagramm 2.1: Das Zusammenspiel der virtuellen Komponenten

Netzwerk im Register *Virtuelle Switche*. Wenn das Lab gekapselt innerhalb des ESXi arbeiten soll, ist kein physikalischer Netzadapter nötig. Für alles andere erwartet die folgende Konfiguration die ungenutzte Netzwerkkarte *eth1*, die bei ESXi als *vmnic1* geführt wird.

1. Klick auf *Virtuellen Standard-Switch hinzufügen*

2. vSwitch-Name: vSwitch1
   Uplink 1: *vmnic1* (das ist der unbenutzte Netzadapter im Server. Das Feld kann auch leer gelassen werden, wenn das Lab nicht mit der Außenwelt kommunizieren soll)

3. Klick auf *Hinzufügen*

Kurz darauf ist der neue Switch *vSwitch1* erstellt, hat aber noch keine VLANs oder Ports. VLANs heißen bei ESXi *Portgruppe* und werden beim

Register *Portgruppen* erstellt und zugewiesen. Mit dem Button *Portgruppe hinzufügen* beginnt die Show. Die VLAN-Nummer ist wichtig, wenn die VMs später mit einem physikalischen Netz kommunizieren sollen. Für das Demo-Lab dienen die VLANs 1401 bis 1407.

- Name: VMnet1

- VLAN-ID: 1401

- Virtueller Switch: vSwitch1

Dieser Schritt ist für die weiteren Netze VMnet2 bis VMnet7 identisch. Anschließend ist die virtuelle Netzlandschaft fertig und sollte der Aufstellung in Abbildung 2.2 ähneln.

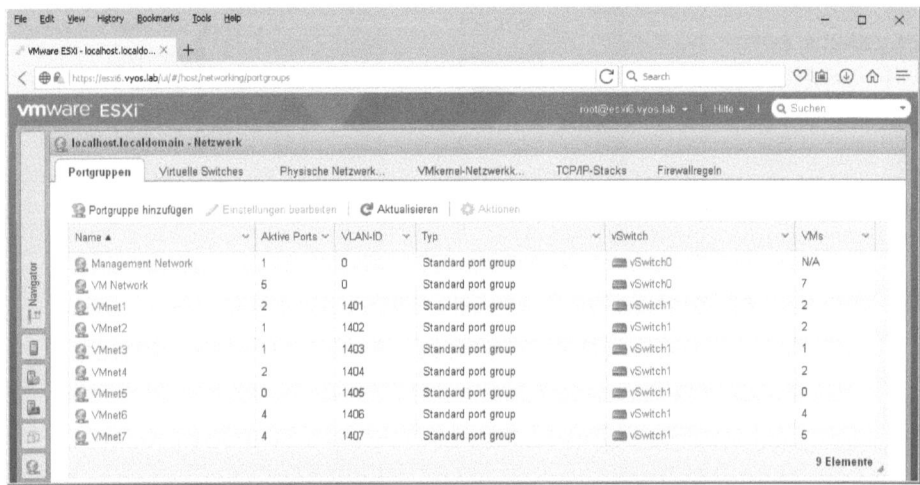

Abbildung 2.2: Portgruppen unterteilen die VM-Netze

Für das Anlegen der virtuellen Maschinen bietet das VyOS-Repository [5] ein signiertes Maschinen-Template als .ova-Datei an. Mit dieser Vorlagendatei gestaltet sich das Anlegen einer VM einfacher, weil viele Werte schon vorkonfiguriert und im Dialog ausgeblendet sind. Natürlich funktioniert auch der herkömmliche Weg, bei der die virtuelle Maschine angelegt und mit CPU, RAM, Festplatte und Netzadapter ausgestattet wird.

Beide Szenarien beginnen im Navigator unter *Virtuelle Maschinen*. Der Button *VM erstellen/registrieren* startet den Wizard. Mit der OVA-Datei ist der Ablauf übersichtlich:

1. Erstellungstyp auswählen: Eine virtuelle Maschine aus einer OVF- oder OVA-Datei bereitstellen

2. OVF- und VMDK-Dateien auswählen. Name: RT-1
   OVA-Datei mit der Maus in die bereitgestellte Fläche ziehen

3. Speicher auswählen: passenden Datastore wählen
   Anschließend wird die OVA-Datei hochgeladen und verarbeitet. Das sollte nicht länger als 30 Sekunden dauern

4. Netzwerkzuordnungen: Egal, das kommt später

5. Bereit zum Abschließen: *Beenden* klicken

Die OVA-Datei beinhaltet ein Festplattenimage mit vorinstalliertem VyOS. Ein Installationsmedium ist nicht mehr nötig.
Aber ohne OVA-Datei geht es auch. Der Wizard stellt zwar mehr Fragen, aber das Ergebnis ist identisch:

1. Erstellungstyp auswählen: Neue virtuelle Maschine erstellen

2. Namen und Gastbetriebssystem auswählen:
   Name: RT-1
   Gastbetriebssystemfamilie: Linux
   Version des Gastbetriebssystems: Debian GNU/Linux (64-Bit)

3. Speicher auswählen: passenden Datastore wählen

4. Einstellungen anpassen:
   CPU: 1
   Arbeitsspeicher: 512 MB
   Festplatte 1: 2 GB
   SCSI-Controller 1: LSI Logic Parallel
   USB-Controller 1: (entfernen)
   Netzwerkadapter 1: VM Network
   CD/DVD-Laufwerk 1: Clientgerät

Da VyOS insgesamt sechsmal installiert wird, ist es ratsam, die ISO-Datei zuerst in den Datastore des ESXi-Servers zu kopieren und davon zu mounten. Beim CD/DVD-Laufwerk der virtuellen Maschine *Datenspeicher-ISO-Datei* auswählen und über den Dateibrowser die .iso-Datei hochladen und anschließend auswählen. Die neue VM startet dann von diesem CD-Image. Gebootet wird das Live-System, die Installation folgt in Kapitel 3.

Der fertig gebackenen VM fehlen noch ein paar Netzwerkkarten. Über die Eigenschaften der VM werden diese hinzugefügt und im richtigen VMnet platziert. Tabelle 1.1 auf Seite 28 listet die Zugehörigkeit von Router-Interface zu virtuellem Netzwerk.
Der Aufbau der virtuellen Ports und Maschinen funktioniert auch mit dem *vSphere Client*, allerdings unterscheiden sich die Arbeitsschritte vom Ablauf im Webclient.

Die verwendete Version ist VMware ESXi 6.0U2.

VirtualBox

VirtualBox ist eine Applikation für Windows, Linux und macOS, mit der virtuelle Maschinen erstellt und gehostet werden.
Bei VirtualBox ist die Produktwelt übersichtlich. VirtualBox hat zwar nicht mehrere Virtualisierungsprodukte im Angebot, aber dafür mehrere Konfigurationsmethoden. Bei der normalen Installation ist der *Oracle VM VirtualBox Manager* mit im Boot. Er ist leicht zu bedienen, verlangt aber nach einer X11-Oberfläche. Alternativ (oder ergänzend) hilft *phpVirtualBox* [6], ein webbasierter Manager, der das Look-and-Feel des Oracle-Managers als Webseite bereitstellt.
Fans der Kommandozeile bekommen ebenfalls etwas geboten, denn der Laboraufbau lässt sich unter VirtualBox komplett skripten.

vboxnet

Auch hier beginnt die Reise beim Anlegen der virtuellen Netze vboxnet1 bis vboxnet7.

Oracle VM VirtualBox Manager   Bei VirtualBox wird die Konfiguration der VMs und der Netze vom selben Programm gesteuert.

1. *Datei → Einstellungen...*

2. Bereich *Netzwerk* auswählen, dort Register *Host-Only Netzwerke* anzeigen

3. Symbol für *Neues Netzwerk* (rechts) für jedes vboxnet anklicken

4. Symbol für Details (rechts) klicken und den DHCP-Server für jedes vboxnet ausschalten

phpVirtualBox   Der Anspruch von phpVirtualBox ist die identische Bedienung der VirtualBox-Umgebung. Daher unterscheidet sich die Einrichtung der virtuellen Netze nicht vom Oracle-Manager des vorherigen Abschnitts.

CLI   Für den einmaligen Einsatz erwartet die Kommandozeile viel Tipparbeit.

1. Log-in im Linux-Hostsystem als vbox-User

2. Jedes einzelne vboxnet erstellen mit
   `VBoxManage hostonlyif create`

3. vboxnet zum Host-Only Netzwerk ändern mit (Beispiel für vboxnet1)
   `vboxmanage hostonlyif ipconfig vboxnet1 --ip 10.1.1.181`
   Die IP-Adresse ist grundsätzlich egal, muss aber mit angegeben werden.

Ob die virtuellen Netze korrekt angelegt sind, kann erst später praktisch überprüft werden.

Virtuelle Maschinen

Jetzt gehts ans Erstellen der virtuellen Maschinen. Der Ablauf ist für alle VMs ähnlich, daher zeigen die Beispiele nur die Schritte von ersten Router.

Oracle VM VirtualBox Manager Die Einrichtung in der Verwaltungssoftware von VirtualBox erfolgt über einen Wizard. Die folgende Beschreibung passt auch auf phpVirtualBox.

1. *Maschine → Neu...*

   - Typ ist Linux, Version ist Debian (64-bit)
   - Memory: 512 MB (oder mehr)
   - Festplatte: 2 GB (oder mehr)

2. Nach dem Erstellen der VM sind noch Anpassungen wichtig, damit die Netzadapter in den richtigen Netzen mitspielen (Abbildung 2.3).

   - CD einhängen mit dem Image aus Abschnitt *Vorbereitung* (siehe Seite 34)
   - Netzwerk
     - Adapter als *Host-Only* deklarieren.
     - Verbinden mit vboxnetX
     - Unter *Erweitert* den Typ *Paravirtualisiertes Netzwerk (virtio-net)* wählen. Der ist einer der performantesten Adapter mit geringer CPU-Belastung (vgl. Kap. 30), aber die anderen funktionieren auch.
   - MAC-Adresse anpassen, wenn gewünscht (nicht zwingend notwendig)
   - 4 NICs können über die GUI eingerichtet werden. Alle weiteren (RT-1 hat als einzige VM eine fünfte NIC) über die Kommandozeile, siehe Abschnitt CLI weiter unten

CLI Die Einrichtung per Kommandozeile erwartet Befehle, welche den Mausklicks der GUI entsprechen.

1. Die Reise über den Befehlszeilenweg beginnt beim Anlegen einer virtuellen Maschine am Beispiel von RT-1.

   ```
   VBoxManage createvm --name "RT-1" --register
   VBoxManage modifyvm RT-1 --memory 512
   VBoxManage modifyvm RT-1 --ostype "Debian_64"
   ```

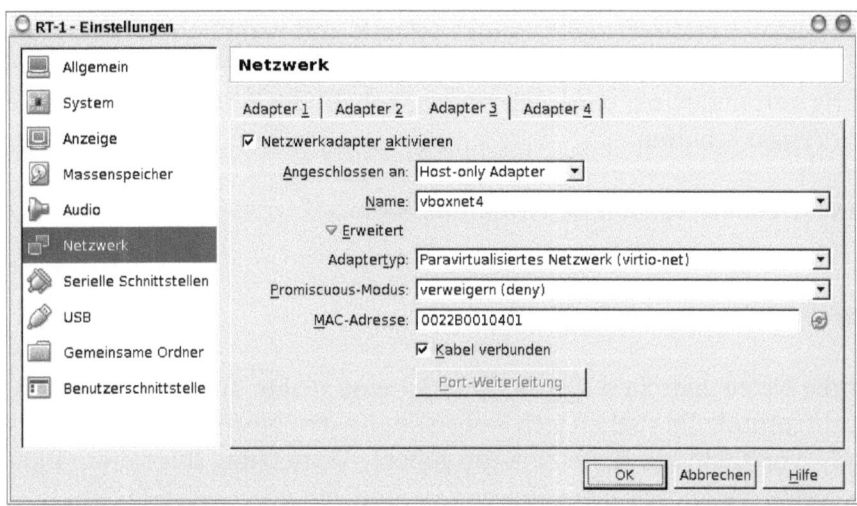

Abbildung 2.3: Netzwerkeigenschaften von Router RT-1 bei VirtualBox

2. CD-Laufwerk mit eingelegtem CD-Image aus Abschnitt *Vorbereitung*

```
VBoxManage storagectl RT-1 --name "IDE Controller" --add ide
VBoxManage storageattach RT-1 --storagectl "IDE Controller" \
  --port 0 --device 1 --type dvddrive \
  --medium /data/vmware/images/vyos-1.1.7-amd64.iso
```

3. Festplatte erstellen und verbinden

```
VBoxManage storagectl RT-1 --name "SATA Controller" --add sata
VBoxManage createhd --filename "RT-1/RT-1.vdi" --size 2048 \
  --format VDI --variant Fixed
VBoxManage storageattach RT-1 --storagectl "SATA Controller" \
  --medium "RT-1/RT-1.vdi" --port 0 --type hdd
```

4. Netzwerkkarte *nic5* am Beispiel von RT-1. Diese NIC muss über die CLI angelegt werden, weil die GUI nur vier Karten duldet

```
VBoxManage modifyvm RT-1 --nic5 hostonly
VBoxManage modifyvm RT-1 --hostonlyadapter5 "vboxnet7"
VBoxManage modifyvm RT-1 --nictype5 virtio
VBoxManage modifyvm RT-1 --macaddress5 0022b0010701
```

Damit ist der erste virtuelle Router erstellt und verkabelt. Der Ablauf für die restlichen Geräte ist identisch, mit Ausnahme der Netzadapter. Ob alles richtig verbunden ist, wird sich zeigen, sobald die Router in Kapitel 4 ihre IP-Adressen erhalten.

Die verwendete Version ist VirtualBox 5.0.

Hardware

Für die Netze zwischen den Routern ist eine strikte Trennung nötig, denn Routingprotokolle suchen sich selbstständig den besten Weg. Und der verläuft – vor allem mit IPv6 – bei unsauberer Vernetzung ungeahnte Pfade. Der Netzwerkadapter eines Routers ist stets mit einer einfarbigen Linie im Lab-Diagramm verbunden. Jedes Netzsegment ist ein eigener Switch oder ein VLAN auf einem gemeinsamen Switch, wie in Kapitel 1 beschrieben. Die praktische Umsetzung am Beispiel des Netzsegments mit dem IPv4-Bereich 192.0.2.0/24 umfasst die Netzwerkadapter der Geräte von

- RT-1:eth1
- RT-3:eth1
- RT-5:eth1
- RT-core:eth1

Die Adapter sind per Kabel mit einem 5-Port–Switch verbunden. Der Switch hat keine weitere Verbindung oder Uplink.
Bei der Variante mit VLAN-Tagging sind die Kabel der genannten Geräte verbunden mit einem verwalteten Switch, beispielsweise auf den Ports 1 bis 4. Die Konfiguration für einen Cisco Catalyst-Switch ist in Listing 2.1 abgedruckt. Die VyOS-Router bemerken diese VLAN-Zuordnung nicht. Ob die Verkabelung korrekt ist, kann erst später überprüft werden. Sobald in Kapitel 4 die Interfaces der Router mit IP-Adressen bestückt sind, hilft das ping-Kommando beim Aufspüren von Fehlern.

VyOS basiert zwar auf Debian, wird aber nur für *Intel x86* und AMD64 kompiliert angeboten. Images für andere Plattformen, wie z. B. ARM oder MIPS, sind nicht in Planung.

```
vlan 1406
 name WAN-Hellgrau-192.0.2
 !
interface range GigabitEthernet1/0/1 - 4
 switchport mode access
 switchport access vlan 1406
```

Listing 2.1: Netztrennung mit Switchports und VLANs

Bei einem normalen PC oder Server mit Tastatur, Bildschirm und CD-Laufwerk ist der Startvorgang einfach: CD einlegen und booten. Die Installation beginnt in Kapitel 3.

Schwieriger wirds bei eingebetteter Hardware, da es keine allgemeingültige Anleitung gibt, weil die Installation stark von den Komponenten abhängt. Geräte der *Embedded*-Klasse sind minimalistisch und daher entfallen meist CD-Laufwerk, Monitor-Anschluss und gespeichert wird auf einem Flash-Medium.

Als Beispiel ziehen wir das *APU 1D4*-Board [7] des Schweizer Herstellers PC-Engines heran. Ausgestattet ist es mit 3x GBit-Netzwerk, SD-Karte, serieller Konsole und 2x USB-Anschluss.

Da die VyOS-Repositories kein fertiges Flash-Image bereitstellen, muss das APU-Board von einem Bootmedium gestartet werden, welches die Installation beginnt und auf die SD-Karte schreibt.

1. Zuerst muss die VyOS ISO-Datei `vyos-1.1.7-amd64.iso` so auf einen USB-Stick kopiert werden, dass er bootfähig ist. Das Tool *unetbootin* [8] vollführt diese Aufgabe auf einem beliebigen Windows-PC.

2. Danach wird auf dem USB-Stick die Datei `syslinux.cfg` durch den Inhalt von [9] ersetzt, um die serielle Konsole zu aktivieren und verschiedene Probleme beim Bootvorgang zu vermeiden.

3. Eine serielle Verbindung zum APU-Board muss her. Ohne serielle Schnittstelle am PC hilft ein USB-Seriell–Wandler, auch wenn die Ersteinrichtung etwas Geduld erfordert. Eine Konsolensoftware, wie beispielsweise TeraTerm oder PuTTY, benötigt die Geschwindigkeit von 115200 bps für die Kommunikation mit dem APU-Board.

4. Zuletzt wird das APU-Board von dem frisch erstellten USB-Stick gebootet. Durch Drücken der Taste F12 zeigt der Bootloader die möglichen
   Startmethoden. Der USB-Stick wird als *USB MSC Drive* gelistet.

5. Während des Bootvorgangs, etwa bei

   ```
   Starting vyos-intfwatchd: vyos-intfwatchd
   ```

   schaltet VyOS die Geschwindigkeit der seriellen Verbindung auf 9600
   bps herunter und über den Bildschirm huschen nur noch wilde Zeichen. Ändern Sie im Konsolenprogramm die Baudrate ebenfalls auf
   9600.

Damit ist VyOS gestartet, aber noch nicht installiert. Für die Installation
in Kapitel 3 ist die Angabe der Installationsquelle und des -ziels wichtig,
da beide Medien beschreibbar und damit löschbar sind. Ein Verwechseln
von Quelle und Ziel überschreibt den USB-Stick und lässt die SD-Karte
unberührt.
Nach dem ersten Login (vgl. Kap. 3) und dem Kommando

```
sudo fdisk -l
```

zeigt VyOS die verbundenen Medien mit der Bezeichnung sda oder sdb an.
Mithilfe von

```
sudo df /live/image
```

```
Filesystem          1K-blocks      Used Available Use% Mounted on
/dev/sda1            3905512      256440   3649072   7% /live/image
```

lässt Linux erkennen, von welchem Medium gebootet wurde; das ist der
USB-Stick (hier sda). Weiter gehts per Ausschlussverfahren, denn die SD-
Karte ist einfach das andere Medium (hier sdb).

> **Achtung**
>
> Der VyOS-Installer empfiehlt bei zwei Speichermedien ein Software-
> RAID. Das macht in diesem Fall keinen Sinn, da der USB-Stick nach
> der Installation entfernt wird. Das RAID würde dann dauerhaft nur aus
> einem Medium bestehen.

EdgeOS

Die EdgeRouter werden mit dem Betriebssystem EdgeOS vorinstalliert geliefert. Eine eigene Vorbereitung ist nur angesagt, wenn der Router einen
älteren Versionsstand mitbringt. Das Update läuft über die Web-GUI. Im
unteren Bereich gibt es die Schaltfläche *System*, hinter der sich der Button *Upload system image* verbirgt. Das folgende Dialogfeld erwartet die
tar–Datei, die Ubiquiti auf seiner Webseite kostenlos anbietet. Ein abschlie-
ßender Neustart des Routers beendet die Softwareaktualisierung.
Das Update über die Kommandozeile behandelt Kapitel 15.

Kapitel 3

Installation

Die virtuellen Netze sind erstellt und die Maschinen sind startklar. Aber genau wie bei einem normalen Computer muss anfangs ein Betriebssystem installiert werden. Und das geschieht bei VyOS noch ganz klassisch: Von CD booten und Installer starten.

Dieses Kapitel beschäftigt sich mit der Installation von VyOS auf der (virtuellen) Maschine, sowie einer minimalen Konfiguration für Netzkonnektivität.

Installation

Die CD bootet und irgendwann meldet *vyos login* den abgeschlossenen Startvorgang des Livesystems. Mit dem leicht zu merkenden, aber höchst unsicheren Anmeldenamen nebst Passwort *vyos* ist der Zugriff möglich. Diese Zugangsdaten vertragen sich schlecht mit einer deutschen Tastatur, denn Z und Y sind hierzulande vertauscht.

Bisher hat die Live-CD noch nichts installiert, sondern einfach nur ein VyOS-System von CD gebootet. Die Installation startet erst mit dem Kommando

```
install image
```

Nun folgen die üblichen Fragen eines Installers: Welche Festplatte darf das Betriebssystem tragen und wie groß soll die Partition werden? Und darf es ein stärkeres Passwort für die Anmeldung sein?

Die meisten Fragen können mit der Voreinstellung beantwortet werden. Nur die finale Bestätigung muss der Anwender durch die Zeichenfolge *yes*

49

selber geben. Wenn die virtuelle Maschine den Empfehlungen aus Kapitel 2 entspricht, findet der VyOS-Installer eine 2 GB–Festplatte, die als sda im System auftaucht.

Im folgenden sind die Schritte der Installation beschrieben, die vom Standard abweichen könnten:

Ein RAID aus zwei Festplatten ist sehr beliebt, um Ausfälle einer einzelnen Platte abzufangen. Wenn der VyOS-Installer zwei Medien findet, bietet er direkt ein RAID 1 an, bei dem der Datenbestand stets auf beide Platten geschrieben wird.

```
You have two disk drives:
        sda     2147 MB
        sdb     2147 MB
Would you like to configure RAID-1 mirroring on them? (Yes/No): yes
```

Anschließend baut das Installationsskript das RAID-Laufwerk md0 zusammen.

Die Nutzung eines RAID-Laufwerks verbessert den Ausfallschutz natürlich nur, wenn es sich tatsächlich um zwei unterschiedliche Medien handelt. Bei virtuellen Maschinen sollten die bereitgestellten Festplatten nicht im selben Datastore liegen.

Die Frage nach dem RAID-Laufwerk kommt auch, wenn das System vom USB-Stick bootet, da Linux dem USB-Stick einen sdX-Laufwerksnamen verpasst. Für das Installationsskript gibt es dann ein sda (der USB-Stick) und ein sdb (die Festplatte oder SD-Karte) – also die technische Grundlage für ein RAID-Laufwerk. Für den späteren VyOS-Router darf auf das RAID getrost verzichtet werden, da der USB-Stick nach der Installation nicht im Router verbleibt.

```
What would you like to name this image? [1.1.7]:
```

Auf einer Festplatte können mehrere Images von VyOS installiert sein, von denen natürlich nur eins gleichzeitig gestartet ist. Jedes Image hat einen Namen, der aus der Versionsnummer besteht. Dieser Name kann hier verändert werden.

Die parallele Installation von VyOS in verschiedenen Versionen hat den charmanten Vorteil, dass ein Update die funktionierende Version *nicht* überschreibt und ein Rollback dadurch möglich ist. Alle Informationen zu Updates und die Verwaltung von mehreren Images folgen in Kapitel 15.

```
I found the following configuration files:
    /config/config.boot
    /opt/vyatta/etc/config.boot.default
Which one should I copy to sda? [/config/config.boot]:
```

Genau wie VyOS mit mehreren Images umgehen kann, spielen auch unterschiedliche Konfigurationsdateien mit. Findet der Installer vorhandene Konfigurationen, stellt er den Administrator vor die Wahl. Für eine frische Installation ist config.boot.default die richtige Entscheidung.

```
Enter password for administrator account
Enter password for user 'vyos':
Retype password for user 'vyos':
```

VyOS wünscht sich ein anderes, stärkeres Passwort für den administrativen Zugang. Leider akzeptiert der Installer auch das vorhandene Kennwort mit dem Sicherheitsniveau eines Brötchens.

Die Installation ist abgeschlossen, aber im Arbeitsspeicher läuft immer noch das VyOS von der Live-CD. Ein Reboot ist notwendig, um das frisch installierte System zu laden.

Nacharbeiten

VyOS ist zwar installiert, aber ein paar Details sollten für den reibungslosen Ablauf noch angepasst werden.

VMware Tools

Im virtuellen Umfeld bringen die VMware-Tools meist einen Leistungsgewinn und sind für Management und Backup sogar notwendig. Glücklicherweise bringt VyOS die open-vm-tools mit.

Tastaturlayout

Die Tastatur nutzt per Voreinstellung das US-amerikanische Keyboardlayout. Das vertauschte z und y macht sich bereits bei der Anmeldung mit dem Namen *vyos* bemerkbar. Schwieriger wird es, wenn über die Tastatur IPv6-Adressen mit Doppelpunkten und Präfixe mit Schrägstrich eingegeben werden müssen.

Wer die Zuordnungstabelle 31.1 auf Seite 363 nicht auswendig lernen möchte, kann auf ein deutsches Keyboard umschalten.

- Die komfortable Variante erlaubt das inländische Keyboard per Menü auszuwählen. Mit dem Kommando

  ```
  sudo dpkg-reconfigure keyboard-configuration
  ```

  startet der Tastatur-Wizard. Eine normale Tastatur findet sich bei *Generic 105-key (Intl) PC* und bei den landesspezifischen Fragen ist *Germany* stets die richtige Antwort.

- Die skriptfähige Variante legt ein Tastaturlayout fest, ohne vom Administrator eine Antwort zu verlangen:

  ```
  sudo bash
  cat << EOF > /etc/default/keyboard
  XKBMODEL="pc105"
  XKBLAYOUT="de"
  XKBVARIANT="nodeadkeys"
  XKBOPTIONS=""
  EOF
  /etc/init.d/keyboard-setup restart
  reboot
  ```

Serielle Konsole

VyOS erwartet eine serielle Konsole an `ttyS0`. Wenn die virtuelle Maschine keine mitbringt, erscheint in der Textkonsole eventuell die unschöne Meldung

```
INIT: Id "TO" respawning too fast: disabled for 5 minutes
```

Die Warnung erscheint alle fünf Minuten und füllt unnötigerweise die Logdatei. Falls die VM keinen seriellen Anschluss hat, wird die Erwartung von VyOS mit

```
delete system console
```

entsprechend zurückgeschraubt. Diese Änderung erwartet schon etwas Vorwissen über das Konfigurieren, wie es erst in Kapitel 4 beschrieben wird. Also entweder zu Seite 56 vorblättern oder mit der Änderung noch warten.

Kapitel 4

Erste Schritte

Die VyOS-Router sind installiert und erwarten die ersten Konfigurations-
befehle. Dieses Kapitel beginnt mit einer Einführung in die Bedienung von
VyOS mit den wichtigsten Kommandos.
Kenner von Cisco-Routern werden hier auf Ungewohntes treffen. Wer mit
Juniper vertraut ist, wird hier wenig Neues erfahren und darf zum nächsten
Kapitel weiterblättern.

Bedienung

Die VyOS-Kommandozeile (engl. *command-line interface*, CLI) unterschei-
det zwischen dem Konfigurationsmodus (engl. *configuration mode*) und
dem Ausführungsmodus (engl. *operational mode*).
Nach der Anmeldung gelangt der Admin zuerst in den Ausführungsmodus.
Dort sind Kommandos zum Anzeigen von Systemzuständen, Diensten oder
Konfigurationen möglich. Der Ausführungsmodus meldet sich mit einem
$–Zeichen vor dem Cursor:

```
vyos@vyos:~$
```

Mit dem Befehl `configure` wechselt VyOS in den Konfigurationsmodus. Im
Konfigurationsmodus erwartet VyOS Befehle, die die Konfiguration verändern. Dazu gehören `set`, `delete`, `commit`, `edit` und `save`. Änderungen am
System sind nicht sofort aktiv, sondern müssen mit einem `commit` bestätigt
werden. Danach versucht VyOS die Befehle anzuwenden und meldet Erfolg

oder Fehlschlag. Kommandos im Ausführungsmodus werden immer sofort ausgeführt und benötigen keine Bestätigung per `commit`.

Die CLI markiert den Konfigurationsmodus durch ein #–Zeichen vor dem Cursor:

```
vyos@vyos:~#
```

Mit einem schlichten `exit` erfolgt der Wechsel zurück in den Ausführungsmodus.

Befehle können abgekürzt werden, sobald sie eindeutig sind. Zumindest darin ähneln sich VyOS und Cisco.

Besonderheit bei EdgeOS

Die Kommandozeile bei EdgeOS erwartet alle Befehle stets ausgeschrieben oder mit der Tab-Taste vervollständigt. Damit die Beispiele auch reibungslos unter EdgeOS funktionieren, sind die Kommandos vollständig ausgeschrieben, obwohl das unter VyOS nicht zwingend erforderlich ist.

Ablauf

Die Reihenfolge zum Ändern von Systemeigenschaften ist:

1. Konfigurationsmodus mit `configure` betreten

2. Änderungen eingeben, z. B. Host- und Domänennamen anpassen:
   ```
   set system host-name RT-1
   set system domain-name vyos.lab
   ```

3. Die geplanten Änderungen mit `compare` prüfen (optional)

4. Die Änderungen mit `commit` aktivieren

5. Bei positiver Rückmeldung Änderung dauerhaft mit `save` speichern

6. Konfigurationsmodus mit `exit` verlassen

Wenn die Reihenfolge nicht eingehalten wird, meldet sich VyOS zu Wort. Die Kommandozeile erlaubt beispielsweise kein `exit` vom Konfigurationsmodus, wenn nicht vorher die Änderungen aktiviert (mit `commit`) oder verworfen (mit `exit discard`) wurden. Nur ans Sichern der Konfiguration mit `save` muss der Admin selber denken.

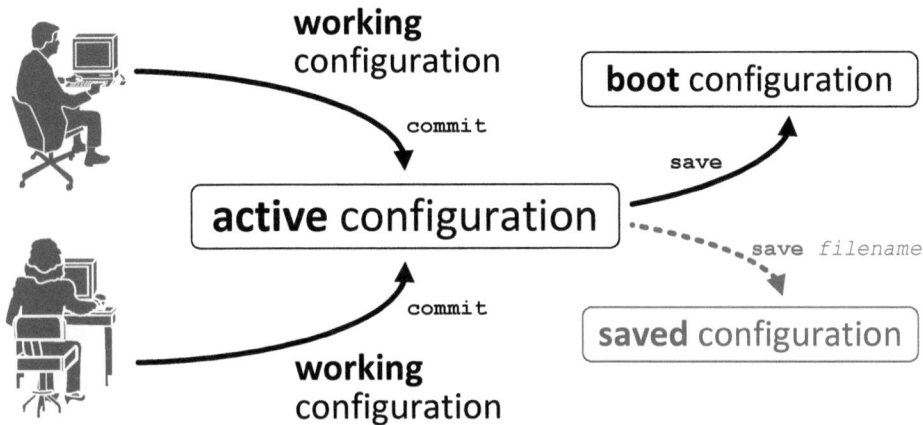

Abbildung 4.1: Die verschiedenen Zustände der VyOS-Konfiguration

Abbildung 4.1 zeigt die verschiedenen Konfigurationsschritte. Bis zum Ausführen des `commit` ist die aktive Konfiguration unverändert und alle Änderungswünsche gehören zur *working*-Konfiguration, welche in anderen Dokumentationen auch als *Konfigurationskandidat* benannt wird. Beim Systemstart bootet der VyOS-Router stets die Bootkonfiguration, die im laufenden Betrieb mit dem `save`-Kommando aus der aktiven Konfiguration erstellt wird.

Im Vergleich zu einem Cisco IOS-Router entspricht die aktive Konfiguration der `running-config` und die Bootkonfiguration ist das Pendant zur `startup-config`. Das Konzept einer working-config haben IOS-Router nicht, hier sind Änderungen immer sofort wirksam, ohne dass ein `commit` folgen muss.

Hilfe

Hilfe zum aktuellen Kommando, zur Vervollständigung oder zur Syntax wird stets durch Drücken der ?–Taste angezeigt. Die Tabulator-Taste vervollständigt ein angefangenes Kommando. Ein Beispiel: Welche Optionen hat das Kommando *show hardware cpu*?

```
vyos@vyos:~$ show hardware cpu ?
Possible completions:
  <Enter>        Execute the current command
  details        Show system CPU details
  summary        Show CPU's on system
```

Diese kontextsensitive Hilfe der CLI ist bei den kommerziellen Routern ein Standardfeature. VyOS unterscheidet sich nicht davon.

> **Besonderheit bei EdgeOS**
>
> Bei EdgeOS-Routern zeigt das einmalige Drücken der ?–Taste eine Kurzhilfe. Ausführlicher wird es nach dem zweiten Betätigen derselben Taste.

Ersteinrichtung

Die ersten Kommandos füllen die Konfigurationsdatei mit genug Informationen, damit ein Remote-Login möglich ist. Danach kann bequem mit dem bevorzugten SSH-Client, wie z. B. PuTTY oder SecureCRT, auf den Router zugegriffen werden, um die feinere Konfigurationsarbeit zu beginnen.
Die minimale Konfiguration für Router RT-1 zeigt Listing 4.1. Der Systemname in Zeile 1 hilft bei der Unterscheidung, denn anfangs heißen alle Router nur *vyos*. Den SSH-Dienst aktiviert das Kommando in Zeile 2. Das Management-Interface *eth3* erhält in Zeile 3 seine IPv4-Adresse – ein separates Aktivieren des Interfaces ist nicht erforderlich. Falls notwendig bringt Zeile 4 dem Router eine Defaultroute bei, sodass er vom eigenen Client erreichbar ist.

```
1  set system host-name RT-1
2  set service ssh
3  set interface ethernet eth3 address 10.5.1.1/24
4  set protocol static route 0.0.0.0/0 next-hop 10.5.1.250
```

Listing 4.1: Minimalkonfiguration des VyOS-Routers RT-1

Zur Orientierung: Die gleiche Wirkung erzielt die Konfiguration aus Listing 4.2 auf einen Cisco Router. Im Gegensatz zu Ciscos IOS muss bei VyOS der SSH-Server erst aktiviert werden.

```
hostname RT-1
interface FastEthernet 3
 ip address 10.5.1.1 255.255.255.0
 no shutdown
ip route 0.0.0.0 0.0.0.0 10.5.1.250
```

Listing 4.2: Minimalkonfiguration eines Cisco-Routers

Weitere Kommandos zur Grundkonfiguration von VyOS listet Tabelle 4.1 auf Seite 63. Für Kenner von Cisco-Routern enthält die Tabelle auch den entsprechenden IOS-Befehl.

Weitere Einrichtung

So langsam wird die Kommandozeile von VyOS vertrauter und die Befehle anspruchsvoller. Die folgenden Kommandos zeigen auch die Verwendung von IPv6-Adressen, die in Kapitel 7 noch ausführlicher besprochen werden. Die Syntax ist bei VyOS, Vyatta, EdgeOS und vRouter identisch.

Default Gateway   VyOS erwartet das Standardgateway als Route zum Netz 0.0.0.0/0 oder als `system default-gateway`. Es werden auch beide Kommandos gleichzeitig akzeptiert, was zu unerwartetem Routing führt. Um Verwirrung zu vermeiden, orientieren sich die Beispiele an der Präfixnotation:

```
set protocols static route 0.0.0.0/0 next-hop 10.5.1.250
set protocols static route6 ::/0 next-hop fd00:5::250
```

Wenn mehrere Defaultgateways für dieselbe IP-Version konfiguriert sind, macht VyOS daraus eine unkontrollierte Lastverteilung. Rund um Lastverteilung und Ausfallschutz gehts in Kapitel 27.

Nameserver Namensauflösung ist wichtig bei Updates und beim Nachinstallieren von Paketen, denn VyOS muss die Namen der Repositories auflösen können. Für die reine Routingfunktion können DNS-Server auch weggelassen werden. Die folgenden Kommandos dürfen wiederholt aufgerufen werden, um mehrere Nameserver zu verwenden.

```
set system name-server 10.5.1.253
set system name-server 2001:4860:4860::8888
```

Datum und Uhrzeit Die korrekte Zeitzone, in Verbindung mit einer synchronisierten Systemzeit, ist wichtig bei der Fehlersuche.

```
set system ntp server 10.5.1.253
set system ntp server 2003:2:2:140:194:25:134:196
set system time-zone Europe/Berlin
```

Useraccount Wenn mehr als ein Administrator beim Konfigurieren mitmischt, sind zusätzliche Zugänge zum Router sinnvoll.

```
edit system login
set user scooper full-name "Sheldon Cooper"
set user scooper authentication plaintext-password <Passwort>
set user scooper level admin
```

Repository

Das installierte VyOS ist vollständig. Wenn zusätzliche Pakete installiert werden sollen, kann auf das öffentliche Repository zurückgegriffen werden. Beispielsweise benötigen die Router in Kapitel 31 ein Tool zur Bandbreitenmessung, welches das Repository bereithält.

Achtung

VyOS basiert zwar auf Debian, bringt aber auch viele Eigenentwicklungen an Kernkomponenten mit. Jedes zusätzliche Softwarepaket riskiert die Systemstabilität!

VyOS 1.0.X und 1.1.X basieren auf Debian 6 *Squeeze*, welches vom Hersteller schon nicht mehr unterstützt wird. Nur das Archiv hält die Pakete noch bereit. Die Kommandos in Listing 4.3 richten den Zugriff auf das Repository ein. Ein neues Paket wird Debian-typisch mit `apt-get` installiert.

```
edit system package
set repository squeeze components 'main contrib non-free'
set repository squeeze distribution 'squeeze'
set repository squeeze url 'http://archive.debian.org/debian'

set repository squeeze-lts components 'main contrib non-free'
set repository squeeze-lts distribution 'squeeze-lts'
set repository squeeze-lts url 'http://archive.debian.org/debian'
```

Listing 4.3: Einrichtung des VyOS-Repositories für Versionen 1.0 und 1.1

Für die Verwendung muss die Schlüsselprüfung deaktiviert sein, da das Ablaufdatum des Debian-Schlüssels bereits überschritten ist.

```
sudo apt-get -o Acquire::Check-Valid-Until=false update
sudo apt-get install <Paketname>
```

Für die nächste Version 1.2 ist Debian 8 *Jessie* als Basis geplant. Die Syntax für das Hinzufügen des Repositories ändert sich entsprechend Listing 4.4.

```
edit system package
set repository squeeze components 'main contrib non-free'
set repository squeeze distribution 'jessie'
set repository squeeze url 'http://httpredir.debian.org/debian'

set repository squeeze components 'main contrib non-free'
set repository squeeze distribution 'jessie-backports'
set repository squeeze url 'http://httpredir.debian.org/debian'
```

Listing 4.4: Einrichtung des VyOS-Repositories ab Version 1.2

Die Installation eines zusätzlichen Pakets vereinfacht sich zu:

```
sudo apt-get update
sudo apt-get install <Paketname>
```

EdgeOS

Ubiquiti setzt für das Betriebssystem seiner Router auf Debian 7 *Wheezy*.
Damit liegt die Debian-Version von EdgeOS genau zwischen VyOS 1.1 und
1.2. Falls mal ein Paket auf einem EdgeRouter nachinstalliert werden soll,
müssen die Repositories von Debian 7 dafür herhalten.

```
edit system package
set repository wheezy components 'main contrib non-free'
set repository wheezy distribution wheezy
set repository wheezy url http://ftp.de.debian.org/debian
```

Für Firmware und Updates bietet Ubiquiti kein öffentliches Repository an,
sondern stellt die Software als Komplettpaket auf seinen Downloadservern
bereit.

set vs. edit

set erwartet ein Kommando stets vollständig ausgeschrieben. Bei edit
wechselt die Sichtweise, sodass die gemeinsamen ersten Worte nicht bei
jedem folgenden Kommando wiederholt werden müssen.
Ein Beispiel zeigt die beiden Varianten bei der Einrichtung des Netzadapters
eth4 von Router RT-1.
Die vollständig ausgeschriebenen Kommandos mit set:

```
set interfaces ethernet eth4 address 198.51.100.1/24
set interfaces ethernet eth4 address 2001:db8:1::1/64
set interfaces ethernet eth4 description WAN-1
set interfaces ethernet eth4 mtu 1492
```

Und dasselbe Ergebnis mit der Kurzform von edit:

```
edit interfaces ethernet eth4
set address 198.51.100.1/24
set address 2001:db8:1::1/64
set description WAN-1
set mtu 1492
exit
```

Die Abkürzung mit edit ist hilfreich, wenn mehrere ähnliche Kommandos
folgen. Der Unterschied beider Kommandos ist die geringere Tipparbeit mit
edit und vollständigere Ansicht von set.

VyOS	Cisco

`set interface ethernet eth3 \`
`  address 10.5.1.1/24`
`set protocol static route \`
`  0.0.0.0/0 next-hop 10.5.1.250`
	`interface FastEthernet 3`
	`  ip address 10.5.1.1 255.255.255.0`
	`ip route 0.0.0.0 0.0.0.0 10.5.1.250`

`set system host-name`
`set system domain-name`
`set system gateway-address`
`set system name-server`
`set system ntp-server`
`set system time-zone`
	`hostname`
	`ip domain-name`
	`ip default-gateway`
	`ip name-server`
	`ntp server`
	`clock timezone`

`edit system syslog`
`  set host <ip>`
`  set host <ip> facility <typ>`
`  set host <ip> \`
`    facility <typ> level <level>`
`set system syslog console`
	
	`logging <ip>`
	`logging facility <typ>`
	`logging trap <level>`
	
	`terminal monitor`

`set system login`
`set service http`
`set service telnet`
 	
`set service ssh`
	`username <> secret <>`
	`ip http server`
	`line vty 0 15`
	`  password ...`
	`  login`
	`crypto key generate rsa`

`configure`
`commit`
`save`
`show configuration commands`
`reboot now`
`poweroff now`
	`configure terminal`
	Nicht notwendig
	`copy run start`
	`show running-config`
	`reload`
	Das gibts in IOS nicht

Tabelle 4.1: VyOS- und Cisco-Kommandos gegenübergestellt

Kapitel 5

Routing und VLANs

Eine wichtige Komponente in Unternehmensnetzen sind Router. Router verbinden IP-Netze miteinander und leiten Pakete vom einen Netz ins andere weiter. Die Router treffen dabei die Entscheidung, welchen Pfad ein Paket vom Sender zum Empfänger nimmt.

Dieses Kapitel behandelt statisches Routing, bei dem der Administrator den Pfad, oder zumindest einen Teil davon, händisch festlegt. Mit dynamischem Routing beschäftigt sich Kapitel 11.

Routing von IP-Paketen ist das Kerngeschäft von VyOS.

Dieses Kapitel startet mit Routing von IPv4-Netzen. In die Welt von IPv6 taucht erst Kapitel 7 ein.

Routing

Ein VyOS-Router hat eine Routingtabelle, die alle bekannten Netze auflistet. Die Routingtabelle füllt sich automatisch mit den IP-Adressen der eigenen Netzadapter. Alle weiteren IP-Netze lernt der Router durch manuelle Eingabe.

Ohne zusätzliche Routen sieht die IPv4-Routingtabelle von Router RT-1 recht übersichtlich aus. Das Kommando show ip route listet alle Einträge der Routingtabelle:

```
vyos@RT-1:~$ show ip route
Codes: K - kernel route, C - connected, S - static, O - OSPF,
```

```
        I - ISIS, B - BGP, > - selected route, * - FIB route

C>* 10.1.1.0/24 is directly connected, eth0
C>* 10.4.1.0/24 is directly connected, eth2
C>* 127.0.0.0/8 is directly connected, lo
C>* 192.0.2.0/24 is directly connected, eth1
C>* 198.51.100.0/24 is directly connected, eth4
```

Damit kennt RT-1 nur seine direkt angeschlossenen Netze, die mit dem
Buchstaben *C* in der ersten Spalte markiert sind. Anschließend bekommt
RT-1 eine Handvoll Routen spendiert, sodass auch die Netze der anderen
Router bekannt sind.

```
set protocols static route 0.0.0.0/0   next-hop 192.0.2.6
set protocols static route 10.2.1.0/24 next-hop 192.0.2.3
set protocols static route 10.2.1.0/24 next-hop 198.51.100.4
set protocols static route 10.3.1.0/24 next-hop 198.51.100.5

set protocols static route6 ::/0       next-hop 2001:db8:2::6
set protocols static route6 fd00:2::/64 next-hop 2001:db8:1::4
set protocols static route6 fd00:2::/64 next-hop 2001:db8:2::3
set protocols static route6 fd00:3::/64 next-hop 2001:db8:1::5
```

Die Routingtabelle vergrößert sich um die neuen statischen Routen:

```
vyos@RT-1:~$ show ip route
Codes: K - kernel route, C - connected, S - static, O - OSPF,
        I - ISIS, B - BGP, > - selected route, * - FIB route

S>* 0.0.0.0/0 [1/0] via 192.0.2.6, eth1
C>* 10.1.1.0/24 is directly connected, eth0
S>* 10.2.1.0/24 [1/0] via 192.0.2.3, eth1
  *                    via 198.51.100.4, eth4
S>* 10.3.1.0/24 [1/0] via 198.51.100.5, eth4
C>* 10.4.1.0/24 is directly connected, eth2
C>* 127.0.0.0/8 is directly connected, lo
C>* 192.0.2.0/24 is directly connected, eth1
C>* 198.51.100.0/24 is directly connected, eth4
```

Statische Routen kennzeichnet VyOS mit dem Buchstaben *S* in der ersten
Spalte. Fehlt der Buchstabe, gehört die Information zur vorherigen Zeile
und ist ein alternativer Pfad.

Nun kennt RT-1 alle IP-Netze des Labornetzwerks. Alles Weitere erreicht

RT-1 über eine Defaultroute. Ein Router nutzt die Defaultroute, wenn er keine Ahnung hat, wie er ein bestimmtes Netz erreichen soll.

Viele IP-Netze sind über mehrere Pfade erreichbar. Im Labornetz sind die Standortnetze stets über zwei Leitungen mit dem Kernnetz verbunden. Für die Erreichbarkeit von Standort-2 mit dem IP-Bereich 10.2.1.0/24 benötigen die umliegenden Router zwei Routen: eine primäre Route über Router RT-3 und eine Backuproute über RT-4.

```
edit protocols static
set route 10.2.1.0/24 next-hop 192.0.2.3 distance 1
set route 10.2.1.0/24 next-hop 198.51.100.4 distance 5
```

Das Konzept dahinter heißt *floating static route* und basiert darauf, dass die bevorzugte Route mit einer besseren Wertigkeit (Distanzwert 1) in der Routingtabelle steht und vom Router aktiv benutzt wird. Die Reserveroute hat eine schlechtere Priorität (Distanz größer 1, z. B. 5) und steht in der Routingtabelle als Backuppfad.

```
vyos@RT-1:~$ show ip route | match 10.2.1.0
S>* 10.2.1.0/24 [1/0] via 192.0.2.3, eth1
S   10.2.1.0/24 [5/0] via 198.51.100.4
```

Das Zeichen > in der Ausgabe von show ip route zeigt auf die verwendete Route. Eine Zeile ohne dieses Zeichen ist eine Backuproute.
Wenn die primäre Route fehlschlägt, entfernt sie der Router aus seiner Routingtabelle. Dann ist die große Stunde der Backuproute, denn sie wird nun aktives Mitglied der Routingtabelle, bis der primäre Pfad wieder erreichbar ist.
In der Praxis funktioniert das nur, wenn das Interface der primären Route (im Beispiel eth1 von RT-1) den Zustand *nicht verbunden* annimmt. Robustere Lösungen für redundante Pfade sind dynamisches Routing (vgl. Kap. 11) und Lastverteilung bzw. Ausfallschutz (vgl. Kap. 27).

EdgeOS

Das funktionsähnliche EdgeOS bietet eine Weboberfläche für alle Handgriffe zum Routing von IPv4-Paketen. Interfaces und Routen lassen sich ohne genaue Kenntnisse der CLI-Syntax einrichten und anschließend prüfen

(Abbildung 5.1). Auch die beschriebenen *floating static routes* sind möglich. Für die Einrichtung von IPv6 hat die Web-GUI wenig übrig: Die Eingaben von Adressen werden zwar akzeptiert, aber Routen in IPv6-Netze werden abgewiesen. Also führt kein Weg an der Kommandozeile vorbei. Die Befehle sind identisch mit denen unter VyOS. Aber dazu mehr in Kapitel 7.

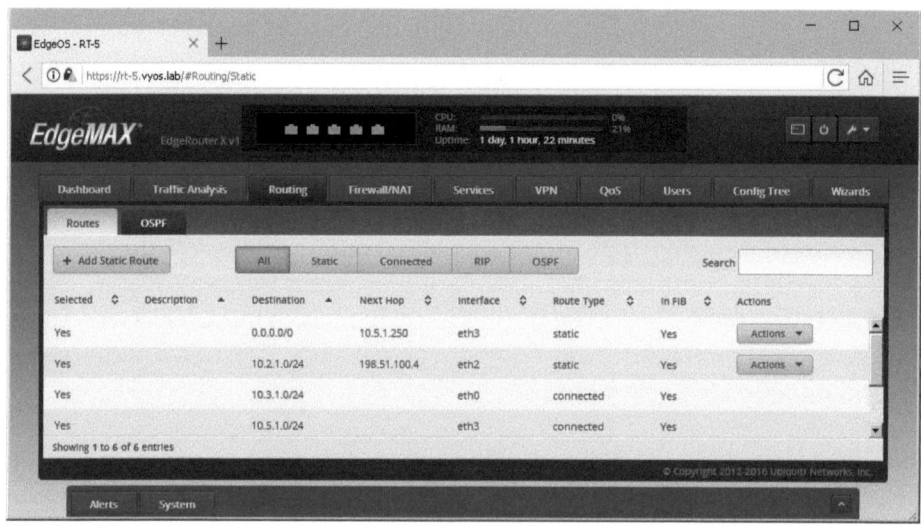

Abbildung 5.1: Die Oberfläche von EdgeMAX zeigt die aktuelle Routingtabelle

Virtuelle LANs

Ein virtuelles LAN (VLAN) ist ein separiertes Netz innerhalb eines Switches oder Routers. VLANs trennen Netze auf der Datalink-Ebene des OSI-Modells. Endgeräte in unterschiedlichen VLANs können über einen Router miteinander kommunizieren. Ohne Router haben die Teilnehmer verschiedener VLANs grundsätzlich keine Verbindung miteinander.
Switche transportieren mehrere VLANs über Trunks zu anderen Switchen oder Routern.
Virtuelle LANs unterstützt VyOS mit virtuellen Interfaces. Wenn auf einem Kabel mehrere VLANs transportiert werden, benötigt VyOS für jedes VLAN ein vorkonfiguriertes Sub-Interface mit der passenden VLAN-Nummer.

Ein transportiertes Paket ohne VLAN-Kennung ist automatisch Mitglied des *Native*-VLANs. Das Prinzip des Native-VLANs unterstützt Netzteilnehmer, die kein Verständnis für virtuelle LANs haben.

Beispielsweise soll VyOS im VLAN 1406 die IPv4-Adresse 10.14.6.3 erhalten und über *eth3* transportieren:

```
set interfaces ethernet <Name> vif <VLAN-Nummer>
set interfaces ethernet eth3 vif 1406 address 10.14.6.3/24
```

Das Native-VLAN wird ohne Angabe von `vif` konfiguriert:

```
set interfaces ethernet <Name> address <IP-Adresse>
set interfaces ethernet eth3 address 10.14.0.3/24
```

Genau wie alle anderen Interfaces wandert die IP-Information der VLAN-Schnittstelle in die Routingtabelle. Im normalen Betrieb und in den Kommandoausgaben wird ein VLAN-Interface mit <Name>.<VLAN-Nummer> angegeben, z. B. *eth3.1406*.

Kapitel 6

Logging

VyOS-Router melden alle möglichen Zustände und Vorgänge und schreiben sie ins Logbuch. Das Spektrum reicht von kleinen Informationen bis zum kritischen Alarm.
Diese Meldungen sind hilfreich für die Fehlersuche und notwendig für die Systemüberwachung.

Fehlersuche

Die letzten zehn Einträge im Logbuch liefert das Kommando

```
show log tail
```

Hilfreich ist auch das kontinuierliche Anzeigen der aktuellen Meldungen. Der Befehl

```
monitor log
```

liefert permanent die neuesten Nachrichten in der Konsole, bis die Darstellung mit Strg-C beendet wird.

- `monitor` folgt der Logdatei und zeigt kontinuierlich die neuesten Einträge an

- `show log` zeigt die Meldungen an und kehrt danach zur CLI zurück

Auf einem vielbeschäftigten Router fliegen die `monitor`-Meldungen nur so durch. Daher akzeptieren beide Varianten die Angabe eines vordefinierten Filters. Gruppiert nach einem Thema liefert `monitor` nur noch Meldungen, die zu einem bestimmten Dienst oder Protokoll gehören. Beispielsweise zeigt

```
monitor protocol ospfv3
```

alle OSPFv3-Meldungen in Echtzeit an. Andere Nachrichten werden geloggt, aber nicht angezeigt.

Hinweis

monitor enthält mehr Bereiche und konzentriert sich aufs Troubleshooting. *show log* zeigt vergangene Einträge und konzentriert sich auf die Recherche, warum etwas vorgestern Abend nicht funktioniert hat.

Die gängigsten Filter für das Echtzeitlogging (`monitor`) und die Loganzeige (`show log`) sind

- dhcp
- dns *
- firewall *
- interfaces
- log
- nat *
- openvpn
- vpn *
- vrrp
- webproxy

Die mit * gekennzeichneten Logfilter erwarten noch weitere Argumente. So erweitert beispielsweise `nat` die Filterfunktion um die Angabe von `source` und `destination` zur Einschränkung nach Quell-NAT und Ziel-NAT (vgl. Kap. 10).
Für eine Liste aller Filterwörter hilft die ?-Taste hinter dem `monitor`-Kommando.

EdgeOS

Die EdgeMAX-Router sind weniger geschwätzig als VyOS und bieten auch weniger Möglichkeiten zum Filtern. Den beliebten Helfer `monitor log` sucht man vergeblich. Mit

```
show log tail
```

zeigt EdgeOS kontinuierlich neue Logmeldungen an. Gefiltert wird mit `|match` und einem beliebigen Suchwort, was natürlich vorher bekannt sein muss. Eine fertige Auswahl mit der ?–Taste gibt es hier nicht.

Die aktuellen Lognachrichten, gefiltert nach *Port* oder *eth*, liefern beispielsweise

```
show log tail | match "Port|eth"
```

Den Wunsch nach besserem Loggen und Filtern erfüllt der entfernte Logging-server, den EdgeOS und VyOS exzellent unterstützen. Auch die Konfiguration ist identisch, wie im nächsten Abschnitt weiter ausgeführt ist.

Zentraler Logging-Server

Eine einfache Übung für VyOS bzw. den Syslog-Dienst, ist das Versenden von Logmeldungen über das Netzwerk. Ein zentraler Rechner empfängt die Nachrichten von allen VyOS-Routern und speichert sie dauerhaft.

Dieser zentrale Loghost kann ein einfacher Syslog-Dienst mit Datei- oder Datenbank-Backend sein. Anspruchsvoller und vielseitiger ist ein Logging-server der den Elastic-Stack [10] nutzt.

Im Zeitalter von *Big Data* und günstigem Speicherplatz dürfen die VyOS-Router alles verschicken, was im System so anfällt. Die Prüfung, Zusammenfassung und Analyse erfolgen im Logserver.

Diese Methode ist besonders interessant für Router ohne Festplatte, da Logeinträge meist im Arbeitsspeicher gehalten werden. Folglich sind die Logs nach einem Reboot weg und können nicht für spätere Analysen oder Nachweise herangezogen werden.

Das Kommando zum Verschicken von Systemmeldungen ist in VyOS und EdgeOS sehr ähnlich. Unter VyOS 1.1.X und EdgeOS beginnt

```
set system syslog host 10.5.1.7 facility all level debug
```

den Transport der Logmeldungen. Ab VyOS 1.2.X ist die Syntax leicht
verändert:

```
set system syslog host 10.5.1.7 facility all level all
```

Wer sich Sorgen über die zusätzliche Netzlast macht, darf gerne die Menge
der Meldungen durch Einschränkungen der Facility und des Levels verringern.

Event Handler

Wirklich wichtige Meldungen gehören auf das Smartphone des verantwort-
lichen Administrators – und zwar in Echtzeit.
Bisher liegen alle Logeinträge im VyOS-Router oder beim zentralen Loghost.
Falls dieser Loggingserver keine Methode zum Versenden von kritischen
Meldungen hat, kann der Event-Handler von VyOS diese Aufgabe übernehmen.
VyOS reagiert auf Ereignisse mithilfe des *event-handler*-Subsystems. Zuerst
wird eine Datenquelle zur Überwachung bestimmt. Üblicherweise besteht
diese Datenquelle aus Syslogmeldungen. Anschließend legt eine Richtlinie
fest, was in den Meldungen gesucht werden soll, um eine Aktion auszulösen.
Die Aktion ist ein Kommandozeilenskript, welches zuletzt eine Nachricht
an den Admin sendet.
Die Richtlinie sucht nicht in älteren Syslogmeldungen nach den Schlagwor-
ten, sondern nur in den Meldungen die aktuell im System geloggt werden.

Ein einfaches Beispiel: Die Datenquelle (`feed`) ist der Syslog-Dienst und
die Meldungen werden einfach an die Richtlinie (`policy`) zur Analyse
übergeben:

```
set system event-handler feed SYSLOG source preset 'syslog'
set system event-handler feed SYSLOG policy 'ALERT'

edit system event-handler policy ALERT event ACCESS_DENIED
set pattern 'access denied'
set pattern 'FAILED LOGIN'
set run '/config/scripts/telegram login failed'
```

Die Richtlinie sucht in den Meldungen nach dem Muster *access denied* und *failed login*. Sobald eines dieser Muster irgendwo in einer Syslog-Nachricht vorkommt, startet das Skript `telegram`. Beispielskripte liefert die VyOS-Installation leider nicht mit.

Die Richtlinie führt das angegebene Skript *jedes Mal* aus, wenn das Suchmuster in einer Syslog-Meldung vorkommt. Das Event-System kann also schnell zur Spam-Schleuder werden, denn eine Ratenlimitierung ist VyOS-seitig nicht vorgesehen.

Für den Empfang am Smartphone genügt ein Socialmedia-Messenger, der einen Nachrichtenversand über die Kommandozeile erlaubt, wie beispielsweise *Telegram* [11]. Das Beispiel in Listing 6.1 erwartet einen API-Key und eine Chat-ID, die Telegram nach Einrichtung eines Chatbots preisgibt.

Das Event-Handler–System von VyOS ist vielseitig: Die Datenquelle kann auch das Ergebnis eines Kommandos oder Skripts sein. Die Suchwörter können reguläre Ausdrücke sein und als Aktion ist grundsätzlich alles möglich, was sich in ein Skript packen lässt.

Handler Skript

Die Policy führt jedes beliebige Kommando über das Linux-Betriebssystem aus. Der Aufruf und das dahinterliegende Skript müssen syntaktisch korrekt sein und sollten auch bei Programmfehlern sinnvoll terminieren.
Die Auswahl der Programmiersprache reicht von einfachem Shell-Skript über Perl bis zu Python. Weitere Sprachen sind möglich, wenn das Programm vorkompiliert ist.
Listing 6.1 zeigt ein simples Bash-Skript zum Senden von Meldungen zum Gesprächspartner beim *Telegram*-Messenger. Die Angaben von API-Key und Chat-ID sind beispielhaft und müssen zur eigenen Telegram-App passen.

Das Skript eignet sich auch zum Überwachen der Internetleitungen aus Kapitel 27 *Lastverteilung*. Die alarmierenden Meldungen von den Lab-Routern an die Smartphone-App zeigt Abbildung 6.1.

```
#!/bin/bash
API_KEY="327991982:AAEqYX0Bbt62Qd4nomAkPvo0CESQJwbL5Fc"
CHAT_ID=271717486
HOSTNAME='/bin/hostname'
MESSAGE="$@"

# Skript wird fuer Alarmierung der Lastverteilung benutzt
if [ ! -z "$WLB_INTERFACE_STATE" ] ; then
  MESSAGE="$MESSAGE%0AInterface $WLB_INTERFACE_NAME \
          $WLB_INTERFACE_STATE"
fi

/usr/bin/curl --data "chat_id=$CHAT_ID&text=$@" \
  --insecure https://api.telegram.org/bot$API_KEY/sendMessage
```

Listing 6.1: VyOS sendet kurze Logmeldungen als Chatbot an Telegram

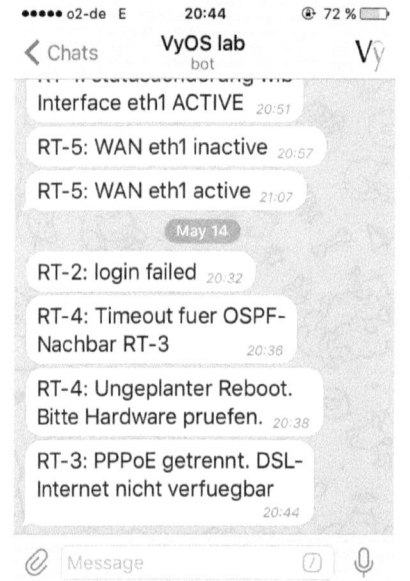

Leider beinhaltet die versendete Meldung nicht die Originalzeile von Syslog, sodass nur der vorher festgelegte Text das Smartphone erreicht. Eine Meldung wie *Interface down* ist weniger kritisch, wenn es sich um das Management-Interface handelt als um die primäre WAN-Schnittstelle.

In Kapitel 33 bohren wir den Dienst

```
/usr/bin/eventwatchd
```

etwas auf, um präzisere Fehlerbeschreibungen zu verschicken.

Abbildung 6.1: Wichtige Nachrichten schickt ein VyOS-Router direkt aufs Smartphone

Teil II

Für Fortgeschrittene

Kapitel 7

IP Version 6

Das IP-Protokoll in der Version 4 hat zwar einen recht großen Adressraum, aber eine ungünstige Mischung aus Verschwendung und Nachfrage führte dazu, dass die letzten freien IPv4-Adressen 2015 aufgebraucht waren.
Dass dieser Tag kommt, war schon vor 20 Jahren absehbar und damit begann langsam die Entwicklung einer verbesserten Nachfolgeversion mit der Zahl 6 (Die Ziffer 5 hatte sich bereits ein Streamingprotokoll reserviert). Kurz darauf begannen die ersten Tests, die 2005 erfolgreich endeten. Seitdem hält IPv6 Einzug in die Betriebssysteme der Router, Firewalls, Computer und Smartphones.

Grundlagen

Dieses Buch ist kein Leitfaden für die Migration zu IP Version 6 – daher die Grundlagen und Unterschiede in Kürze.
Die Adressen werden länger. Während eine IPv4-Adresse 32 Bits einnimmt, wächst die IPv6-Adresse auf 128 Bits. Um die neuen Adressen einigermaßen lesbar zu gestalten, wird die Adresse in acht 16-Bit-Blöcke (*Quartett*) aufgeteilt und als hexadezimale Zahl geschrieben. Zwischen den Quartetten kommt ein Doppelpunkt um deutlich vom IPv4-Trennzeichen, dem Punkt, zu unterscheiden. Eine Umrechnung von IPv4 zu IPv6 gibt es nicht; IPv6-Adressen erhalten eine neue Bedeutung, die sich grob an Tabelle 7.1 orientiert.

Eine vollständige IPv6-Adresse könnte so aussehen:

2001:0db8:0002:0000:0000:0000:0000:0001

Genau wie bei IPv4 und in der Mathematik, dürfen führende Nullen weggelassen werden. Die Adresse reduziert sich zu

2001:db8:2:0:0:0:0:1

Weiter gehts mit mehreren Quartetten, die nur aus Nullen bestehen. Diese
dürfen durch zwei Doppelpunkte ersetzt werden. Damit wird die Adresse
erneut kürzer:

2001:db8:2::1

Die Subnetzmaske von IPv4 taucht bei IPv6 als Präfixlänge wieder auf. Die
Bedeutung ist dieselbe: Sie trennt Routingpräfix, Subnetz und Interface-
Identifier.
Die letzten 64-Bits der Adresse sind die *Interface ID* und gehören zu einer
Netzwerkkarte. Die ersten 64-Bits werden hierarchisch von der globalen
Registrierungsstelle an die Internet Server Provider (ISP) vergeben, welche
die IPv6-Bereiche weiter unterteilen und damit ihre Kunden versorgen.
Beim Endkunden kommt also ein Präfix zwischen /48 (großzügiger ISP,
Abbildung 7.1) und /56 (sparsamer ISP) an.

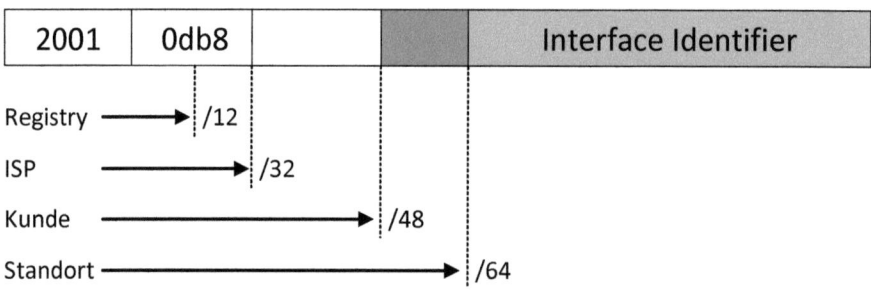

Abbildung 7.1: Hierarchische Vergabe der IPv6-Bereiche

Diese streng hierarchische Vergabe der Adressen ist ein erklärtes Ziel von
IPv6 und hilft den Backbone-Providern, die Routingtabellen ihrer Geräte
effizient und übersichtlich zu halten.

Die Geräte im Labornetz benutzen reservierte Adressen für Dokumentation und *Unique Local*-Adressen, die etwa den privaten Adressen von IPv4 entsprechen. Damit kollidieren Laborgeräte nicht mit produktiven Routern, auch wenn die Netze versehentlich verbunden sind.

Typ	IPv6-Bereich
Globale Unicast-Adressen	2000::/3
Unique Local Unicast	fc00::/7
Link-Local Unicast	fe80::/10
Multicast	ff00::/8
Dokumentation	2001:db8::/32

Tabelle 7.1: Reservierte Bereiche mit IPv6-Adressen

Damit ist die Architektur von IPv6 kurz erläutert. Basierend auf diesem Konzept müssen die Entwickler auch alle Protokolle anpassen oder Neue entwickeln, die eng mit IP zusammenarbeiten. Dazu gehören DNS, DHCP, alle Routingprotokolle, ICMP oder ARP, dass bei IPv6 als *Neighbor Discovery Protocol* zusätzliche Aufgaben bekommt.

Laboraufbau

Der Aufbau zu diesem Kapitel ist mutig, denn er verzichtet auf IPv4 (außer beim Management-Interface). Das Lab konzentriert sich auf IPv6-Adressen, IPv6-Routen und SSH-Login bei VyOS und EdgeOS.
Damit ist die Basis geschaffen, um weitere Features auf IPv6-Tauglichkeit zu untersuchen, wie beispielsweise die Firewall (Kapitel 8), ein dynamisches Routingprotokoll (Kapitel 11) oder NetFlow (Kapitel 21).
In diesem Laborszenario nehmen alle Router und Clients teil, damit sie eine IPv6-Grundeinrichtung haben.

Die Konfiguration teilt sich in die Zuweisung einer IPv6-Adresse pro Netzadapter und die Einrichtung der notwendigen IPv6-Routen. Die Befehle dafür unterscheiden sich nicht wesentlich von IPv4. Am Beispiel von Router RT-1 und der ersten Netzwerkkarte *eth0* gelingt die Zuweisung der Adresse fd00:1::1 mit dem einzelnen Befehl

```
set interfaces ethernet eth0 address fd00:1::1/64
```

Der VyOS-Kommandointerpreter erkennt selbstständig, dass es sich um eine Adresse im IPv6-Format handelt und kümmert sich nach einem `commit` um die Bereitstellung. Die Präfixlänge ist stets /64 um unnötige Komplexität zu vermeiden.

Die restlichen Interfaces erhalten eine IPv6-Adresse aus der Laborbeschreibung in Kapitel 1. In Tabelle 1.1 auf Seite 28 sind alle Adressen der Geräte aufgeführt. Für Router RT-1 ergibt sich die Konfiguration:

```
edit interfaces
set ethernet eth0 address fd00:1::1/64
set ethernet eth1 address 2001:db8:2::1/64
set ethernet eth2 address fd00:4::1/64
set ethernet eth3 address fd00:5::1/64
set ethernet eth4 address 2001:db8:1::1/64
exit
```

Damit ist die IPv6-Adressierung fertig und VyOS legt automatisch Routen in die angeschlossenen Netze an. Für alle weiteren Netzbereiche müssen statische Routen her oder der Router lernt diese Präfixe automatisch von seinen Nachbarn. Mit dieser Form des dynamischen Routings beschäftigt sich Kapitel 11.

Für eine statische Route erwartet VyOS mit `route6` den verbindlichen Hinweis auf ein IPv6-Netz. Ansonsten ist die Angabe vom Zielnetz und nächsten Hop gleichbedeutend mit IPv4.

Neben den Angaben zu den anderen Standortnetzen benötigt RT-1 nur noch eine Standardroute und hat anschließend ein vollständiges Bild der IPv6-Netze im Labornetz. Die Standardroute schreibt sich in der IPv6-Welt schlicht ::/0 und ist damit ausnahmsweise kürzer als ihr IPv4-Pendant.

```
edit protocols static
set route6 ::/0 next-hop 2001:db8:2::6
set route6 ::/0 next-hop 2001:db8:1::6 distance 5
set route6 fd00:2::/64 next-hop 2001:db8:2::3
set route6 fd00:3::/64 next-hop 2001:db8:1::5
set route6 fd00:3::/64 next-hop 2001:db8:2::5 distance 5
exit
```

Als Adresse für den Nachbarrouter darf auch die *Link-local*–Adresse stehen, so wie es bei automatisch gelernten Routen üblich ist. Da jeder Netzbereich ähnliche Link-local–Adressen hat, muss das passende Interface mit angegeben sein.

```
set protocols static route6 ::/0 \
  next-hop fe80::222:b0ff:fe06:606 interface eth1
```

Wenn mehrere Pfade in ein Zielnetz führen, bietet es sich an, den schwächeren Weg zur Backuproute zu degradieren. Dieser bekommt eine schlechtere *Administrative Distanz* mit einem höheren Zahlenwert. Die Route ohne Angabe der distance hat eine Distanz von 1 und ist damit besser als die Backuproute mit Angabe der Distanz von 5. Diese Aufteilung bedeutet *nicht*, dass über beide Routen im Verhältnis 1 zu 5 lastverteilt wird. Die Idee dieser *floating static route* funktioniert genau wie bei IPv4 und ist in Kapitel 5 genauer beschrieben.

Damit ist die Routingtabelle bestückt mit allen IPv6-Netzen der Laborumgebung. VyOS offeriert seine IPv6-Routingbasis mit dem Kommando show ipv6 route und listet die Pfade:

```
Codes: K - kernel route, C - connected, S - static, O - OSPFv3,
       I - ISIS, B - BGP, * - FIB route.

S>* ::/0 [1/0] via 2001:db8:2::6, eth1
S   ::/0 [5/0] via 2001:db8:1::6, eth4
C>* ::1/128 is directly connected, lo
C>* 2001:db8:1::/64 is directly connected, eth4
C>* 2001:db8:2::/64 is directly connected, eth1
C>* fd00:5::/64 is directly connected, eth3
C>* fd00:1::/64 is directly connected, eth0
S>* fd00:2::/64 [1/0] via 2001:db8:2::3, eth1
S   fd00:3::/64 [5/0] via 2001:db8:2::5
S>* fd00:3::/64 [1/0] via 2001:db8:1::5, eth4
C>* fd00:4::/64 is directly connected, eth2
C * fe80::/64 is directly connected, eth3
C * fe80::/64 is directly connected, eth1
C * fe80::/64 is directly connected, eth0
C * fe80::/64 is directly connected, eth4
C>* fe80::/64 is directly connected, eth2
```

Clients

Die populären Client-Betriebssysteme haben gute Unterstützung für IPv6 und die Einrichtung erfolgt meist bequem über eine grafische Methode. Selbst beim angestaubten Windows XP hat Microsoft noch Unterstützung für IPv6 eingebaut, wenn auch abseits der GUI. Windows XP ist zwar lange abgekündigt, hat aber deutlich geringere Anforderungen an die Hardware und ist damit ein sparsamer Begleiter in begrenzten Laborumgebungen. Wenn der Rechner CL-2 in Standort 2 tatsächlich mit Windows XP läuft, kommen die IPv6-Fähigkeiten mit dem `netsh`-Kommando:

```
ipv6 install
netsh interface ipv6 add address "LAN" fd00:2::25
netsh interface ipv6 add route ::/0 "LAN" fd00:2::3
```

Danach hat der Windows XP-Client eine IPv6-Adresse und eine Standardroute zum Router RT-3, was für den Einsatz im Labornetz ausreichend ist.

Verbindungen

Sobald alle Router mit ihren IPv6-Adressen und -Routen versorgt sind, können sich die Clients untereinander erreichen. Mit `ping6` prüft der Client in Standort-1 die Verbindung zu den anderen Rechnern und Routern, aber erst `traceroute6` zeigt, welchen Weg das IPv6-Paket nimmt:

```
root@cl-1 ~> traceroute6 -In fd00:2::25
traceroute to fd00:2::25 (fd00:2::25), 30 hops max, 80 byte pkts
 1   fd00:1::1   2.144 ms   0.428 ms   0.436 ms
 2   2001:db8:2::3   3.659 ms   4.022 ms   3.992 ms
 3   fd00:2::25   16.704 ms   16.686 ms   16.686 ms

root@cl-1 ~> traceroute6 -In fd00:3::25
traceroute to fd00:3::25 (fd00:3::25), 30 hops max, 80 byte pkts
 1   fd00:1::1   2.211 ms   0.452 ms   0.418 ms
 2   2001:db8:1::5   2.159 ms   2.176 ms   2.147 ms
 3   fd00:3::25   1.543 ms   1.500 ms   2.213 ms
```

EdgeOS

Das Betriebssystem EdgeOS ist auf demselben IPv6-Entwicklungsstand wie VyOS. Als zusätzlichen Komfort lassen sich die IPv6-Adressen der Netzadapter auch über die Web-GUI einrichten, allerdings sind statische Routen nur über die Kommandozeile möglich.

Beim Troubleshooting unterscheidet die EdgeOS-CLI zwischen ping für IPv4-Adressen und ping6 für IPv6-Adressen. Dasselbe gilt für traceroute und traceroute6. Die EdgeMAX-Router orientieren sich mit diesem Verhalten am darunterliegenden Linux. VyOS orientiert sich eher an Cisco und akzeptiert bei ping und traceroute sowohl IPv4- als auch IPv6-Adressen. Diese Unterscheidung ist unkritisch, aber es ist verwirrend, wenn EdgeOS einen simplen ping mit der Fehlermeldung

```
ping: unknown host 2001:db8:8::1
```

zurückgibt, nur weil es ein ping6 erwartet hätte.

Kapitel 8

Firewall

Eine Firewall ist kein einzelnes Gerät, sondern ein Konzept! Das erklärte Ziel dieses Konzepts ist die Sicherheit zwischen Computernetzen, um Zugriffe zu kontrollieren und Angriffen so lange wie möglich Stand zu halten.

Umgesetzt wird das Sicherheitssystem meist mit Paketfiltern, Anwendungsgateways (Proxy), entmilitarisierter Zone, Verschlüsselung und Logging. Ob die Adressumsetzung im Sinne von NAT (vgl. Kap. 10) zur Steigerung der Sicherheit beiträgt, ist umstritten.

Vereinfacht ausgedrückt: Router verbinden Computernetze, Firewalls trennen sie.

Für ein erhöhtes Maß an Sicherheit können auch große Geschütze aufgefahren werden: Systeme zum Erkennen und Verhindern von Einbrüchen suchen im internen Netz nach Paketen, die aufgrund des Regelwerks dort gar nicht sein dürfen.

Beliebt ist auch der Honeypot, welcher ein realistisch aussehendes Netz nachbaut. Genau wie eine Filmkulisse, die aussieht wie eine echte Straßenszene. Der Honeypot lenkt den Angreifer von den wirklichen Zielen ab und erlaubt Angriffsmuster zu studieren.

Allgemein ist der Begriff *Firewall* nicht mit dem Sicherheitskonzept belegt, sondern wird synonym mit *Paketfilter* verwendet. Daher bezeichnet das folgende Kapitel den einzelnen VyOS-Router und sein Regelwerk als *Firewall*.

VyOS als Firewall

Ein Paketfilter besteht aus mehreren Regeln, die IP-Pakete klassifizieren. Jede Regel hat eine oder mehrere Bedingungen, zu denen das Paket passen muss, um weiter bearbeitet zu werden. Sobald ein Paket zu einer Regel passt, wird die hinterlegte Aktion ausgeführt und das Paket wird weitergeleitet oder verworfen.

Diese Beschreibung trifft grundsätzlich auf alle Paketfilter zu. Die Anbieter von Firewalls unterscheiden sich äußerlich dadurch, wie das Regelwerk konfiguriert wird und wie granular die Regeln sein können.

VyOS hat ein durchnummeriertes Regelwerk mit dem *First Match*-Prinzip. Die Prüfung des IP-Pakets beginnt bei der ersten Regel und endet, sobald eine der Regeln zutrifft. Wenn keine passende Regel dabei ist, gibt es noch die Standardprozedur, die alles verwirft oder alles erlaubt.

Das fertige Regelwerk filtert nichts, solange es nicht an ein Interface gebunden ist und sich für eine Richtung (eingehend, ausgehend oder lokal) entschieden hat.

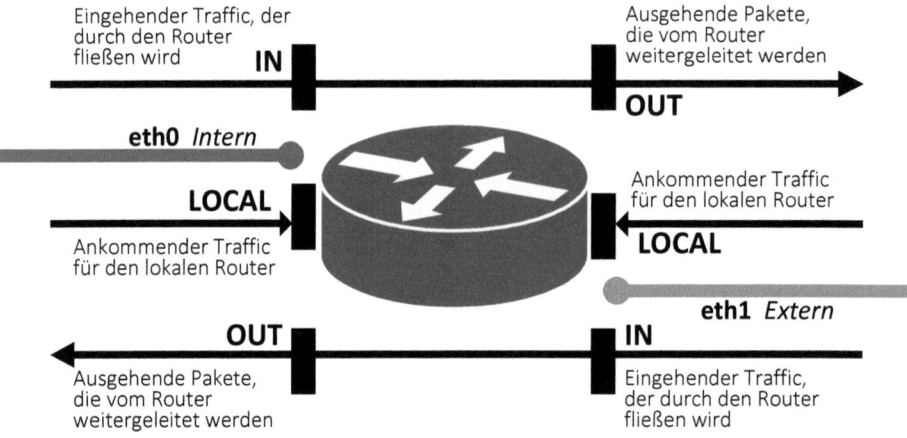

Abbildung 8.1: Das Regelwerk wirkt an unterschiedlichen Stellen

Filter in eingehender Richtung mit dem Schlüsselwort in untersuchen Pakete, die an diesem Interface den Router betreten und *durch* den Router zu einem entfernen Netz fließen sollen. In ausgehender Richtung filtert eine Policy mit out alle Pakete, die durch den Router gewandert sind und über das Interface versendet werden sollen. Die Richtung local behandelt alle Pakete, die für den Router bestimmt sind und nicht weitergeschickt werden. Ein starkes Regelwerk und dieses Schlüsselwort beschützen die Zugänge zum Router und werden in Kapitel 31 weiter ausgeführt. Die Wirkungsrichtung der Regelwerke zeigt Abbildung 8.1.

Es spricht nichts dagegen, mehrere Regelwerke zu erstellen, die zu den verschiedenen Netzadaptern passen und unterschiedliche Sicherheitsanforderungen umsetzen. Beispielsweise sollte das Interface mit Kontakt zum Internet deutlich strengere Regeln umsetzen als der LAN-Adapter.

---

drop und reject?

VyOS unterscheidet zwischen *drop* und *reject* für unerwünschte Verbindungen. Beide Aktionen blockieren: *drop* verwirft das Paket stillschweigend, während *reject* es zwar auch verwirft, aber den Sender darüber per ICMP informiert.

Grundsätzlich verwendet man *drop* für feindliche Netze (Internet), damit kein Antwortpaket generiert wird, welches Informationen verraten oder zu einem DDoS-Angriff beitragen könnte. Für freundliche Netze (LAN, WiFi) eignet sich *reject*, damit die Clients sofort Bescheid wissen und der Anwender nicht lange auf ein Timeout warten muss.

Laboraufbau

Firewallregeln mit mehreren Interfaces in beiden Richtungen können lang und komplex werden. Daher reicht bereits eine kleine Auswahl an Routern, um die Möglichkeiten der VyOS-Firewall zu untersuchen.

Router RT-1 wird zur Firewall befördert und filtert zwischen seinem Standortnetz hinter *eth0*, der DMZ an *eth2* und beiden Internetzugängen bei *eth1* und *eth4*.

Router RT-core wird zu einem Client degradiert, der den Zugriff auf die Firewall RT-1 über die WAN-Netze prüfen soll.

Einen Blick in die Firewall von EdgeOS bietet Router RT-5, der ähnliche Filter wie RT-1 erhält.

Einfache Firewall

Bevorzugt schützt ein Paketfilter die Interfaces, die ins Internet gucken. Bei RT-1 sind das die Adapter *eth1* und *eth4*. Das kleine Regelwerk in Listing 8.1 soll nur eingehende Verbindungen auf TCP-Port 80 (http) und ICMP erlauben.

```
1   set firewall name WAN-IN rule 10 state established enable
2   set firewall name WAN-IN rule 10 state related enable
3   set firewall name WAN-IN rule 10 action accept
4   set firewall name WAN-IN rule 20 protocol icmp
5   set firewall name WAN-IN rule 20 action accept
6   set firewall name WAN-IN rule 80 protocol tcp
7   set firewall name WAN-IN rule 80 destination port 80
8   set firewall name WAN-IN rule 80 action accept
9   set firewall name WAN-IN default-action drop
10
11  set interfaces ethernet eth1 firewall in name WAN-IN
12  set interfaces ethernet eth4 firewall in name WAN-IN
```

Listing 8.1: Firewall für RT-1 erlaubt eingehend ICMP und TCP-Port 80

Die Regel 20 besteht aus der Bedingung „muss ein ICMP-Paket sein" (Zeile 4) und der Aktion *akzeptieren* (Zeile 5). Bei Regel 80 müssen beide Bedingungen „muss ein TCP-Paket sein" (Zeile 6) und „Zielport muss 80 sein" (Zeile 7) erfüllt sein, damit es zur Aktion in Zeile 8 kommt.
Eine besondere Bedeutung hat Regel 10, denn sie bewirkt, dass eingehende Pakete akzeptiert werden, die zu einer bestehenden Verbindung gehören. Damit wird VyOS zur zustandsgesteuerten Firewall (engl. stateful packet inspection) und alle *Antwort*pakete durchlaufen Regel 10. Praktisch verringert das den Konfigurationsaufwand und erschwert einem Angreifer den Erfolg mit gefälschten Antwortpaketen.
Wenn keine der Regeln erfüllt ist, übernimmt Zeile 9 die Initiative und verwirft das Paket aufgrund der Aktion *drop*.

Dieses Regelwerk mit dem Namen *WAN-IN* schützt den Verkehr der Netzadapter (Zeilen 11 und 12) in *ein*gehender Richtung anhand der Betriffe `firewall in`.

Wenig überraschend verschwindet eine einzelne Firewallregel mit

```
delete firewall name WAN-IN rule 20
```

und das komplette Regelwerk mit

```
delete firewall name WAN-IN
```

Für kritische Änderungen, die die Erreichbarkeit des Routers gefährden, gibt es eine besondere Form des `commit`. Mit `commit-confirm` wird die geplante Änderung *vorübergehend* aktiviert. Nur wenn der Admin mit dem Ergebnis zufrieden ist, bleibt die neue Firewallkonfiguration bestehen – ansonsten geht es per Reboot zurück zum alten Stand. Mehr zum Kommando `commit-confirm` folgt in Kapitel 31.

Kontrolle

Die Effektivität der Firewall lässt sich lokal auf dem Router mithilfe von show-Kommandos prüfen.

```
vyos@RT-1:~$ show firewall name WAN-IN

IPv4 Firewall "WAN-IN":
 Active on (eth1,IN) (eth4,IN)

rule  action   proto      packets  bytes
----  ------   -----      -------  -----
10    accept   all        53       4487
   condition - saddr 0.0.0.0/0 daddr 0.0.0.0/0 state REL.,ESTABL.

20    accept   icmp       2        168
   condition - saddr 0.0.0.0/0 daddr 0.0.0.0/0

80    accept   tcp        9        540
   condition - saddr 0.0.0.0/0 daddr 0.0.0.0/0 tcp dpt:80

10000 drop     all        2        168
   condition - saddr 0.0.0.0/0 daddr 0.0.0.0/0
```

Die Ausgabe entspricht dem Regelwerk *WAN-IN*, welches die gewünschten Interfaces in eingehender Richtung prüft. Wenn Traffic durch die Regeln läuft, steigen die Werte in den Spalten *packets* und *bytes*.
Regel 10000 ist das Pendant zur `default-action` und hat die passende Aktion `drop`. Wenig verwunderlich haben sogar ein paar Pakete diese Regel getroffen und wurden ohne Ankündigung verworfen.

Eine bessere Kontrolle ist eine Verbindung von einem Client, welche bei Interface *eth1* oder *eth4* ankommt und auf die Firewall trifft. Direkt benachbart ist RT-core, der mit `ping` und `curl` bestens ausgestattet ist. Geprüft wird eine Maschine, die sich *hinter* der Firewall RT-1 befindet, denn dieses Regelwerk prüft keine Pakete, die für den VyOS-Router selber bestimmt sind. Der Laborserver mit IPv4 10.4.1.7 erfüllt genau diesen Wunsch.
Jetzt prüft RT-core mit dem bekannten `ping` und der Angabe, über welche eigene IP-Adresse er den Server erreichen möchte. Damit erreichen die `ping`-Pakete die Firewall über beide WAN-Interfaces und sollten bei ihrem Ziel ankommen.

```
ping 10.4.1.7 interface 192.0.2.6
ping 10.4.1.7 interface 198.51.100.6
```

Das `ping`-Kommando akzeptiert als Argument auch den *Namen* des Interfaces, allerdings umgeht diese Methode die Routingtabelle und schickt das ICMP-Paket ins lokale Netz. Als Ergebnis kommen die Pakete nicht mal bei RT-1 an, weil sich im IP-Netz von 192.0.2.0/24 niemand für 10.4.1.7 verantwortlich fühlt.
Auf dieselbe Art vollführt das Kommando `curl` Webzugriff auf Port 80, welcher ebenso gelingen sollte.

```
curl --interface 192.0.2.6    http://10.4.1.7
curl --interface 198.51.100.6 http://10.4.1.7
```

Als letzter Test versucht RT-core eine Verbindung, die per Firewall verboten ist, z. B. ein SSH-Login. Auf

```
ssh root@10.4.1.7
```

darf kein Loginprompt erscheinen, da SSH-Pakete im Regelwerk *WAN-IN* nicht erwähnt sind, und der Türsteher `default-action` sie zurückweisen muss.

Erweiterte Firewall

Eine effiziente Firewall reagiert auf Datenpakete, *bevor* sie das Netz betreten oder verlassen. Um die Komplexität überschaubar zu halten, agieren die verschiedenen Regelwerke nur in eingehender Richtung. Auf diese Art operieren auch die Firewalls *pfSense* und *m0n0wall*, die im Open-Source-Bereich hohe Popularität genießen.

Für unser Beispiel erhält die Laborfirewall RT-1 die geänderte Richtlinie:

1. Internet-Zugriff vom LAN ist grundsätzlich erlaubt

2. Einzelne kritische Clients im LAN dürfen nicht ins Internet

3. Zugriff auf den DMZ-Server über Ports 22, 80, 443 erlauben

Es beginnt mit einem Basis-Regelwerk für alle Interfaces und der passenden `default-action`. Für Antwortverkehr vom LAN und von der DMZ ist die globale Policy in den Zeilen 1 bis 3 verantwortlich.

```
set firewall state-policy established action accept
set firewall state-policy related action accept
set firewall state-policy invalid action drop

set firewall name LAN-IN default-action accept
set firewall name DMZ-IN default-action drop
set firewall name WAN-IN default-action drop

set interfaces ethernet eth0 firewall in name LAN-IN
set interfaces ethernet eth2 firewall in name DMZ-IN
set interfaces ethernet eth1 firewall in name WAN-IN
set interfaces ethernet eth4 firewall in name WAN-IN
```

Damit wäre Anforderung 1 erfüllt, da die `default-action` im LAN alles erlaubt. Aufgrund von Richtlinie 2 kommen ein paar Maschinen aus dem LAN nicht in den Genuss von freiem Internet und erhalten ein Verbot durch die neue Regel 10 aus Listing 8.2 auf Seite 94:

Die Bedingung besteht aus einer Gruppe von IP-Adressen und der Aktion `reject`, die den Traffic freundlich und mit Antwort zurückweist. Ebenso lässt sich die Anforderung durch drei Regeln mit jeweils einer Adresse umsetzen.

Neben den Adressgruppen hat VyOS noch Netzgruppen und Portgruppen,

```
set firewall group address-group LAN-SERVER address 10.1.1.115
set firewall group address-group LAN-SERVER address 10.1.1.201
set firewall group address-group LAN-SERVER address 10.1.1.33
set firewall name LAN-IN rule 10 source group \
  address-group LAN-SERVER
set firewall name LAN-IN rule 10 action reject
```

Listing 8.2: Zusammenfassung von mehreren Adressen zu einer Gruppe

die sich sehr gut eignen, wenn *viele* Adressen, Netze oder Ports zu einer Regel gehören.

Zuletzt wird für Anforderung 3 die *WAN-IN*–Regel aufgebohrt, sodass die Ports durch die Firewall den DMZ-Server an 10.4.1.7 erreichen.

```
set firewall name WAN-IN rule 20 action accept
set firewall name WAN-IN rule 20 destination address 10.4.1.7
set firewall name WAN-IN rule 20 destination port 22,80,443
set firewall name WAN-IN rule 20 protocol tcp
```

Zonenbasierte Firewall

Wenn die Hardware viele Netzadapter, VLAN-Interfaces oder VPN-Tunnel bedient und darüber filtert, ist die zonenbasierte Firewall ein gut skalierender Ansatz: Jedes Interface gehört zu einer Zone. Die Regelwerke wirken auf die Zonen und damit auch auf den Netzverkehr der Interfaces. Die Syntax der Firewallregeln bleibt unverändert, sodass eine interfacebasierte Firewall in Zonen umgebaut werden kann (und umgekehrt).

Sobald ein Interface zu einer Zone gehört, muss eine Firewallregel für jede Richtung vorhanden sein. Ein fehlendes Regelwerk blockiert alle Verbindungen von/zu allen Interfaces dieser Zone.

Die Namen der Zonen sind frei wählbar. Mit leicht verständlichen Namen hat es die Firewalldistribution *IPCop* vorgemacht:

- ROT: Internet oder nicht-vertrauenswürdiges Netz

- GRÜN: internes Netz, das beschützt werden soll

- ORANGE: separates Netz mit öffentlich erreichbaren Servern; DMZ

- BLAU: lokales WiFi-Netz

Die vollständige Konfiguration der Firewall im Zonen-Modus ist für die Laborumgebung überdimensioniert, daher folgt nur ein Beispiel für den Router RT-1 mit drei Zonen bzw. Farben:

```
set zone-policy zone GRUEN   interface eth0
set zone-policy zone ORANGE interface eth2
set zone-policy zone ROT     interface eth1
set zone-policy zone ROT     interface eth4
```

Die Zonen benötigen jetzt ihre Regelwerke, um untereinander Traffic zu erlauben:

```
set zone-policy zone GRUEN   from ORANGE firewall name ORANGE_GRUEN
set zone-policy zone GRUEN   from ROT    firewall name ROT_GRUEN
set zone-policy zone ORANGE from GRUEN  firewall name GRUEN_ORANGE
set zone-policy zone ORANGE from ROT    firewall name ROT_ORANGE
set zone-policy zone ROT     from GRUEN  firewall name GRUEN_ROT
set zone-policy zone ROT     from ORANGE firewall name ORANGE_ROT
```

In die Regelwerke gehören noch die einzelnen Regeln mit Quell- oder Zieladresse, Portnummer und Aktion, die zwischen den jeweiligen Zonen gestattet sind. Beispielsweise regelt die Firewall ROT_ORANGE den Zugriff vom Internet (Zone ROT) auf die DMZ (Zone ORANGE) mit einem Regelwerk ähnlich Listing 8.1.

Die zonenbasierte Firewall ist restriktiv und eignet sich besonders für Systeme mit hohem Sicherheitsniveau oder vielen Interfaces.

IP Version 6

Die Unterschiede von IPv4 und IPv6 (vgl. Kap. 7) sind markant, aber der Schutzbedarf ist für beide Internet-Protokolle derselbe. VyOS versucht die Konfiguration der Firewall-Regelwerke für IPv6 ähnlich wie bei IPv4 zu gestalten; Mit Erfolg, denn abgesehen vom Adressformat wird den Schlüsselwörtern *name* lediglich ein *ipv6-* vorangestellt. Leider dürfen die Richtlinien nicht denselben Namen haben, aber so ist eine Unterscheidung der Protokolle deutlicher. Listing 8.3 veranschaulicht die Ähnlichkeit der Firewallregeln beider IP-Versionen.

```
1  set interfaces ethernet eth4 firewall in      name WAN-IN
2  set interfaces ethernet eth4 firewall in ipv6-name WAN6-IN
3  set zone-policy zone GRUEN from ROT firewall      name ROT-GRUEN
4  set zone-policy zone GRUEN from ROT firewall ipv6-name ROT-GRUEN
5  set firewall      name WAN-IN  default-action drop
6  set firewall ipv6-name WAN6-IN default-action drop
```

Listing 8.3: Firewallregeln für IPv4 und IPv6

Trotz dieser Gemeinsamkeiten sind die Regelwerke von IPv4 und IPv6 unabhängig voneinander. Ein erlaubter TCP-Port in der Firewall von IPv4 ist nicht automatisch bei IPv6 erlaubt. Bei Änderungen müssen stets beide Regelwerke modifiziert werden.

Beim Konfigurieren von Port-, Host- oder Netz-Gruppen (vgl. Abschnitt *Erweiterte Firewall* auf Seite 93) fällt auf, dass diese für IPv6-Regelwerke nicht zur Verfügung stehen. Wenn der Zugriff auf *mehrere* IPv6-Adressen oder -netze gelten soll, müssen mehrere Regeln erstellt werden.

Logging

Protokollierung ist der ideale Begleiter bei der Fehlerfindung oder wenn Nachweispflicht gefordert wird. Per Voreinstellung ist VyOS recht stumm; die Logfunktion muss pro Regel eingeschaltet werden.

Über Verbindungen von Regel 20 der Richtlinie *WAN-IN* soll beispielsweise genau Buch geführt werden. Dieser Wunsch wird Wirklichkeit durch das Kommando

```
set firewall name WAN-IN rule 20 log enable
```

Einblick ins Logbuch liefert der Befehl

```
monitor firewall name WAN-IN
```

und zeigt Meldungen wie

```
Firewall-WAN-IN: [ 7343.595068] [WAN-IN-20-A] IN=eth4 OUT=eth2
 MAC=00:22:b0:01:07:01:00:22:b0:06:07:06:08:00 SRC=198.51.100.6
 DST=10.4.1.7 LEN=60 TOS=0x00 PREC=0x00 TTL=63 ID=37048 DF
 PROTO=TCP SPT=37025 DPT=80 WINDOW=29200 RES=0x00 SYN URGP=0
```

Der Logeintrag beinhaltet Namen und Position innerhalb des Regelwerks und enthält die wichtigsten Informationen aus Ethernet- und IP-Header. Logdateien liegen auf der lokalen Festplatte und wachsen. Wenn die Fehlersuche beendet ist, kann VyOS mit

```
set firewall name WAN-IN rule 20 log disable
```

wieder verstummen.

Wenn die Verbindungen interessant sind, die von der Default-Regel behandelt werden, kann auch diese Regel mit

```
set firewall name WAN-IN enable-default-log
```

zum Sprechen gebracht werden. Leider loggt VyOS die Meldungen nicht in dieselbe Datei wie die Pro-Regel–Logs, sodass ein anderes Kommando für die Auswertung zuständig ist.

```
monitor log | match default
```

Das Format ist allerdings dasselbe, nur hat der Eintrag keine Regelnummer und wird als *WAN-IN-default* gelistet.

Bei Firewalls gehört es zum guten Ton, dass Logeinträge an einen vertrauenswürdigen Logserver geschickt werden. Damit kann bei einem Einbruch wenigstens nachvollzogen werden, welche Wege der Angreifer genommen hat. Denn Logs von einem kompromittierten System sind nicht mehr vertrauenswürdig.
Die Konfiguration zum Versand von Firewallmeldungen unterscheidet sich nicht von anderen Systemmeldungen. VyOS informiert mit

```
set system syslog host 10.4.1.7 facility all level debug
```

den Loghost 10.4.1.7 über alle Ereignisse per Syslog. Weitere Hinweise zum Loggen, Handeln und Auswerten gibt Kapitel 6.

EdgeOS

Bei EdgeOS läuft die Einrichtung der Firewall bequem über die Weboberfläche. Die GUI beinhaltet nahezu alle Firewalleinstellungen und ist einfach zu benutzen. Alle Änderungen sind direkt aktiv, sodass auch ein Konfigurationsfehler sofort wirksam ist. Für ein sanftes `commit-confirm` bleibt nur die Kommandozeile.

Zum Konfigurieren darf auch die CLI mit der GUI vermischt werden, denn Änderungen in der CLI sind in der GUI sichtbar und umgekehrt.

Die genaue Syntax der Regelwerke bleibt dem Fan der Weboberfläche verborgen, aber unter der Haube erstellt EdgeOS nur interface-basierte Regeln. Der Ansatz mit zonenbasierten Filtern kann nur über die Kommandozeile verwirklicht werden.

Technischer Hintergrund

Die VyOS-Firewall setzt auf *netfilter*, welches unter seinem Kommandonamen `iptables` besser bekannt ist. Die vielfältigen Tabellen, Regeln und Ketten von `iptables` bleiben glücklicherweise verborgen, denn VyOS bringt eine ganz eigene Syntax für die Konfiguration mit.

Die VyOS-Befehle werden von `vyatta-firewall.pl` interpretiert und in `iptables`-Kommandos übersetzt. Von dort aus geht es weiter an netfilter und zuletzt an den Linuxkernel.

Gruppen von Netzwerken, Adressen oder Ports (siehe Listing 8.2) sind als `ipset` aufgebaut. Damit beschleunigt Netfilter die Verarbeitung der Filterregeln und verringert den Speicherverbrauch. Und übersichtlicher wird das Regelwerk obendrein. Seinen Vorteil spielt `ipset` allerdings erst aus, wenn die Anzahl der Regeln in den mittleren dreistelligen Bereich ansteigt.

Ausblick

Die Firewall in VyOS ist sehr vielseitig und hat noch ein paar weitere Features im Portfolio, die nicht unerwähnt bleiben sollen.

Reverse Path Forwarding

Ein einfaches Sicherheitsfeature gegen Adressfälschung (engl. Spoofing) ist *Reverse Path Forwarding* (RPF). Es prüft, ob die Absenderadresse des gerade empfangenen Pakets akzeptabel ist. Wie kann VyOS das wissen? Es vergleicht die Quell-IP-Adresse mit seiner Routingtabelle und kontrolliert, ob sie eine Route in das IP-Netz des Absenders hat. Im *loose*-Modus reicht es, wenn eine Route vorhanden ist. Im *strict*-Modus muss diese Route dahin zeigen, woher das fragwürdige Paket kam.

Per Voreinstellung ist RPF abgeschaltet, aber mit

```
set firewall source-validation strict
```

beginnt die Prüfung im strengen Modus. Der lockere Modus ist weniger pingelig. Es reicht eine passende Route, die bereits durch die Defaultroute erfüllt ist.

Leider gilt RPF stets für alle Interfaces; ein Einstellen des Modus pro Netzadapter ist nicht möglich.

VyOS lässt sich leicht überreden, die gefälschten Pakete zu protokollieren:

```
set firewall log-martians enable
```

Ein Verstoß gegen die RPF-Bedingung hat einen Logeintrag zur Folge.

```
Jan 16 20:29:41 RT-1 kernel: [ 2042.881498] IPv4: \
  martian source 10.4.1.7 from 198.51.100.6, on dev eth1
```

Zeitbasierte Regeln

Mit der Zeitsteuerung sind Firewallregeln nur zu bestimmten Uhrzeiten aktiv. Damit sind Konzepte wie „Nachts keine E-Mails" oder „Webzugriff für alle während der Mittagspause" möglich.

Wichtig ist die korrekte Systemzeit, die idealerweise per NTP (vgl. Kap. 4) erreicht wird. Da VyOS keine Sommerzeit kennt und auch nicht weiß, *wann* in Deutschland die Uhren „vorgestellt" werden, sollten Zeitangaben in Firewallregeln stets koordinierte Weltzeit (UTC) benutzen. Unsere Winterzeit ist *UTC +1 Stunde* und Sommerzeit ist *UTC +2 Stunden*. Ein Blick auf die Uhrzeit mit show date utc verdeutlicht den Unterschied.

Ein kurzes Beispiel in Listing 8.4 zeigt eine Firewallregel für eine emailfreie Nachtruhe.

Die Regel wirkt auf die bekannten TCP-Ports für E-Mail (Zeile 2) und beginnt um 20 Uhr UTC (21 Uhr Winterzeit) und endet um 5 Uhr (bzw. 6 Uhr Winterzeit). Ohne die Angabe von utc in Zeile 6 interpretiert VyOS die Angaben als lokale Uhrzeit.

Die Konfiguration in EdgeOS ist identisch.

```
1  set firewall name LAN-IN rule 25 description Nachtruhe
2  set firewall name LAN-IN rule 25 destination port 25,143,993,995,110
3  set firewall name LAN-IN rule 25 protocol tcp
4  set firewall name LAN-IN rule 25 time starttime 20:00:00
5  set firewall name LAN-IN rule 25 time stoptime 05:00:00
6  set firewall name LAN-IN rule 25 time utc
7  set firewall name LAN-IN rule 25 action reject
```

Listing 8.4: Firewallregel blockiert E-Mails während der Nacht

Rate-Limiting

Bruteforce-Angriffe und Denial-of-Service-Attacken sind nur schwer bei-
zukommen, denn sie überschwemmen Router und Firewalls mit Paketen.
VyOS kann beschränkend eingreifen und die Anzahl der Verbindungen auf
wenige Anfragen pro Sekunde drosseln und damit einen Angriff zumindest
erschweren.

```
set firewall name WAN-IN rule 50 protocol tcp
set firewall name WAN-IN rule 50 destination port 80,443
set firewall name WAN-IN rule 50 action drop

set firewall name WAN-IN rule 50 recent count 10
set firewall name WAN-IN rule 50 recent time 60
```

Diese Einstellungen beschränken die Anzahl der Verbindungen zu Webser-
vern (Ports 80 oder 443) auf 10 innerhalb von 60 Sekunden pro Client.
Wenn von einer IP-Adresse *mehr* Anfragen eintreffen als geduldet, wird die
Firewall alle weiteren Pakete in diesem Zeitintervall verwerfen.

Kapitel 9

Transparente Firewall

Eine transparente Firewall, oder Firewallbridge, macht grundsätzlich dasselbe wie eine „normale" Firewall: Sie erlaubt gute IP-Pakete und blockiert
böse Pakete. Die Arbeitsweise ist eine andere, denn sie sitzt transparent im
Pfad der Verbindungen. Routingfunktionen bleiben abgeschaltet und für
ping und traceroute ist sie unsichtbar. Eine eigene IP-Adresse benötigt sie
nur fürs Management.
Vereinfacht ist eine transparente Firewall ein Ethernet-Switch mit Filterfunktion.

Laboraufbau

Der Host labsrv ist erreichbar für die Router RT-core und RT-5, die über das
gemeinsame IP-Netz verbunden sind. Vor labsrv ist Router RT-1 als transparente Firewall und schützt mit einem beispielhaften Regelwerk den Zugriff
auf labsrv. Die Netzadapter von RT-1 werden gebrückt, damit der Datenverkehr vorerst ungehindert durch den Router fließen kann. Abbildung 9.1
zeigt den Aufbau der Laborgeräte.

Filterlogik

Die Firewall RT-1 brückt seine Netzadapter *eth1* und *eth2* zu einem neuen
Bridge-Interface *br0* zusammen. Diese Netzbrücke erlaubt die Kommuni-

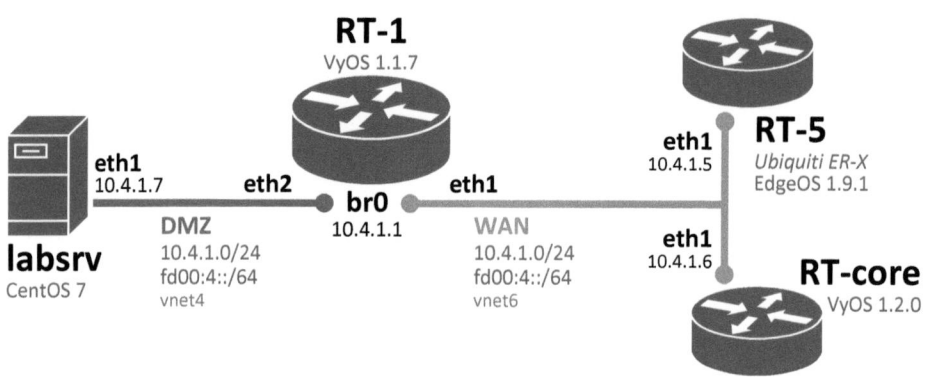

Abbildung 9.1: Laboraufbau mit RT-1 als transparente Firewall

kation aller Teilnehmer auf Ethernet-Ebene. Die Geräte labsrv, RT-5 und RT-core sind jetzt alle in derselben Broadcastdomäne – verbunden durch die Bridge von RT-1. Damit entsteht ein normales geswitchtes Ethernet-Segment – von transparenter Firewall noch keine Spur.

Das gewünschte Regelwerk wird auf das Bridge-Interface von RT-1 ange-wendet; Erst damit nimmt die transparente Firewall ihre Arbeit auf. Die Wirkungsrichtung der Firewall ist bidirektional: Regeln gelten gleichzeitig in eingehender und ausgehender Richtung. Ein blockierter Port 80 ohne Angabe von Quell- oder Ziel-IP gilt also in beide Richtungen. Wenn die Richtung wichtig ist, müssen IP-Adressen die Situation exakt beschreiben, z. B. 10.4.1.7 (labsrv) in Richtung 10.4.1.5 (RT-5).

Auch die transparente Firewall ist erst mal zustandslos. Die Beförderung zur *stateful*–Firewall erfolgt wie bei ihrem Kollegen der expliziten Firewall (vgl. Kap. 8) mit den Kommandos:

```
set firewall state-policy established action accept
set firewall state-policy related action accept
set firewall state-policy invalid action
```

Die Firewall untersucht Pakete auf Ethernet-Ebene, dort wo die MAC-Adressen zuhause sind. Dennoch kann sie tief ins Paket gucken und auch nach IPv4/IPv6-Adressen und TCP/UDP-Portnummern filtern.

Einrichtung

Die Netzbrücke in RT-1 ist mit den Befehlen

```
set interfaces ethernet eth1 bridge-group bridge br0
set interfaces ethernet eth2 bridge-group bridge br0
set interfaces bridge br0 address 10.4.1.1/24
```

sofort einsatzbereit. Das WAN-1–Netz ist jetzt direkt mit dem DMZ-Netz
10.4.1.0/24 verbunden.
Die Firewallregeln benutzen die bekannte Syntax zum Filtern. Das mini-
malistische Regelwerk blockiert alle Verbindungen außer Webtraffic über
TCP-Port 80.

```
set firewall name DMZ4 default-action drop
set firewall name DMZ4 rule 10 action accept
set firewall name DMZ4 rule 10 destination port 80
set firewall name DMZ4 rule 10 protocol tcp
```

Zuletzt kommt die Zuordnung von Firewallpolicy zum Interface der Netzbrücke *br0*. Damit ist die Firewall aktiv und beginnt ihre Arbeit.

```
set interfaces bridge br0 firewall in name DMZ4
```

Kleine Funktionskontrolle: Mit `ping`, `ssh` und `curl` lassen sich Verbindungsanfragen generieren, die mit aktiviertem Regelwerk untersagt sind. Der
außenstehende Router RT-core testet die neuen Firewallregeln:

```
curl --head http://10.4.1.7    # erlaubt, TCP-Port 80
ssh -v 10.4.1.7                # verboten, TCP-Port 22
ping 10.4.1.7                  # verboten, ICMP echo
```

IPv6

Die transparente Firewall macht auch vor IPv6 nicht halt. Die Einrichtung
unterscheidet sich kaum von IP Version 4. Genau wie bei der expliziten
Firewall (vgl. Kap. 8) ergänzt VyOS die Schlüsselwörter um das Präfix *ipv6-*.
Das Regelwerk zum Filtern von Nicht-HTTP-Paketen weicht in der Syntax
kaum von der IPv4-Variante ab.

```
set firewall ipv6-name DMZ6 default-action drop
set firewall ipv6-name DMZ6 rule 10 action accept
set firewall ipv6-name DMZ6 rule 10 destination port 80
set firewall ipv6-name DMZ6 rule 10 protocol tcp
```

Auch das Aktivieren der Firewall erinnert stark an die bekannten Befehle.

```
set interfaces bridge br0 firewall in ipv6-name DMZ6
```

Die einzige Überraschung liefert IPv6 bei der Kommunikation mit den direkten Nachbarn. Denn die IPv6-Router nutzen das *Neighbor Discovery Protocol* von ICMP und *Neighbor Solicitation,* um die Link-local–Adresse und damit die MAC-Adresse des Nachbarn zu lernen. Das entspricht in etwa dem ARP-Protokoll unter IPv4. Wenn die Firewallpolicy diese ICMPv6-Pakete blockiert, gilt der Nachbar als unerreichbar. Abhilfe schafft eine weitere Regel, die kurzerhand die Nachbarschaftsbemühungen erlaubt.

```
set firewall ipv6-name DMZ6 rule 1 action accept
set firewall ipv6-name DMZ6 rule 1 icmpv6 type neighbor-solicitation
```

Cisco-Router haben in IPv6 Trafficfiltern diese Regel bereits eingebaut, sodass sie in der `running-config` nicht auftauchen, aber die Routingprotokolle trotzdem funktionieren.

Zum Testen ruft RT-core wieder `curl` zur Hilfe, diesmal mit einer IPv6-Adresse als Ziel:

```
curl --head --globoff http://[fd00:4::7]
```

EdgeOS

Die EdgeMAX-Router erfreuen sich eines hohen Datendurchsatzes. Dieser kommt u. a. dadurch zustande, dass einzelne Funktionen hardwareunterstützt sind. Bridging mit einer Softwarebrücke gehört eher nicht dazu. Daher wird ein EdgeOS-Router als transparente Firewall nicht dieselben Durchsatzraten erreichen, wie im Routing-Modus. Vorteile haben Modelle mit Angaben von *line-rate layer-2 switching* im Datenblatt.
Der Ablauf zur Einrichtung der Netzbrücke ist identisch, nur die Syntax ist leicht abweichend. Am Beispiel von RT-5 verbindet die Brücke beide Interfaces *eth0* und *eth2*.

```
set interfaces bridge br0 address 10.4.1.5/24
set interfaces ethernet eth0 bridge-group bridge br0
set interfaces ethernet eth2 bridge-group bridge br0
```

Hinweis

EdgeRouter mit Fokus auf Switching, wie der *EdgeRouter X*, bieten das Switching-Interface *switch0*. Damit ist das durchsatzstarke *line-rate layer-2 switching* möglich, aber keine transparente Firewall. Für die Filterfunktion muss das softwarebasierte Switching genutzt werden.

Und gleich noch ein Hinweis: Eine zweite Netzbrücke funktioniert bei manchen EdgeOS-Router nicht. Der Hersteller geht scheinbar nicht davon aus, dass ein 5-Port-Router mehr als ein Bridge-Interface benötigt.

Nach diesen Einschränkungen verhält sich der EdgeRouter endlich wie eine transparente Firewall. Das Regelwerk zu Filtern unterscheidet sich ausnahmsweise nicht von der Syntax unter VyOS.

```
set firewall name WAN4 default-action drop
set firewall name WAN4 rule 10 action accept
set firewall name WAN4 rule 10 destination port 80
set firewall name WAN4 rule 10 protocol tcp
```

Das Berücksichtigen der Verbindungszustände erfolgt pro Regel und ist allen anderen Regeln vorangestellt.

```
set firewall name WAN4 rule 1 action accept
set firewall name WAN4 rule 1 state established enable
set firewall name WAN4 rule 1 state related enable
```

Zuletzt wird in gewohnter Manier das Regelwerk mit der Netzbrücke verheiratet und die Filterwochen können beginnen.

```
set interfaces bridge br0 firewall in name WAN4
```

Getestet wird erneut von RT-core mit den Waffen `ping`, `ssh` oder `curl`.

IPv6

Die Syntax des Regelwerks für IPv6 entspricht dem von VyOS: Regeln erstellen und am Bridge-Interface in eingehender Richtung aktivieren. Listing 9.1 zeigt eine kurze aber vollständige IPv6-Firewallpolicy.

Wichtig bei IPv6 sind die erwähnten Ausnahmen zum Lernen der Nachbarschaften (Regeln 1 und 2). Die Firewall merkt sich Verbindungszustände

```
set firewall ipv6-name WAN6 default-action drop
set firewall ipv6-name WAN6 rule 1 action accept
set firewall ipv6-name WAN6 rule 1 icmpv6 type neighbor-solicitation
set firewall ipv6-name WAN6 rule 1 protocol icmpv6
set firewall ipv6-name WAN6 rule 2 action accept
set firewall ipv6-name WAN6 rule 2 icmpv6 type neighbor-advertisement
set firewall ipv6-name WAN6 rule 2 protocol icmpv6
set firewall ipv6-name WAN6 rule 5 action accept
set firewall ipv6-name WAN6 rule 5 state established enable
set firewall ipv6-name WAN6 rule 5 state related enable
set firewall ipv6-name WAN6 rule 10 action accept
set firewall ipv6-name WAN6 rule 10 destination port 80
set firewall ipv6-name WAN6 rule 10 protocol tcp
set interfaces bridge br0 firewall in ipv6-name WAN6
```

Listing 9.1: IPv6-Firewallregeln unter EdgeOS

durch Regel 5. Erst Regelnummer 10 erlaubt Datenverbindungen von Anwendungen, die TCP-Port 80 verwenden.

Kapitel 10

Network Address Translation

Die *Umsetzung von Netzwerkadressen* (engl. Network Address Translation, NAT) lässt Router und Firewalls in die IP-Pakete eingreifen, die sich auf dem Weg zwischen zwei Endgeräten befinden, um die IP-Adresse(n) gezielt zu verändern.

Für Client und Server sind diese geänderten Adressen weitgehend transparent. Die meisten Anwendungen funktionieren auch mit NAT. Solange der richtige Server an den korrekten Client Daten sendet, stellt niemand die Adressierung infrage.

Bei IPv4 gehört NAT zu den meisten Netzdesigns in Verbindung mit Internetzugriff. Das ist kein Mangel an Fantasie des Designers, sondern ein Mangel an öffentlichen IPv4-Adressen. IPv6 macht NAT überflüssig, da es mehr als genug Adressen bereitstellt. In speziellen Szenarios, z. B. beim Ausfallschutz über mehrere ISPs, hat sich auch NAT bei IPv6 eingeschlichen.

NAT ist allgegenwärtig: Jeder DSL-Router benutzt die Adressumsetzung, damit alle seine Clients über die eine öffentliche IPv4-Adresse im Internet surfen können. Die Hotspot-Funktion eines Smartphones benutzt dieselbe Technik. Und die große Firmenfirewall bedient sich auch aus einem Pool von IP-Adressen, um den Internetzugriff für alle Clients zu ermöglichen.

Bei der Fehlersuche ist NAT verwirrend, denn IPv4-Adressen werden hin- und herübersetzt. In ungünstigen Umgebungen können die Adressen auch an mehreren Stellen verändert werden: Beispielsweise übersetzt der WAN-

Zugangsrouter eine interne Quelladresse in eine private Adresse des Service Providers, welcher zwei Hops später diese Adresse in eine öffentliche IPv4 wandelt.

Laboraufbau

Genau für dieses Kapitel haben die Standortnetze private Adressen und die Kernnetze öffentliche Adressen. Bevor die Pakete der Clients ins WAN gelangen, müssen die Router sie in passende Adressen umwandeln.

Jedes Standortnetz hat einen Zugangsrouter zum Internet, welches von WAN-1 simuliert wird. Der Router RT-core dient zur Überprüfung der NAT-Konfiguration, denn er wird nur auf öffentliche IP-Adressen antworten und Zugriffe von privaten IPv4-Adressen kommentarlos verwerfen.

Abbildung 10.1 zeigt den Laboraufbau mit allen NAT-Gateways.

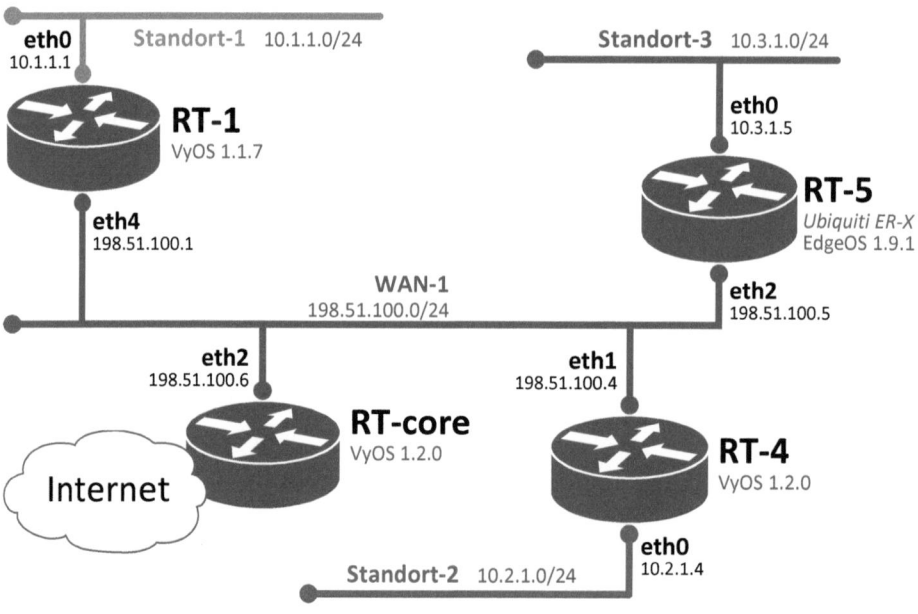

Abbildung 10.1: Laboraufbau mit NAT-Gateways

Szenarios

Mit den beschriebenen Routern können VyOS und EdgeOS ihre Fähigkeiten zum Umsetzen von Quell- und Zieladressen mit und ohne Masquerading und Portweiterleitung präsentieren.

Port and Address Translation

Bei deutlich mehr internen Clients als öffentlichen Adressen hilft die TCP-oder UDP-Portnummer bei der Unterscheidung. Zur Umsetzung von Netzadressen kommt auch noch die Umsetzung von Portnummern hinzu. Das Konzept nennt sich *Port and Address Translation* oder NAT-Masquerading und trifft auf die meisten Heimnetze zu.
Im ersten Setup soll der Router RT-1 den Adressbereich 10.1.1.0/24 von Standort 1 in seine eigene WAN-Adresse von Interface *eth4* übersetzen. Technisch handelt es sich dabei um ein Quell-NAT mit Masquerading. Die Konfiguration besteht aus drei Zeilen und muss *nicht*, wie bei einer Firewall, an ein Interface gebunden werden.

```
set nat source rule 50 source address 10.1.1.0/24
set nat source rule 50 outbound-interface eth4
set nat source rule 50 translation address masquerade
```

Die Befehle sind sprechend: Alle Pakete mit einer Quelladresse aus dem Bereich 10.1.1.0 bis 10.1.1.255, die über Interface *eth4* rausgeschickt werden, erhalten vorher eine neue Quell-IPv4-Adresse.
Durch die Angabe des ausgehenden Interfaces erwartet die Konfiguration keine öffentliche IP-Adresse. Das ist vorteilhaft, denn im Fall einer dynamischen öffentlichen IPv4 ist diese Adresse vorher nicht bekannt. VyOS benutzt also stets die Adresse vom angegebenen Interface als neue Quelladresse bei der Adressumsetzung. Mit show nat source translations sind die aktuellen Umsetzungen und ihre geänderten Adressen sichtbar.

Eins-zu-Eins NAT

In diesem Szenario muss VyOS exakt *eine* öffentliche Adresse in eine private Adresse wandeln. Die Schwierigkeit liegt zum einen darin, dass es sich nicht um seine eigene Adresse handelt. Zum anderen ist die Umsetzung bidirektional: Die Verbindung muss ausgehend (Quell-NAT) und eingehend (Ziel-NAT) funktionieren.

Der Router RT-1 muss zusätzlich zur vorherigen Anforderung die Client-IPv4 10.1.1.25 in die öffentliche Adresse 198.51.100.25 umsetzen.

Da VyOS seine NAT-Regeln durchnummeriert, muss die neue Konfiguration eine kleinere Regelnummer haben, damit sie *vor* der Regel abgearbeitet wird, die das komplette 10.1.1.0-Netz behandelt.

Technisch handelt es sich hier um ein Quell-NAT und ein Ziel-NAT. Im Gegensatz zu einem Cisco IOS-Router unterscheidet VyOS zwischen diesen beiden NAT-Spielarten, sodass zwei Regeln in RT-1 notwendig sind:

```
set nat source rule 20 outbound-interface eth4
set nat source rule 20 source address 10.1.1.25
set nat source rule 20 translation address 198.51.100.25

set nat destination rule 20 inbound-interface eth4
set nat destination rule 20 destination address 198.51.100.25
set nat destination rule 20 translation address 10.1.1.25
```

Die ersten drei Zeilen bewirken die Umsetzung der Quell-IPv4-Adresse von 10.1.1.25 nach 198.51.100.25 in Richtung WAN (ausgehendes Interface *eth4*). Und die letzten drei Zeilen kümmern sich um den Rückweg: Pakete, die über das Interface *eth4* den Router betreten und IPv4 198.51.100.25 erreichen wollen, erhalten die neue Zieladresse 10.1.1.25.

Das klingt nachvollziehbar – funktioniert aber so noch nicht! Denn VyOS fühlt sich für die IPv4-Adresse 198.51.100.25 nicht verantwortlich. ARP-Anfragen nach 198.51.100.25 prasseln gegen das lokale Interface *eth4*, werden aber ignoriert.

Die Lösung ist einfach, muss aber händisch für jede 1:1-NAT–Konfiguration vorhanden sein: Die übersetzte Adresse muss im lokalen System bekannt sein. Dazu ist es ausreichend, wenn diese Adresse als zusätzliche IPv4 auf dem WAN-Interface auftaucht:

```
set interfaces ethernet eth4 address 198.51.100.25/32
```

VyOS unterscheidet nicht nach primärer und sekundärer Adresse; alle IPv4-Adressen auf einem Interface sind gleichwertig. Wer sich an das Konzept der secondary-Adresse in Cisco-Routern gewöhnt hat, kann diese Funktion durch die Maske /32 bei allen zusätzlichen IPv4-Adressen nachahmen.

Port-Weiterleitung

Eine weitere übliche Aufgabe ist die Adressumsetzung bei Zugriff auf bestimmte Ziel*ports*. Nur wenn die gewünschte IPv4-Adresse und einer der konfigurierten TCP- oder UDP-Ports angefragt wird, übersetzt der Router die Anfrage in die neue Adresse.

Praktisch werden damit hinter einer öffentlichen Adresse mehrere Dienste angeboten, die sich sogar auf verschiedenen internen Servern befinden können.

Technisch handelt es sich um eine Umsetzung der Zieladresse mit der Port-Bedingung. Die Richtung ist meist eingehend, aber es geht auch ausgehend. Nicht ganz korrekt taucht diese Adressumsetzung häufig als *Portweiterleitung* in den DSL-Routern auf.

Die Aufgabe für RT-4 liegt in der Weiterleitung der TCP-Ports 80 (http), 443 (https) und 3389 (remote desktop) von seiner eigenen WAN-Adresse 198.51.100.4 zum internen Windows-Server 10.2.1.25. Grundsätzlich handelt es sich um ein Ziel-NAT mit einer Bedingung:

```
set nat destination rule 10 inbound-interface eth1
set nat destination rule 10 protocol tcp
set nat destination rule 10 destination port 80,443,3389
set nat destination rule 10 translation address 10.2.1.25
set nat destination rule 10 destination address 198.51.100.4
```

Falls VyOS auch UDP-Ports umsetzen soll, passiert das mit einer weiteren NAT-Regel, die sich nur durch die Angabe von `protocol udp` und der Portliste unterscheidet.

Quell-NAT

Im letzten Szenario kommt EdgeOS zum Zug. Die Aufgabe liegt darin, alle Clients vom lokalen Standort in eine WAN-Adresse aus einem Adress*pool* zu übersetzen. Dieser Pool besteht aus fünf öffentlichen IPv4-Adressen von 198.51.100.51 bis .55. Die allgemeine Empfehlung besagt, dass für 256 interne IP-Adressen jeweils eine öffentliche Adresse benötigt wird. Der beispielhafte Pool reicht also für maximal 1.280 Clients.

Die unterschiedliche Syntax von EdgeOS und VyOS ist weiter unten in Abschnitt *EdgeOS* beschrieben. Für die Umsetzung der Quelladressen von Clients aus dem Bereich 10.3.1.0/24 ergibt sich die Konfiguration:

111

```
set service nat rule 5000 outbound-interface eth2
set service nat rule 5000 outside-address address \
  198.51.100.51-198.51.100.55
set service nat rule 5000 source address 10.3.1.0/24
set service nat rule 5000 type source
```

Da es sich um nicht-lokale Adressen handelt, muss EdgeOS gezwungen werden, diese Adressen zu akzeptieren. Genau wie in Abschnitt *Eins-zu-Eins NAT* erhält EdgeOS jede mögliche Adresse des Pools als zusätzliche Adresse an sein WAN-Interface *eth2* gebunden:

```
set interfaces ethernet eth2 address 198.51.100.51/32
set interfaces ethernet eth2 address 198.51.100.52/32
set interfaces ethernet eth2 address 198.51.100.53/32
set interfaces ethernet eth2 address 198.51.100.54/32
set interfaces ethernet eth2 address 198.51.100.55/32
```

Bei wenigen Adressen ist das eine Fleißarbeit. Aber wenn der Adresspool aus einem /24-Netz mit 256 Adressen besteht, hilft nur noch ein Skript. Der Programmcode aus Listing 10.1 generiert lokale Adressen für den IPv4-Bereich von 198.51.100.56 bis .99 in wenigen Sekunden und fixiert diese auf dem Interface *eth2* des Routers, der das Programm ausführt. Das Skript funktioniert unter EdgeOS und VyOS.

```
1  #!/bin/vbash
2  source /opt/vyatta/etc/functions/script-template
3  configure
4  for i in `seq 56 99`; do
5    set interfaces ethernet eth2 address 198.51.100.${i}/32
6  done
7  commit
8  save
9  exit
```

Listing 10.1: Antwortadressen per Skript anlegen

Firewall

NAT kommt gerne in Verbindung mit öffentlichen Netzen zum Einsatz. Und da darf eine Firewall nicht fehlen! Welche IP-Adresse muss das Regelwerk

der Firewall verwenden: die Adresse *vor* oder *nach* der Umsetzung?
Die Firewallregeln bekommen glücklicherweise keine neue Syntax für NAT,
sondern beziehen sich auf die *interne* IP-Adresse:

- Wenn die Quelladresse verändert wird (Source-NAT), benötigt die
  Firewallregel die unveränderte IP-Adresse. Typischerweise passiert
  das bei ausgehenden Netzverbindungen und die Originaladresse ist
  dann die interne IP.

- Wenn die Zieladresse geändert wird (Destination-NAT), bezieht sich
  die Firewallregel auf die Adresse *nach* der Adressumsetzung. Das ist
  meistens bei eingehendem Netzverkehr der Fall, sodass die interne
  IP-Adresse ins Regelwerk gehört.

Ein einfaches Beispiel versucht das zu verdeutlichen (Abbildung 10.2):
Beim Destination-NAT lauscht der Router auf 198.51.100.25 und setzt die
Ziel-IP in den Paketen in die Adresse 10.1.1.25 um, bevor sie ins LAN
weitergereicht werden.

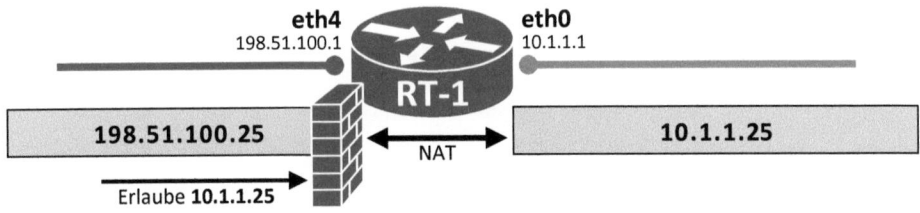

Abbildung 10.2: Destination-NAT mit passender Firewallregel

```
set nat destination rule 20 destination address 198.51.100.25
set nat destination rule 20 inbound-interface eth4
set nat destination rule 20 translation address 10.1.1.25
```

Die passenden Firewallregeln müssen sich auf die interne IPv4 10.1.1.25 beziehen, wenn wirksam gefiltert werden soll. Für einen Webserver, der hinter
der Firewall auf Anfragen wartet, könnte die Regel wie folgt aussehen:

```
set firewall name WAN-IN default-action drop
set firewall name WAN-IN rule 10 action accept
set firewall name WAN-IN rule 10 destination address 10.1.1.25
```

```
set firewall name WAN-IN rule 10 destination port 80,443
set firewall name WAN-IN rule 10 protocol tcp
set interfaces ethernet eth4 firewall in name WAN-IN
```

IPv6

IPv6 macht einen weiten Bogen um NAT, weil es durch den extrem großen Adressbereich grundsätzlich nicht mehr notwendig ist. Allerdings hat sich ca. 10 Jahre nach der Einführung von IPv6 doch eine Adressumsetzung beigemischt. Diese *IPv6-to-IPv6 Network Prefix Translation* (NPTv6) übersetzt keine einzelnen Adressen, sondern ganze IPv6-Präfixe.
Bei Lastverteilung mit mehreren Internet-Providern über IPv6-Netze kann NPTv6 seine Vorteile ausspielen, sodass ein ausgehendes Paket stets in die passende IPv6-Adresse übersetzt wird.

VyOS unterstützt NPTv6 erst ab der Version 1.2.0, welche in Router RT-4 läuft. Ein Beispiel soll die Umsetzung des internen Netzes fd00:2::/64 hinter RT-4 ins Präfix 2001:db8:4::/64 verdeutlichen. Abbildung 10.3 illustriert die Umsetzung der Quell-Adresse eines IPv6-Clients im Standortnetz-2.

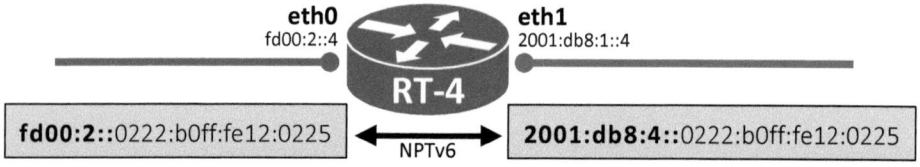

Abbildung 10.3: IPv6-to-IPv6 Network Prefix Translation

```
set nat nptv6 rule 10 inside-prefix fd00:2::/64
set nat nptv6 rule 10 outside-interface eth1
set nat nptv6 rule 10 outside-prefix 2001:db8:4::/64
```

Damit ist das IPv6-Netz 2001:db8:4:: die öffentliche Darstellung der IPv6-Adressen von Clients hinter RT-4. Die anderen Router im Lab benötigen noch eine statische Route, damit die Antwortpakete auch wieder bei RT-4 ankommen:

```
set protocols static route6 2001:db8:4::/64 next-hop 2001:db8:1::4
```

Warum nicht das Präfix 2001:db8:1:: der lokalen WAN-Schnittstelle nutzen? Das öffentliche IPv6-Subnetz für die Adressumsetzung darf nicht mit dem Präfix der eigenen Netzwerkkarte übereinstimmen. Für NPTv6 muss dem Router ein zusätzliches Präfix spendiert werden. Wird dasselbe Präfix verwendet, kommt es unter VyOS zu Schwierigkeiten bei der Nachbarschaftserkennung. Außerdem drohen doppelte Adressen, wenn im Präfix des WAN weitere Endgeräte adressiert sind.

EdgeOS

Alle vorgestellten Arten der Umsetzung von IPv4-Adressen lassen sich auch mit EdgeOS realisieren. Zusätzlich hat der Hersteller den EdgeRoutern eine Web-GUI spendiert, die im Bereich NAT erstaunlich vielseitig ist (siehe Abbildung 10.4).

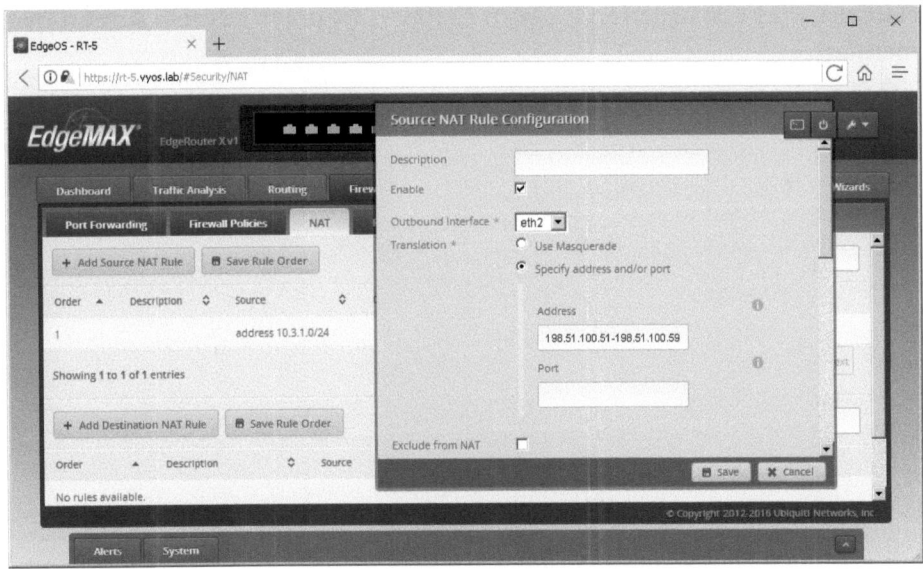

Abbildung 10.4: Grafische Unterstützung der Adressumsetzung bei EdgeOS

Die Syntax der Kommandozeile ist leicht verändert: VyOS erwartet die Angabe ob Quelle oder Ziel manipuliert werden soll in jedem Kommando,

115

während sich bei EdgeOS der NAT-Typ meist aus anderen Schlüsselwörtern ergibt. Sobald das Wort masquerade fällt, ist eindeutig, dass die Quelladresse verdreht wird.

Das erste vorgestellte Szenario mit Adress- und Portumsetzung aus Abschnitt *Port and Address Translation* hat bei EdgeOS die Syntax:

```
set service nat rule 1 source address 10.1.1.0/24
set service nat rule 1 outbound-interface eth4
set service nat rule 1 type masquerade
set service nat rule 1 protocol all
```

Als direkter Vergleich: VyOS erwartet die folgenden Kommandos um die gleiche Manipulation am Paket durchzuführen.

```
set nat source rule 1 source address 10.1.1.0/24
set nat source rule 1 outbound-interface eth4
set nat source rule 1 translation address masquerade
set nat source rule 1 protocol all
```

Network Prefix Translation für IPv6 (NPTv6) ist unter EdgeOS nicht implementiert.

Kapitel 11

OSPF

Router transportieren zwar IP-Pakete in weit entfernte Netze, aber diese Zielnetze sind erst mal unbekannt, bis jemand sie dem Router bekannt gibt. In kleinen Netzen reichen statische Routen dafür aus, um jedem Router jedes Netz anzukündigen. Die Anzahl der IP-Bereiche (Routen) ist überschaubar.

In größeren Umgebungen wird die händisch geführte Routingtabelle ein zeitintensives Hobby, da ein neues IP-Netz in allen Routern manuell eingetragen werden muss, um erreichbar zu sein.

Ein dynamisches Routingprotokoll nimmt dem Admin diese Arbeit ab. Die Router lernen sich kennen und berichten gegenseitig über ihre lokalen Subnetze. Nach kurzer Zeit kennt jeder Router alle bekannt gegebenen IP-Netze und wer dafür verantwortlich ist. Die nächste Aufgabe liegt darin, den kürzesten Weg zu diesen entfernten Netzen zu berechnen.

Die Router sortieren ihre Ergebnisse *shortest path first* (engl. kürzester Weg zuerst). Der beste Pfad zu einem IP-Netz und der benachbarte Router wandern in die lokale Routingtabelle.

Wenn Router unterschiedlicher Hersteller plaudern wollen, muss ein offenes Protokoll her. Daraus ist *Open Shortest Path First* (OSPF) entstanden und hat sich im Unternehmensumfeld etabliert.

Durch seine offene Architektur sind OSPF-Implementierungen für nahezu alle Router namhafter Hersteller und Betriebssysteme vorhanden.

OSPF in der Version 2 ist der Spezialist für IPv4-Netze und das schon seit
Ende der 1980er Jahre. Für die große Welt von IPv6 haben die Entwickler
das Protokoll aufgebohrt und daraus Version 3 gemacht.

OSPFv2 und OSPFv3 haben zwar das gleiche Ziel, sind aber strikt nach IPv4
und IPv6 getrennt. Wenn im Netz beide IP-Versionen rumlaufen, müssen
sich die Router über OSPFv2 (für IPv4) *und* OSPFv3 (für IPv6) unterhalten.
Diese Unterteilung ist charmant, denn es erlaubt Netzbetreibern unter IPv6
ein anderes Routingprotokoll zu nutzen, ohne die stabile IPv4-Konfiguration
zu gefährden.

Je nach Implementierung arbeiten dafür unterschiedliche Prozesse oder
nur einer, der beide OSPF-Versionen beherrscht. Beispielsweise trennt VyOS
beide Protokolle auf Anwendungsebene.

Konzept

OSPF erwartet vor der Einrichtung ein wenig Planung um die Skalierbarkeit
des Protokolls richtig zu nutzen und um spätere Umbauten zu verhindern.

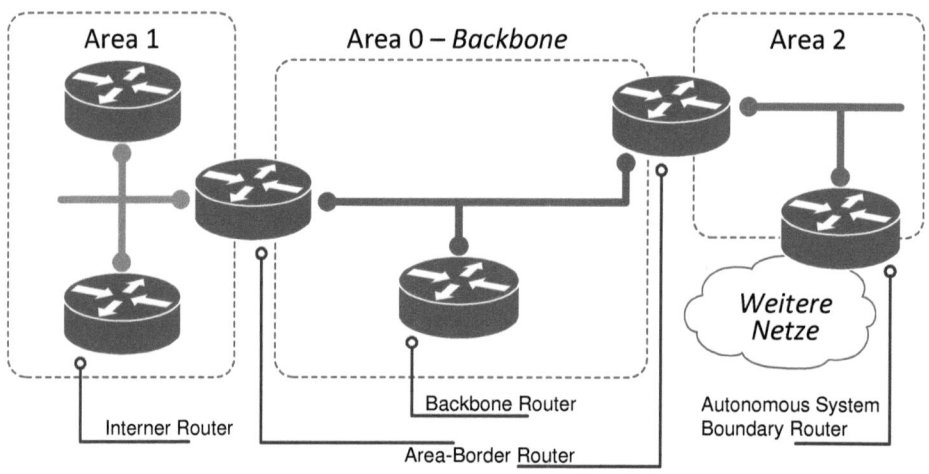

Abbildung 11.1: OSPF-Areas und Router-Typen

OSPF unterteilt seine Router nach Areas (engl. Gebiete). Eine Area ist
eine zusammenhängende Gruppe von Routern. In einem großen Unterneh-

mensnetz könnte eine Area einen Firmenstandort widerspiegeln. Alle Areas unterhalten sich miteinander nur über die Backbone-Area, die ebenfalls aus Routern besteht. Das sollten die Router sein, welche die Unternehmensstandorte miteinander verbinden.

Sobald ein Interface und sein angeschlossenes IP-Netz zum OSPF-Verbund gehören, werden sie Mitglied der ausgewählten Area. Damit ist es möglich, dass einzelne Router zu mehreren Areas gehören. Diese Router werden zum Botschafter zwischen den Areas und als *Area Border Router* (ABR) benannt. Wenn ein Router seine Interfaces in Netze steckt, die nicht über OSPF verwaltet werden, nimmt er die Rolle des *Autonomous System Boundary Router* (ASBR) ein. Abbildung 11.1 zeigt alle OSPF-Rollen in einem minimalen Beispielnetz.

Diese Rollen sind wichtig, denn

- nur zwischen zwei Areas kann der verbindende Router IP-Netze zusammenfassen und eine *Summary Route* weiterreichen

- Änderungen werden von OSPF-Routern geflutet. Damit diese Flut nicht das gesamte Firmennetz lahmlegt, ist an der Grenze einer Area Schluss

In kleineren Netzen ist es akzeptabel, nur die Backbone-Area zu nutzen, um die Komplexität von OSPF nicht unnötig auszureizen. Die Vorteile der Unterteilung nach Areas fallen dann weg.

Router haben viele IP-Adressen. Für die Benachrichtigungen über Netzänderungen benutzen die OSPF-Teilnehmer aber stets dieselbe IP-Adresse, um keine Verwirrung zu stiften. Diese eindeutige Kennung ist die OSPF-Router-ID.

Aufbau

Alle verfügbaren Router im Labornetz werden zu OSPF-Routern. Die WAN-Netze gehören in die Backbone-Area, die bei OSPF die fixe Nummer 0 hat. Da die Bandbreite Einfluss auf die Routenberechnung von OSPF hat, bekommen die beiden Transportnetze eine unterschiedliche Gewichtung:

Das dunkle WAN-Netz liefert 34 Mbit/s und das helle Netz transportiert mit 10 Mbit/s.

Das Subnetz von Standort-1 wird zur Area 1. Standort-2 gehört zu Area 2 und die DMZ ist Area 4. Und Standort-3 wird wenig überraschend zur Area 3. Damit ist die Voraussetzung von OSPF erfüllt, dass jede Area eine Verbindung zum Backbone-Netz haben muss. Die Zuordnung von Area zu Router zeigt Illustration 11.2.

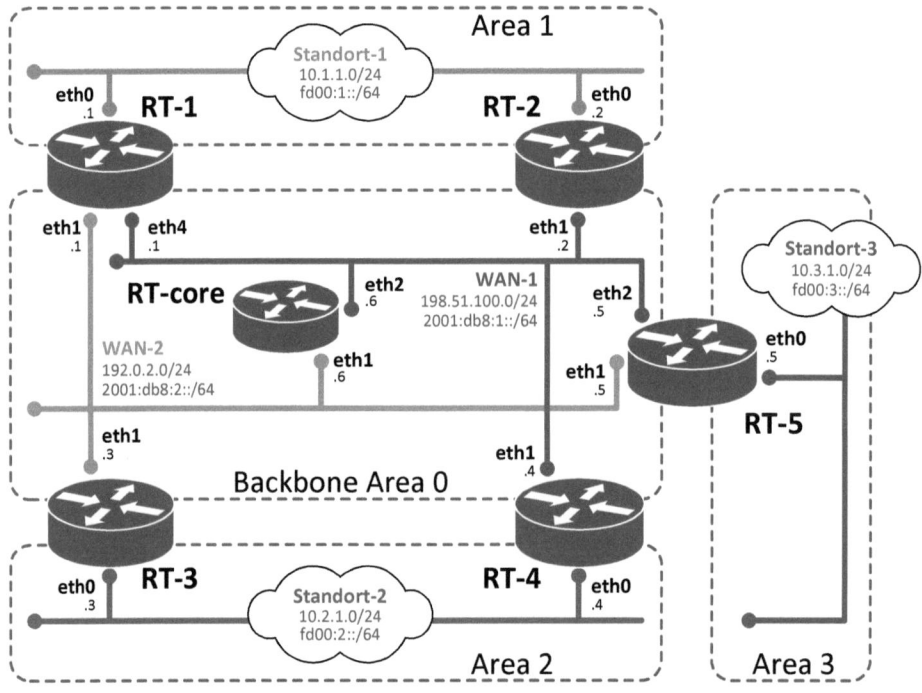

Abbildung 11.2: Laboraufbau mit Area-Markierungen

Für die OSPF-Router-ID kommt eine zusätzliche IP-Adresse ins Spiel, die aus dem Bereich 203.0.113.0/24 stammt. Der Router RT-core bringt ein paar externe Routen in die geschlossene Gesellschaft von OSPF.

Diese Aufteilung ist zwar kein sinnvolles Netzdesign, aber es verdeutlicht die unterschiedlichen Typen von Routern und den Einfluss der Areas.

Schritt 1

Die ersten Schritte beim dynamischen Routing passieren zwischen RT-1,
RT-4 und RT-5 und unterstützen beim Grundverständnis.
Ein einziger VyOS-Befehl aktiviert OSPF:

```
set protocols ospf
```

Aber damit passiert erst mal nichts, denn OSPF weiß noch nicht, was es
machen soll. Die Einrichtung erwartet als Minimum das Auflisten der
Areas und der IP-Bereiche innerhalb der Area. Am Beispiel von RT-1 und
Abbildung 11.3 gehört das WAN und Standort-Netz dazu.

```
set protocols ospf area 0 network 198.51.100.0/24
set protocols ospf area 1 network 10.1.1.0/24
```

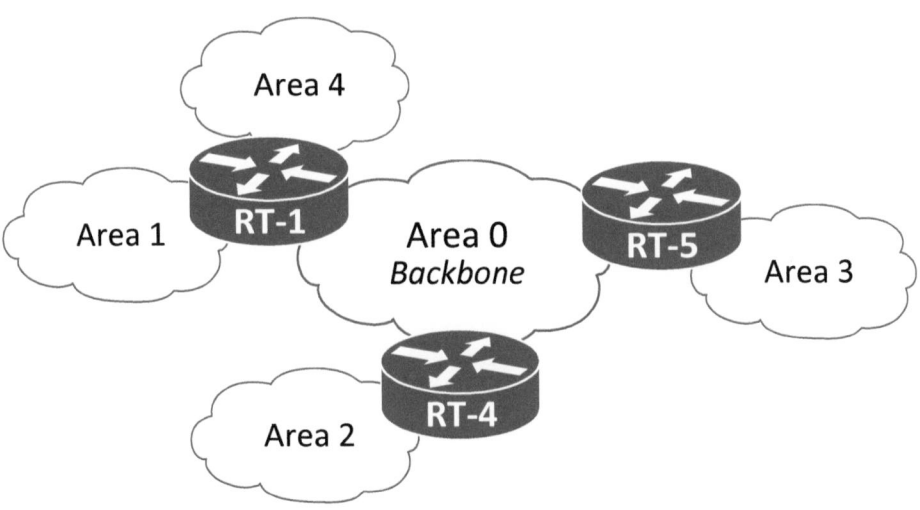

Abbildung 11.3: Alle Areas müssen Kontakt zum Backbone haben

Damit beginnt OSPF seine Arbeit und sendet auf den passenden Interfaces
Freundschaftsanfragen ins Netz. Da es noch keine Gegenstellen gibt, bleiben
diese Anfragen unbeantwortet. Das Routing der lokalen Netze ist davon
unberührt (vgl. Kap. 5). Die Funktionalität rund um OSPF ist nur ein *Zusatz*
um die Routingtabelle automatisch zu füllen.

Sobald auch RT-4 in den Stand des dynamischen Routers erhoben wird, lernen sich die beiden Router über das gemeinsame IP-Netz 198.51.100.0 kennen und sie formen eine Nachbarschaft.

```
set protocols ospf area 0 network 198.51.100.0/24
set protocols ospf area 2 network 10.2.1.0/24
```

Diese Nachbarschaft ist die Grundlage, um Routinginformationen auszutauschen. Anschließend hat Router RT-4 das IP-Netz 10.1.1.0 von RT-1 gelernt und in seine Routingtabelle übernommen.

```
vyos@RT-4:~$ show ip route ospf
Codes: K - kernel route, C - connected, S - static, O - OSPF,
       I - ISIS, B - BGP, > - selected route, * - FIB route

O>* 10.1.1.0/24 [110/20] via 198.51.100.1, eth1, 00:02:51
O   10.2.1.0/24 [110/10] is directly connected, eth0, 00:07:36
O   198.51.100.0/24 [110/10] is directly connected, eth1, 00:07:36
```

Router RT-5 läuft unter EdgeOS und gibt damit die Möglichkeit OSPF über die Kommandozeile oder über die Web-GUI zu konfigurieren. Über die Webseite ist OSPF in wenigen Schritten eingerichtet (Abbildung 11.4). Unter https://rt-5/#Routing/Dynamic erwartet EdgeOS Angaben über Area, Interfaces und Router-ID.

Anschließend spricht auch RT-5 fließend OSPF, freundet sich mit seinen Nachbarn RT-1 und RT-4 an und tauscht Routinginformationen aus. Die Routingtabelle füllt sich um die benachbarten Netze.

```
vyos@RT-5:~$ show ip route ospf
IP Route Table for VRF "default"
O IA *> 10.1.1.0/24 [110/11] via 198.51.100.1, eth2, 00:04:14
O IA *> 10.2.1.0/24 [110/11] via 198.51.100.4, eth2, 00:04:14
```

Nachbarschaften

OSPF beginnt seine Magie erst, nachdem die Router Nachbarn geworden sind. VyOS führt genau Buch über seine direkten Nachbarschaften und gibt bereitwillig Auskunft:

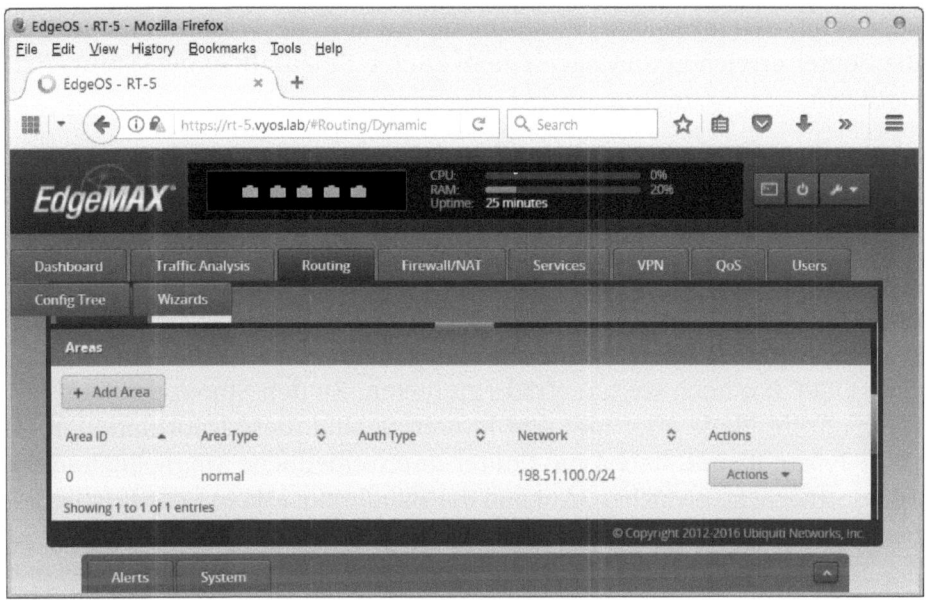

Abbildung 11.4: OSPF-Konfiguration in EdgeOS

```
vyos@RT-4:~$ show ip ospf neighbor

Neighbor ID Pri State      Dead Time Address       Interface  [...]
10.4.1.1      1 Full/Backup  33.76s 198.51.100.1   eth1:198.51.100.4
198.51.100.5  1 Full/DROther 35.73s 198.51.100.5   eth1:198.51.100.4
```

Die Nachbarschaften halten aber nicht ewig und müssen regelmäßig erneu-
ert werden. Dazu sendet jeder OSPF-Router kontinuierlich seine Lebenszeichen in Form eines Hello-Pakets, per Voreinstellung alle 10 Sekunden
(Hello-Intervall). Die Nachbarschaft zerbricht, wenn diese Lebenszeichen
ausbleiben. VyOS ist geduldig und wartet noch 40 Sekunden (*Dead time*)
auf ein Hello-Paket, bevor die Verbindung zum Nachbarn als unerreichbar
akzeptiert wird.

Alle Routinginformation, die über die fehlgeschlagene Verbindung den lokalen Router erreicht haben, werden jetzt infrage gestellt und aus der eigenen
Routingtabelle gelöscht.

Dieser Schritt ist natürlich auch umkehrbar: Sobald die Lebenszeichen wieder anfangen, kann eine Nachbarschaft beginnen, welche die Routingtabelle

wieder mit den fehlenden IP-Informationen auffüllt. Wichtig ist, dass sich die Router erreichen und nach einem kurzen Smalltalk in den Status *Full* wechseln.

Schritt 2

Nach dieser ersten Minimalkonfiguration sind die betroffenen IP-Netze allen Routern bekannt. Damit hat OSPF seine primäre Aufgabe erfüllt, die daraus besteht, entfernte Netze erreichbar zu machen.
Aber OSPF hat noch weitere Tricks zu bieten. Zu den Standortnetzen führen mehrere Pfade oder mehrere Router. Sobald diese Informationen im OSPF bekannt sind, haben die Router unterschiedliche Möglichkeiten die Standortnetze zu erreichen. Anhand der Bandbreite erkennt der Router den besten Weg und erhebt ihn in seine Routingtabelle. Der zweitbeste Weg ist der erste Backup-Pfad und bleibt im Hinterkopf, falls die primäre Route mal unerreichbar ist.
Dadurch entsteht ein automatischer Ausfallschutz, denn OSPF kümmert sich selbstständig um die Überprüfung der Nachbarschaften. Die unscheinbaren Hello-Pakete als Lebenszeichen sind die Grundlage dafür. Wird ein Nachbar unerreichbar, werden alle IP-Informationen ungültig, die dieser Nachbar verschickt hat und die Backup-Route hat ihre Chance in die Routingtabelle aufgenommen zu werden.

Die zweite Partie mit OSPF bringt alle Router ins Spiel, um den Ausfallschutz zu betrachten. Am Beispiel von RT-1 werden alle Interfaces Mitglied der zugewiesenen Area.

```
set protocols ospf area 0 network 198.51.100.0/24
set protocols ospf area 0 network 192.0.2.0/24
set protocols ospf area 1 network 10.1.1.0/24
set protocols ospf area 4 network 10.4.1.0/24
```

Für Router RT-5 sieht die Konfiguration der Areas ähnlich aus.

```
set protocols ospf area 0 network 198.51.100.0/24
set protocols ospf area 0 network 192.0.2.0/24
set protocols ospf area 3 network 10.3.1.0/24
```

Zusätzlich erhalten die Netzadapter einen festen Wert für die Bandbreite, damit OSPF den schnellsten Pfad finden kann. Die Angabe ist nur für die WAN-Interfaces notwendig, da die tatsächliche Bandbreite der Netzwerkkarte (100/1000 Mbit/s) deutlich höher ist als die vereinbarte Bandbreite (10 bzw. 34 Mbit/s). Für RT-1 ergibt sich die Konfiguration:

```
set interfaces ethernet eth1 ip ospf bandwidth 10000
set interfaces ethernet eth4 ip ospf bandwidth 34000
```

Es ist wichtig, dass die Bandbreite auf den entsprechenden Interfaces der anderen Router denselben Wert erhält. Andernfalls kommt OSPF auf den Routern zu unterschiedlichen Ergebnissen für die beste Route und es kann zu asymmetrischem Routing führen.

Zur besseren Übersichtlichkeit bekommt jeder Router eine feste Kennung verpasst. Diese Router-ID unterscheidet sich von den anderen IP-Adressen, damit sie in der Routingtabelle und OSPF-Datenbank direkt erkennbar ist. RT-1 bekommt die 203.0.113.1, RT-2 nutzt 203.0.113.2 usw.

```
set protocols ospf parameters router-id 203.0.113.1
```

Dieser Schritt ist zwar optional, erleichtert aber die spätere Fehlerfindung und Dokumentation.

Sobald die anderen Router ihre Area-Konfiguration erhalten haben, hat RT-1 eine große Auswahl das IP-Netz von Standort-2 zu erreichen (Abbildung 11.5).
Die offensichtlichen Pfade führen über WAN-2 zu RT-3 oder über WAN-1 zu RT-4. OSPF findet aber noch mehr Wege: über das Netz von Standort-1 geht es von RT-2 weiter über WAN-1 bis zu RT-4. Zuletzt gibt es noch den Weg über das DMZ-Netz von RT-2 nach RT-4.
Welcher Pfad schafft es in die Routingtabelle? Die Kriterien sind Erreichbarkeit und Bandbreite; sobald es eine Verbindung gibt, wird OSPF sie finden und eventuell benutzen.
Die höchste Bandbreite bietet die Verbindung über WAN-1, da sie mit 34 Mbit/s ausgezeichnet ist. Also wird diese Route in die Routingtabelle aufgenommen und für IP-Verbindungen von Clients verwendet.

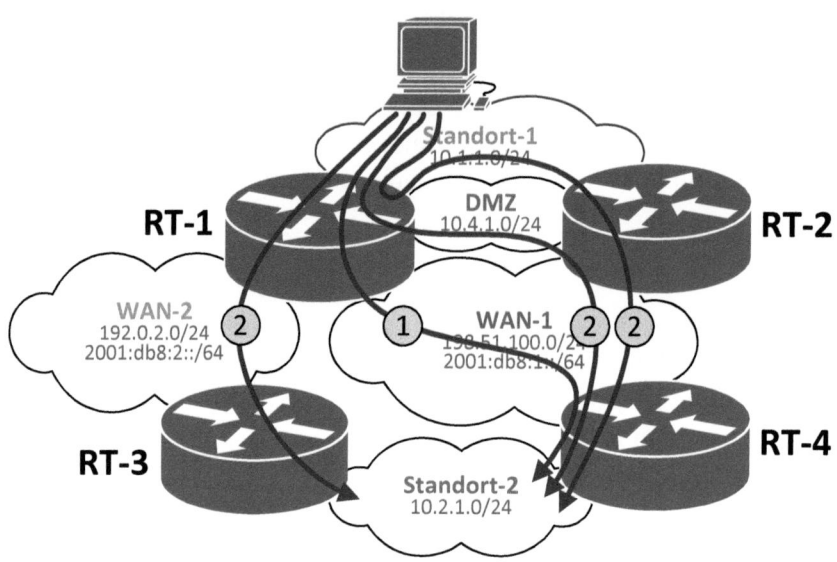

Abbildung 11.5: Viele verschiedene Wege führen zu Standort 2

```
vyos@RT-1:~$ show ip route 10.2.1.0/24
Routing entry for 10.2.1.0/24
  Known via "ospf", distance 110, metric 20, best
  Last update 00:04:01 ago
  * 198.51.100.4, via eth4
```

Die alternativen Routen behält OSPF im Ärmel und spielt sie aus, sobald der primäre Pfad aufgrund von Störungen und ausbleibenden Hello-Paketen unerreichbar ist.

Ausfalltest

Wie gut funktioniert die automatische Routenänderung? Im Normalfall erreicht ein Client von Standort-1 ein Endgerät in Standort-2 über RT-1, WAN-1 und RT-4 aufgrund der vorteilhaftesten Bandbreite.

```
root@cl-1 ~> traceroute -In 10.2.1.25
traceroute to 10.2.1.25 (10.2.1.25), 30 hops max, 60 byte packets
 1   10.1.1.1   1.552 ms   1.727 ms   1.696 ms
 2   198.51.100.4   3.304 ms   3.290 ms   3.293 ms
 3   10.2.1.25   3.267 ms   3.575 ms   3.539 ms
```

Jetzt darf die Störung beginnen, denn plötzlich fällt die WAN-Verbindung *eth4* von Router RT-1 aus. Je nach WAN-Technologie bemerkt das Interface diesen Ausfall und ändert seinen Zustand in „nicht verbunden". Falls nicht, reagiert OSPF nach Ablauf der *Dead time* von 40 Sekunden. Ein kurzer Blick in die lokale OSPF-Datenbank zaubert die zweitbeste Route hervor, die jetzt der bevorzugte Pfad wird und in die Routingtabelle kommt. Dieselbe Aktion passiert ebenfalls in RT-4, denn auch dieser Router bemerkt die fehlenden Hello-Pakete vom Nachbarn RT-1 und bemüht seine alternative Route in die Routingtabelle.

Die Routingtabelle von RT-1 listet jetzt einen alternativen Weg zum entfernten Netz 10.2.1.0/24. Unglücklicherweise kann sich OSPF bei der Pfadwahl nicht entscheiden, da beide Wege gleichwertig sind:

```
vyos@RT-1:~$ show ip route 10.2.1.0
Routing entry for 10.2.1.0/24
  Known via "ospf", distance 110, metric 23, best
  Last update 00:00:08 ago
  * 10.1.1.2, via eth0
  * 10.4.1.2, via eth2
```

OSPF entscheidet sich für beide Wege und beginnt mit einer Lastverteilung: Manche Pakete wandern über 10.1.1.2 zum Ziel, während andere die IP 10.4.1.2 passieren werden. In diesem Beispiel sind beide Nachbar-Adressen derselbe Router RT-2.

Eine Lastverteilung muss gut geplant und getestet sein, denn manche Anwendungen und vor allem Internettelefonie können eigenartig auf asymmetrisches Routing reagieren. Abschnitt *Einfluss* auf Seite 128 zeigt Möglichkeiten zum Eingriff, um Lastverteilung zu verhindern oder absichtlich zu ermöglichen.

Wenn WAN-1 komplett ausfällt, kommt Bewegung in die Routingtabellen. Sobald das Um-Routing abgeschlossen ist, erreicht das Netz wieder einem *konvergenten* Zustand. Die Clients von Standort-1 erreichen die Kollegen in Standort-2 nun über einen alternativen Pfad durch WAN-2:

```
root@cl-1 ~> traceroute -In 10.2.1.25
traceroute to 10.2.1.25 (10.2.1.25), 30 hops max, 60 byte packets
 1   10.1.1.1  1.677 ms   1.569 ms   1.540 ms
 2   192.0.2.3  2.601 ms   2.630 ms   2.605 ms
 3   10.2.1.25  2.720 ms   2.795 ms   2.795 ms
```

127

Die Backup-Routen berechnet OSPF erst, wenns notwendig wird. Eine grobe Vermutung, wo der Verkehr langfließen wird, wenn es zum Ausfall kommt, gibt die OSPF-Datenbank. Dort schlummern alle Informationen, die zur Routenberechnung benutzt wurden, auch wenn sie es nicht in die Routingtabelle geschafft haben.

```
show ip ospf database
```

Spezifische Informationen zum IP-Netz 10.2.1.0 zeigt Router RT-1 mit

```
show ip ospf database summary 10.2.1.0
```

Mit dem *Advertising Router* verrät die Kommandoausgabe schon die ungefähre Richtung, welcher Kandidat für die Backuproute infrage kommt.

Einfluss

OSPF sucht sich seine besten Pfade selbstständig, aber welchen Einfluss hat der Netzwerk-Admin, um die Routing-Entscheidungen zu beeinflussen? Beispielsweise nimmt OSPF auch die Netzverbindung *DMZ* zwischen den Routern RT-1 und RT-2. Dieses Netz hat im Umfeld der Firewall (vgl. Kap. 8) eine besondere Bedeutung und sollte im Normalfall nicht als OSPF-Transitnetz genutzt werden.

Das Ziel ist nun, die Qualität (Metrik) der Route, die durch das DMZ-Netz führt, künstlich zu verschlechtern. Damit wird die Route unbeliebter und OSPF bevorzugt andere Wege. Nur wenn alle anderen Pfade unerreichbar sind, nimmt OSPF als letzten Ausweg die Route durch die DMZ. Das ist zwar nicht optimal, aber besser als ein Totalausfall.

Der händische Eingriff in die Entscheidung von OSPF geschieht indirekt über die zugewiesene Bandbreite eines Netzadapters. Die Bandbreite wird als Zahl in kbit/s angegeben (höher ist besser) oder als Nutzungskosten (niedriger ist besser). Ohne Angaben in der Konfiguration verwendet OSPF die Bandbreite des Interfaces, also 100 Mbit/s oder 1 Gbit/s.

Im Fall des DMZ-Netzwerks darf eine geringere Bandbreite von beispielsweise 2 Mbit/s vorgetäuscht werden.

```
set interfaces ethernet eth2 ip ospf bandwidth 2000
```

Der tatsächliche Durchsatz der Netzwerkkarte wird dadurch nicht eingeschränkt.

Alternativ erhält das DMZ-Interface hohe Kosten aufgebrummt, damit OSPF es bei seiner Routingentscheidung vermeidet.

```
set interfaces ethernet eth2 ip ospf cost 65535
```

Das Ergebnis ist das Gleiche. Intern verwendet OSPF die Kosten für die Kalkulation seiner Routen. Die Angabe einer Bandbreite wird zuerst in Kosten umgerechnet und anschließend genutzt.

Sicherheit

Jeder OSPF-Router vertraut jedem anderen Router, solange er das OSPF-Protokoll verständlich spricht. Ein ungewollter Router im Netzverbund kann Nachbarschaften mit den bekannten OSPF-Routern aufbauen und falsche Routen verteilen. Das fällt zwar schnell auf, da legitime IP-Netze nicht mehr erreichbar sind, bewirkt aber einen Netzausfall, obwohl alle Verbindungen in Ordnung sind.

Die Macher von OSPF haben auch an diesen Umstand gedacht und einen Schutzmechanismus in Form von Authentifizierung eingebaut. Simpel und sicher: Vor dem Versand fügt der Router dem OSPF-Paket eine digitale Signatur hinzu. Der Empfänger prüft die Signatur und verarbeitet den Inhalt nur dann, wenn sie gültig ist. Damit kann ein ungewollter Router zwar OSPF-Informationen mitlesen, aber keine Routen einschleusen.

Die Authentifizierung gilt pro Interface. Auf Netzsegmenten mit Risikofaktor empfiehlt sich eine Authentifizierung. Bei Verbindungen, die bereits über Verschlüsselung verfügen (VPN-Tunnel, vgl. Kap. 17 und 18), ist eine zusätzliche Authentifizierung nicht notwendig. Im Zweifel lieber auf allen Interfaces aktivieren, dann ist die OSPF-Konfiguration einheitlich.

```
set interfaces ethernet eth2 ip ospf authentication md5 \
   key-id 1 md5-key 'SECRETKEY'
```

Die Berechnung der Routen und der Tagesbetrieb von OSPF *mit* Authentifizierung unterscheidet sich nicht vom normalen Ablauf. Netze mit Verschlüsselung oder Authentifizierung werden nicht bevorzugt gewählt. Es verringert nur das Risiko von ungewollten Nachbarn.

Ein Fehler in der Konfiguration rund um die Authentifizierung führt dazu, dass keine Nachbarschaft zustande kommt und keine Pfadinformationen ausgetauscht werden. Die Fehlersuche ist schwierig, denn eine abweichende Authentifizierung in eingehenden OSPF-Headern zwingt den lokalen Router das Paket zu verwerfen. VyOS geht so weit, dass dieser Router weder in der Nachbartabelle, noch in der Logdatei auftaucht.

Ähnlich den debug–Kommandos auf Cisco IOS-Routern hat auch VyOS Befehle im Gepäck für die Suche nach Feinheiten im Protokollablauf. Da die Nachbarschaft mit eingehenden OSPF-Hello–Paketen beginnt, geben die Befehle im Ausführungsmodus Einblick in das Geschehen der empfangenen Hello-Pakete.

```
monitor protocol ospf enable packet hello recv
monitor protocol ospf
```

Und genau hier wird der Suchende fündig, denn für jedes eingehende problematische Paket meldet VyOS die genaue Ursache.

```
OSPF: interface eth1:192.0.2.3: auth-type mismatch, local Null, \
   rcvd Cryptographic
OSPF: ospf_read[192.0.2.5]: Header check failed, dropping.
```

Der lokale Router 192.0.2.3 verwendet *keine* Authentifizierung (*local Null*), während das eingehende Paket von 192.0.2.5 signiert ist (*rcvd Cryptographic*). Und folgerichtig lässt der OSPF-Prozess das Paket unverarbeitet fallen (*dropping*).

Lastverteilung

Wenn bei der Wahl zur besten Route zwei Kandidaten gleichwertig sind, nimmt VyOS beide in die Routingtabelle auf. Die Clientverbindungen zu dem Zielnetz werden fortan über *beide* Routen verschickt: Mal die eine und Mal die andere – es entsteht eine Lastverteilung.

```
vyos@RT-1# run show ip route 10.2.1.0
Routing entry for 10.2.1.0/24
  Known via "ospf", distance 110, metric 20, best
  Last update 00:00:17 ago
  * 192.0.2.3, via eth1
  * 198.51.100.4, via eth4
```

Dieses Verhalten tritt nur auf, wenn das Routingprotokoll beide Pfade als gleichwertig betrachtet. Daher stammt auch der Name *Equal Cost Multi-Path* (ECMP), der Ursache und Wirkung kernig beschreibt.

VyOS verteilt den Datenstrom nach Clientverbindungen. Bei dieser *session-based* Lastverteilung werden alle Pakete einer TCP-Verbindung stets über denselben Nachbarn geroutet. Eine einzelne Verbindung kann folglich nur die maximale Bandbreite *einer* Leitung füllen.

Der Einfluss des Administrators auf die Lastverteilung ist gering, denn die Verteillogik von ECMP ist in VyOS hart verdrahtet. Weiterhin fehlt die Möglichkeit, einen Nachbarn zu bevorzugen oder spezielle Applikationsdaten auf einen Pfad zu fixieren. Außerdem lässt sich das Feature nicht mit einem Schalter aus- und einschalten; sobald zwei (oder mehr) Routen sich die beste Metrik teilen, beginnt ECMP mit der Arbeit.

Die Lastverteilung mit ECMP erwartet zwei Pfade, die ein ähnliches Verhalten bei Bandbreite, Verzögerung und Paketverlust zeigen. Wenn die Charakteristiken sehr unterschiedlich sind und beispielsweise eine symmetrische 155 Mbit/s–Strecke gegen eine ältere ADSL-Leitung antritt, bewirkt die Kombination beider Pfade sogar eine Verschlechterung.

Denn für VyOS sind nach wie vor beide Leitungen gleichstark und neue Client-Verbindungen werden gleichmäßig verteilt. Die ADSL-Leitung ist nach ein paar Mbit/s bereits gesättigt, während die 155er unterfordert ist. Kein guter Anwendungsfall für *Equal* Cost Multi-Path.

Zwei sehr ungleiche Strecken bewirken ungleiche Auslastungen und lassen sich manchmal mit einem einfachen ping aufspüren.

```
root@cl-1 ˜> ping −c 6 −i 1 −s 1024  10.3.1.25
PING 10.3.1.25 (10.3.1.25) 1024(1052) bytes of data.
1032 bytes from 10.3.1.25: icmp_seq=1 ttl=126 time=2.90 ms
1032 bytes from 10.3.1.25: icmp_seq=2 ttl=126 time=1090 ms
1032 bytes from 10.3.1.25: icmp_seq=3 ttl=126 time=2.74 ms
1032 bytes from 10.3.1.25: icmp_seq=4 ttl=126 time=1392 ms
1032 bytes from 10.3.1.25: icmp_seq=5 ttl=126 time=2.55 ms
1032 bytes from 10.3.1.25: icmp_seq=6 ttl=126 time=780 ms

--- 10.3.1.25 ping statistics ---
6 packets transmitted, 6 received, 0% packet loss, time 5025ms
rtt min/avg/max/mdev = 2.558/545.200/1392.818/570.577 ms, pipe 2
```

Eine weitere Gefahr der Lastverteilung ist die Tatsache, dass Pakete auf dem Rückweg einen anderen Pfad nehmen als auf dem Hinweg. VyOS verspricht zwar eine Verteilung pro Session, aber das funktioniert nur, wenn die Pakete einwandfrei als zusammenhängende Session erkennbar sind. traceroute macht deutlich, dass der zweite Hop im Kommunikationspfad über unterschiedliche WAN-Strecken angesteuert wird, weil RT-5 mit unterschiedlichen IP-Adressen antwortet.

```
root@cl-1 ~> traceroute -In 10.3.1.25
traceroute to 10.3.1.25 (10.3.1.25), 30 hops max, 60 byte packets
 1  10.1.1.1   0.414 ms   0.356 ms   0.359 ms
 2  192.0.2.5  2.774 ms  198.51.100.5   2.831 ms
 3  10.3.1.25  2.774 ms   2.780 ms   2.715 ms
```

Im überschaubaren Labornetz fällt das nicht störend auf, aber in realen Netzen verderben Firewalls, WAN-Beschleuniger und Intrusion-Detection–Systeme die Freude an der Lastverteilung. Und traceroute funktioniert auch nur, solange die Geräte im Pfad brav ihre ICMP-Meldung zurücksenden.

Equal Cost Multi-Path ist die Lastverteilung des kleinen Mannes: Sie ist dabei und wird automatisch angewendet. Und bei zwei sehr ähnlichen Strecken bringt sie eine Steigerung der Gesamtbandbreite und sogar Ausfallschutz.

Mit der Lastverteilung über mehrere ungleiche Leitungen beschäftigt sich Kapitel 27.

OSPFv3

Die Version 3 von OSPF wagt den Vorstoß in die Welt von IPv6. Das klingt mutig, aber das Grundprinzip ist dasselbe, wenn auch die Adressen länger und weniger übersichtlich erscheinen.

VyOS behält die Kommandostruktur bei, aber stets mit der notwendigen Unterscheidung, ob ein Befehl für OSPFv3 gilt, und damit für IPv6, oder für das „klassische" OSPF mit IPv4.

Bei näherer Betrachtung zeigen sich verschiedene Einschränkungen, welche die Implementierung von OSPFv3 (noch) mitbringt. In VyOS fehlt tatsächlich die Unterstützung von Areas. Außerhalb der Backbone-Area wird eine

Route nicht weitergegeben, sodass das IPv6-Präfix im OSPF-Verbund unbekannt bleibt.

Bei der eingangs angepriesenen Skalierbarkeit von OSPF kann die Implementierung in VyOS nicht mithalten. Denn durch die fehlende Area-Unterstützung müssen alle IPv6-Präfixe Mitglied der Backbone-Area sein. Das Zusammenfassen (*Super-Neting*) von Präfixen entfällt und *jeder* Router lernt *jeden* noch so kleinen IPv6-Schnipsel.

Abgesehen von der Einschränkung eines Multi-Area–Designs hält sich VyOS beim dynamischen Routing von IPv6 recht tapfer. Die Kommunikation mit OSPF-Routern von Cisco untersucht Kapitel 22.

Mit den IPv6-Adressen aus Kapitel 7 werden die Router im Handumdrehen zu IPv6-Routern. Statische Routen kommen nicht in die Konfiguration, denn jetzt soll OSPFv3 diese Lücke schließen und alle IPv6-Netze an die Router dynamisch verteilen.

Das Vorgehen läuft genau wie bei IPv4 ab: Zuerst OSPFv3-Prozess aktivieren, IPv6-Präfixe hinzufügen, Bandbreiten festlegen und schließlich auf die OSPF-Nachbarschaften warten. Danach verteilen sich die IPv6-Routen und tauchen in den Routingtabellen der benachbarten Geräte auf.

Für den Laborrouter RT-3 besteht die Konfiguration aus dem Einrichten der eigenen IPv6-Adressen und der Zuweisung von Interfaces zur Area. Zusätzlich bekommt der Router noch seine Router-ID, die selbst bei OSPFv3 die Form einer IPv4-Adresse annimmt.

```
set interfaces ethernet eth0 address fd00:2::3/64
set interfaces ethernet eth1 address 2001:db8:2::3/64
set protocols ospfv3 area 0.0.0.0 interface eth0
set protocols ospfv3 area 0.0.0.0 interface eth1
set protocols ospfv3 parameters router-id 203.0.113.3
```

Eine Area wird stets als *quad-dotted decimal* angegeben und nicht mehr als schlanke Dezimalzahl. Aus Area 0 wird 0.0.0.0, aus Area 1 wird 0.0.0.1 usw. Dieselbe Syntax gilt auch für die Router-ID. Die neue Schreibweise erinnert an eine IPv4-Adresse, hat aber mit ihr (abgesehen vom Aussehen) nichts zu tun.

Die Nachbarn kündigen sich auch über die Router-ID an, und in der Nachbartabelle tummeln sich IPv4-ähnliche Adressen, obwohl nur noch IPv6 gesprochen wird.

```
vyos@RT-3:~$ show ipv6 ospfv3 neighbor
Neighbor ID    Pri   DeadTime   State/IfState      Duration I/F[State]
203.0.113.1     1    00:00:38   Full/DROther       00:27:55 eth1[BDR]
203.0.113.5     1    00:00:36   Full/DROther       00:08:54 eth1[BDR]
203.0.113.6     6    00:00:34   Full/DR            00:27:52 eth1[BDR]
```

Danach füllt sich wie gewohnt die Routingtabelle mit den IPv6-Präfixen der
benachbarten Netze.

```
vyos@RT-3:~$ show ipv6 route ospfv3
Codes: K - kernel route, C - connected, S - static, O - OSPFv3,
       I - ISIS, B - BGP, * - FIB route.

O>* 2001:db8:1::/64 [110/2] via fe80::222:b0ff:fe01:601, eth1, 00:08:23
O   2001:db8:2::/64 [110/1] is directly connected, eth1, 00:27:30
O>* 2001:db8:16::/64 [110/1] via fe80::222:b0ff:fe06:606, eth1, 00:27:30
O>* 2001:db8:17::/64 [110/1] via fe80::222:b0ff:fe06:606, eth1, 00:27:30
O>* fd00:1::/64 [110/1] via fe80::222:b0ff:fe01:601, eth1, 00:27:30
O   fd00:2::/64 [110/2] via fe80::222:b0ff:fe06:606, eth1, 00:27:30
O>* fd00:3::/64 [110/20] via fe80::822a:a8ff:fe5d:493, eth1, 00:08:23
O>* fd00:4::/64 [110/1] via fe80::222:b0ff:fe01:601, eth1, 00:27:30
O   fd00:5::/64 [110/1] via fe80::222:b0ff:fe01:601, eth1, 00:27:30
```

Für die Sicherheit beim Umgang mit Nachbarn hat OSPFv3 wenig zu bieten. Das ist jedoch keine Designschwäche, sondern die klare Entscheidung
das verbreitete IPsec-Protokoll für das Krypto-Geschäft zu nutzen. Damit
wird das OSPFv3-Protokoll etwas einfacher und die Authentifizierung ist
standardisiert. Zusätzlich können OSPFv3-Pakete vollständig verschlüsselt
werden (vgl. Kap. 17). Leider hat VyOS noch keine Unterstützung für Authentifizierung von OSPFv3-Nachbarn.

In den vorherigen Beispielen sind alle Interfaces stets in der Backbone-
Area 0.0.0.0. Das hat den traurigen Hintergrund, dass die Implementierung
von OSPFv3 in VyOS noch keine Areas kennt. Schlimmer noch: Die Kommandozeile akzeptiert eine Multi-Area–Konfiguration und commit gibt sie
auch an die unterliegenden Dienste weiter. Aber zwischen der Backbone-
Area und allen weiteren Areas werden keine Routen ausgetauscht!

Weiter gehts mit Workarounds: Die fehlende Area-Unterstützung löst diese
Konfiguration mit dem Hinzufügen von direkt-verbundenen IPv6-Netzen in
den OSPFv3-Routingprozess.

```
set protocols ospfv3 redistribute connected
```

Das ist keine Einschränkung von VyOS, sondern eine weitere Möglichkeit die OSPFv3-Router mit Pfadinformationen zu verwöhnen. Die anderen Router erfahren diese Fremdnetze als *externe* Routen.

EdgeOS

Der EdgeRouter lässt sich bequem über die Web-UI mit der Wunschkonfiguration zu OSPFv2 betanken. Auch die gelernten dynamischen Routen führt die Weboberfläche auf. Damit ist der EdgeRouter Teil der OSPF-Routinglandschaft.

Während die IPv4-Konfiguration grafisch über den Browser abläuft, stellt sich die Web-UI bei den IPv6-Adressen quer. Und das obwohl EdgeOS sehr gut über IPv6 kommunizieren kann. Der Aufstieg zum OSPFv3-Gipfel beginnt steinig bei der Kommandozeile. Immerhin unterscheiden sich die Befehle nicht von VyOS, und das Basislager einer funktionierenden Konfiguration ist schnell erreicht.

```
set protocols ospfv3 area 0.0.0.0 interface eth1
set protocols ospfv3 area 0.0.0.0 interface eth2
set protocols ospfv3 parameters router-id 203.0.113.5
set protocols ospfv3 redistribute connected
```

Und EdgeOS kann noch mehr, denn die Unterscheidung nach Areas funktioniert auch bei OSPFv3. Damit wird Standort-3 zur Area 3, welches die Konfiguration in der Syntax 0.0.0.3 erwartet.

```
set protocols ospfv3 area 0.0.0.3 interface eth0
```

Technischer Hintergrund

Die Mannschaft der Routingprotokolle in VyOS baut auf die *Quagga Routing Suite* [12]. Das gilt für die bekannten Spieler OSPFv2 und OSPFv3, aber auch für die nicht erwähnten Reservespieler RIP und BGP.

Die Routing-Dämonen von Quagga orientieren sich in Syntax und Funktionalität stark am Hersteller Cisco. Auch wenn die IOS-ähnliche Syntax hinter der VyOS-CLI verborgen bleibt, ist die Kompatibilität mit IOS-Routern erstaunlich, wie Kapitel 22 verraten wird.

Im Spielfeld von IPv6 hat die OSPFv3-Implementierung Nachholbedarf. Aus diesem Manko stammt auch die fehlende Unterstützung von Areas. Die Webseite des Anbieters bescheinigt sogar der aktuellsten Version die kleine Schwäche: „OSPFv3 and IS-IS for IPv6 have known issues." [12]. Im Handbuch findet man im Abschnitt zu OSPFv3-Areas nur den knappen Hinweis: „Area support for OSPFv3 is not yet implemented".
Die wachsende Nachfrage von OSPFv3 seitens der Community kann hier Nachbesserung bewirken.

EdgeOS umgeht dieses Problem und hat sich bei OSPF vom quelloffenen Quagga verabschiedet. Der Nachfolger *ZebOS* stammt zwar aus derselben Feder, ist aber die kommerzielle Parallele zu *Zebra*, welches auch die Plattform für Quagga war.

Fazit

Routing ist das Kerngeschäft von VyOS und so verhält es sich auch. Die Implementierung bei IPv4 ist exzellent und bei der Fehlersuche gibt es viele Schalter, um die Logfreudigkeit erheblich zu erweitern.
Bei IPv6 gibts noch deutliche Lücken, die leider recht langsam gestopft werden. Die Unterstützung von Authentifizierung und Areas fehlen bei OSPFv3 – und damit auch die Skalierbarkeit. Der produktive Einsatz in größeren Netzen sollte gut überlegt und getestet sein, bis die Einschränkungen bekannt und akzeptiert sind.

Kapitel 12

PPPoE

Das *Point-to-Point Protocol* (PPP) ist das bevorzugte Einwahlprotokoll von vielen Internet-Providern aus der Modem- und ISDN-Zeit. Über PPP erfolgen die Authentifizierung, Zuweisung von IP-Adresse, Gateway und DNS-Server, sowie die spätere Abrechnung.

Bei DSL-Anschlüssen gibt es keine Einwahl mehr, denn aus technischer Sicht ist diese Anschlussform eine Standleitung. Trotzdem ist PPP auch hier hilfreich, denn es übernimmt die automatische Konfiguration der IP-Adressen. Also trifft das ältere PPP auf das schnellere Ethernet und es entsteht *PPP over Ethernet* (PPPoE).

Und weder die Provider noch die Endanwender müssen sich in ein neues Protokoll einarbeiten.

DSL-Einwahl

Für die Einwahl bei DSL-Anschlüssen ist PPPoE nur eine Option, um die Kundenrouter automatisch mit den gewünschten Einstellungen zu versehen. Viele *Internet Service Provider* (ISP) in anderen Ländern benutzen auch *PPP over ATM* (PPPoA) oder ersetzen den PPP-Teil durch eine Netzbrücke. Nicht so bei den großen Providern in Deutschland, denn hier ist PPPoE Pflicht.

Vor der eigentlichen Einwahl muss der DSL-Client die Gegenstelle des ISPs in einer Discovery-Phase erkennen. Erst wenn sich diese mit ihrer MAC-Adresse meldet, beginnen die Verhandlungen in der Session-Phase.

Der DSL-Client sendet nun seinen Benutzernamen an die Gegenstelle. Falls der ISP auf Verschlüsselung verzichtet, kommt das Kennwort im Klartext direkt hinterher. Anspruchsvoller und sicherer ist der Einsatz des *Challenge Handshake Protokolls* (CHAP), bei dem das Passwort nicht unverschlüsselt über Kupferkabel quer durch die Stadt wandert. Denn CHAP erwartet vom Client die Angabe des Passworts und einer Zufallszahl in verschlüsselter Form.

Nach erfolgreicher Anmeldung erhält der Client die begehrte IP-Adresse und ist Teil des Internets. Von nun an sind alle Pakete, die über die DSL-Strecke fliegen, zusätzlich in einen PPPoE-Header eingepackt. Dieser Header belastet das Paket mit acht Bytes, sodass sich die *Maximum Transmission Unit* (MTU) von 1500 Bytes auf 1492 Bytes reduziert. Das ist zwar nicht dramatisch, aber wenn Clients volle Pakete mit 1500 Bytes versenden, muss der DSL-Router diese aufteilen in zwei Pakete mit 1492 Bytes und 8 Bytes. Die volle Bandbreite wird nur noch schwerlich erreicht.

Laboraufbau

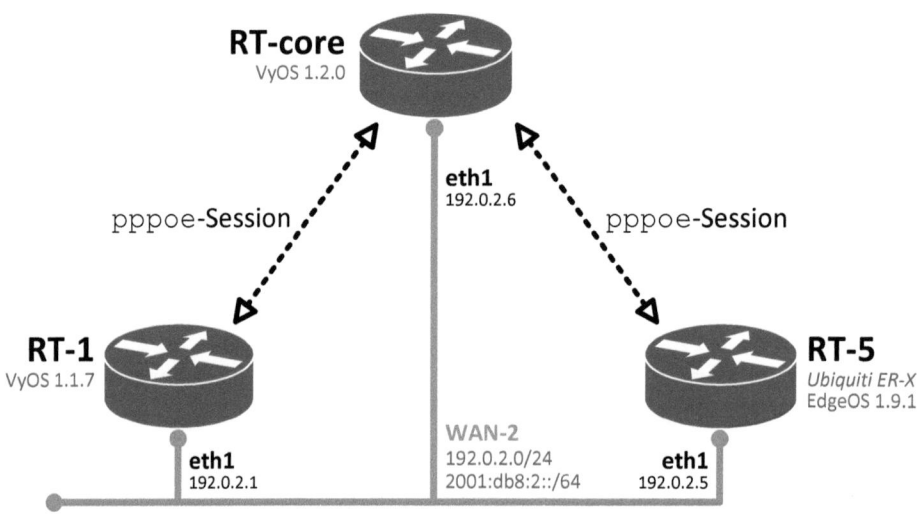

Abbildung 12.1: Eine PPPoE-Einwahl von RT-1 (VyOS) und RT-5 (EdgeOS)

Für die Einwahl über PPPoE benötigt das Labor einen PPPoE-Server, den VyOS seit Version 1.2.0 im Angebot hat. Der zentrale Router RT-core wird hiermit zum PPPoE-Server befördert und gestattet seinen Clients RT-1 und RT-5 die Anmeldung.

Der Fokus liegt auf der Konfiguration des PPPoE-Clients, denn der Einsatz von VyOS liegt eher beim einwählenden Router als beim Access-Server. Abbildung 12.1 zeigt den Laboraufbau.

PPPoE-Server

Die Funktion des PPPoE-Servers kann auch mit anderer Hard- oder Software aufgebaut werden. Falls VyOS diese Aufgabe übernehmen soll, verwandelt die folgende Konfiguration den Router RT-core in einen waschechten Einwahlserver.

```
1   set service dns forwarding listen-on eth1
2   set service dns forwarding name-server 10.5.1.253
3   edit service pppoe-server
4   set authentication local-users username 01817358RT1 password SECRET
5   set authentication local-users username 02591742RT2 password SECRET
6   set authentication mode local
7   set client-ip-pool start 203.0.113.10
8   set client-ip-pool stop 203.0.113.19
9   set dns-servers server-1 192.0.2.6
10  set interface eth1
```

Die Zeilen 1 und 2 aktivieren den DNS-Proxy, damit die PPPoE-Clients einen DNS-Server zum Fragen nutzen können. Zugangsdaten erhält der Server über Zeilen 4 bis 5, wobei kein Anmelde-Backend zur Verfügung steht, sondern alles lokal abläuft (Zeile 6). Clients erhalten Adressen aus dem IP-Pool in Zeilen 7 und 8, sowie einen DNS-Server. Der Server reagiert auf PPPoE-Anfragen nur auf dem Interface aus Zeile 10.

Die Konfiguration ist minimalistisch und nur für Laborumgebungen geeignet. Ein ISP hat üblicherweise deutlich größere Pools an IP-Adressen, mehrere DNS-Server und die Benutzerdaten liegen auf einem zentralen RADIUS-Server.

PPPoE-Client

Die PPPoE-Konfiguration baut auf einem Ethernetadapter auf. Das PPPoE-Interface ist folglich nur ein virtueller Adapter auf einer physikalischen Netzwerkkarte.
Im einfachsten Fall besteht die PPPoE-Konfiguration aus der Angabe des Netzadapters, einem Loginnamen und dem passenden Kennwort:

```
set interfaces ethernet eth1 pppoe 0 user-id 01817358RT1
set interfaces ethernet eth1 pppoe 0 password SECRET
```

Weitere Einstellungen sind für die Einwahl nicht notwendig, aber für den reibungslosen Betrieb hilfreich.

```
set interfaces ethernet eth1 pppoe 0 default-route auto
set interfaces ethernet eth1 pppoe 0 name-server auto
set interfaces ethernet eth1 pppoe 0 mtu 1492
```

Die Standardroute und ein paar DNS-Server erlernt VyOS ab sofort über PPPoE nach der erfolgreichen Einwahl. Die MTU eines Ethernetpakets wird wie anfangs erwähnt auf 1492 Bytes reduziert, um Fragmentierung zu verhindern.

Fehlersuche

VyOS beginnt nach der Einrichtung sofort mit den ersten Einwahlversuchen. Wenn alles glatt läuft, taucht die PPPoE-Schnittstelle inklusive IP-Adresse in der Liste der Interfaces mit dem Namen *pppoe0* auf:

```
vyos@RT-1:~$ show interfaces | match ppp
pppoe0        203.0.113.10                           u/u
```

Da bei PPPoE und den DSL-Anschlüssen auch viel schief gehen kann, kommen noch mehrere Kommandos zur Ursachenforschung.
Zugriff auf die aktuellen Meldungen rund um die PPPoE-Einwahl liefert VyOS mit

```
vyos@RT-1:~$ show interfaces pppoe pppoe0 log
```

Anschließend hagelt es Meldungen, die das Problem beschreiben. Ein paar typische Fehlerbilder sind:

- ```
  Timeout waiting for PADO packets
  Unable to complete PPPoE Discovery
  ```

Während der Discovery-Phase von PPPoE hat sich die Gegenstelle nicht gemeldet. VyOS hat keine Informationen vom DSL-Modem über den aktuellen Leitungszustand. Wenn das Modem eine synchronisierte Leitung meldet, liegt der Fehler zwischen VyOS-Router und Modem. Gibt das Modem per LED kein Licht bei *Sync*, beginnt die Suche bei Modem, Verkabelung oder beim ISP.

Das ist auch das typische Fehlerbild, wenn der PPPoE-Server ein VLAN-Tag erwartet, wie es bei VDSL-Anschlüssen der Deutschen Telekom seit 2008 üblich ist (vgl. Kap. 28).

- ```
  Remote message: Login incorrect
  PAP authentication failed
  ```

Hier stimmt offensichtlich etwas mit den Zugangsdaten nicht. Die Beispiele benutzen einfache Logindaten. Namhafte ISPs sind da etwas kryptischer und basteln den Namen aus Einwahlkennung, Suffix und weiteren Zusätzen zusammen.

- ```
  Connect: ppp0 <--> eth1
  EAP authentication succeeded
  peer from calling number 00:22:B0:06:06:06 authorized
  ipcp: up
  ```

Dieses „Fehlerbild" ist höchst willkommen, denn jede dieser Meldungen deutet auf eine erfolgreiche Einwahl hin. Anschließend gibts mit

```
show interfaces pppoe
```

viele Statistiken zur PPPoE-Verbindung.

Adressumsetzung

Die PPPoE-Einwahl ist erfolgreich und damit hat der VyOS-Router Zugang zum Internet. Die Clients können nur im großen Netz mitspielen, wenn der Router ihnen seine öffentliche IP-Adresse verleiht. Aus den vielfältigen Möglichkeiten der Adressumsetzung aus Kapitel 10 benötigt der Einwahlrouter
```

lediglich *Port and Address Translation*, die hier in ihrer einfachsten Form für Router RT-1 kurz wiederholt wird.

```
set nat source rule 100 source address 10.1.1.0/24
set nat source rule 100 outbound-interface pppoe0
set nat source rule 100 translation address masquerade
```

Damit übersetzt RT-1 alle Anfragen aus dem Bereich 10.1.1.0/24 in die einzelne IPv4-Adresse, die das PPPoE-Interface vom ISP erhalten hat.

EdgeOS

Für die Einrichtung von PPPoE kommt bei EdgeOS die Web-GUI zur Hilfe. Über die Startseite lässt sich ein PPPoE-Interface anlegen und mit Benutzernamen und Kennwort versehen. Anschließend beginnt der EdgeMAX-Router sofort mit den Einwahlversuchen. Unter der Haube erstellt EdgeOS dieselben Befehle, die auch VyOS verwendet.

```
set interfaces ethernet eth1 pppoe 0 user-id 02591742RT2
set interfaces ethernet eth1 pppoe 0 password SECRET
set interfaces ethernet eth1 pppoe 0 mtu 1492
set interfaces ethernet eth1 pppoe 0 default-route auto
set interfaces ethernet eth1 pppoe 0 name-server auto
```

Für die Adressumsetzung benutzt EdgeOS eine abweichende Syntax (vgl. Kap. 10).

```
set service nat rule 5000 source address 10.3.1.0/24
set service nat rule 5000 outbound-interface pppoe0
set service nat rule 5000 log disable
set service nat rule 5000 protocol all
set service nat rule 5000 type masquerade
```

Dafür sind die NAT-Regeln vollständig über die Weboberfläche konfigurierbar, sodass die unterschiedlichen Befehle nicht mühsam erarbeitet werden müssen.

Kapitel 13

Webproxy

Ein Proxy ist ein Dienst, der als Zwischenstation zwischen Client und Server agiert. Der Client redet mit dem Proxy und der Proxy redet mit dem Server. Für den Anwender ist der Proxy unsichtbar, sodass die Kommunikation scheinbar direkt mit dem Server abläuft.

Der Proxy wird meistens als Vermittler zwischen den Clientcomputern und dem Internet eingesetzt (Abbildung 13.1). Damit stellt er allen Clients den Zugriff zum Web zur Verfügung. Gleichzeitig kümmert er sich um die Sicherheit und gewollte Einschränkungen.

Proxyserver gibt es für alle möglichen Dienste: E-Mail, FTP, DNS, SIP und anwendungsunabhängige Proxys im Sinne von SOCKS. VyOS bietet nur einen Webproxy für HTTP an.

In der guten alten Zeit war die Stärke eines Proxyservers der Cache zum lokalen Speichern und Bereitstellen von Webinhalten. Denn die Bandbreiten waren gering. Zwischen Client und Server ließen sich beispielsweise 64 Kilobits pro Sekunde übertragen, aber zwischen Client und Proxy waren bis zu 100 Mbit/s möglich.

Heutzutage bringt das Zwischenspeichern von Webinhalten keinen merklichen Geschwindigkeitsgewinn. Das hat mehrere Ursachen:

- Heimnetze sind mit ethernetähnlicher Geschwindigkeit ans Internet angebunden. Internetprovider bieten Verbindungsraten bis Gigabit. Der Durchsatz zwischen Client und Server, sowie zwischen Client und Proxy, ist sehr ähnlich.

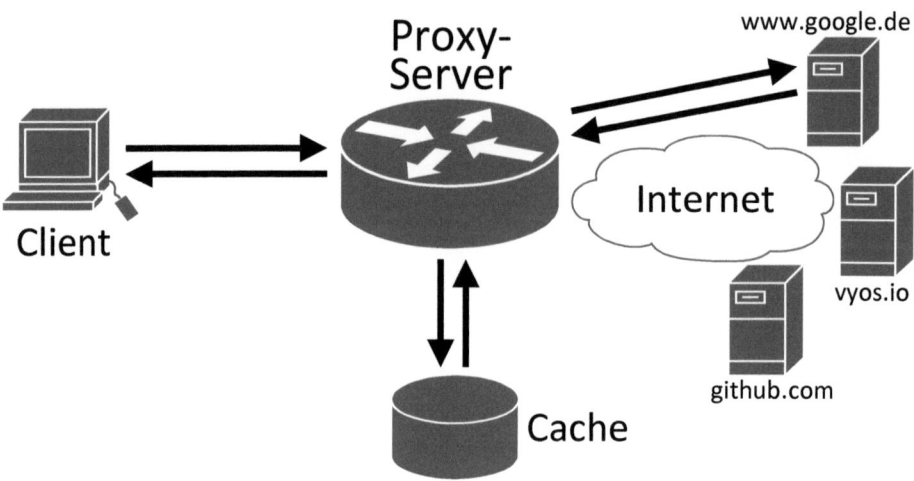

Abbildung 13.1: Der Proxyserver als Vermittler zwischen Client und Server

- Das Verhältnis von statischen Inhalten zu dynamischen Webseiten hat sich zugunsten der Dynamik verändert. Die Webseite von Google zeigt andere Inhalte, wenn ein angemeldeter User oder ein neuer Besucher sie aufruft. Welchen Webinhalt soll der Proxy speichern?

Ein Proxy wird dadurch aber nicht nutzlos, denn das Web stellt neue Anforderungen an die Netzinfrastruktur.

Virenschutz Der komplette Datenstrom fließt durch den Proxy. Da liegt es nah, die Daten auf Viren zu prüfen. Sobald ein Virenverdacht auftritt, blockiert der Proxy den Download und präsentiert dem Anwender eine warnende Webseite.

Accounting Der Proxy weiß, welcher Computer auf welche Webseite zugreift. Mit vorheriger Anmeldung am Proxydienst kommt zu dieser Information auch noch der Name des Anwenders hinzu. Die Logdatei ist also eine mächtige Datenquelle für Auswertung, Statistik und Nachweise.
Aber Vorsicht: Der Benutzername und sogar die IP-Adresse sind personenbezogene Daten und dürfen nicht ohne Zustimmung des Betroffenen gespeichert werden. Vorher unbedingt die Gesetzeslage prüfen!

Filtern Eine blockierte Webseite schützt den Mitarbeiter oder die Familie vor gefährlichen oder unmoralischen Inhalten. Geblockt wird nach IP-Adresse, Webseite, Webdomäne oder Kategorie. Die ersten drei Rubriken eignen sich für einzelne Aktionen, denn eigene Filterlisten anlegen ist mühsam. Dafür gibt es die Kategorien: Webseiten werden je nach ihrem Inhalt in Kategorien zusammengefasst, z. B. *Shopping*. Wenn die Kategorie *Shopping* erlaubt ist, sind automatisch viele weitere Domänen wie www.amazon.de oder www.ebay.de erlaubt. Steht ein `block-category` vor *Shopping*, verbietet der Proxy den Zugriff auf alle bekannten Webseiten zum Einkaufen. Die Zuordnung von Webseite zu Kategorie macht VyOS nicht selber, sondern greift auf öffentlich verfügbare Kategorielisten zu.

Laboraufbau

Ohne echten Webzugriff macht ein Proxyserver keinen Spaß, daher braucht das Labornetz ausnahmsweise Zugriff zum Internet. Der Router RT-core ist das Bindeglied zum Internet, wie im Laboraufbau in Kapitel 1 beschrieben. Abbildung 13.2 zeigt den Aufbau mit IP-Adressen und Interfaces. Der Proxy-

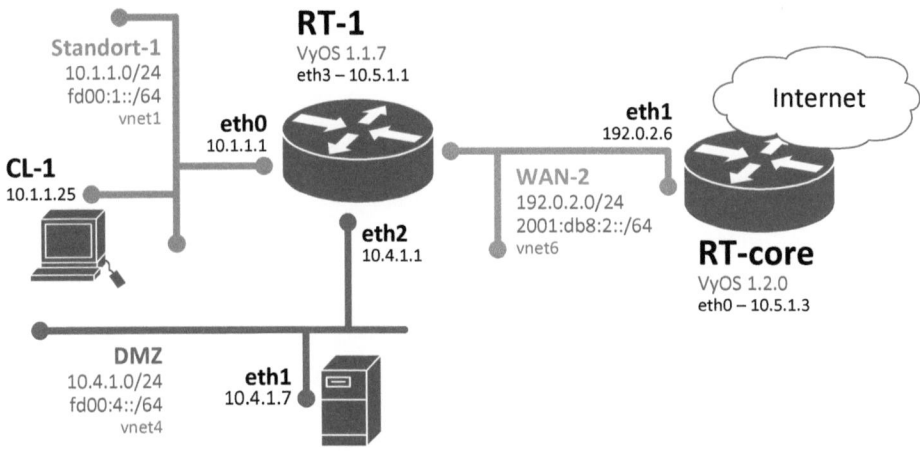

Abbildung 13.2: Laboraufbau mit Proxyserver und Internetzugriff

dienst läuft auf RT-1 und, für das spätere Hochverfügbarkeitscluster, RT-2. In die Gunst des Proxysurfens kommt der Rechner CL-1 aus dem nördlichen

Netz von Standort–1. Der letzte Player ist der Laborserver labsrv, der nur zum Bereitstellen von ein paar internen Webseiten mitspielt.

Expliziter Proxy

Der Proxyserver erwartet von den Clients angesprochen zu werden. Die Anwendung muss also proxyfähig sein und der Anwender (oder Administrator) muss die Applikation entsprechend konfiguriert haben. Die bekannten Webbrowser bieten in den Einstellungen einen Bereich für den HTTP-Proxy. Dorthin gehört die IP-Adresse und Portnummer des Servers, der den Proxydienst bereitstellt. Clientseitig ist die Konfiguration damit abgeschlossen.

Der Proxyserver ist ein VyOS-Router mit eingerichtetem Proxydienst. Abbildung 13.3 verdeutlicht die Arbeitsweise der Proxysoftware von VyOS. Eine Clientanfrage für den Webproxy (Punkt 1) erreicht den Dienst *Squid* (Punkt 2). Dieser schaut in seinen lokalen Cache, ob die Webseite vollständig oder in Teilen bereits vorliegt. Parallel dazu befragt Squid seinen Partner SquidGuard, ob die gewünschte Webseite kategorisiert ist. SquidGuard liefert die entsprechende Auskunft anhand seiner URL-Datenbank. Wenn die Webseite nicht im Cache liegt und die Richtlinie die ermittelte Kategorie erlaubt, holt Squid den Webinhalt aus dem Internet (Punkt 3). Dieser wird im Cache platziert und an den Client weitergereicht (Punkt 4).

VyOS wird mit einem einzelnen Kommando zum Webproxy:

```
set service webproxy listen-address 0.0.0.0 disable-transparent
```

Nach einem `commit` nimmt der erste Router RT-1 bereits Proxy-Anfragen an. Die Angabe von 0.0.0.0 steht für alle IPv4-Adressen auf allen Interfaces. Ohne Angabe einer TCP-Portnummer entscheidet sich VyOS für 3128. Ein Client in Standort–1 spricht in seiner Anwendung den Proxy über 10.1.1.1:3128 an.

URL-Filter

Der Proxy leitet jetzt alle Webzugriffe ohne Einschränkung weiter. Das ist gut, aber ausbaufähig. Denn sinnvoller wäre es, unbequeme Webadressen

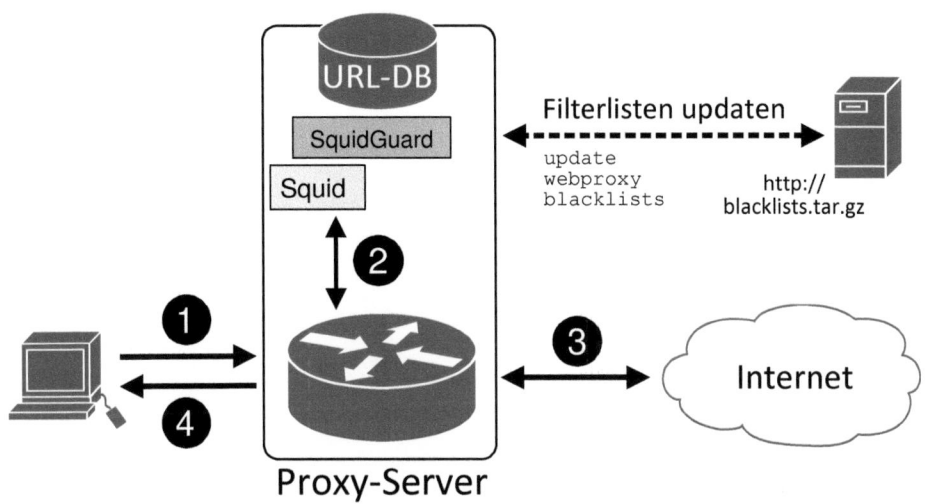

Abbildung 13.3: Das Zusammenspiel von Client, Webproxy und Server

zu filtern, sodass der Client sie nicht erreichen kann.
Die Funktion zum Filtern muss ebenfalls aktiviert werden:

```
set service webproxy url-filtering squidguard
```

Jetzt ist URL-Filtern möglich, aber noch ist alles erlaubt. Die beispielhafte aber höchst dubiose Webseite http://www.example.net soll durch den Proxy nicht mehr erreichbar sein. Der URL-Filter *squidguard* hat dazu mehrere Möglichkeiten:

- Alle Webseiten vom Server *www.example.net* blockieren. Schlüsselwort local-block-url

- Alle Webseiten von allen Servern der Domäne *example.net* blockieren. Also auch *webmail.example.net* und *shop.example.net*. Schlüsselwort local-block

- Alle Webseiten blockieren, die das Wort *example* irgendwo in der Adresszeile haben. Also auch:
  http://wiki.vyos.net/index.php?search=example
  Schlüsselwort local-block-keyword. Das funktioniert leider nicht

147

für https-Webseiten, da der Proxy von der Adresszeile nur den Hostnamen entziffern kann.

Weiter gehts mit den entsprechenden VyOS-Kommandos. Filtern nach der
ganzen Domäne *example.net* erfolgt mit

```
set service webproxy url-filtering squidguard \
  local-block example.net
```

Wenn nur der einzelne Webserver ausgebremst werden soll, ändert sich das
Kommando zu

```
set service webproxy url-filtering squidguard \
  local-block-url www.example.net
```

Filtern nach Kategorie

Lange Listen mit Webseiten sind zeitaufwendig zu führen. VyOS fasst Webseiten mit ähnlichem Inhalt in Kategorien zusammen und setzt den Filter
dann bei der Kategorie an.
Die Kategorien bestehen zwar auch aus langen Listen, aber die führt jemand
anderes. Mit einem Befehl lädt VyOS die aktuellen Listen aller verfügbarer
Kategorien.

```
update webproxy blacklists
```

Wenn nur nach wenigen Rubriken gefiltert werden soll, lohnt sich nicht der
vollständige Download. Mit

```
update webproxy blacklists category games
update webproxy blacklists category shopping
```

informiert sich VyOS nur über die bekannten Listen rund um das Thema
Spiele und Einkaufen.

Mit diesen Kategorien und den dahinterliegenden Webseiten, steht ein
mächtiges Werkzeug zum Filtern zur Verfügung. Mit nur wenigen Konfigurationszeilen lassen sich zigtausende von Webseiten ausblenden.

Und welche Kategorien gibt es? Das beantwortet das VyOS-Kommando

```
show webproxy blacklist categories
```

mit knapp 70 Rubriken, darunter Bank, Sport, Dating, Shopping usw. VyOS macht auch kein Geheimnis daraus, welche URLs und Webdomänen in die jeweilige Kategorie fallen. Zur Rubrik *Radio* gibt VyOS bereitwillig Auskunft:

```
show webproxy blacklist domains radio
show webproxy blacklist urls radio
```

Andersherum: In welche Kategorie fällt die Webseite `wikipedia.org`? Nach einer kurzen Suche beantwortet VyOS auch diese Frage mit

```
vyos@RT-1:~$ show webproxy blacklist search wikipedia.org

liste_bu/domains      wikipedia.org
proxy/domains         degree.ciowikipedia.org
redirector/domains    degree.ciowikipedia.org
```

Kategorielisten sind ständig in Bewegung, denn neue Webseiten werden aufgenommen und bestehende Einträge nachgebessert. VyOS hat einen Updatemechanismus, der einmal täglich die neuen Listen anfragt. Um die Anwender nicht im Surfvergnügen zu stören, bietet sich das Update nachts an. Das Kommando

```
set service webproxy url-filtering squidguard \
   auto-update update-hour 23
```

beginnt mit dem Download der Listen zwischen 23:00 Uhr und Mitternacht.

Richtlinie

Ob eine Webkategorie erlaubt oder verboten ist, entscheidet eine Richtlinie. Diese Richtlinie basiert auf einem von zwei möglichen Prinzipien:

- Alles ist erlaubt, außer was auf der schwarzen Liste steht.

- Alles ist verboten, außer was auf der weißen Liste steht.

Das erste Prinzip lässt sich leicht umsetzen: Das hilfreiche Schlüsselwort ist die *Default-action*, welches durch die grundsätzliche Erlaubnis auf *allow* steht.

149

```
edit service webproxy url-filtering squidguard
set default-action allow
set block-category shopping
set block-category games
top
```

Das Beispiel benennt auch noch die zwei Kategorien Shopping und Games, die hier explizit verboten sind. Der Zugriff auf `bild.de/spiele` fällt in die Kategorie Spiele und wird proxyseitig verhindert, weil die Rubrik Spiele ausdrücklich gesperrt ist.

Auch von der Ausnahme gibt es Ausnahmen und so sollen einzelne Webseiten trotz gesperrter Kategorie erlaubt sein. Oder die Zuweisung zu einer Kategorie ist fehlerhaft und muss nachgebessert werden. Dazu unterstützen die beiden Kommandos `local-ok` zum Erlauben und `local-block` zum Verbieten. Die Möglichkeiten sind dieselben wie beim einfachen Filtern nach URL aus dem Abschnitt *URL-Filter*.

Am Beispiel von `http://www.amazon.de` setzt das Kommando

```
set service webproxy url-filtering squidguard \
  local-ok-url www.amazon.de
```

die Shopping-Seite auf die weiße Liste und erlaubt den Zugriff.

Deutlich restriktiver ist die Richtlinie, die alles verbietet, was nicht ausdrücklich erlaubt ist. Dieser Ansatz lässt sich mit

```
set service webproxy url-filtering squidguard default-action block
```

verwirklichen, worauf der Webproxy gar nichts mehr akzeptiert, solange die Positivliste leer ist. Diese Liste erwartet Kategorienamen, die mit dem Schlüsselwort `allow-category` erlaubt werden. Diesmal sind die Rubriken Übersetzung und Webmail erwünscht:

```
edit service webproxy url-filtering squidguard
set allow-category translation
set allow-category webmail
```

Ausnahmen sind auch hier möglich und funktionieren bei allen Richtlinien identisch: Mit `local-ok` wird eine Domäne/Webseite/Webadresse erlaubt und mit `local-block` verboten.

Sperrseite

Wie erfährt der Anwender, dass der Proxy seine angefragte Webseite blockiert hat? Per Voreinstellung gibt VyOS darüber keine Auskunft und leitet den Webbrowser ohne Ankündigung weiter nach `www.google.com`. Das ist verwirrend für den Anwender, aber eine informative „Diese Webseite ist gesperrt"-Nachricht fehlt in VyOS.

Glücklicherweise muss der Proxy diese Sperrseite gar nicht selber bereitstellen, sondern nur auf sie verweisen. Und das kann VyOS mit der Direktive `redirect-url`. Der bereitstellende Webserver ist im Labornetz der Linux-Rechner labsrv. Mit dem folgenden Kommando lenkt VyOS jeden unerwünschten Webseitenaufruf zum Laborserver um.

```
set service webproxy url-filtering squidguard redirect-url \
   http://10.4.1.7/cgi-bin/block.cgi
```

Der Labserver weiß nichts vom Proxy-Geschäft. Für ihn ist es ein normaler Aufruf der eigenen Webseite `block.cgi`.

Für den Inhalt der Sperrseite `block.cgi` gibt es im Internet viele schöne Vorlagen. Im Dateisystem von VyOS liegt sogar ein Beispiel für eine Sperrseite in deutscher Sprache:

```
/usr/share/doc/squidguard/examples/squidGuard-simple-de.cgi.gz
```

Um die Sperrseite etwas informativer zu gestalten, kann VyOS der Weiterleitung verschiedene Parameter mitgeben. Die Sinnvollsten sind:

- %a – Die IPv4-Adresse des Clients

- %u – Die angefragte Webadresse

Das Kommando zur Umleitung erweitert sich zu:

```
set service webproxy url-filtering squidguard redirect-url \
   http://10.4.1.7/cgi-bin/block.cgi/clientaddr=%a&url=%u
```

Der Zugriff auf die Sperrseite muss für die Webclients auf jeden Fall erlaubt sein.

```
set service webproxy url-filtering squidguard local-ok-url 10.4.1.7
```

Die Sperrseite könnte auch auf dem integrierten Webserver von VyOS liegen. Das ist zwar technisch möglich, wird aber aus verschiedenen Gründen nicht empfohlen:

- Der Webserver stellt Inhalte nur über https bereit. Um beim Client eine Zertifikatswarnung zu verhindern, muss vorher ein entsprechendes Zertifikat eingespielt werden.

- Der TCP-Port 443 wird mit dem Proxydienst kollidieren, wenn bei der listen-address die freie Adresse 0.0.0.0 gewählt ist.

- Es erfordert Änderungen im Dateisystem, die beim Update nicht berücksichtigt werden.

Troubleshooting

Der Webproxy hat mehrere typische Fehlerbilder, die man als „Normalzustand" beschreiben könnte. Wenn eine Änderung am Proxy mit commit beginnt, wird der Dienst neu geladen, um die veränderte Konfiguration zu lernen. Das dauert zwischen 30 und 60 Sekunden. Während dieser Zeit nimmt der Proxydienst keine Anfragen entgegen und Firefox meldet: „Proxy-Server verweigert die Verbindung".
Eine weitere Meldung ist die schlichte Nachricht im Browser „Unable to connect". Neben einem tatsächlichen Verbindungsproblem könnte die angesurfte Webseite geblockt sein und die Weiterleitung auf die Sperrseite fehlt oder ist fehlerhaft.

Wenn es gar nicht so läuft, wie erwartet, hilft ein Blick in die Logdatei. Das vielversprechende Kommando

```
monitor webproxy
```

zeigt leider nur, ob der Webproxy-Dienst gestartet ist. Die Information, welcher Client welche Webseite aufruft, versteckt der Daemon in der Logdatei access.log, die VyOS über den Befehl

```
show webproxy log
```

vollständig ausgibt. Aber das darunterliegende Linux hat noch mehr Tricks drauf. Für ein Echtzeitlogging von Clientzugriffen ist *less* der richtige Ansprechpartner:

```
sudo less +F /var/log/squid3/access.log
```

In einer surffreudigen Umgebung flitzen die Meldungen nur so über den Bildschirm und die Suche nach dem fehlerhaften Client wird schwierig. Daher folgen noch zwei Helferlein, die die Log-Ausgabe vereinfachen. Das Linuxkommando

```
sudo less -p www.zeit.de /var/log/squid3/access.log
```

zeigt den Inhalt der Logdatei von Squid an; mit dem beispielhaften Suchbegriff *www.zeit.de* hervorgehoben. Das erleichtert zumindest den Augen die richtigen Zeilen zu finden.
Alternativ filtert

```
sudo grep www.zeit.de /var/log/squid3/access.log
```

alles aus der Ansicht raus, was nicht den gewünschten Suchbegriff enthält. Sinnvoll ist das auch zum Filtern nach einer Client-IP-Adresse.

Eine typische Logzeile enthält viele Informationen und ist einigermaßen selbstsprechend. VyOS protokolliert den Zugriff auf eine Webseite mit:

```
1482436336.221    754 10.1.1.25 TCP_MISS/200 9937 \
  GET http://vyos.io/ - DIRECT/192.0.2.13 text/html
```

Eine kurze Erklärung der einzelnen Felder verrät Tabelle 13.1. Der Zeitstempel ist im klassischen UNIX-Format, welches die Sekunden seit dem 1.1.1970 zählt. Die Umwandlung mit einem Taschenrechner ist möglich, aber einfacher gehts mit Webseiten wie `http://www.unixtimestamp.com` oder auf der Kommandozeile:

```
sudo date -d @1482436336.221
```

Proxy-Cluster

Mehrere VyOS-Router mit aktiviertem Proxy und identischem Regelwerk können die Verfügbarkeit des Webzugriffs steigern, oder eine Lastverteilung erreichen. Wenn bereits ein VyOS-Pärchen als Standardgateway im Einsatz ist (Kapitel 19 und 20), kann der Proxydienst diese Infrastruktur mitbenutzen.

SquidLog	Beschreibung
1482436336.221	Zeitstempel
754	Wie lange war der Eintrag im Cache (in ms)
10.1.1.25	Client IP-Adresse
TCP_MISS/200	Ergebnis des Zugriffs (MISS heisst, dass im Cache nichts gefunden wurde)
9937	Wieviele Bytes wurden übermittelt
GET	HTTP Zugriffsmethode
http://vyos.io/	Angefragte Webseite
-	Username (wenn der Proxy eine Anmeldung verlangt)
DIRECT/192.0.2.13	Infos zur Cache-Hierarchie
text/html	HTML Typ und Format

Tabelle 13.1: Alle Felder vom Proxy-Log mit Erklärung

Aktiv/Passiv

Höhere Verfügbarkeit erreicht ein Proxycluster bestehend aus einem primären Router (aktiv) und einem Reservegerät (passiv). Auf das Labor bezogen ist der Router RT-1 der bevorzugte Proxy und RT-2 kommt ins Spiel, wenn RT-1 ausfällt.
Die Hochverfügbarkeit setzt auf das Protokoll VRRP, welches erst in Kapitel 19 behandelt wird. Hier lohnt sich ein kleiner Abstecher zu Seite 217.

Die beiden Router von Standort–1 teilen sich die hochverfügbare IPv4-Adresse 10.1.1.5. Prioritäten und weitere Spitzfindigkeiten von VRRP bleiben außen vor ums einfach zu halten. Die Router RT-1 und RT-2 werden durch das Kommando

```
edit interfaces ethernet eth0
set vrrp vrrp-group 5 virtual-address 10.1.1.5
```

zu VRRP-Partnern. Danach folgt die Konfiguration zum expliziten Proxy auf beiden Routern. Die Konfiguration sollte auf beiden Geräten identisch sein, um dasselbe Anwendungsverhalten zu erreichen.
Die Clients aus Standort–1 kommunizieren mit ihrem neuen Proxycluster über die virtuelle IP-Adresse. Der Webbrowser benötigt in den Proxyeinstel-

lungen die Adresse 10.1.1.5 und den TCP-Port 3128. Clients sprechen über die neue IP-Adresse immer noch denselben Proxy an. Aber wenn der Router RT-1 unter dem Proxydienst zusammenbricht, wandert die IPv4 10.1.1.5 zum Reserverouter und der Proxy auf RT-2 nimmt sich den Webanfragen der Clients an.

Jetzt wird auch verständlich, warum die Proxy-Konfiguration auf beiden Routern identisch sein sollte: Denn wenn RT-2 andere Verbotslisten als RT-1 führt, verhält sich das Internet für die Anwender eigenartig.

Aktiv/Aktiv

Bei einer Gruppe von Proxys zur Lastverteilung sind alle Teilnehmer der Gruppe aktiv und erhalten permanent Anfragen von Webclients. Ausfall-schutz ist ebenfalls gegeben, wenn die Last eines defekten Geräts auf die anderen Proxys verteilt wird.

Leider hat weder VRRP (vgl. Kap. 19) noch HA-Cluster (vgl. Kap. 20) eine eingebaute Lastaufteilung.

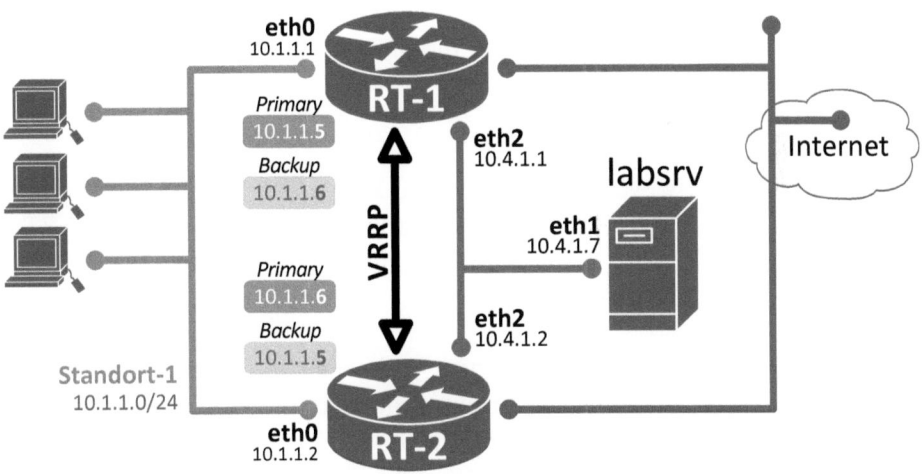

Abbildung 13.4: Aktiv/Aktiv-Cluster mit VRRP und proxy.pac

Der Effekt der Lastverteilung wird dadurch erreicht, dass die Clients ih-ren Proxyserver nicht selber wählen, sondern zugewiesen bekommen. Die ersten Clients landen bei RT-1, die nächsten gehen zu RT-2 und ein paar weitere kommen wieder über RT-1 ins Internet. So entsteht eine Verteilung der Anfragen zwischen den beiden Routern.

Der Effekt des Ausfallschutzes basiert erneut auf VRRP: RT-1 wird abgesichert durch RT-2 und RT-2 wird abgesichert durch RT-1. Abbildung 13.4 zeigt das Zusammenspiel der beiden Router.

Als virtuelle IPv4-Adressen nutzt das Cluster 10.1.1.5, um primär RT-1 anzusprechen und 10.1.1.6 ist bevorzugt für RT-2. Prioritäten helfen dabei, dass der gewünschte Router unter der ausgewählten Adresse antwortet. Für RT-1 ergibt sich die Konfiguration:

```
set interfaces ethernet eth0 vrrp
set vrrp-group 5 virtual-address 10.1.1.5
set vrrp-group 5 priority 120
set vrrp-group 6 virtual-address 10.1.1.6
```

Bei RT-2 ist die Situation genau umgekehrt:

```
set interfaces ethernet eth0 vrrp
set vrrp-group 6 virtual-address 10.1.1.6
set vrrp-group 6 priority 120
set vrrp-group 5 virtual-address 10.1.1.5
```

Damit der Proxydienst auch auf allen möglichen Adressen antwortet, ist die Joker-Adresse die beste Wahl:

```
set service webproxy listen-address 0.0.0.0 disable-transparent
```

RT-1 wird jetzt aktiv, wenn ein Client den Proxy über 10.1.1.5 anfordert. Gleichzeitig prüft RT-1 mittels VRRP-Lebenszeichen, ob sein Partner RT-2 noch arbeitet. Falls nein, übernimmt er auch die IP-Adresse 10.1.1.6 und antwortet auf beiden Adressen.

Den Clients bleibt dieses Konstrukt zwar verborgen, aber irgendwie müssen sie die IPv4-Adresse des Proxys lernen. Praktisch alle Webbrowser nutzen dafür die automatische *Proxy-Konfiguration-URL*. Netscape hatte dafür in seinem *Navigator 2.0* bereits 1996 eine Lösung und alle Browserhersteller haben nachgezogen. Das Ergebnis ist eine Webseite, die mit wenig JavaScript-Code den Clients detaillierte Angaben zum Proxy machen kann. Aus historischen Gründen heißt die Datei meistens proxy.pac.

Für das Vorhaben der Lastverteilung enthält die proxy.pac die beiden virtuellen IPv4-Adressen der VyOS-Router:

```
function FindProxyForURL(url, host) {
    return "PROXY 10.1.1.5:3128; PROXY 10.1.1.6:3128";
}
```

Die Dynamik entsteht mithilfe von CGI und einer Skriptsprache, welche die Reihenfolge der IP-Adressen zufällig wählt, sodass manchmal 10.1.1.5 an erster Stelle steht und ebenso häufig 10.1.1.6. In Listing 13.1 bewirkt Perl eine zufällige Verteilung der Adressen.

```
1  !#/usr/bin/perl
2  @proxy = ( qw/10.1.1.5 10.1.1.6/ );
3  $bevorzugt = int( rand( @proxy ));
4
5  print  "Content-type: application/x-ns-proxy-autoconfig\n\n";
6  print  "function FindProxyForURL(url, host) { \n";
7  printf "  return \"PROXY %s:3128; PROXY %s:3128\";\n } \n",
8     $proxy[ $bevorzugt ], $proxy[ ! $bevorzugt ];
```

Listing 13.1: Automatische Browser-Konfiguration mit proxy.pac

Welcher Server stellt die proxy.pac bereit? Das ist grundsätzlich egal, solange die Clients ihn erreichen und er den Programmcode ausführen kann. Für beide Kriterien ist der Laborserver labsrv mehr als ausreichend. Das Skript aus Listing 13.1 gehört ins cgi-bin–Verzeichnis des Apache Webservers und muss ausführbar sein.

```
vi /var/www/cgi-bin/proxy.pac.cgi
chmod a+x /var/www/cgi-bin/proxy.pac.cgi
```

> **Hinweis**
>
> Das Handwerkszeug zum Editieren von Dateien unter Linux vermittelt Anhang A.

Damit konkretisiert sich die *Proxy-Konfiguration-URL* zu
http://10.4.1.7/cgi-bin/proxy.pac.cgi
Zum Testen eignet sich ein Kommandozeilenbefehl, da ein grafischer Browser stets versuchen wird, die Datei zu downloaden. Der wiederholte Aufruf von

```
curl --silent http://10.4.1.7/cgi-bin/proxy.pac.cgi
```

sollte die Reihenfolge der Proxyadressen zufällig wechseln.

Clients erhalten nun über die automatische Proxykonfigurations-URL die
Adresse von einem zufälligen VyOS-Router. Diesen Proxy verwendet der
Client für alle Anfragen, bis der Browser geschlossen wird. Fällt in der Zwi-
schenzeit der ausgewählte Proxy aus, übernimmt der andere VyOS-Router
und der Client bemerkt den Ausfall nicht.

Die Lastverteilung funktioniert umso besser, je mehr Clients im Netz aktiv
sind. Im Extremfall mit einem einzelnen Client entsteht keine Lastverteilung,
da *ein* Client immer nur *einen* Proxyserver verwendet.

Transparenter Proxy

Während der normale Webproxy für den Anwender kein Geheimnis war,
bleibt der transparente Proxy so unsichtbar wie möglich. Dieser Proxytyp
muss nicht in der Anwendung konfiguriert werden, denn er arbeitet unbemerkt von Anwender und Applikation. Der transparente Proxy „schnappt"
sich den HTTP-Datenstrom und leitet ihn an seinen Proxydienst weiter.
Dann beginnt die normale Arbeit: Filtern, Cachen und Webseiten für den
Client holen. Technisch muss hier viel getrickst werden, und einige Features
bleiben auf der Strecke. Für die Anwender ist es ein ungewollter „Zwangs-
proxy".

Die Ersteinrichtung unterscheidet sich kaum vom expliziten Proxy, außer
dass die Option *disable-transparent* entfallen darf:

```
set service webproxy listen-address 10.1.1.1
```

Diesmal ist die Wildcard-IP-Adresse 0.0.0.0 nicht erlaubt, sodass das Kommando eine lokale Adresse erwartet.

Der Proxy wird aktiv für alle Verbindungen zu TCP-Port 80 (http), die durch
den lokalen Router fließen. VyOS muss seine Finger also direkt im Datenstrom haben, andernfalls hat der Proxy keinen Einfluss auf die Webzugriffe
und kann auch nichts filtern.

Wenn diese Hürde erst mal genommen ist, verhält sich die weitere Konfiguration genau wie beim normalen Webproxy. Es wird verboten, erlaubt,
gefiltert, geblockt und kategorisiert.

Die nächste Einschränkung: Der Proxy fasst keine https-Verbindungen an. Denn diese Verbindungen sind verschlüsselt und für den Proxy gar nicht als Webzugriff erkennbar (abgesehen vom TCP-Port 443 für https).

Ausnahmeregelungen funktionieren beim transparenten Proxy etwas anders als oben beschrieben. Denn der Client hat gar nicht die Möglichkeit, auf den Proxy zu verzichten.
Ausnahmen nach Ziel-Adresse oder Ziel-IP-Bereich laufen einfach mittels proxy-bypass ungefiltert durch den Router durch:

```
set service webproxy proxy-bypass 203.0.113.0/24
set service webproxy proxy-bypass 198.51.100.5
```

Meistens soll aber eine einzelne *interne* Client-IPv4 in den Genuss von ungefiltertem Internet gelangen. VyOS ist hier ratlos, aber die Vyatta-Community hat dafür eine Lösung, die sogar schon fester Bestandteil von EdgeOS ist [13].
Die notwendige Änderung an den Kommandovorlagen ist in Kapitel 23 ausführlich beschrieben. Anschließend existiert das neue Schlüsselwort proxy-bypass-source zum Vorbeischleusen von Clients anhand der Quell-adresse.

```
set service webproxy proxy-bypass-source 10.1.1.25
```

Transparentes Proxy-Cluster

Erhöhte Verfügbarkeit ist auch beim transparenten Proxy wünschenswert. Die Herausforderung liegt darin, dass der Datenstrom beim Ausfall des primären Proxys umgelenkt wird zum Sekundären. Zur Hilfe kommt wieder VRRP, welches die Clusterfrage beantwortet.
Die Konfiguration des Proxys im Cluster unterscheidet sich nicht vom Einzelbetrieb. Dem Proxydienst ist es grundsätzlich egal, mit welchen Methoden die http-Pakete ihren Weg zum lokalen System gefunden haben.
Die Kombination von Webproxy und VRRP bedeutet für RT-1 die Konfiguration:

```
set service webproxy listen-address 10.1.1.1
set interfaces ethernet eth0 address 10.1.1.1/24
edit interfaces ethernet eth0
set vrrp vrrp-group 5 virtual-address 10.1.1.5
```

Für den Backup-Proxy RT-2 ist die Einrichtung bis auf die IP-Adresse identisch:

```
set service webproxy listen-address 10.1.1.2
set interfaces ethernet eth0 address 10.1.1.2/24
edit interfaces ethernet eth0
set vrrp vrrp-group 5 virtual-address 10.1.1.5
```

Auffällig ist die unterschiedliche IPv4-Adresse bei `listen-address` und `virtual-address`. Abgesehen vom Erscheinungsbild ist diese Adresswahl akzeptabel, da die Clients den Proxy ja gar nicht *direkt* ansprechen möchten. NAT-Regeln leiten ihren Zugriff an die gewählte `listen-address` weiter.

Fazit

Der Proxy im transparenten Modus hat bei VyOS den Schönheitsfehler, dass er nur mit http arbeitet. Aber: Macht ein Proxy ohne Unterstützung für https heutzutage noch Sinn? Viele populäre Webseiten nutzen grundsätzlich nur noch https.
Der transparente Proxy hat seine Stärken woanders, denn die Clients benötigen keine Änderung. In Netzen ohne administrativen Zugriff auf die Clients (z. B. in anonymen WiFi-Netzen und unbekannten Geräten) kann dieser Proxytyp seine Vorteile ausspielen.

Was geht nicht?

Proxys können noch viel mehr, aber die Implementierung in VyOS beschränkt sich auf die Basisfunktionen. Das ist soweit akzeptabel, da das Kerngeschäft von VyOS im Routing liegt und nicht im *Unified Thread Management*.
Ein ausgewachsener Proxyserver kann selbst im transparenten Modus den verschlüsselten Webzugriff kategorisieren und filtern. Ein tiefer Blick in den https-Datenstrom funktioniert nur, wenn der Proxy aktiv die Pakete vom Server entschlüsselt. Der Client erwartet aber https, also muss der Proxy die Pakete auch wieder verschlüsseln. Die *Transport Layer Security* (TLS) macht ihm aber einen Strich durch die Rechnung, denn dem Proxyserver ist der private Schlüssel des Webservers nicht bekannt. Der übliche Workaround liegt darin, dass der Proxy mit seinem eigenen Schlüssel arbeitet,

das Zertifikat „fälscht" und dem Client die Pakete trotzdem zusendet. Dem Webbrowser des Clients wurde vorher das Proxyzertifikat untergejubelt, damit die Verbindung legitim aussieht und der Anwender auch keine böse Zertifikatswarnung erhält.

Und wenn der Datenstrom im Proxydienst schon mal offen liegt, darf auch der Virenscanner mitmischen und verdächtige Downloads oder Skripte entschärfen.

Außerdem spricht nichts dagegen mit einem vorgeschalteten Lastverteiler einen transparenten Proxy im Aktiv/Aktiv-Modus zu nutzen.

Für VyOS ist das alles Zukunftsmusik, aber zumindest die Unterstützung von IPv6 darf in den nächsten Versionen erwartet werden.

EdgeOS

VyOS und EdgeOS haben denselben Vorfahren, daher ist auch die Proxyunterstützung sehr ähnlich. Leider hat es der Proxy nicht in die berühmte GUI der EdgeMAX-Router geschafft: Für die Einrichtung gehts runter auf die Kommandozeile.

Während der Webproxy bei VyOS Userauthentifizierung ermöglicht, haben die Entwickler von Ubiquiti diese Funktion rausprogrammiert. Dafür ist die Community-Lösung *proxy-bypass-source* fester Bestandteil von EdgeOS.

Bei IP Version 6 sind sich beide einig: Der Proxydienst mag nicht mit IPv6-Adressen kommunizieren.

Technischer Hintergrund

Beim Proxy setzt VyOS genauso wie EdgeOS auf die Nummer-1 der freien Proxys in der Linux-Welt: Squid. Squid begann 1996 als einfacher Webcache und hat sich zum vollwertigen HTTP/1.1-Proxy hochgearbeitet. Neben den Funktionen die VyOS benutzt, unterstützt Squid noch HTTPS, FTP, Bandbreitenbegrenzung, Authentifizierung, ICAP, IPv6, Reverse Proxy und WCCP.

Für die Inhaltskontrolle kommt der kleine Bruder *SquidGuard* als Plugin hinzu. Die einzige Aufgabe von SquidGuard liegt bei der Beantwortung der Frage: Darf auf die angefragte Webseite zugegriffen werden? Für eine präzise Antwort führt SquidGuard lange URL- und Kategorielisten, deren Reaktionszeiten im Open-Source–Umfeld unübertroffen sind.

Kapitel 14

Passwort zurücksetzen

Ein Passwort wird manchmal vergessen. Und ein gutes Passwort lässt sich auch nicht erraten. Ein Login ist dann weder über SSH noch über die Konsole möglich.
VyOS bietet eine einfache Möglichkeit, ein unbekanntes Kennwort mit einem Neuen zu überschreiben.

Dieses Kapitel beschreibt auch Methoden, mit denen ein vergessenes Kennwort wiedergefunden werden kann. Die einfache Verwendung dieser *Password Recovery*-Tools machen hoffentlich deutlich, dass starke Kennworte Pflicht sind! Viel zu einfach lässt sich ein schwaches Passwort aufdecken.

Möglicherweise ist auch das Tastaturlayout Schuld. Wurde das Kennwort kurz nach der Installation vergeben, als die voreingestellte US-Tastatur aktiv war? Dann hat sich VyOS anstelle der Umlaute und Sonderzeichen ganz andere Zeichen gemerkt. Auf einer Tastatur mit deutschem Layout bewirkt die *y*–Taste tatsächlich ein *y* – im VyOS-Passwort steht aber ein *z*, weil diese Tasten in den Anordnungen der US- und deutschen Tastatur unterschiedlich sind.
Entweder könnte vor dem nächsten Loginversuch das Tastaturlayout auf US umgestellt werden oder die Zeichen mithilfe der Zuordnungstabelle 31.1 auf Seite 363 „übersetzt" werden.
Wenn alles nichts hilft und jeder Loginversuch scheitert, sollte das Passwort zurückgesetzt werden. Dieser Passwortreset erwartet einen Reboot des Be-

triebssystems. Bis dahin arbeitet der Router auch mit vergessenem Passwort unverändert weiter.

Password Reset

Der Passwortreset überschreibt das bisherige Kennwort, ohne dass dieses bekannt sein muss. Ein „Herausfinden" des alten Kennworts ist danach nicht mehr möglich. Diese Methode ist das übliche Vorgehen, wenn das Kennwort verschwunden ist.

Ein Passwortreset beginnt im Bootloader, also muss der Router neu gestartet werden. Der Zugriff auf den Bootloader ist nur möglich über die Konsole. VyOS unterstützt Konsolenzugänge über VGA, USB und die serielle Schnittstelle.

1. Reboot beginnen. Ohne Zugriff auf die Kommandozeile von VyOS wird der Router durch die Verwaltungsoberfläche von VirtualBox oder VMware neu gestartet. Bei echter Hardware hilft nur der Power-Schalter.

2. Nach dem BIOS zeigt die Konsole das GRUB-Menü, welches mit der ESC-Taste betreten wird

3. Der Eintrag *Lost password change 1.1.7 (KVM console)* ist der Richtige für das Vorhaben

4. Die spannende Frage *Do you wish to reset the admin password? (y or n)* darf getrost mit *y* beantwortet werden.

5. Weiter gehts mit Fragen: *Which admin account do you want to reset? [vyos]* Die Antwort ist der Useraccount mit dem verlorenen Kennwort, z. B. *vyos*

6. Danach fragt VyOS nach einem neuen Kennwort: *Enter vyos password:*

7. Zur Sicherheit noch mal, um Tippfehler zu vermeiden: *Retype vyos password:*

8. Zuletzt bootet das System automatisch neu.

Ein Login ist jetzt mit dem neuen Passwort wieder möglich.

Password Recovery

Die Methode *Password Recovery* hat das Ziel, das bisherige Kennwort im Klartext zu finden. VyOS speichert seine Passwörter weder im Klartext, noch reversibel verschlüsselt. Das Vorgehen ist deutlich zeitaufwendiger und fragwürdiger.

VyOS bietet keine Möglichkeit ein Kennwort zu rekonstruieren. Die beschriebenen Hinweise in diesem Kapitel nutzen Software, die nicht in Verbindung mit VyOS stehen und deren Nutzung vorher strafrechtlich geprüft werden sollten. Der Abschnitt *Rechtliches* beschreibt die rechtliche Situation in Deutschland.

VyOS benutzt die Methoden des Linux-Betriebssystems, um Kennwörter zu speichern. Angaben zum Benutzer liegen in der Datei /etc/passwd und die verschlüsselten Kennwörter in /etc/shadow.
In der Konfiguration von VyOS sind Passwörter bereits chiffriert.

```
set system login user vyos authentication encrypted-password \
   $1$5HsQse2v$VQLh5eeEp4ZzGmCG/PRBA1
set system login user vyos authentication encrypted-password \
   $6$U/qYZmvcsywfa$Ii5hTOoUcG1cEGJ3bzVn5XS.anGxFtzGKG[...]
```

Für das Initialkennwort benutzt VyOS den schwächeren Hashalgorithmus MD5. Die ersten drei Zeichen des Kennworthash 1 sind der vereinbarte Hinweis auf MD5. Weitere User oder ein geändertes Anfangspasswort sichert VyOS mit dem deutlich stärkeren SHA-512. Das ist erkennbar an dem Präfix 6.

Rechtliches

Eine Software zum Auffinden oder Testen von unbekannten Kennwörtern eignet sich hervorragend, um Sicherheitsvorkehrungen zu Umgehen.

Seit 2007 hat das deutsche Strafgesetzbuch dazu eine Meinung. Die als „Hackerparagrafen" [14] bekannt gewordenen Paragrafen 202a und 202b behandeln das Ausspähen und Abfangen von Daten. StGB § 202c setzt noch einen drauf und stellt auch das Vorbereiten dieser Aktionen unter Strafe. Mit Daten bezeichnet dieses Gesetz alle Informationen, die nicht für einen selber bestimmt sind. Wenn die eigene Absicht darin besteht, auf den VyOS-Router zuzugreifen, der ebenfalls unter der eigenen Kontrolle ist, fällt die Handlung nicht unter diese Vorschrift.

Ob die Rechtsprechung in Zukunft die Strafbarkeit noch ausweitet, sollte vorher eindeutig geklärt werden, bevor es mit den nächsten Kapiteln weitergeht.

John the Ripper

Die Software *John the Ripper* [15] hat die Absicht, Passwörter auf ihre Stärke zu prüfen. Für die Nutzung wird viel Rechenleistung und viel Zeit benötigt. Je mehr unterschiedliche Buchstaben, Zeichen, Zahlen und Sonderzeichen das Passwort hat, desto länger dauert der Test.
Für die Installation bietet sich der Labserver an, der auf CentOS Linux 7 läuft. *John the Ripper* ist nicht Bestandteil von CentOS oder dem EPEL-Repository, aber mithilfe einer Suchmaschine für Softwarepakete im RPM-Format lässt sich bestimmt ein Installationspaket auftreiben. Alternativ stellt der Anbieter auf seiner Webseite eine fertige Linuxdistribution in CD-Größe zur Verfügung, die neben anderen Sicherheitsprodukten auch *John* enthält.
Dann kann es losgehen. john benötigt die Userinformationen in einer Datei, die dasselbe Format wie /etc/passwd hat, allerdings mit Angabe des Kennworts im Originalhash:

```
admin:$6$ezPtQzmKnNY$...:0:0:admin:/home/admin:/bin/bash
```

Diese Beispieldatei wird das Ziel für eine Wörterbuchattacke oder einen Bruteforce-Angriff. Die Wörterbuch-Methode probiert alle bekannten Wörter und Wortkombinationen der deutschen Sprache aus. Leider bringt john keine Wörterbuch-Dateien mit, aber über eine Websuche mit den Stichworten *wordlist bruteforce german* finden sich Wörterbücher in der Größenordnung von Gigabytes.
Die Attacke startet mit der Wörterbuchdatei german.dic auf Kommando

```
john --format=crypt --wordlist=german.dic lost_pwd.txt
```

für den SHA-512–Algorithmus und

```
john --wordlist=german.dic lost_pwd.txt
```

bei MD5-gehashten Kennwörtern.

Wenn das keinen Erfolg bringt, ist der nächste Schritt eine Bruteforce-Attacke. Diese benötigt kein Wörterbuch, sondern probiert jede mögliche Zahlen- und Buchstaben-Kombination aus. Hier ist viel Geduld erforderlich! Die Bruteforce-Attacke beginnt mit

```
john --format=crypt lost_pwd.txt
```

für Kennworte im SHA-512–Algorithmus und

```
john lost_pwd.txt
```

für MD5-Hashes. Einmal die Enter-Taste gedrückt, verrät john den Fortschritt.

```
guesses: 0  time: 0:00:03:49 22.27% (2)
   (ETA: Tue Dec  6 21:36:54 2016) c/s: 178  trying: anama3 - fox3
```

Decryption-as-a-Service

Passwörter können auch per Cloud-Dienst entschlüsselt werden. Es gibt im Web verschiedene Seiten, die Attacken auf Kennwörter anbieten. Dem Servicetrend folgend könnte diese Rubrik *Decryption as a Service* heißen. Diese Webseiten benötigen den Kennworthash und die Information, welcher Hash-Algorithmus benutzt wurde. Anschließend präsentiert die Webseite das Klartextpasswort, oder eine Enttäuschung, wenn das Kennwort zu stark ist.

Hinter dieser Funktion verbirgt sich eine einfache Wörterbuchattacke. Der Versuch ist dennoch sinnvoll, weil der eigene Aufwand sehr gering ist und nach sehr kurzer Zeit schon ein Ergebnis bekannt ist.

EdgeOS

Bei den EdgeMAX-Routern sehen die Möglichkeiten ähnlich aus. Wenn die Konfiguration noch verfügbar ist, lassen sich daraus die Benutzernamen und Kennworthashes rekonstruieren. Dann ist das Aufdecken des Kennworts aus Abschnitt *Password Recovery* möglich.

Bei diesem Vorhaben bitte auch die rechtliche Situation berücksichtigen, die in Abschnitt *Rechtliches* auf Seite 165 kurz erläutert ist.

Wenn gar nichts bekannt ist und Passwortraten nicht weiterhilft, haben die Ubiquiti-Router ohne Konsole einen kleinen Reset-Knopf am Gerät. Dieser setzt zwar das Kennwort zurück, aber auch den Rest der Konfiguration. Danach ist Fleißarbeit gefragt, denn der Router muss komplett neu eingerichtet werden.

Über ältere Softwarestände gibt es Berichte in den Foren, bei denen die alte `config.boot`-Datei nach einem Factory-Reset noch irgendwo im Dateisystem rumliegt[1]. Falls die Suche mit

```
find / -name config.boot
```

tatsächlich die vorherige Konfiguration liefert, kann über einen Trick ein Passwort-Reset gemacht werden.

Wichtig ist die Zeile mit `plaintext-passwort`. Hinter diesem Schlüsselwort darf jetzt ein neues Klartextpasswort folgen. Die fertige Zeile lautet dann:

```
set system login user vyos authentication plaintext-password abc
```

Anschließend kann über die Weboberfläche des EdgeOS-Routers die angepasste Konfigurationsdatei eingespielt werden. Nach dem Neustart ist das System mit dem neuen Passwort nutzbar.

---

[1]Diese Methode konnte nicht überprüft oder bestätigt werden.

Kapitel 15

Boot Image Management

Updates verbessern oder erneuern die Software. Updates sind notwendig. Und Updates sind sinnvoll.

Die Versionsnummer verrät meist schon, ob es sich um ein featurereiches Update oder nur um ein paar Bugfixes handelt. Vor allem ein Router mit Kontakt zum Internet sollte stets einen aktuellen Softwarestand haben, um ein hohes Sicherheitsniveau zu erreichen.

Aber Updates sind auch unbequem und riskant. Sie erfordern vorherige Tests zur Kompatibilität und Sicherheit und sie kosten Zeit. Wenn ein Update fehlschlägt, meldet sich im Hinterkopf das Sprichwort „Never touch a running system".

Dieses Kapitel zeigt die Möglichkeiten von Updates mit unterschiedlichen Sicherungsmechanismen, wenn die neue Softwareversion schlechter abschneidet als erwartet.

Grundsätzlich gilt natürlich: Vorher stets die Konfiguration sichern und außerhalb des Routers aufbewahren.

VyOS

Die trivialste Möglichkeit eine neue Softwareversion einzuspielen, ist die Neuinstallation mit der aktuellen VyOS-CD bzw. ISO-Datei. Auch wenn es recht gut funktioniert, steht der Router für die Dauer des Updates nicht zur Verfügung. VyOS bietet elegantere Methoden.

VyOS kann auf einer Festplatte oder Flashdisk *mehrmals* installiert werden, ohne dass eine Installation die andere überschreibt. Beide Installationen sind unabhängig voneinander, allerdings ist der Konfigurationsbereich für alle Betriebssysteme derselbe. Nach einem Update muss also nicht die Konfiguration neu erstellt werden.

In einem laufenden VyOS wird eine neue Version eingespielt, ohne dass der Router währenddessen Pause macht. Im Ausführungsmodus beginnt add system image mit dem Laden und Installieren der folgenden ISO-Datei. Der Sprung auf die beispielhafte Version 1.2.0-beta1 beginnt mit:

```
add system image http://dev.packages.vyos.net/iso/preview/ \
  1.2.0-beta1/vyos-1.2.0-beta1-amd64.iso
```

Die Installationsquelle kann auch ein eigener Webserver oder die lokale Festplatte sein. Wenn der Installer nicht über einen Fehler stolpert, ist die Routine damit schon abgeschlossen. VyOS hat jetzt zwei Betriebssysteme an Bord: Die aktuelle Version, die gerade läuft und die neue Version, die gerade installiert wurde (aber noch nicht läuft).
Zur Kontrolle zeigt show system image die lokal verfügbaren Installationen an:

```
The system currently has the following image(s) installed:

  1: VyOS-1.2.0-beta1 (default boot)
  2: VyOS-1.1.7 (running image)
```

Die Ausgabe zeigt zwei Versionen von VyOS, 1.1.7 und 1.2.0-beta1, die beide auf dem lokalen Router installiert sind. Der anschließende Hinweis running image bedeutet, dass der Router von diesem Betriebssystem gebootet hat und gerade aktiv damit arbeitet. Die Angabe default boot zeigt, welches Betriebssystem beim nächsten Neustart ausgewählt wird.

Im normalen Betrieb stehen *default boot* und *running image* in derselben Zeile hinter der erwarteten VyOS-Version. Nach einem Update ändert der Installer freundlicherweise den Bootloader so, dass das neue Image beim nächsten Reboot startet.

Ein Wechsel der VyOS-Version ist nur durch einen Neustart möglich. Mit `reboot now` beginnt der Neustart und VyOS wählt im Bootloader selbstständig die neue Version aus.

Die Bootmeldungen und der Loginprompt sehen nach einem Reboot eventuell genauso aus wie vorher. Als Bestätigung zeigen `show version` und `show system image`, dass die gewünschte Version 1.2.0-beta1 geladen ist.

```
The system currently has the following image(s) installed:

    1: VyOS-1.2.0-beta1 (default boot) (running image)
    2: VyOS-1.1.7
```

Wenn sich die neue Version eigenartig verhält oder aus anderen Gründen zurückgerollt werden muss, lässt sich VyOS schnell dazu überreden, wieder Version 1.1.7 zu verwenden. Der rettende Befehl

```
set system image default-boot
```

schaltet auf die gewünschte Version um und nach einem Reboot ist alles wieder beim Alten.

Nach mehreren erfolgreichen Updates türmen sich die alten Versionen auf der Festplatte. Ab und zu sollte hier entrümpelt werden, denn VyOS macht das nicht automatisch, und das ist auch gut so! Aber mit dem schlichten Kommando

```
delete system image VyOS-1.1.7
```

lässt sich die Installation rund um die angegebene Version bereinigen.

In der virtuellen Welt

Wenn VyOS als virtuelle Maschine auf einer Plattform läuft, die Snapshots erstellen kann, minimiert sich das Risiko eines Fehlschlags. Bei einem Snapshot merkt sich der Hypervisor den aktuellen Zustand der virtuellen Maschine, inklusive Inhalt von Festplatte, Arbeitsspeicher und allen Registern. Dabei läuft die virtuelle Maschine unverändert weiter und macht ihre normale Arbeit. Der Snapshot ist eine Art eingefrorener Systemzustand, der sich jetzt nicht mehr verändert, auch wenn die laufende Maschine sich verändert.

Später kann die VM auf diesen Snapshot zurückgestellt werden, als wäre nichts passiert. Oder aus dem Snapshot kann eine neue VM generiert werden.

Für ein Softwareupdate ist ein vorheriger Snapshot basierend auf einer funktionierenden virtuellen Maschine goldrichtig. Denn wenn irgendetwas schief geht, wird zum Snapshot zurückgesprungen und die alte Version arbeitet weiter.

Snapshots eignen sich für alle Arten von kritischen Änderungen: Tests von neuen Features, große Konfigurationsänderungen, Updates und auch Hardwareänderungen.

Achtung

Zurück zum Snapshot bedeutet auch, dass die alte Sessiontabelle wieder aktuell wird. Die Clients haben aber mittlerweile neue Sessions aufgebaut, sodass diese entweder auf ein Timeout laufen, oder von VyOS aktiv beendet werden.

EdgeOS

Für die Updateprozedur der EdgeMAX-Router hat sich Ubiquiti stark am Original orientiert: Die Kommandos sind weitgehend identisch. Als Anbieter einer Web-GUI hat der Hersteller noch eine webbasierte Möglichkeit zum Update nachgelegt. Auch hier unterscheiden sich die Schritte nicht von anderen Routern: Firmwaredatei in der Web-GUI auswählen und den Rest macht der Router selber.

Ein paar Unterschiede gibt es dennoch:

- Der verwendete Router „EdgeRouter X" hat keine serielle Konsole. Also kann im Bootloader gar nicht interaktiv ein anderes Image ausgewählt werden. Für den Wechsel des Bootimages gibt es nur das CLI-Kommando:

```
set system image default-boot
```

- Der Flashspeicher der kleineren EdgeRouter ist begrenzt. Mehr als zwei Versionen von EdgeOS passen nicht drauf. Der Installer warnt bei zu wenig Speicherplatz und beginnt erst, wenn er das älteste Image löschen darf.

```
Copying upgrade image... Not enough disk space for root file system
Do you want to delete old version first? (Yes/No) [Yes]:
```

- Die Webseite von Ubiquiti gibt den vollständigen Pfad der Updatedatei an. Die URL ist zwar etwas kryptisch, kann aber problemlos in der Kommandozeile angegeben werden, ohne dass die Firmwaredatei irgendwo zwischengespeichert werden muss.

```
add system image http://dl.ubnt.com/firmwares/edgemax/ \
    v1.9.0/ER-e100.v1.9.0.4901118.tar
```

Vorsicht: Die verschiedenen EdgeMAX-Router haben unterschiedliche Firmware-Dateien, die sich namentlich bei der Angabe von e100, e50 oder e200 unterscheiden.

Kapitel 16

Konfiguration

Änderungen an einem VyOS-Router benötigen nicht mehr als `configure`, `commit` und `save`. Aber VyOS hat noch weitere Tricks auf Lager, um die vielen Modifikationen der Konfiguration transparent und nachvollziehbar zu machen. Und eine passable Dokumentation gibt es obendrein.

Dieses Kapitel hat kein Laboraufbau, denn die Befehle passen für jeden VyOS-Router in jeder Situation.

Archiv und Revision

Wer die Historie der Konfigurationen mag, kann die letzten Änderungen speichern, wobei VyOS bis zu 65.535 Revisionen sichern könnte. Das reicht für Geräte mit sehr bewegter Geschichte. Konfigurationsdateien sind eher klein. Ein Archiv von 100 Ständen ist realistisch.

```
set system config-management commit-revisions 100
```

Das Konfigurationsarchiv lebt von seiner Dokumentation. Dies kann der Admin noch unterstützen, indem jeder `commit` mit einem Kommentar versehen wird.

```
commit comment "PPPoE-Kennwort veraendert"
```

Wer hat wann aktiviert? Die Commits zeigen sich unter

```
show system commit
```

inklusive Kommentar und Änderungsdatum. Wenn mit unterschiedlichen Useraccounts gearbeitet wird, sieht man sogar den Schuldigen.

```
vyos@RT-1:~$ show system commit
0   2017-03-27 08:53:49 by hwolowit via cli
    Zeitzone von Winterzeit auf Sommerzeit umgestellt
1   2017-02-05 09:51:19 by lhofstad via cli
    Telnet-Server auf Port 423 aktiviert
2   2017-01-27 14:10:02 by scooper via cli
    OSPF Router-ID geaendert
```

Noch mehr Details liefert das compare-Kommando, denn es deckt jede kleine Änderung zwischen zwei Konfigurationen auf. compare erwartet zwei Revisionsnummern und ermittelt die Modifikationen. Im folgenden Beispiel wurde der Telnet-Zugang aktiviert.

```
vyos@RT-1# compare 1 2

[edit service]
+telnet {
+    allow-root
+    port 23
+}
[edit]
```

Manuelles Backup

VyOS bietet zwar ein erstaunlich großes Archiv, aber alle Dateien liegen im lokalen Dateisystem. Ein Hardwaredefekt der Festplatte oder Flashkarte löscht auch das Archiv aus. Damit liegt der Wunsch nahe, die aktuellste Konfiguration in Textform auf einem entfernten Server zu sichern.
Die einfachste Form ist die Sicherung über das Transportprotokoll TFTP, so wie es Router schon seit Jahrzehnten machen. Das funktioniert selbst in einfachsten Netzumgebungen, aber die Übertragung ist unverschlüsselt. VyOS sichert die Konfiguration von RT-1 an die Zieladresse des Laborservers mit

```
save tftp://10.4.1.7/rt-1.conf
```

Heutzutage spricht nicht mehr viel für TFTP, denn die verschlüsselten Protokolle bieten eine deutlich bessere Sicherheitslage. Das Kommando zum Speichern der Konfiguration erwartet eine Vertrauensstellung zum Server mittels SSH-Schlüsseln oder die Angabe von Benutzernamen und Kennwort im Aufruf.

```
save scp://backup:geheim@10.4.1.7/home/backup/rt-1.conf
```

Die Angaben von Username, Passwort und Pfad müssen zum SSH-Server passen. Außerdem müssen die Berechtigungen im Dateisystem des Servers stimmen, denn für den Zielserver ist der Backupvorgang nur eine Dateikopie mittels Secure Copy (SCP).

Automatisches Backup

Ein vergessenes `save scp` könnte fatal enden, wenn der Router unerwartet seinen Dienst einstellt und keine (aktuelle) Konfiguration für den Reserverouter bereitsteht. Auch dafür hat VyOS eine Antwort, denn das Konfigurationsarchiv kann auch auf einem entfernten Server liegen. Auch hier ist SCP die erste Wahl beim Übertragungsprotokoll.
Mit dem einzelnen Befehl

```
set system config-management commit-archive \
   location scp://backup:geheim@10.4.1.7/home/backup/
```

sendet VyOS nach jedem `save` seine aktuelle Konfiguration an den genannten Server. Das Kommando erwartet als Ziel ein Verzeichnis und keine Datei, denn VyOS wird sich um die Namensgebung kümmern. Alle gesicherten Dateien unterliegen der Namenskonvention:

```
config.boot-hostname-Datum_Uhrzeit
```

Die automatische Sicherung von RT-1 erzeugt eine Datei mit dem beispielhaften Namen

```
config.boot-RT-1.20161209_215113
```

Damit sind die VyOS-Router gegen verlorene Konfigurationen geschützt. Wenn kein passender Sicherungsserver im Netz verfügbar ist, kann VyOS eine Sicherung nach Dropbox oder Google Drive schicken, wie es in Kapitel 32 beschrieben ist.

177

EdgeOS

Die Entwickler von EdgeMAX haben an der Konfigurationsverwaltung nichts Wesentliches verändert, sodass alle vorgestellten Kommandos genauso wie beschrieben auch unter EdgeOS funktionieren.

Teil III

Für Experten

Kapitel 17

IPsec VPN

Wenn zwei entfernte Netze miteinander kommunizieren wollen, dann läuft das klassischerweise über eine eigene Leitung bzw. über ein privates Netzwerk. Ob Standleitung oder Wählverbindung; diese Netzkopplung ist teuer oder langsam.

Die Alternative ist die Verwendung des Internets als verbindendes Element zwischen den eigenen Netzen. Das Internet, als öffentliches Netzwerk, wird als quasi-privates Netz benutzt; die eigene Verbindung ist nur virtuell als *Virtuelles Privates Netzwerk* (VPN) vorhanden.

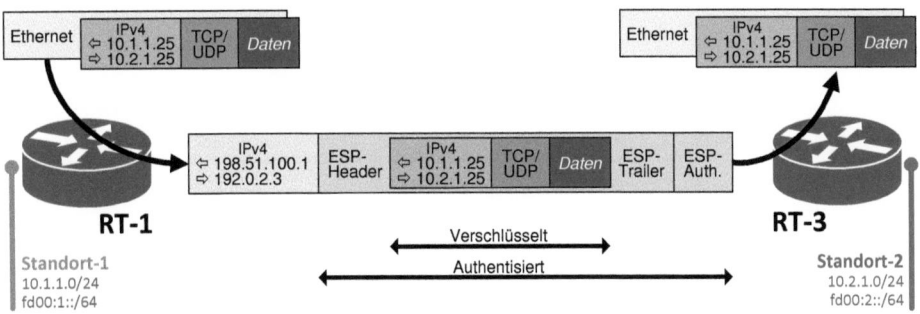

Abbildung 17.1: Ein getunneltes IP-Paket mit seinen Kopfzeilen

Private Netze haben stets private Adressen, die im Internet nicht transportiert werden. Wer überzeugt die Internet-Router, dass sie Pakete von

Standort-1 zu Standort-2 transportieren sollen? Das erledigt ein Tunnel, der die technische Grundlage für ein VPN ist. Der verantwortliche Tunnel-Router in Standort-1 verpackt die ausgehenden IP-Pakete in einen zusätzlichen IP-Header und sendet sie zum Router am anderen Ende des Tunnels in Standort-2. Der innere IP-Header hat die privaten Adressen von Standort 1 und 2, und der äußere Header hat die öffentlichen Adressen von den beiden Tunnel-Routern. Vom empfangenen Paket wird der Tunnelrouter von Standort-2 den äußeren Header entfernen und den Paketinhalt als vollwertiges Paket zum Zielrechner weiterleiten. In Diagramm 17.1 sind zwei kleine Netze per VPN-Tunnel verbunden.

Die Internet-Router sehen nur den äußeren Header und bewegen die VPN-Pakete genau wie alle anderen Pakete. Für sie stellt ein VPN-Paket keine besondere Aufgabe dar, da sie die innere Struktur des Pakets nicht sehen.

Die Teilnehmer der privaten Netze bekommen von der Tunnelei nichts mit. Für sie sind die Gegenstellen im anderen Netz direkt adressierbar.

Sicherheit

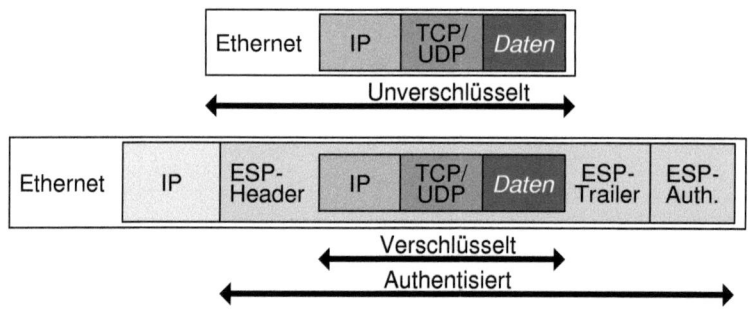

Abbildung 17.2: Ein IP-Paket mit und ohne IPsec-Kopfzeile

Die übertragenen Pakete fließen durchs böse Internet. Dabei passieren sie mehrere Internet Service Provider. Ihr Pfad ist vom Betreiber des VPNs nicht beeinflussbar. Für die Sicherheit der VPN-Verbindung gibt es ein wirksames Rezept gegen neugierige Mitleser: Verschlüsselung.

Im Prinzip ganz einfach: Bevor ein Paket das Internet betritt, wird sein Inhalt verschlüsselt. Und nachdem es das Internet verlässt und das private

Netz erreicht, wird der Inhalt wieder entschlüsselt. Abbildung 17.2 zeigt das IP-Paket mit und ohne Sicherung durch IPsec.

Die technische Umsetzung ist schon etwas komplizierter, denn Kryptografie wird nicht einfach nur eingeschaltet. In der Praxis gibt es Kryptoverfahren, Algorithmen, Einwegfunktionen, Schlüsselaustausch und die magische Frage der Authentifizierung. Alle diese Methoden sollen helfen, dass die verschlüsselten Pakete für einen Unbefugten unleserlich sind.

Laboraufbau

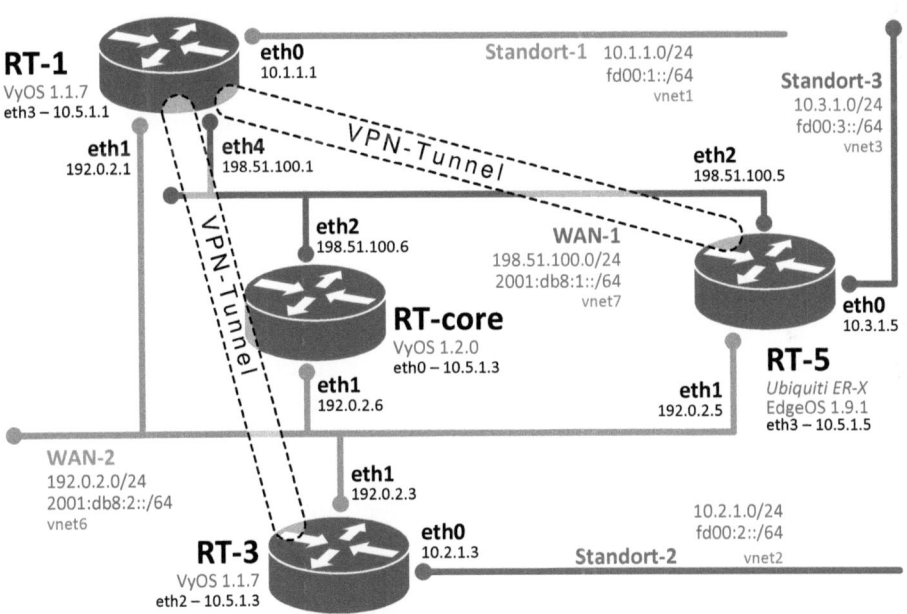

Diagramm 17.3: VPN-Tunnel verbinden die Standortnetze über das Internet

Die beiden WAN-Netze stellen das Internet dar, welches keine privaten IP-Adressen transportiert. Die Standortnetze sollen mithilfe der VyOS-Router und VPN-Tunnel kommunizieren. Ein VPN-Tunnel führt von RT-1 zu RT-3 und eine weitere VPN-Beziehung reicht von RT-1 zu RT-5. Der Aufbau ist in Diagramm 17.3 abgebildet.

In der Praxis könnte zwischen den Tunnelendpunkten ein Router mittels NAT (vgl. Kap. 10) die IP-Adressen verändern. Darauf reagiert ein IPsec-Tunnel sehr allergisch und verweigert der Gegenstelle die Authentifizierung. Für dieses Szenario wird RT-core im Datenpfad zwischen RT-1 und RT-3 sitzen und später die Adressen der Pakete so manipulieren, wie es ein DSL-Router für seine angeschlossenen Clients erledigt. Ausgehende Pakete von RT-3 erhalten beim Passieren von RT-core eine andere Absenderadresse und erreichen RT-1 mit falscher Identität.

Die beiden Router RT-1 und RT-5 sind über mehrere Internetleitungen miteinander verbunden. Grund genug zwei redundante VPN-Tunnel zu erstellen, die einen Ausfallschutz der Internetverbindung schaffen. Wie erkennt ein VPN-Tunnel, dass sein Partnerrouter nicht mehr erreichbar ist? Die Erkennung von toten Gegenstellen (engl. dead peer detection, DPD) ist Voraussetzung für ein Umschalten von der primären VPN-Verbindung auf den Backuptunnel.

Zuletzt ist RT-5 kein VyOS-Router, sondern läuft unter EdgeOS. Damit kann der EdgeRouter zeigen, ob er bei VPN mithalten kann und welche Unterschiede Ubiquiti ausgeprägt hat.

Verbindungsaufbau

Der Aufbau eines VPN-Tunnels ist aufwendiger als der Dreiwegehandschlag im TCP-Protokoll, da sich die Parteien über Verschlüsselung, Authentifizierung, IP-Netze und Gültigkeit der Verbindung einigen müssen.

Der Ablauf der Konfiguration ist beispielhaft für Router RT-1. Für die anderen beiden Router müssen nur das IPsec-Interface und die IP-Präfixe angepasst werden.

1. IPsec für einen Netzadapter aktivieren. Damit sendet und akzeptiert VyOS auf diesem Interface IPsec-Pakete. Das ist die Grundlage für eine VPN-Verbindung.

   ```
   set vpn ipsec ipsec-interfaces interface eth4
   ```

2. Internet Key Exchange (IKE), Phase 1.
   In diesem ersten Schritt der Verhandlung authentifizieren sich die beiden Router gegenseitig und bilden eine „Steuerungs"-Verbindung

(engl. Security Association, SA). Das gelingt nur, wenn die gewählten Einstellungen für Diffie-Hellman–Gruppe (DH), Schlüsselalgorithmus, Hashverfahren und Schlüssel harmonieren. Das Ziel der Phase 1 ist eine gesicherte und verschlüsselte Verbindung zwischen den VPN-Partnern, durch die die Werte für den eigentlichen VPN-Tunnel in Phase 2 sicher verhandelt werden können.

Eine IKE-Gruppe kann für mehrere VPN-Verbindungen benutzt werden. Eine weitere IKE-Gruppe muss nur dann angelegt werden, wenn die neue VPN-Verbindung andere Ansprüche an die Verschlüsselung hat.

```
set vpn ipsec ike-group IKE1 proposal 10 encryption aes256
set vpn ipsec ike-group IKE1 proposal 10 hash sha1
set vpn ipsec ike-group IKE1 proposal 10 dh-group 5
set vpn ipsec ike-group IKE1 lifetime 14400    # in Sekunden
```

Für die Wahl der Kryptoalgorithmen gilt die Faustregel: Je höher die Zahl, desto stärker die Verschlüsselung und desto mehr Rechenleistung benötigt der Router.

3. Internet Key Exchange (IKE), Phase 2.
   In der zweiten Phase verhandeln die Router eine „Daten"-Verbindung. Wenn die Angebote (engl. Proposal) der VPN-Gateways übereinstimmen, werden über diese Datenverbindung die IP-Pakete der Anwender transportiert.

```
set vpn ipsec esp-group ESP1 proposal 10 encryption aes256
set vpn ipsec esp-group ESP1 proposal 10 hash sha256
set vpn ipsec esp-group ESP1 lifetime 3600
```

4. Jetzt wird alles zusammengesetzt: Die auserwählte VPN-Gegenstelle erhält ihre Angebote für die beiden Phasen, eine Authentifizierungsmethode und die IP-Adresse des VPN-Gateways.

```
edit vpn ipsec site-to-site peer 192.0.2.3
set authentication mode pre-shared-secret
set authentication pre-shared-secret JAMESBOND
set ike-group IKE1
set default-esp-group ESP1
set local-address 198.51.100.1
```

185

```
set connection-type initiate
top
```

5. Zuletzt erhält der VPN-Tunnel noch die Information, welche lokalen IP-Netze in den Tunnel geschickt werden und welche IP-Präfixe hinter dem Tunnel erreicht werden können.

```
edit vpn ipsec site-to-site peer 192.0.2.3
set tunnel 1 local  prefix 10.1.1.0/24
set tunnel 1 remote prefix 10.2.1.0/24
set tunnel 2 local  prefix 10.4.1.0/24
set tunnel 2 remote prefix 10.2.1.0/24
top
```

Das Subnetz 10.4.1.0 spielt zwar in diesem Szenario nicht mit, aber die Konfiguration soll zeigen, wie mehrere Netze hinter einem VPN-Endpunkt eingerichtet werden.

Nach einem bestätigenden commit versucht der Router mit seiner Gegenstelle 192.0.2.3 in die Phase 1 einzusteigen und die Verhandlung über Verschlüsselungsalgorithmen und Schlüssellängen zu führen.
Für die Einrichtung des VPN auf Router RT-3 müssen die IPv4-Adressen 192.0.2.3 und 198.51.100.1 vertauscht werden. Bei den Angaben der lokalen und entfernten IP-Präfixe aus Schritt 5 reicht es, die Schlüsselwörter local und remote auszutauschen.

Ein erfolgreich aufgebauter VPN-Tunnel zeigt sich bei verschiedenen show-Kommandos im Status *up*.

```
vyos@RT-1:~$ show vpn ike sa
Peer ID / IP                             Local ID / IP
-----------                              -------------
192.0.2.3                                198.51.100.1

State  Encrypt  Hash   D-H Grp  NAT-T  A-Time  L-Time
-----  -------  ----   -------  -----  ------  ------
up     aes256   sha1   5        no     335     14400

vyos@RT-1:~$ show vpn ipsec sa
Peer ID / IP                             Local ID / IP
-----------                              -------------
192.0.2.3                                198.51.100.1
```

```
Tunnel  State  Bytes Out/In  Encrypt  Hash    NAT-T  A-Time  L-Time  Proto
------  -----  ------------  -------  ----    -----  ------  ------  -----
0[1]    up     3.2G/2.8G     aes256   sha256  no     1288    3600    all
```

Address Translation

Wenn in der Verbindung zwischen den VPN-Partnern ein Router die IP-Adresse verändert (NAT), steht IPsec vor einem Problem. Denn es kann nicht zwischen einer gewollten IP-Änderung und einer bösartigen Manipulation des Paketinhalts unterscheiden. Als Folge wird die VPN-Verbindung scheitern.

Da NAT in vielen Umgebungen eher die Regel als die Ausnahme ist, benutzen IPsec-Gateways dafür NAT-Traversal. Dabei verpackt das Gateway seine ausgehenden IPsec-Pakete in unscheinbare UDP-Datagramme, die adressverändernde Router und Firewalls passieren können. Das originale IPsec-Paket bleibt unverändert, sodass alle Prüfsummen und Signaturen stimmen.

Der Laborrouter RT-core stellt das Hindernis der Adressumsetzung dar, indem er die Pakete von RT-3 mit seiner eigenen IP-Adresse vom Interface *eth2* überschreibt.

```
set nat source rule 30 outbound-interface eth2
set nat source rule 30 translation address masquerade
set nat source rule 30 source address 192.0.2.3
```

Der VPN-Tunnel zwischen RT-1 und RT-3 wird kurz nach dem commit keine Daten mehr transportieren, da keine Pakete mehr von der ausgehandelten IPv4-Adresse bei RT-1 ankommen.

Router RT-1 muss seinen Partner durch andere Kriterien erkennen, als anhand der Absenderadresse. Wenn sich mehrere Router bei RT-1 per VPN „einwählen", wird die Gegenstelle mit 0.0.0.0 als unbekannt gekennzeichnet.

```
set vpn ipsec site-to-site peer 0.0.0.0
```

Die elegantere und besser geschützte Variante ist die Identifizierung des VPN-Partners mittels einer Kennung.

```
set vpn ipsec site-to-site peer @RT-3
```

Im einfachsten Fall ist diese Kennung die IP-Adresse der Gegenstelle. Erlaubt sind beliebige Buchstabenkombinationen. Hiermit entsteht ein Stück mehr Sicherheit, wenn es darum geht, die Anmeldeversuche von unbekannten VPN-Partnern zu verhindern, bevor sie das pre-shared-secret erraten dürfen.

Die folgende Konfiguration für RT-1 tauscht die Angabe der Gegenstelle 192.0.2.3 gegen @RT-3 um Anfragen adressneutral zu beantworten.

```
1   delete vpn ipsec site-to-site peer 192.0.2.3
2   set vpn ipsec site-to-site peer @RT-3
3   set authentication mode pre-shared-secret
4   set authentication pre-shared-secret JAMESBOND
5   set authentication remote-id 192.0.2.3
6   set default-esp-group ESP1
7   set ike-group IKE1
8   set local-address 198.51.100.1
9   set connection-type respond
10  set tunnel 0 local prefix 10.1.1.0/24
11  set tunnel 0 remote prefix 10.2.1.0/24
12  top
13  set vpn ipsec nat-networks allowed-network 192.0.2.0/24
14  set vpn ipsec nat-traversal enable
```

Kennwort, IKE- und ESP-Einstellungen sowie Tunnelpräfix sind unverändert. In Zeile 5 erwartet der lokale Router eine Gegenstelle mit der Kennung 192.0.2.3, auch wenn die IPv4-Adresse der ankommenden Pakete unterwegs durch NAT verändert wurde. Der Hinweis auf die Adressumsetzung folgt in den Zeilen 13 und 14, welche NAT-Traversal aktivieren und für verschiedene Netzbereiche erlauben.

Zu welcher IPv4-Adresse soll Router RT-1 die IKE-Pakete schicken, um einen VPN-Tunnel aufzubauen? Da die Adresse der Gegenstelle unbekannt ist, kann RT-1 nur auf Verbindungsanfragen warten – dafür steht Zeile 9.

Die Gegenstelle RT-3 beginnt die Verbindung, denn ihr ist die IP-Adresse von Router RT-1 wohlbekannt. Gegenüber der bisherigen Konfiguration benötigt RT-3 auch nicht viele Änderungen.

```
set vpn ipsec site-to-site peer 198.51.100.1 \
   connection-type initiate
set vpn ipsec nat-traversal enable
```

Dead Peer Detection

Die Überprüfung des VPN-Tunnels auf Funktionalität hat einen zutreffenden Namen. Bei der Erkennung von ausgefallenen Gegenstellen sendet jeder Router ein Lebenszeichen an seinen VPN-Partner und wartet auf Antwort. Setzen diese Herzschläge für eine festgelegte Zeit aus, wird der Tunnel beendet. Ohne die *Dead Peer Detection* (DPD) läuft der fehlerhafte Tunnel noch solange sinnlos weiter, bis seine Lebensdauer überschritten ist und ein neuer Tunnel ausgehandelt wird. Und das können noch mehrere Stunden sein.

Eine schnelle Fehlererkennung ist wichtig, damit der Router rechtzeitig reagieren kann. Dann startet der IPsec-Prozess unmittelbar einen neuen Tunnelaufbau oder das Routingprotokoll kümmert sich um einen alternativen Pfad zum Zielnetz.

Kurz gesagt ist DPD ein *ipsec-ping*, das beim Ausfall handeln kann. Die Konfiguration erwartet die Angabe eines Zeitintervalls zwischen zwei Pings und einen Wert für die Zeitüberschreitung.

```
set vpn ipsec ike-group IKE1 dead-peer-detection action restart
set vpn ipsec ike-group IKE1 dead-peer-detection interval 15
set vpn ipsec ike-group IKE1 dead-peer-detection timeout 30
```

Wenn innerhalb des Timeouts kein Lebenszeichen eingetroffen ist, dann führt DPD die hinterlegte Aktion aus. Bei `restart` verwirft der Router diesen Tunnel und verhandelt einen Nachfolgetunnel.

Bei wackeligen Internetleitungen lohnt sich eventuell die Aktion `hold`. Dabei speichert der Router die ausgehenden Pakete in einem lokalen Puffer und wartet mit der Zustellung. Sobald DPD wieder ein Lebenszeichen erhalten hat, gehen die Pakete auf ihre Reise.

IPv6

IPsec ist ein Sicherheitsprotokoll aus dem Reich von IPv6, welches auf vielfachen Wunsch nachträglich auch für IPv4 spezifiziert wurde. Anfangs sollte jedes IPv6-Endgerät zwingend mit IPsec kommunizieren können, aber im Laufe der Entwicklung wurde diese Anforderung gelockert und IPsec wurde von einem *muss* zu einem *sollte* herabgestuft.

Ein VyOS-Router ist gerne bereit, die Kommunikation zwischen zwei IPv6-Standorten mit IPsec zu sichern. Aus der Sicht von IPsec und der Router-konfiguration ändern sich lediglich die IP-Adressen der VPN-Partner und die Definition der Präfixe. Kurz: IPv4-Adressen austauschen gegen IPv6-Adressen.

Ein neuer VPN-Tunnel auf Router RT-1 kann IKE- und ESP-Gruppen weiter-verwenden und hat folgende beispielhafte Konfiguration:

```
1   edit vpn ipsec site-to-site peer 2001:db8:2::3
2   set authentication mode pre-shared-secret
3   set authentication pre-shared-secret JAMESBOND
4   set connection-type initiate
5   set default-esp-group ESP1
6   set ike-group IKE1
7   set local-address 2001:db8:2::1
8   set tunnel 1 allow-nat-networks disable
9   set tunnel 1 allow-public-networks disable
10  set tunnel 1 local prefix fd00:1::/64
11  set tunnel 1 remote prefix fd00:2::/64
```

In IPv6-Netzen ist Adressumsetzung zwar möglich aber fast immer unnötig, sodass NAT in den Zeilen 8 und 9 vorab deaktiviert wird.

Die Kommandos zum Prüfen der Tunnelphasen mit show vpn bringen die-selben Ausgaben, allerdings mit den längeren IPv6-Adressen als Tunnelend-punkt.

VPN-Durchsatz

Ein Router hat deutlich mehr Aufwand, wenn jedes ausgehende Paket ver-schlüsselt und jedes eingehende Paket entschlüsselt werden muss. Die erreichbaren Durchsatzraten beim Einsatz von IPsec sind stets unterhalb der normalen Routingleistung.

Je stärker die eingesetzten Kryptoalgorithmen, desto mehr Zeit und Leis-tung benötigt der Router für die Kryptoarbeit an den Paketen. Die erreichte IPsec-Bandbreite ist abhängig von der eingesetzten Routerhardware und -software: Das Betriebssystem, der Linux-Kernel und die Implementierung der Algorithmen können die Durchsatzwerte in beide Richtungen verän-dern.

Zusätzlich kommt noch die Methode, *wie* die Leistung des IPsec-Gateways gemessen werden soll. Kurze Messungen oder große IPsec-Puffer zeigen teilweise deutlich höhere Bandbreiten, weil es noch nicht zu Paketverlusten kommt.

Leider geben viele Hersteller bei ihren Angaben in den Marketingbroschüren nicht an, mit welcher Testmethodik die IPsec-Performance ermittelt wurde. In diesem Bereich dürfte ein hoher Spitzenwert wichtiger sein als der Durchschnittswert einer Langzeitmessung.

Die Messung der IPsec-Leistung eines Routers ist aufwendig und findet im eigenen Kapitel 30 statt.

Firewall

Ein VPN-Router ist aus dem Internet erreichbar und damit auch angreifbar. Grund genug für eine Absicherung mit einer lokalen Firewall (vgl. Kap. 8). Wenn bereits eine Richtlinie vorhanden ist, kann sie um die folgenden Regeln erweitert werden. Andernfalls dient das minimale Regelwerk am Beispiel von Router RT-1 als Vorlage.

IPsec-VPN–Tunnel benutzen das UDP-Protokoll mit Port 500 zum Aushandeln der Verbindung. Anschließend verwenden die Nutzdaten die Protokolle ESP, AH oder einfach nur den UDP-Port 4500, wenn NAT-Traversal ein NAT-Gateway entdeckt hat.

```
set firewall name WAN-LOCAL default-action drop
set firewall name WAN-LOCAL rule 10 action accept
set firewall name WAN-LOCAL rule 10 destination port 500,4500
set firewall name WAN-LOCAL rule 10 protocol udp
set firewall name WAN-LOCAL rule 20 action accept
set firewall name WAN-LOCAL rule 20 ipsec match-ipsec
set interface ethernet eth1 firewall local name WAN-LOCAL
set interface ethernet eth4 firewall local name WAN-LOCAL
```

Die Konfiguration zeigt zwei Auffälligkeiten: Erstens arbeitet das Regelwerk zustandslos; die Firewall muss sich also keine Verbindungsdetails merken. Zweitens wirkt die Richtlinie auf das eigene Interface in Richtung local. Damit werden Pakete behandelt, die für den Router bestimmt sind und *nicht* weitergeleitet werden. Diese Anwendung ist optimal für VPN-Tunnel, da diese Pakete an den Router adressiert sind.

Wenn *innerhalb* des VPN-Verkehrs gefiltert werden soll, wird ein zweites Regelwerk eingesetzt. Dieses bezieht sich auf interne IP-Adressen und filtert Pakete, die *durch* den Router fließen. Der Einsatz dieses Regelwerks ist üblich, wenn hinter dem gegnerischen VPN-Router ein unbekanntes Fremdnetz ist, z. B. von einem Partnerunternehmen.

Beispielsweise könnte Router RT-1 nur Zugriffe auf bestimmte IP-Adressen seines Standorts erlauben.

```
1  set firewall name VPN-IN rule 10 state established enable
2  set firewall name VPN-IN rule 10 state related enable
3  set firewall name VPN-IN rule 10 action accept
4  set firewall name VPN-IN rule 20 action accept
5  set firewall name VPN-IN rule 20 destination address \
6     10.1.1.50-10.1.1.60
7  set firewall name VPN-IN default-action drop
8  set interface ethernet eth1 firewall in name VPN-IN
9  set interface ethernet eth4 firewall in name VPN-IN
```

Durch Regel 10 arbeitet das Regelwerk zustandsorientiert, sodass Antwortpakete nicht explizit konfiguriert werden müssen. Die Anwendung der Regeln (Zeilen 8–9) passiert in *ein*gehender Richtung und wirkt auf Pakete, die *durch* den Router laufen.

Andersherum könnte es je nach Szenario Sinn machen, den Netzverkehr durch den VPN-Tunnel in *aus*gehender Richtung zu filtern. Dann dürfen nur bestimmte Verbindungen den Tunnel betreten. Die Wirkungsrichtung der Firewall ist dann:

```
set interface ethernet eth1 firewall out name VPN-OUT
```

Fehlersuche

Eine Fehlerfindung im VPN-Umfeld ist schwierig, weil viele Hürden einen Tunnelaufbau verhindern können. VyOS hilft mit vielen show-Kommandos und Logeinträgen.

Die Klassiker ping und traceroute helfen nur wenig, weil sie lediglich bestätigen können, dass der Tunnel nicht bidirektional arbeitet. Aber das hat DPD bereits ermittelt.

Für die strukturierte Fehlersuche muss ein VPN-Router den Tunnelaufbau starten (initiate) und die Gegenstelle muss darauf reagieren (respond).

Per Voreinstellung werden beide Seiten den Tunnelaufbau starten. Der passive Modus wird separat pro Gegenstelle eingerichtet:

```
set vpn ipsec site-to-site peer 192.0.2.3 connection-type respond
```

Die Fehlersuche konzentriert sich jetzt auf den *Responder*, denn dieser wird die VPN-Verbindung aus einem bestimmten Grund ablehnen. Und dieser Grund wird mehr oder weniger verständlich in der Logdatei stehen, die mit

```
monitor vpn ipsec
```

den Bildschirminhalt füllt.

Fehlerbilder

Der passive Router berichtet bei der VPN-Aushandlung über den Fehler in seiner Logdatei. Die folgenden Meldungen zeigen typische Fehlerbilder bei Problemen oder Unterschieden in der Konfiguration.

Remote-ID unterschiedlich

```
Mar 31 21:54:08 RT-1 pluto[3080]: "peer-RT-3-tunnel-0"[1]
   198.51.100.6 #18: Peer ID is ID_IPV4_ADDR: '192.0.2.3'
Mar 31 21:54:08 RT-1 pluto[3080]: "peer-RT-3-tunnel-0"[1]
   198.51.100.6 #18: no suitable connection for peer '192.0.2.3'
```

Die Identifizierung der Gegenstelle erfolgt über die eindeutige Kennung einer `remote-id`. Bei diesem Router meldet sich ein Partner, dessen Kennung *192.0.2.3* nicht bekannt ist.
Lösung: Die `remote-id` auf einen String ändern, den der Partner verwendet, hier: 192.0.2.3

```
set vpn ipsec site-to-site peer @RT-3 authentication \
   remote-id 192.0.2.3
```

Preshared-Key unterschiedlich

```
Mar 31 21:58:08 RT-1 pluto[4720]: "peer-RT-3-tunnel-0"[1]
   198.51.100.6:4500 #7: probable authentication failure
   (mismatch of preshared secrets?): malformed payload in packet
Mar 31 21:58:08 RT-1 pluto[4720]: "peer-RT-3-tunnel-0"[1]
   198.51.100.6:4500 #7: sending encrypted notification
   PAYLOAD_MALFORMED to 198.51.100.6:4500
```

Wenn der Schlüssel für die Verschlüsselung auf den VPN-Endpunkten unterschiedlich ist, wird der VPN-Prozess den Paketinhalt beim Entschlüsseln als fehlerhaft markieren und verwerfen. VyOS wagt sogar in der markierten Logzeile die Vermutung, dass die Schlüssel verschieden sind.
Lösung: Schlüssel auf beiden Endpunkten vergleichen und korrigieren.

IKE-Verhandlung fehlgeschlagen

```
Mar 31 21:59:59 RT-1 pluto[5943]: "peer-RT-3-tunnel-0"[2]
    198.51.100.6:4500 #8: sending notification NO_PROPOSAL_CHOSEN
    to 198.51.100.6:4500
```

Beide Router vergleichen in der Phase 1 ihre verfügbaren Cryptoalgorithmen und der Responder wählt aus den Gemeinsamkeiten den stärksten Algorithmus aus. Gibt es keine Gemeinsamkeiten, scheitern die Verhandlungen und er sendet seinen Misserfolg zurück.
Lösung: Die Angebote der IKE-Gruppe müssen auf beiden Routern gemeinsame Werte für Verschlüsselung, Hashingfunktion, DH-Gruppe und Schlüssellänge haben.

ESP-Verhandlung fehlgeschlagen

```
Mar 31 22:01:39 RT-1 pluto[6629]: "peer-RT-3-tunnel-0"[1]
    198.51.100.6:4500 #10: no acceptable Proposal in IPsec SA
```

Auch für die Phase 2 wählen die Router die stärkste gemeinsame Verschlüsselung, diesmal aber für die Absicherung der übertragenen Pakete. Die Verhandlung scheitert, wenn keine Gemeinsamkeiten erkennbar sind. Dann meldet der Responder eine ähnliche Meldung wie bei der IKE-Verhandlung, allerdings mit dem Hinweis der IPsec-SA, was auf die Phase 2 deutet.
Lösung: Die Angebote der ESP-Gruppe müssen ebenfalls auf beiden Routern gemeinsame Einstellungen für Verschlüsselung, Hashingfunktion, DH-Gruppe und Schlüssellänge haben.

EdgeOS

Die grafische Einrichtung des EdgeMAX-Routers bietet IPsec-Tunnel mit Basiseinstellungen: IP-Adresse der VPN-Gegenstelle, gemeinsamer Schlüssel, lokale und entfernte IP-Netze und die Parameter für Verschlüsselung.

Das ist für einfache VPN-Umgebungen ausreichend, aber für NAT-Traversal, Zertifikate oder virtuelle Tunnelinterfaces (siehe Abschnitt *VTI*) möchte die Kommandozeile mitspielen. Das gleiche gilt für die Fehlersuche, denn die GUI zeigt keinen Einblick in die Tunnelverhandlungen.

Bei den IP-Adressen gibt es keine Einschränkung der Version: IPv4- und IPv6-Adressen sind bei der Eingabe von VPN-Präfix und Gegenstelle willkommen.
Die Zusammenarbeit von EdgeOS und VyOS ist ausgezeichnet. Das liegt nicht zuletzt daran, dass im Verborgenen die gleiche VPN-Software arbeitet.

Technischer Hintergrund

Für die kryptografische Betreuung der VPN-Tunnel vertrauen VyOS und EdgeOS auf die Software *strongSwan* [16]. Nachdem in der Jahresmitte 2004 der Vorläufer *FreeS/WAN* seine Tore für weitere Entwicklungen geschlossen hat, haben insgesamt drei Projekte die Nachfolge angetreten. Neben Openswan und Libreswan dürfte die Implementierung von strongSwan die bekannteste und mächtigste sein.

Bei der Versionsauswahl hat VyOS seit 2011 die Updates ignoriert und gibt sich mit der älteren Version 4.5 von strongSwan zufrieden. Ubiquiti ist deutlich fleißiger bei Softwareaktualisierungen und kann beim EdgeOS mit der aktuelleren Version 5.2 glänzen. Im praktischen Einsatz sind die Versionsunterschiede jedoch nur bei neueren Protokollen von Bedeutung, wie z. B. IKEv2.

Im unterliegenden Linux-Betriebssystem laufen für strongSwan drei Prozesse: `starter` kümmert sich ums Starten, Stoppen und Konfigurieren des IKE-Daemons. `pluto` beantwortet IKEv1-Anfragen und `charon` bedient Verbindungsversuche per IKEv2. Wenn ein VPN-Tunnel partout nicht funktionieren will und laut Einrichtung korrekt ist, lohnt ein Blick in die Konfigurationsdatei `/etc/ipsec.conf` von strongSwan. Die Webseite [16] des Anbieters erklärt im Bereich Wiki jede mögliche Direktive und gibt Hinweise auf Verwendung, Kompatibilität und benötigte Version.

195

Ausblick

VPN ist ein vielseitiges Thema und kann ein eigenes Buch füllen. Weitere nennenswerte Erweiterungen werden in diesem Abschnitt kurz angesprochen.

VTI

Beim *Virtuellen Tunnel Interface* hat der VPN-Tunnel seinen eigenen Netzadapter, der wie ein normales Interface genutzt wird. Mit `show interface` zeigt der VPN-Tunnel seinen Status und das Tunnelinterface lässt sich auch absichtlich ausschalten.

Aber die größte Stärke von VTI ist die Möglichkeit, dass sie Multicast-Pakete von dynamischen Routingprotokollen transportiert. Damit kann ein Routingprotokoll den VPN-Tunnel für seine Pfadberechnung nutzen. Eine fehlerhafte VPN-Verbindung wird dann schnell entfernt und ein Umrouten erfolgt automatisch. Für das Protokoll OSPF (vgl. Kap. 11) ist der VPN-Tunnel eine vollwertige Netzverbindung, die eine IP-Adresse, eine Bandbreite und einen Nachbarn hat.

Weitere Vorteile von VTI gegenüber dem klassischen IPsec-VPN sind:

- Die lokalen und entfernten IP-Netze müssen nicht vorher konfiguriert werden.

- Ohne dynamisches Routingprotokoll können die entfernten Netze mit normalen statischen Routen bekannt gegeben werden:

```
set protocol static interface-route 10.3.0.0/16 \
   next-hop-interface vti0
```

- Die VPN-Router sind durch die Tunnelinterfaces scheinbar direkt miteinander verbunden.

- Die Fehlersuche gestaltet sich einfacher.

Warum gibt es dann noch den altertümlichen IPsec-Tunnel, wenn VTI mit so vielen Vorteilen angeben kann? Und schon folgen die Einschränkungen, denn VTI funktioniert nicht in allen Umgebungen.

Allen voran beherrscht VTI nur IPv4-Netze. Für die neuartige Adresswelt von IPv6 gibt es andere Ansätze für VPN und VTI bleibt unberücksichtigt. Der zweite große Nachteil, der mit der IPv4-Landschaft kollidiert: VTI funktioniert nicht über Verbindungen mit Adressumsetzung. Sobald ein Router per NAT (vgl. Kap. 10) die IP-Adresse verändert, erkennt die VPN-Gegenstelle die Anfragen nicht mehr. Im Log erkennt man dieses Problem an Meldungen wie:

```
Mar 26 20:11:24 RT-1 pluto[3188]: packet from 198.51.100.6:500:
    initial Main Mode message received on 198.51.100.1:500 but no
    connection has been authorized with policy=PSK
```

Die Ursache dazu ist hausgemacht: Ein VTI-Tunnel verwendet intern als Gegenstelle den IP-Bereich 0.0.0.0/0, damit jedes entfernte Subnetz willkommen ist. Die Konfiguration akzeptiert jetzt 0.0.0.0 als Peer nicht mehr, sodass die korrekte IPv4-Adresse des VPN-Partners angegeben werden muss. Nur welche Adresse ist die richtige? *Vor* der Adressumsetzung oder *nachher*? Leider führen beide Wege nicht zum erfolgreichen VPN-Tunnel, sodass NAT zum K.-o.-Kriterium wird.

Hinweis

Diese Einschränkungen gelten nur für die Implementierung von VTI unter VyOS. Andere Hersteller schaffen es ohne Limitierungen.

DMVPN

Während ein normaler VPN-Tunnel exakt zwei Enden hat, besteht ein *Dynamic Multipoint VPN* (DMVPN) aus beliebig vielen Teilnehmern. Das Ziel von DMVPN ist die Komplexität zu verringern, wenn sehr viele Standorte vermascht werden müssen. Ohne DMVPN muss jeder Standort mit jedem anderen einen eigenen Tunnel bilden, der eingerichtet und überwacht werden muss.

Bei DMVPN hat jeder Standort *einen* festen Tunnel zum Hub-Router, der sich um die Verwaltung der Tunnel kümmert. Sobald zwei Standorte untereinander kommunizieren wollen, bauen die DMVPN-Router im Standort einen dynamischen Tunnel untereinander auf. Der Netzverkehr fließt *direkt* zwischen den Standorten und macht nicht dem Umweg über den Hub.

Die Idee und Technik kommen von Cisco, aber VyOS hat sich an dieser Vorgabe orientiert und eine kompatible DMVPN-Implementierung eingebaut.
EdgeOS bietet dieses Feature nicht an.

Kapitel 18

OpenVPN

OpenVPN ist eine quelloffene Software zur Einrichtung eines Virtuellen Privaten Netzwerks. Durch diesen VPN-Tunnel können einzelne Geräte oder ein ganzes Netzwerk mit mehreren Computern kommunizieren.

OpenVPN ist die Antwort der Community auf die Komplexität von IPsec. Während das Ziel von beiden Protokollen dasselbe ist, lässt sich OpenVPN leichter konfigurieren und einfacher durch Paketfilter und NAT-Gateways betreiben. OpenVPN ist kein RFC-Standard, sondern eine fertige Software, die für die meisten Betriebssysteme und Smartphones verfügbar ist. OpenVPN implementiert die Verschlüsselungsroutinen nicht selber, sondern vertraut der bekannten OpenSSL-Bibliothek. Für die Kommunikation im Netzwerk benutzt OpenVPN die virtuellen Netzadapter TUN und TAP.

Arbeitsweise

Die Funktionsweise von OpenVPN entspricht der von IPsec: Ein VPN-Gateway baut einen verschlüsselten Kanal zu einem anderen OpenVPN-Gateway auf. Durch diesen Tunnel können beide Endpunkte gesichert miteinander kommunizieren und auch die Verbindung von anderen Geräten absichern. Der Aufbau entspricht dem Client-Server–Prinzip: Ein OpenVPN-Prozess übernimmt die Rolle des Clients und baut die Verbindung auf. Der andere Prozess wartet auf neue Verbindungen und agiert als Server. Für den Betrieb des VPNs ist es unerheblich, welches Gateway die Verbindung gestartet hat.

Die Authentifizierung ist mitentscheidend für die Sicherheit der übertragenen Daten. OpenVPN bevorzugt die Nutzung von Zertifikaten. In einfachen Umgebungen ist auch ein statischer Schlüssel oder die Verwendung von Benutzername mit Passwort akzeptabel.

Der VPN-Tunnel lässt sich auf zwei unterschiedliche Arten betreiben:

- Routing-Modus. Der Tunnel ist eine Punkt-zu-Punkt–Verbindung (auf OSI-Ebene 3) und transportiert ausschließlich IP-Pakete. Der Open-VPN-Prozess läuft auf einem Router, der IP-Pakete anhand seiner Routingtabelle weiterleitet (vgl. Kap. 5).

- Bridge-Modus. Der Tunnel ist eine Ethernet-Verbindung (OSI-Ebene 2) und übermittelt Ethernet-Frames wie ein herkömmlicher Switch. Der OpenVPN-Prozess brückt LAN-Ports und VPN-Tunnel zusammen und übermittelt die Frames. Auf diese Weise lassen sich Ethernet-Netze über WAN-Strecken miteinander verbinden, ohne dass die Clients einen Router adressieren (müssen).

Authentifizierung

VyOS unterstützt nicht die Authentifizierung mittels Benutzernamen und Kennwort, sodass diese Methode hier nicht weiter beschrieben wird.

Preshared-Key

Die OpenVPN-Gegenstellen vertrauen sich, wenn sie denselben statischen Schlüssel besitzen und für die Authentifizierung benutzen. Vor der ersten Anmeldung muss der Schlüssel auf alle beteiligten OpenVPN-Router über eine sichere Verbindung verteilt werden.
Die Authentifizierung per Preshared-Key ist einfach zu realisieren. Die Sicherheit der übermittelten Daten hängt davon ab, dass der Schlüssel geheim bleibt. Mit einem kompromittierten Preshared-Key kann der Angreifer alle abgefangenen Pakete entschlüsseln.

Zertifikate

Bei einer Authentifizierung auf Basis von Zertifikaten benötigt jeder Kommunikationspartner ein Zertifikat. Client und Server tauschen ihre Zertifikate aus und überprüfen gegenseitig ihre Gültigkeit.

Der Aufwand dieser Methode ist hoch, denn Zertifikate müssen erstellt, verteilt und eventuell widerrufen werden. Aber die zertifikatsbasierte Anmeldung gewinnt als sicherste Form der Authentifizierung.

Unterschiede zu IPsec

OpenVPN und IPsec gelten beide aus ausgereift und sicher. OpenVPN ist quelloffen und damit für jeden einsehbar. IPsec ist keine Software, sondern eine Protokollsammlung, die von Anbietern für ihre Software genutzt wird. Und diese Software kann unter einer proprietären Lizenz stehen, die die Implementierung nicht offenlegt.

IPsec ist in den meisten Betriebssystemen bereits integriert, während OpenVPN ein Zusatzprodukt ist. Dieses unterstützt zwar alle gängigen Betriebssysteme, muss aber nachträglich aufs System gebracht werden.
Tabelle 18.1 vergleicht IPsec mit OpenVPN, so wie beide Technologien unter VyOS angeboten werden.

Die Angabe des Durchsatzes bezieht sich auf die IPsec-Implementierung von strongSwan und die verwendete OpenVPN-Version von VyOS. Zusätzlich spielt die Unterstützung der Befehlserweiterung AES-NI eine wichtige Rolle, welche die Leistung von OpenVPN stark verbessert.

OpenVPN ist eine Implementierung im User-Space, während strongSwan die IPsec-Fähigkeiten des Kernels verwendet. Damit ist OpenVPN leichter portierbar auf andere Betriebssysteme und kommt ohne Kernelmodul aus. Nachteilig auf die Performance wirkt sich der häufige Kontextwechsel aus, denn der OpenVPN-Prozess läuft im User-Space, während die Netzwerktreiber für *ethX* und *tunX* im Kernel-Space angesiedelt sind.

Disziplin	IPsec	OpenVPN
Einrichtung	kompliziert	einfach
Installation	vom OS bereitgestellt	Zusatzsoftware
Authentifizierung	PSK, Zertifikat	PSK, Zertifikat
Verschlüsselungs- algorithmen	3des, aes128, aes256, aes128gcm128, aes256gcm128	des, 3des, bf128, bf256, aes128, aes192, aes256
Hashing- Algorithmen	md5, sha1, sha256, sha384, sha512	md5, sha1, sha256, sha512
Sicherheitsniveau	hoch	hoch
Durchsatz	hoch	mittel
Zusammenspiel		
mit Firewall	einfach zu blockieren	schwer zu blockieren
mit NAT	mit NAT-Traversal	ohne Probleme
Unterstützung		
von IPv4	ja	ja
von IPv6	ja	ja
von nicht-IP	ja (mit GRE)	ja (Bridge-Modus)
Multipunkt-Tunnel	ja (mit DMVPN)	ja
Automatische		
Vollvermaschung	ja (mit DMVPN)	nein [1]
Funktioniert durch		
Proxy	nein	ja
Schlüsselrotation	automatisch	automatisch (Zertifikat) manuell (PSK)

Tabelle 18.1: Vergleich von IPsec mit OpenVPN

---

[1] OpenVPN lässt sich als Multipunkt-VPN einrichten mit den Optionen *client-to-client* und *topology subnet*. Bei dieser Konfiguration können sich alle Teilnehmer des Tunnels erreichen, aber die Pakete fließen stets durch den zentralen OpenVPN-Router. Anders als beim *Dynamic Multipoint VPN* (DMVPN) findet keine direkte Kommunikation statt.

Laboraufbau

Die beiden Router RT-2 und RT-4 erstellen einen VPN-Tunnel, um Datenkommunikation zwischen ihren angeschlossenen Standort-Netzen zu ermöglichen. Gleichzeitig ist RT-2 ein VPN-Server für die Einwahl von Open-VPN-Clients.

Diagramm 18.1 zeigt den Aufbau der VPN-Router und eines Clients in Standort-3. Der Router RT-5 transportiert die OpenVPN-Pakete ohne dass er in die VPN-Kommunikation eingreift.

Die IPv4-Adressen der Tunnel stammen aus dem Bereich 10.6.0.0/16.

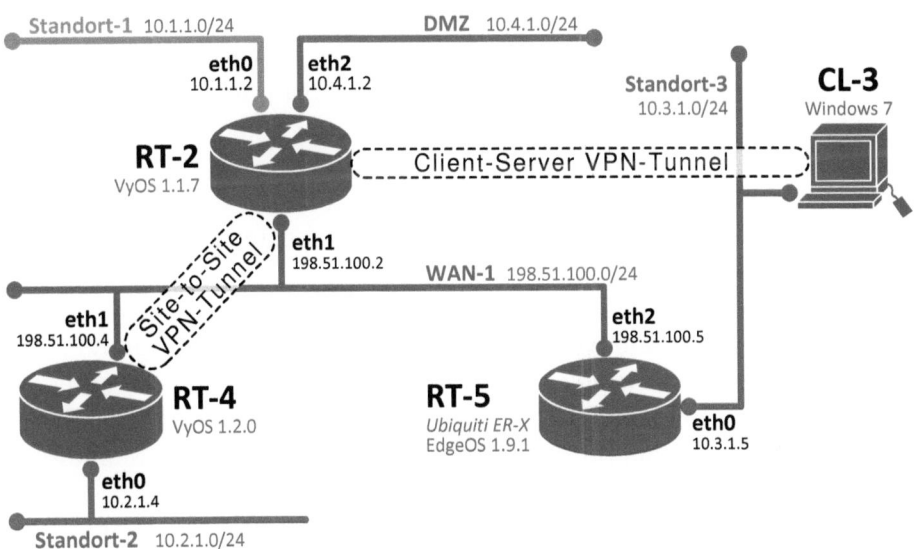

Diagramm 18.1: Laboraufbau für OpenVPN-Tunnel

Site-to-Site–Tunnel

In seiner ersten Aufgabe verbindet OpenVPN die Standorte 1 und 2 durch einen Site-to-Site–VPN. Dieser Tunnel spannt von Router RT-2 zu RT-4 und verbindet damit die privaten Netze der Standorte.

```
1   generate openvpn key /config/auth/RT-2-4.psk
2   configure
3   edit interfaces openvpn vtun1
4   set local-host  198.51.100.2
5   set remote-host 198.51.100.4
6   set local-address  10.6.24.2
7   set remote-address 10.6.24.4
8   set protocol udp
9   set local-port  1191
10  set remote-port 1191
11  set mode site-to-site
12  set shared-secret-key-file /config/auth/RT-2-4.psk
```

Die Authentifizierung erfolgt mit einem statischen Schlüssel, den RT-2 in der ersten Zeile erstellt. Der bevorzugte Speicherort ist unter /config/auth/, damit VyOS die Datei als Schlüssel akzeptiert und sie bei einem Software-update nicht verloren geht.

Die restliche Konfiguration bezieht sich auf den neuen Tunnel *vtun1* (Zeile 3); eine IPsec-typische Einrichtung von Schlüsselaustausch und Gültig-keitsdauer entfällt.

Der Tunnel beginnt und endet bei den öffentlichen IPv4-Adressen der VPN-Gateways (Zeilen 4 und 5). Innerhalb des Tunnels benutzt OpenVPN zu-sätzliche Adressen, die aus dem privaten Bereich stammen dürfen (Zeilen 6 und 7). Diese Adressen eignen sich später zur schnellen Prüfung, ob der Tunnel funktioniert oder für die dauerhafte Überwachung eines Monitoring-Systems.

OpenVPN akzeptiert beliebige Ports; der eingerichtete Tunnel verwendet UDP/1191 als Quell- und Zielport (Zeilen 8–10). Ohne diese Angabe be-nutzt OpenVPN den vorgegebenen Port 1194 des UDP-Protokolls.

Zuletzt benötigt VyOS den Hinweis, dass dieser Tunnel zwei Standorte verbindet (Zeile 11) und ein Preshared-Key die Vertrauensstellung der End-punkte ausmacht (Zeile 12).

Damit ist Router RT-2 zum VPN-Gateway aufgestiegen, welches seine Ge-genstelle RT-4 verlangt. Der Preshared-Key ist eine kleine Textdatei, die einen kryptografischen Schlüssel im OpenVPN-Format enthält. Diese Datei muss ihren Weg ins Dateisystem von RT-4 finden. Für die Kopie sollte ein sicherer Kommunikationskanal verwendet werden.

Im einfachsten Fall sendet RT-2 die Datei per Secure Copy zu RT-4:

```
vyos@RT-2:~$ sudo scp /config/auth/RT-2-4.psk \
  vyos@RT-4:/config/auth/
```

Jetzt haben beide Router einen identischen Schlüssel, sodass die Authentifizierung erfolgreich durchlaufen wird. Die Einrichtung des VPN-Tunnels für RT-4 verwendet dieselben Befehle wie bei RT-2, wobei die IPv4-Adressen in umgekehrter Reihenfolge notiert werden.

```
edit interfaces openvpn vtun1
set local-host  198.51.100.4
set remote-host 198.51.100.2
set local-address   10.6.24.4
set remote-address  10.6.24.2
set protocol udp
set local-port  1191
set remote-port 1191
set mode site-to-site
set shared-secret-key-file /config/auth/RT-2-4.psk
```

Die Einrichtung des Tunnels ist damit abgeschlossen. Für die Nutzung fehlen noch die zwei folgenden Schritte.

Sicherheit

Ohne Angabe einer Verschlüsselung verwendet OpenVPN den Blowfish-Algorithmus. Dieser Algorithmus ist zwar flott, hat aber seine Schwächen. Der Anbieter spricht sich gegen den Blowfish-Algorithmus aus und empfiehlt AES mit einem 256-Bit–Schlüssel.
Auch wenn die Schwäche von Blowfish nicht auf alle Umgebungen zutrifft, ist der AES-Algorithmus die bessere Wahl. Die berechnete Crypto-Leistung von AES ist trotz deutlich längerem Schlüssel vergleichbar mit Blowfish, wie die Durchsatzmessung 30.6 auf Seite 355 zeigt.
Mit dem folgenden Kommando auf beiden VPN-Endpunkten schwenken die Router zur AES-Chiffre und OpenVPN startet den Tunnel automatisch neu.

```
set interfaces openvpn vtun1 encryption aes256
```

Routing

Der Tunnel steht, aber die Kommunikation der Standortnetze läuft nicht durch den gesicherten Kanal. Dazu benötigen beide Endpunkte die Information über das gegenüberliegende Netz in Form von Routen. Für eine kleine Umgebung eignen sich statische Routen, die das IP-Netz der Gegenstelle an das Tunnelinterface übergeben.

Router RT-2 soll IP-Pakete für das Netz 10.2.1.0/24 von Standort-2 per OpenVPN-Tunnel transportieren.

```
set protocols static interface-route 10.2.1.0/24 \
  next-hop-interface vtun1
```

Und der gegenüberliegende Router RT-4 sendet Pakete ans Netz 10.1.1.0 von Standort-1 zurück durch denselben Tunnel.

```
edit protocols static
set interface-route 10.1.1.0/24 next-hop-interface vtun1
set interface-route 10.4.1.0/24 next-hop-interface vtun1
```

Das DMZ-Netz von RT-2 benötigt ebenfalls eine Route, falls es von Standort-2 durch den Tunnel erreichbar sein soll.

Grundsätzlich sind hier beliebig viele IP-Routen möglich. Wenn die Anzahl der Netze unübersichtlich wird, oder viele Tunnel zur Vermaschung gehören, wird statisches Routing arbeitsintensiv und unübersichtlich. Dann lohnt sich der Einsatz eines dynamischen Routingprotokolls, das sich um die Verteilung der IP-Informationen kümmert (vgl. Kap. 11).

Konnektivität

VyOS liefert Feedback zu den aufgebauten Tunneln. Dazu gehören innere und äußere IP-Adressen der Gegenstelle und die Menge der übertragenen Bytes.

```
vyos@RT-2:~$ show openvpn site-to-site status

OpenVPN client status on vtun1 []

Remote CN     Remote IP      Tunnel IP   TX byte RX byte Connected Since
---------     ---------      ---------   ------- ------- ---------------
None (PSK)    198.51.100.4   10.6.24.4   273.1M  269.8M  N/A
```

Die erste und letzte Spalte ist nur relevant bei Clients, die sich per OpenVPN dynamisch einwählen. Für Site-to-Site–Tunnel bleiben die Felder leer.

Client-Server–Tunnel

Wenn OpenVPN im Client-Server–Modus arbeitet, müssen sich die Gegenstellen per Zertifikat ausweisen. Aus der Sichtweise der Sicherheit ist das ein großer Schritt nach vorn. Allerdings ist die Verwaltung der Zertifikate um ein vielfaches aufwendiger als ein gemeinsamer Schlüssel.

Wenn bereits eine *Public Key Infrastructure* (PKI) im Einsatz ist, können die benötigen Zertifikate für Clients und Server mithilfe der vorhandenen *Certificate Authority* (CA) generiert werden.

Wenn keine eigene CA zur Verfügung steht, könnte ein VyOS-Router diese Rolle übernehmen. OpenVPN bringt unter dem Deckmantel *Easy-RSA* die notwendigen CLI-basierten Befehle mit, um eine CA zu erstellen und Zertifikate auszustellen.

Achtung

Die CA sollte auf einem gut gesicherten Server (oder VyOS-Router) platziert sein, der keinen Kontakt zum Internet hat. Wenn der private Schlüssel der CA kompromittiert wird, ist die Authentifizierung des OpenVPN-Netzes gefährdet.

Die Verwaltung der neuen CA spielt sich auf Betriebssystem-Ebene ab. Damit VyOS die Zertifikate benutzen kann, müssen sie unter /config/auth/ erreichbar sein.

```
1  sudo bash
2  cd /usr/share/doc/openvpn/examples/easy-rsa/2.0/
3  mkdir -p /config/auth
4  ln -s /config/auth keys
```

Die erzeugten Schlüssel wandern ins Unterverzeichnis keys/ (Zeile 2) und das verlinkt nach /config/auth/ (Zeile 4).

Alle Tätigkeiten an der Zertifikatsautorität erfolgen aus dem Unterverzeichnis /config/auth/keys/, welches noch etwas Anpassung erwartet.

```
1  . ./vars
2  export KEY_DIR="/config/auth"
3  ./clean-all
4  chmod 755 /config/auth
```

Die Datei `vars` (Zeile 1) enthält generelle Informationen über die ausstellende CA, die später auch in den Zertifikaten auftauchen. Dazu gehören Angaben über Land, Stadt, Firmenname, E-Mailadresse, Abteilung, bevorzugte Gültigkeitsdauer und Schlüssellänge. Vor der ersten Verwendung sollte diese Datei auf die eigene Umgebung angepasst werden. Die Änderung von Dateien unter Linux ist in Anhang A beschrieben.

Die Variable `KEY_DIR` in Zeile 2 stellt sicher, dass die Zertifikate im richtigen Verzeichnis landen. Mit eventuellen Altbeständen beschäftigt sich `clean-all` (Zeile 3), welches auch die Seriennummern nullt, sodass einem Neustart der CA nichts mehr im Weg steht. `clean-all` ist etwas zu restriktiv und Zeile 4 sorgt dafür, dass die VyOS-Konfiguration lesend auf das Verzeichnis zugreifen darf.

Los geht die Show und das folgende Listing erstellt jede Menge Kryptomaterial.

```
1  ./build-ca
2  ./build-key-server RT-2
3  ./build-key CL-3
4  chmod 644 /config/auth/CL-3.*
5  ./build-dh
```

Das ausgeführte Kommando versucht alle offenen Fragen über die Umgebungsvariablen der Datei `vars` zu beantworten. Wenn eine Information fehlt, poppt die Frage in der Kommandozeile auf und wartet auf Eingabe. Zeile 1 erstellt die Schlüssel für die Zertifikatsautorität. Weiter gehts mit einem Server-Schlüssel für Router RT-2 (Zeile 2), der von der CA unterschrieben wird. Zum Tunnelaufbau mit diesem Router-Server benötigt die Gegenstelle ein Client-Zertifikat, welches in Zeile 3 ausgestellt wird. Damit der Client sich seine Kryptodateien abholen darf, benötigt er Zugriff auf diese Dateien (Zeile 4). Genau wie IPsec benutzt OpenVPN einen Schlüsselaustausch nach Diffie-Hellman (DH), wobei die Parameter vorerst generiert werden müssen (Zeile 5).

Damit endet der Workshop zur Kryptografie, denn alle notwendigen Zertifikate, Dateien, Schlüssel und Parameter liegen der CA RT-2 vor. Und aus diesem Router wird endlich der OpenVPN-Server.

```
1   set interfaces openvpn vtun0 mode server
2   set interfaces openvpn vtun0 tls ca-cert-file /config/auth/ca.crt
3   set interfaces openvpn vtun0 tls cert-file  /config/auth/RT-2.crt
4   set interfaces openvpn vtun0 tls key-file   /config/auth/RT-2.key
5   set interfaces openvpn vtun0 tls dh-file  /config/auth/dh1024.pem
6   set interfaces openvpn vtun0 server push-route 10.4.1.0/24
7   set interfaces openvpn vtun0 server push-route 10.1.1.0/24
8   set interfaces openvpn vtun0 server subnet      10.6.2.0/24
```

Der VPN-Server RT-2 (Zeile 1) wird seine Clients bei der Anmeldung genau
überprüfen. Dazu vergleicht er das erhaltene Zertifikat vom Client mit der
ihm bekannten CA (Zeile 2). Parallel dazu hat der Client die Chance, das
Serverzertifikat zu validieren, welches in Zeile 3 geladen und während der
Authentifizierung angeboten wird. Wenn sich beide Parteien einig sind, darf
fleißig verschlüsselt werden.
Zuletzt gibt sich RT-2 als Fremdenführer aus und zeigt jedem Client seine
Subnetze (Zeilen 6–7) und weißt ihm eine IPv4-Adresse aus dem Pool zu
(Zeile 8).

Nach einem `commit` lauscht der OpenVPN-Prozess von RT-2 auf Verbindungsanfragen von Clients. Jeder OpenVPN-Client mit gültigem Zertifikat
ist willkommen. Im Labornetzwerk stehen verschiedene Client-PCs zur Verfügung und die folgende Demonstration benutzt den Computer CL-3 mit
Windows 7.
Wie eingangs erwähnt muss die OpenVPN-Software separat installiert werden. Der Installer ist auf der Webseite von OpenVPN [17] verfügbar und
bringt die Software inklusive TUN/TAP-Treibern aufs System.
Zusätzlich benötigt der Client die erstellen Zertifikate. Hier sollte eine gesicherte Übertragung gewählt werden. Im Labornetz lassen sich die Dateien
mit dem Secure Copy–Befehl `pscp.exe` der PuTTY-Suite [18] übertragen.

```
cd "%ProgramFiles%\OpenVPN\config"
pscp.exe vyos@198.51.100.2:/config/auth/CL-3* .
pscp.exe vyos@198.51.100.2:/config/auth/ca.crt .
```

Die Anweisungen für OpenVPN, mit welchem Server er sich verbinden soll,
gehören in eine Konfigurationsdatei im selben Verzeichnis. Die beispielhaften Anweisungen aus Listing 18.1 starten eine Clientverbindung (Zeile 1)
zum Server. Die Kommunikation läuft über den Standardport 1194 des

```
1  client
2  proto udp
3  remote 198.51.100.2 1194
4  verb 3
5  dev tun
6  cert CL-3.crt
7  key CL-3.key
8  remote-cert-tls server
9  ca ca.crt
```

Listing 18.1: Konfigurationsdatei RT-2.ovpn für OpenVPN

UDP-Protokolls (Zeilen 2–3). Der Client authentifiziert sich mit Schlüssel und Zertifikat (Zeilen 6–7). Vom Server wird ebenfalls ein gültiges Zertifikat erwartet, welches von derselben CA signiert wurde (Zeilen 8–9).
Die Nachrichtenflut während der Verbindung (Zeile 4) soll die wichtigsten Schritte bei der Einwahl anzeigen. Während der Fehlersuche kann eine höhere Zahl deutlich mehr Meldung generieren. Bis 5 reicht die normale Fehlersuche, 6 bis 11 ist der Arbeitsbereich eines Debuggers.

Der OpenVPN-Installer von Windows bringt ein kleines GUI-Icon für die Taskleiste mit. Darüber lässt sich die Verbindung starten (Abbildung 18.2) und der Verbindungsaufbau verfolgen.

Nach erfolgreicher Einwahl erhält der OpenVPN-Client eine IPv4-Adresse, welche für die Dauer der Tunnelverbindung über das TUN-Interface (Zeile 5) geroutet wird. Die Routingtabelle enthält jetzt auch die IP-Route, die der Server beim Verbindungsaufbau angekündigt hat.

Der Server vermerkt jede Clientverbindung, die aktuell aufgebaut ist.

```
vyos@RT-2:~$ show openvpn server status

OpenVPN server status on vtun0 []

Client CN   Remote IP   Tunnel IP   TX byte RX byte   Connected Since
---------   ---------   ---------   ------- -------   ----------------
CL-3        10.3.1.25   10.6.2.2    9.5K    22.9K     May 12 21:31:38
```

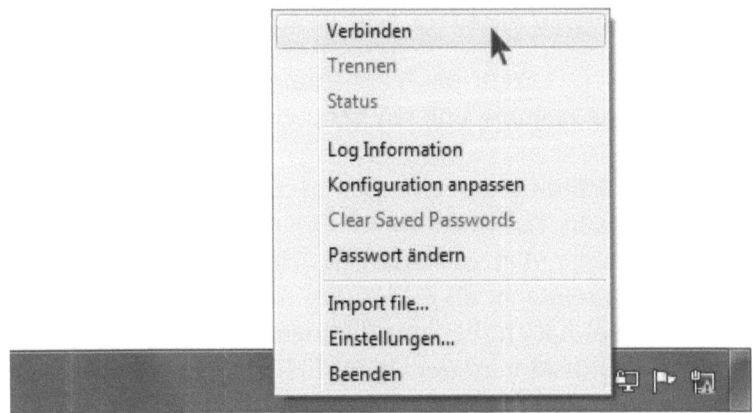

Abbildung 18.2: OpenVPN GUI unter Windows 7

Sicherheit

Der Datenverkehr zwischen zwei Standorten läuft jetzt zwar verschlüsselt ab, aber innerhalb des Tunnels ist alles erlaubt. Wenn die verbundenen Netze nicht zur gleichen administrativen Verwaltung gehören (z. B. Dienstleister—Kunde), kann VyOS auch *innerhalb* eines OpenVPN-Tunnels filtern.
Dafür benutzt VyOS die integrierte Firewall (vgl. Kap. 8) mit dem Unterschied, dass die Firewallpolicy nicht auf einen physikalischen Netzadapter wirkt, sondern auf ein logisches Tunnelinterface.
Das Regelwerk zum Filtern besteht aus internen Adressen der angeschlossenen Netze und wird auf das Interface *vtunX* in ein- oder ausgehender Richtung angewendet.

```
set interfaces openvpn vtun0 firewall in name OPENVPN-IN
set interfaces openvpn vtun0 firewall out name OPENVPN-OUT
```

Zusätzliche Regeln, die den Tunnelaufbau erlauben, sind nicht notwendig, da sie sich auf den physikalischen Adapter beziehen.

Bei fehlendem Vertrauen der verbundenen Netze sollten auch ungültige Absenderadressen überwacht oder verworfen werden. Einer Adressfälschung kommt *Reverse Path Forwarding* (vgl. Kap. 8) auf die Spur.

```
set interfaces openvpn vtun0 ip source-validation strict
```

Der eingehende Netzverkehr des VPN-Tunnels *vtun0* muss sich sogleich einer strengen Überwachung unterziehen.

Einen wirksamen Schutz gegen eine Denial-of-Service–Attacke (DoS) oder einen Angriff auf den TLS-Stack bietet OpenVPN mit einer zusätzlichen Authentifizierung anhand eines statischen Schlüssels. OpenVPN bezeichnet dieses Verfahren vereinfacht als *HMAC Firewall*. Nur wenn beide Parteien denselben Schlüssel haben, beginnt die eigentliche Kommunikation. Bei einem falschen Schlüssel wird der OpenVPN-Server sich nicht um ein Antwortpaket bemühen. Ein DoS-Angriff belastet folglich nicht den TLS-Kanal und schont damit die CPU und den Arbeitsspeicher.
Der Wunsch nach einem statischen Schlüssel wird genau wie bei einem Preshared-Key geäußert und anschließend an die Kommunikationspartner verteilt.

```
vyos@RT-2:~$ generate openvpn key ta.key
Generating OpenVPN key to /config/auth/ta.key
Your new local OpenVPN key has been generated
```

Sobald die `ta.key`–Datei auf OpenVPN-Server und -Clients bekannt ist, darf VyOS das neue Sicherheitsfeature in Betrieb nehmen. Die serverseitige Einbindung erfolgt über eine Zusatzoption, da sie in der regulären Konfiguration nicht vorgesehen ist.

```
set interfaces openvpn vtun0 openvpn-option \
  "tls-auth /config/auth/ta.key 0"
```

Die Zahl hinter der Schlüsseldatei kann die Werte 0 oder 1 annehmen, entscheidet über die Richtung und muss auf beiden Endpunkten unterschiedlich sein.
Auch der OpenVPN-Client benötigt neben der `ta.key`–Datei eine weitere Konfigurationszeile, um die HMAC-Firewall passieren zu können.

```
tls-auth ta.key 1
```

EdgeOS

Die Funktionalität und Konfiguration unterscheidet sich nicht von einem EdgeRouter. Auch wenn EdgeOS eine neuere Version von OpenVPN mitbringt, ist IPv6 noch nicht nutzbar.
Die Bedienung erfolgt VyOS-typisch über die Kommandozeile. Ubiquiti hat die Konfiguration von OpenVPN noch nicht in die Weboberfläche des EdgeRouters integriert.

Fehlersuche

Der OpenVPN-Dienst kann in seinen Logmeldungen sehr detailliert das Problem beschreiben. Unter VyOS berichtet der OpenVPN-Prozess an den Syslog-Dienst. Die aktuellsten Nachrichten zeigt die VyOS-CLI mit dem simplen show–Kommando.

```
show log openvpn
```

Bei einer längeren Fehlersuche unterstützt der Befehl monitor log, da er kontinuierlich die neuesten Meldungen in Echtzeit auf dem Bildschirm anzeigt. Damit die Meldungen von anderen Diensten nicht stören, filtert match nach dem richtigen Schlüsselwort.

```
monitor log | match openvpn
```

Bei der Fehlersuche ist es hilfreich, die Logbücher beider Endpunkte der OpenVPN-Verbindung einzusehen. Wenn die Meldungen zwar das Problem eingrenzen, aber nicht ausreichend detailliert beschreiben, kann die Geschwätzigkeit von OpenVPN nachgebessert werden.
Je höher die Zahl, desto logfreudiger wird OpenVPN. Die Voreinstellung von VyOS liegt bei 3 – während der Fehlersuche sind Werte von 4 oder 5 akzeptabel.

```
set interfaces openvpn vtun0 openvpn-option 'verb 5'
```

Nach dem Ende des Troubleshootings nicht vergessen, das Log-Level wieder zurückzusetzen oder die Zeile mit delete zu entfernen.

Fehlerbilder

Viele Fehler zeigen sich anhand von typischen Logmeldungen. Die Bekanntesten sind im Folgenden aufgeführt und erklärt.

Komprimierung

```
May 13 20:00:43 RT-4 openvpn-vtun1[3882]: Bad LZO decompression
  header byte: 69
```

Eine Seite der Verbindung komprimiert die Pakete vor dem Versand, während die Gegenstelle unkomprimierte Inhalte erwartet.
Lösung: Beide Router müssen sich bei der Komprimierung einig sein. Entweder *mit* oder *ohne*.

```
set interfaces openvpn vtun1 use-lzo-compression
```

Krypto-Algorithmus unterschiedlich

```
May 13 20:04:53 RT-2 openvpn-vtun1[3044]: Authenticate/Decrypt
  packet error: cipher final failed
```

Die OpenVPN-Router einer Site-to-Site–Verbindung benutzen einen unterschiedlichen Verschlüsselungsalgorithmus.
Lösung: Anders als bei IPsec verhandeln OpenVPN-Router nicht über ihr Krypto-Potential, sondern erwarten vorkonfiguriert denselben Algorithmus auf beiden Seiten.

Gegenstelle verweigert

```
May 13 20:08:38 RT-2 openvpn-vtun1[3044]: read UDPv4
  [ECONNREFUSED]: Connection refused (code=111)
```

Der lokale Router startet einen Verbindungsversuch und wird von seinem Gegenüber direkt abgewiesen. Das kann mehrere Ursachen haben; wenn die IP-Adresse der Gegenstelle korrekt angegeben ist, hat der entfernte Router eventuell den OpenVPN-Prozess nicht gestartet oder lauscht auf einem anderen UDP-Port. Alternativ blockiert eine Firewallregel die erfolgreiche Kommunikation.

Authentifizierung fehlgeschlagen

```
May 13 20:14:44 RT-4 openvpn-vtun1[5085]: Authenticate/Decrypt
  packet error: packet HMAC authentication failed
```

Die Authentifizierung mittels Preshared-Key ist gescheitert. Der Schlüssel ist entweder unterschiedlich, oder wurde während der Übermittlung verändert. Lösung: Auf beiden OpenVPN-Routern muss exakt dieselbe Schlüsseldatei vorhanden sein und in die VyOS-Konfiguration eingebunden.

TLS-Authentifizierung unterschiedlich

```
May 12 21:27:32 RT-2 openvpn-vtun0[8279]: TLS Error: cannot \
  locate HMAC in incoming packet from 10.3.1.25:1194
```

Die beiden OpenVPN-Router verwenden einen unterschiedlichen Schlüssel für die TLS-Authentifizierung, oder einer von beiden Endpunkten hat das tls-auth–Feature nicht konfiguriert.
Lösung: Der gemeinsame Schlüssel in Dateiform muss auf beiden Routern identisch vorliegen. Die Zahl hinter der Schlüsseldatei in der VyOS-Konfiguration gibt die Richtung an und muss gegensätzlich sein.

Technischer Hintergrund

OpenVPN ist eine schlüsselfertige VPN-Software. Der Einsatz auf VyOS und EdgeOS unterscheidet sich lediglich in der verwendeten Version.
Welches VyOS mit welchem OpenVPN ausgeliefert wird, zeigt Tabelle 18.2. Bei der Kryptografie verlässt sich OpenVPN vollständig auf die OpenSSL-Bibliothek. Das angegebene Datum bezieht sich auf die Veröffentlichung von OpenVPN.
Die Spalte zur IPv6-Funktionalität bezieht sich auf die Fähigkeit von Open-VPN mit IPv6-Adressen umzugehen. VyOS und EdgeOS nutzen diese Möglichkeit meist erst in späteren Releases.
VyOS startet und stoppt die OpenVPN-Prozesse ohne Hilfe von Linux-typischen Konzepten wie SysVinit, Upstart oder SystemD. Die Identifizierung des Prozesses erfolgt über die konfigurierte *vtun*-Nummer. Bei zehn Site-to-Site–Tunneln laufen im Hintergrund zehn OpenVPN-Prozesse, die sich um Verschlüsselung und Routing kümmern.

215

Distribution	OpenVPN	OpenSSL	IPv6	Datum
VyOS 1.1.7	2.1.3	0.9.8zf	nein	August 2010
VyOS 1.2.0-beta1	2.2.3	0.9.8zg	nein	Dezember 2014
VyOS 999.20170417	2.3.4	1.0.1t	ja	Mai 2014
EdgeOS 1.9.1	2.3.2	1.0.1te	ja	Mai 2013

Tabelle 18.2: Die verwendeten Versionen von OpenVPN unter VyOS und EdgeOS

Eine zusätzliche Konfigurationsdatei im OpenVPN-Format nutzt VyOS nicht.
Jede gewünschte Option verwandelt VyOS in einen Parameter, der OpenVPN
beim Start per Kommandozeile mitgeteilt wird.

Kapitel 19

Virtual Router Redundancy Protocol

Router fallen manchmal aus. Und dann erfüllen sie ihre fundamentalste Aufgabe nicht mehr, die darin besteht, Netzwerke zu verbinden.

Und Router fallen genauso gerne aus wie andere elektronische Geräte. Das ist eine akzeptierte Tatsache und aus diesem Grund haben High-End–Router zusätzliche Netzteile, Lüfter, CPUs oder Uplinks. In den unteren Preissegmenten hilft man sich meist damit, dass mehrere Router als Gruppe (engl. Cluster) zum Einsatz kommen. Dann entsteht ein Cluster für Hochverfügbarkeit und Ausfallschutz.

Innerhalb der Router-Gruppe einigen sich die Geräte darauf, dass *ein* Router die Arbeit verrichtet und der andere zuschaut und beobachtet. Die Beobachtungen des passiven Routers sind wichtig, denn dieser übernimmt die Geschäfte, sobald er bemerkt, dass sein Partner hinüber ist.

Grundlagen

Technisch läuft das in geordneten Bahnen ab, denn alle Router der *Redundanz-Gruppe* müssen sich an das gemeinsame Protokoll halten. VyOS und EdgeOS unterstützen das *Virtual Router Redundancy Protocol* (VRRP) nach RFC 3768.

Sobald VRRP auf einem Router eingerichtet ist, horcht dieser an seinen Netzwerkinterfaces auf Lebenszeichen anderer VRRP-Router. Der erste Rou-

ter der Gruppe macht sich selber zum Master und sendet Lebenszeichen im Sekundentakt ins Netz. Der zweite Router derselben Gruppe empfängt diese Keepalives und bleibt im Backup-Modus: nichts tun und warten.
Sobald der Backup-Router drei Herzschläge lang nichts von seinem Meister hört, muss er von einer Havarie ausgehen und macht sich selber zum Master. Dann beginnt die Arbeit, denn er muss alle Aufgaben vom ehemaligen Chef übernehmen. Und das so schnell wie möglich, damit das Tagesgeschäft normal weitergehen kann.

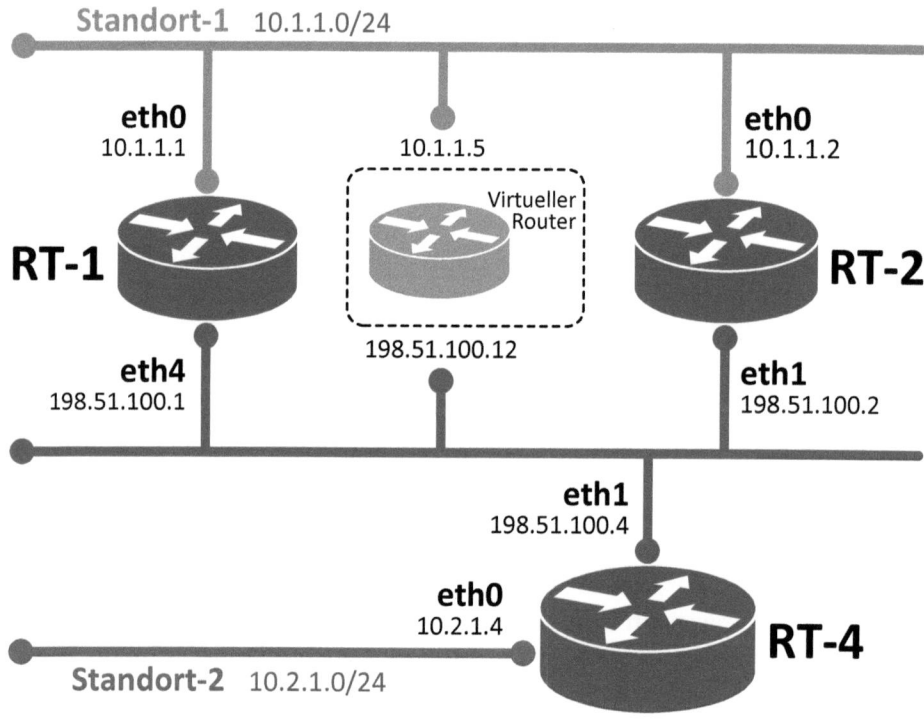

Abbildung 19.1: Laboraufbau für VRRP

Wer erzählt jetzt den anderen Geräten im Netz, dass ein neuer Router am Start ist? Niemand, denn dieser neue Router übernimmt auch die IPv4- und MAC-Adresse der Redundanzgruppe. Für die anderen Teilnehmer im Netz hat sich (außer einer kurzen Unterbrechung) nichts verändert.
Die Lebenszeichen, Heartbeats oder Keepalives, sind IPv4-Pakete an die

Multicast-Adresse 224.0.0.18. In diesen Paketen steht die virtuelle IPv4-Adresse, die sich alle VRRP-Router teilen. Außerdem hat jede Redundanzgruppe eine eigene Nummer, damit mehrere VRRP-Gruppen im selben Netzsegment aktiv sein können.

Labor

Das Demo-Lab stellt drei Router, von denen zwei (RT-1 und RT-2) zusammen ein VRRP-Cluster bilden. Abbildung 19.1 zeigt den Aufbau als Netzdiagramm.

Alle Teilnehmer von Standort-1 nutzen als Standardgateway weder die IPv4-Adresse von RT-1, noch die von RT-2, sondern die *zusätzliche* Adresse 10.1.1.5, die der VRRP-Gruppe gehört. Das ist die LAN-Seite der Geräte – auf der WAN-Seite bilden die Router neben ihren bekannten IP-Adressen ebenfalls eine zusätzliche VRRP-Adresse. Damit der Ausfallschutz funktioniert, muss das VRRP-Cluster aus beiden Richtungen über die virtuellen Adressen angesprochen werden.

Auf der WAN-Seite verbindet Router RT-4 das VRRP-Pärchen mit seinem Standort-2, welcher Ziel des Netzverkehrs von Standort-1 wird.

VRRP-Gruppe

VyOS wird mit einer kurzen Anweisung zum VRRP-Router. In diesem Befehl stecken das eigene Interface, eine beliebige Gruppennummer und die virtuelle Adresse. Mit den Kommandos

```
edit interfaces ethernet
set eth0 vrrp vrrp-group 1 virtual-address 10.1.1.5
set eth4 vrrp vrrp-group 7 virtual-address 198.51.100.12
exit
```

und einem anschließenden `commit` beginnt RT-1 mit dem Aussenden von Heartbeats auf seinen LAN- und WAN-Schnittstellen. Für RT-2 sind die Befehle identisch, bis auf den Namen des WAN-Adapters.

Wenige Sekunden danach haben sich die beiden VRRP-Kandidaten darauf geeinigt, wer der Chef ist und wer der Assistent. In diesem Beispiel hat RT-2 gewonnen und fühlt sich in der Masterrolle:

```
vyos@RT-2:~$ show vrrp
                        RFC        Addr    Last        Sync
Interface   Group State Compliant  Owner   Transition  Group
---------   ----- ----- ---------  -----   ----------  -----
eth0        1     MASTER no         no      5m27s       <none>
eth1        7     MASTER no         no      5m27s       <none>
```

Bei Router RT-1 sieht die Ausgabe ganz ähnlich aus, nur bei *State* sollte BACKUP stehen.

```
vyos@RT-1:~$ show vrrp
                        RFC        Addr    Last        Sync
Interface   Group State Compliant  Owner   Transition  Group
---------   ----- ----- ---------  -----   ----------  -----
eth0        1     BACKUP no         no      5m35s       <none>
eth4        7     BACKUP no         no      5m35s       <none>
```

Falls dort ebenfalls MASTER angegeben ist, sind beide Router in der Masterposition und streiten sich um die virtuelle IP-Adresse. Dieser Zustand darf im normalen Betrieb nicht vorkommen, da es auf Clientseite meist zu Programmabbrüchen führt.

Beide Router werden zum MASTER, wenn sie die Lebenszeichen des anderen *nicht* hören. Die Fehlersuche beginnt bei der Kommunikation der Router untereinander mithilfe von ping auf die physikalische IPv4-Adresse.

Sobald sich MASTER und BACKUP geeinigt haben, kann die Ende-zu-Ende–Verbindung von Client CL-1 durch die Router zu Client CL-2 mit traceroute anschaulich geprüft werden. Denn traceroute ermittelt, welchen Weg ein Paket durchs Netz nimmt und zeigt in der folgenden Ausgabe, dass RT-1 für die Weiterleitung zuständig ist.

```
root@cl-1 ~> traceroute -I 10.2.1.25
traceroute to 10.2.1.25 (10.2.1.25), 30 hops max, 60 byte packets
 1  rt-2-eth0 (10.1.1.2)  0.434 ms  0.397 ms  0.363 ms
 2  rt-4-eth1 (198.51.100.4)  0.976 ms  0.945 ms  0.925 ms
 3  cl-2 (10.2.1.25)  1.950 ms  1.678 ms  1.677 ms
```

Nachdem dieser Normalzustand herrscht, passiert ein erster simulierter Routerausfall. Der Masterrouter RT-2 erfährt einen plötzlichen Stromausfall oder die virtuelle Maschine wird gestoppt.

Was passiert? RT-1 empfängt keine Lebenszeichen mehr und ernennt sich nach wenigen Sekunden zum Meister. Dasselbe traceroute–Kommando auf Client CL-1 zeigt nur den geänderten Pfad durch RT-1 bis zum Ziel.

```
root@cl-1 ~> traceroute -I 10.2.1.25
traceroute to 10.2.1.25 (10.2.1.25), 30 hops max, 60 byte packets
 1  rt-1-eth0 (10.1.1.1)   2.404 ms   2.374 ms   2.348 ms
 2  rt-4-eth1 (198.51.100.4)   2.977 ms   2.958 ms   2.928 ms
 3  cl-2 (10.2.1.25)   3.601 ms   3.679 ms   3.665 ms
```

Zustandslos

Wenn kein Traffic im Netz ist, bemerkt auch kein Client den Ausfall von
Router RT-2. Aber was passiert bei einem Dateitransfer?
Wie sich ein unterbrochener Transfer verhält, hängt ganz von der Anwendung und den Timeouts ab. Ein beispielhafter Webdownload von CL-1, der
auf CL-2 als http-Server zugreift, kommt während des Ausfalls ins Stocken,
läuft aber nach circa fünf Sekunden weiter.

```
root@cl-1 ~> wget http://10.2.1.25/vyos-1.1.7-amd64.iso
```

Im Moment ist die Konfiguration der Laborgeräte noch ziemlich weltfremd,
da alle Router jeden Traffic uneingeschränkt weiterreichen und zustandslos
arbeiten. In Unternehmensnetzen gibt es jede Menge Hindernisse, wie
Adressumsetzung (NAT) oder Firewallregeln, die sich den Zustand jeder
Verbindung merken.

Firewall und NAT

Ein Router mit Kontakt zum Internet hat normalerweise einen Paketfilter
an Bord. Höchstwahrscheinlich ist auch noch NAT dabei, um von privaten
Adressen in öffentliche zu übersetzen.

```
1  set firewall name WAN-in default-action drop
2  set firewall state-policy related action accept
3  set interfaces ethernet eth1 firewall in name WAN-in
4
5  set nat source rule 1 source address 10.1.1.0/24
6  set nat source rule 1 outbound-interface eth1
7  set nat source rule 1 translation address 198.51.100.12
```

Listing 19.1: Firewall-Regelwerk mit NAT im Router RT-2

Um das Labornetz etwas realitätsnaher zu gestalten, erhalten die VRRP-Router ein kleines Firewallregelwerk und eine Adressumsetzung vom internen Netz 10.1.1.0/24 in die passende öffentliche IPv4-Adresse. Beispiel 19.1 zeigt die VyOS-Konfiguration von Router RT-2.

Falls die Kapitel zur Firewall (8) oder NAT (10) zu lange zurückliegen, gibts eine kleine Auffrischung:
Die ersten drei Zeilen bilden eine Firewallpolicy für das WAN-Interface *eth1*, welches jede ausgehende Verbindung erlaubt und jede neue eingehende Verbindung blockiert. Die Adressumsetzung beginnt in Zeile 5 mit der Quelle 10.1.1.0/24, welche einfach in die WAN–IP-Adresse der VRRP-Gruppe (Zeilen 6 und 7) übersetzt wird.
Für RT-1 ist die Konfiguration identisch, bis auf den Namen der WAN-Schnittstelle.

Jetzt müssen die Router genau Buch führen: Welches (Antwort-)Paket muss die Firewall akzeptieren und welche IP mit welchem Port wird wie übersetzt.
Beim Ausfall vom Master-VRRP–Router wird ein Datentransfer von CL-1 nach CL-2 erst stocken und nach dem Schwenk auf den Backup-Router abbrechen. Die Ursache liegt in den Firewall- und NAT-Tabellen vom Backup-Router. Denn diese sind leer.

Zustandstabellen

Eine Zustandstabelle ist grundsätzlich eine feine Sache: Sie listet alle bestehenden Verbindungen, die durch den Router fließen. Paketfilter und Adressumsetzer schauen für jedes Paket in diese Tabelle, um zu erfahren, ob das Paket zu einer bestehenden Verbindung gehört und weiter behandelt werden darf.
Bei *einem* Router ist das eine Verbesserung der Sicherheit. Bei mehreren Routern besteht das Problem, dass jeder Router seine eigene Tabelle pflegt. Bei VRRP hat der Master-Router eine volle Tabelle und die Tabelle des Backup-Routers ist leer, denn er hat noch keine einzige Verbindung gesehen.

Synchronisation der Tabellen

VyOS löst das Problem mit den unterschiedlichen Tabelleninhalten durch
eine Synchronisations-Gruppe und dem Connection-Tracking-Sync. Damit
teilt der VRRP-Master sein Wissen über die Zustandstabelle mit dem Back-
uprouter. In kurzen Abständen sendet der Master-Router Änderungen seiner
Tabelle an eine frei wählbare Multicast-Adresse, sodass die Backup-Router
ihre lokalen Tabellen entsprechend ergänzen können. Das Ziel ist, dass
alle Router im VRRP-Cluster denselben Inhalt in ihren Firewall- und NAT-
Tabellen haben.

Falls für die Synchronisation ein eigenes Netzsegment zur Verfügung steht,
umso besser. Denn der Abgleich zwischen den Routern muss in Echtzeit
passieren. Eine zehn Sekunden alte Firewalltabelle hilft nicht viel bei Verbindungen, die innerhalb der letzten neun Sekunden abgebaut wurden.

Am Beispiel von Router RT-2 spendieren wir dem VRRP-Setup eine Sync-
Gruppe mit dem unscheinbaren Namen *CG-1*:

```
set interfaces ethernet eth0 vrrp vrrp-group 1 sync-group CG-1
set interfaces ethernet eth1 vrrp vrrp-group 7 sync-group CG-1
set service conntrack-sync failover-mechanism vrrp sync-group CG-1
set service conntrack-sync interface eth2
set service conntrack-sync mcast-group 239.22.6.1
```

Der Austausch von Tabelleninhalten passiert über das Interface *eth2*, welches eine direkte, aber unabhängige Verbindung zwischen RT-1 und RT-2
darstellt. Die Multicast-Adresse ist beliebig. Der Bereich für administrative
Zwecke ohne vorherige Registrierung ist 239.0.0.0/8 und daraus stammt
die willkürlich gewählte 239.22.6.1.

Zur Kontrolle: Mit show vrrp ist die Spalte *Sync Group* nun mit der eben
konfigurierten Gruppe belegt.

```
vyos@RT-2:~$ show vrrp
```

Interface	Group	State	RFC Compliant	Addr Owner	Last Transition	Sync Group
eth0	1	MASTER	no	no	5m4s	CG-1
eth1	7	MASTER	no	no	5m4s	CG-1

Jetzt lernen die VRRP-Router gegenseitig ihre Tabelleninhalte. Für VRRP
würde es ausreichen, wenn nur der Backup-Router vom Master lernt, aber

Sync-Gruppen sind universell einsetzbar, sodass eine Limitierung der Richtung nicht vorgesehen ist.

VyOS unterscheidet zwischen eigenen Verbindungen und fremden Verbindungen. Fremde Verbindungen stehen im externen Cache und wurden anhand der Sync-Gruppe erlernt. Die eigenen Verbindungen stehen im internen Cache.

Folglich wandert der Inhalt vom internen Cache von RT-1 in den externen Cache von RT-2 und umgekehrt. Der Datentransfer aus dem Beispiel von CL-1 (10.1.1.25) zu CL-2 (10.2.1.25) läuft im Normalfall durch RT-2 und steht dort im internen Cache:

```
vyos@RT-2:~$ show conntrack-sync internal-cache|match 10.1.1.25
|10.1.1.25|:40455         |10.2.1.25|:80           tcp [6]
```

Kurz nach Verbindungsaufbau lernt RT-1 diese Information und listet sie in seinem externen Cache:

```
vyos@RT-1:~$ show conntrack-sync external-cache|match 10.1.1.25
|10.1.1.25|:40455         |10.2.1.25|:80           tcp [6]
```

Wenn jetzt wieder ein unerwartetes Ereignis den Master-Router RT-2 zur Strecke bringt, übernimmt RT-1 die VRRP-Rolle und das Routing der Verbindungen. Der Failover-Prozess dauert ein paar Sekunden, aber dann läuft der Datentransfer von CL-1 zur CL-2 weiter und steht im internen Cache von RT-1. Der Wechsel von externem zu internem Cache passiert, weil die Session nach dem Failover zu RT-1 gehört.

```
vyos@RT-1:~$ show conntrack-sync internal-cache|match 10.1.1.25
|10.1.1.25|:40458         |10.2.1.25|:80           tcp [6]
```

Best Practice

Asymmetrisches Routing

Wenn ein Paket auf dem Hinweg zum Server einen anderen Pfad nimmt als auf dem Rückweg, ist das Routing asymmetrisch. Theoretisch ist das kein Problem, aber in der Praxis verhindern zustandsorientierte Firewalls, NAT-Gateways oder IDS-Systeme eine erfolgreiche Verbindung.

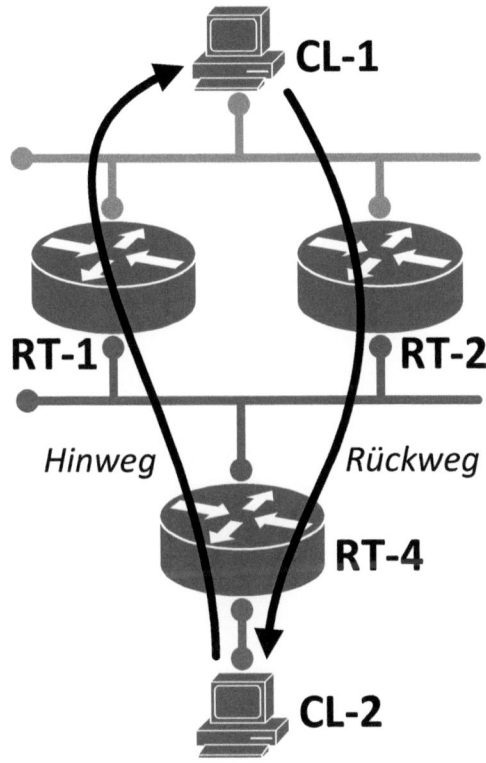

Abbildung 19.2: VRRP kann asymmetrisches Routing hervorrufen

Mit VRRP passiert sehr leicht ein asymmetrisches Routing. Diese Asymmetrie entsteht sogar im Labornetz, wenn RT-1 Master für die WAN-Seite ist und RT-2 Master für die LAN-Seite ist.

In Abbildung 19.2 sendet Client CL-1 Netzpakete an sein Defaultgateway, welches von RT-2 angenommen wird. Über RT-4 gelangt das Paket an sein Ziel CL-2. Der Weg zurück beginnt bei RT-4. Dieser Router sendet weiter an die VRRP-Adresse und wird von RT-1 beantwortet. RT-1 weiß von dieser Verbindung nichts, weil es das erste Paket gar nicht gesehen hat, welches über RT-2 geroutet wurde. Wenn RT-1 als „dummer" Router agiert, leitet er die Pakete weiter zu CL-1 und alles ist gut. Falls RT-1 aber *stateful* arbeitet, wird er alle unbekannten Pakete verwerfen. Dann verhindert asymmetrisches Routing die erfolgreiche Kommunikation von CL-1 und CL-2.

VyOS kann den VRRP-Routern eine Priorität mitgeben, sodass *ein* Router für alle VRRP-Gruppen Master wird. Damit ist und bleibt das Routing symmetrisch. Die Einrichtung von Prioritäten ist weiter unten beschrieben.

Schnelleres Failover

Andere Redundanzprotokolle für Gateway-Failover erreichen Umschaltzeiten von unter einer Sekunde. Das Intervall für die Keepalives liegt dann im Bereich von wenigen Hundert Millisekunden mit einem Timeout von einer knappen Sekunde.

Dieser Luxus ist bei VRRP nicht möglich. Die vorgegebene Dauer zwischen zwei Herzschlag-Paketen ist gleichzeitig der Minimalwert: eine Sekunde. Höhere Werte lassen sich konfigurieren, aber der Timeout ist stets die dreifache Dauer. Per Voreinstellung sind das etwa 3–4 Sekunden.

Ein flotteres Umschalten ist mit VRRP nicht machbar. Failover im Millisekundenbereich erreicht VyOS mit dem *cluster*–Kommando, das in Kapitel 20 untersucht wird.

Besondere Protokolle

Protokolle mit separater Datenverbindung brechen selbst bei Verwendung der Sync-Gruppe ab. Denn Router können die zusätzliche Verbindung, wie sie bei FTP, SIP oder NFS Teil des Konzepts ist, nicht als solche erkennen. VyOS bietet selbst dafür Unterstützung und verwaltet diese Verbindungen in der erweiterten Tabelle *expect*. Allerdings müssen die Protokolle erst für den Tabellenabgleich aktiviert werden. Der Befehl

```
set service conntrack-sync expect-sync all
```

nimmt alle verfügbaren Protokolle in die Synchronisation auf. Unterstützt werden FTP, H.323, NFS, SIP und SQLnet.

Wahl zum Master

Grundsätzlich gewinnt der VRRP-Router mit der höchsten Priorität. Wenn beide Kandidaten die voreingestellte Priorität von 100 haben, gewinnt der Router mit der größeren IP-Adresse. Aus diesem Grund wird auch stets RT-2 der Master, weil seine IPv4 10.1.1.2 numerisch größer ist, als die von seinem

Gegenkandidaten RT-1 mit 10.1.1.1. Auf der WAN-Seite ist das genauso. Wenn RT-1 der bevorzugte Router sein soll, weil beispielsweise die Hardware leistungsstärker oder neuer ist, kann in RT-1 mit

```
set interfaces ethernet set eth0 vrrp vrrp-group 1 priority 200
```

die Wahl ganz schnell manipuliert werden. Als Folge schwenkt die Master-rolle von RT-2 zu RT-1.

Lastverteilung

Bei VRRP ist immer nur *ein* Router der aktive Master. Eine Verteilung der Netzlast auf mehrere Geräte ist im Protokoll mit Tricks möglich.

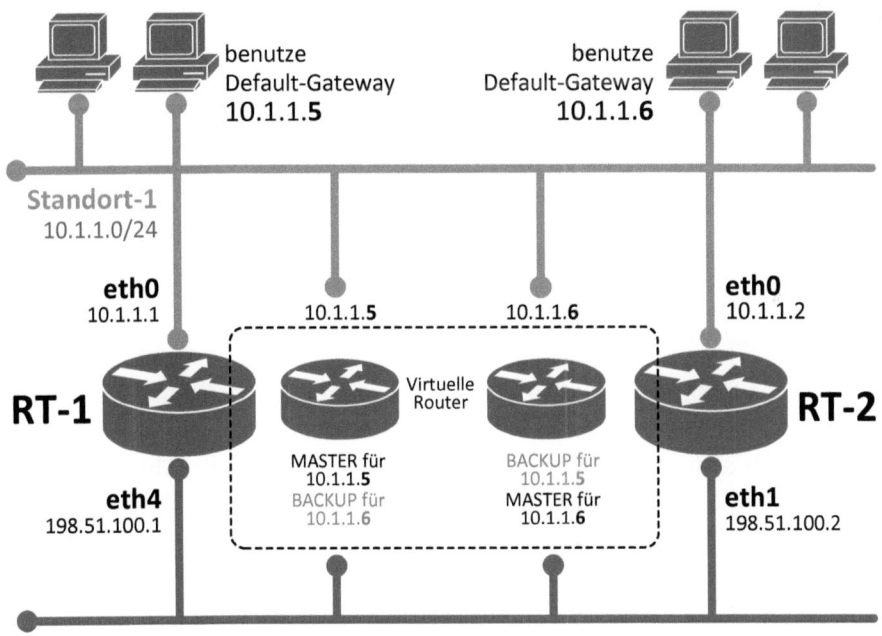

Abbildung 19.3: Lastverteilung mit VRRP

Für eine „Lastverteilung des kleinen Mannes" (Abbildung 19.3) bekommen die Router eine weitere VRRP-Gruppe pro Interface. In dieser neuen Gruppe ist genau der Router Master, der in der ersten Gruppe Backup ist.

Dem obigen Beispiel folgend ist RT-1 Master und RT-2 Backup der VRRP-Gruppe 1. In der neuen VRRP-Gruppe 2 ist RT-1 Backup und RT-2 der Master. Während Gruppe 1 die IPv4-Adresse 10.1.1.5 bedient, könnte Gruppe zwei zur Adresse 10.1.1.6 gehören. Der Trick besteht darin, dass die Hälfte der Clients in diesem Netzsegment ihr Standardgateway auf 10.1.1.5 stellen und die andere Hälfte 10.1.1.6 als Gateway nutzen.

Ob ein Router Master oder Backup wird, liegt an seiner Priorität, die über Konfigurationsbefehle voreingestellt wird. Der Ausgangswert ist 100. Die folgenden Kommandos auf RT-1 machen ihn zum Master für Gruppe 1 und zum Backup von Gruppe 2:

```
edit interfaces ethernet
set eth0 vrrp vrrp-group 1 priority 120
set eth0 vrrp vrrp-group 1 virtual-address 10.1.1.5
set eth0 vrrp vrrp-group 2 priority 70
set eth0 vrrp vrrp-group 2 virtual-address 10.1.1.6
```

Genau andersherum wird RT-2 der Backup-Router für Gruppe 1 und der Master von Gruppe 2:

```
edit interfaces ethernet
set eth0 vrrp vrrp-group 1 priority 70
set eth0 vrrp vrrp-group 1 virtual-address 10.1.1.5
set eth0 vrrp vrrp-group 2 priority 120
set eth0 vrrp vrrp-group 2 virtual-address 10.1.1.6
```

Die genauen Zahlen für die Priorität sind nicht entscheidend. Hauptsache ein Router hat einen höheren Wert als der andere.

Damit teilen sich beide Router die Netzlast. Der Anteil jedes Routers ist nicht kontrollierbar: Im besten Fall arbeitet jeder Router genau 50% der Pakete ab, im ungünstigsten Fall erhält RT-1 über 99% aller Verbindungen und RT-2 langweilt sich mit dem verbleibenden Prozent.

Eine echte Lastverteilung über mehrere Leitungen benutzt andere VyOS-Features und beginnt in Kapitel 27.

Sicherheit

In einer VRRP-Gruppe ist jeder Router willkommen. Ein unbekannter neuer Router mit höchster Priorität wird also ohne weitere Prüfung der Gruppenmeister. Ein Angreifer mit VRRP im Gepäck erhält folglich ungefragt allen Netzverkehr zur Durchsicht und Weiterleitung.

So einfach darf es ein Angreifer nicht haben. Daher kommt eine effektive Sicherheitsvorkehrung von VRRP ins Spiel: Authentifizierung. Alle vertrauenswürdigen Teilnehmer einer VRRP-Gruppe erhalten ein Kennwort. Mit diesem Kennwort wird das VRRP-Paket um einen *Authentication Header* (AH) ergänzt, der aus der Protokollfamilie IPsec stammt. Alle Teilnehmer müssen jetzt die Vertrauenswürdigkeit der VRRP-Keepalives überprüfen. VyOS macht die Konfiguration dieses kryptografisch spannenden Vorhabens denkbar einfach. Denn außer einem Passwort und dem Hinweis auf AH wird nichts weiter benötigt.

```
edit interfaces ethernet eth0 vrrp vrrp-group 1
set authentication password YOGHURT
set authentication type ah
```

Das Passwort und der Authentifizierungstyp müssen auf allen Routern einer VRRP-Gruppe identisch sein. Nach dem folgenden `commit` sendet der Router bereits authentifizierte Pakete und erwartet ebenfalls authentifizierte Pakete. Sobald im Authentication Header etwas nicht stimmt, *muss* der Router das fragwürdige Paket verwerfen.

Während der Umstellung auf Authentifizierung bzw. während einer Passwortänderung, kann es zu ungewollten Statusänderungen und zu Unterbrechungen für die Netzteilnehmer kommen. Außer natürlich, die Änderung passiert auf allen Routern einer Gruppe zur selben Zeit, z. B. mithilfe des Task-Schedulers aus Kapitel 33.

Kompatibilität

Die verwendete Version von VRRP basiert auf RFC 3768. Allerdings weicht die Implementierung von VyOS im Detail von diesem RFC ab. Wenn nur VyOS-Router mitspielen, macht das keinen Unterschied, da alle Teilnehmer dieselbe Implementierung haben. Sobald sich Router anderer Hersteller beimischen, muss auf Kompatibilität geachtet werden. Mit dem Konfigurationsbefehl

```
set interfaces ethernet eth0 vrrp vrrp-group 1 rfc3768-compatibility
```

kann VyOS schnell überzeugt werden, ein akzentfreies VRRP nach RFC 3768 zu sprechen. Ob in der Praxis ein gemischtes VRRP-Cluster mit den Routern von Cisco möglich ist, untersucht Kapitel 22.

IP Version 6

VyOS benutzt die VRRP Version 2, welche ausschließlich für IPv4 konzipiert ist. Die Unterstützung für IPv6 kam sechs Jahre später und hat noch nicht seinen Weg in den Programmcode von VyOS gefunden.
Schlimmer noch: Sobald VyOS VRRP-Pakete der neueren Version 3 empfängt, wird jedes Keepalive mit drei Logzeilen gewürdigt:

```
Jun 21 12:20:01 RT-8 Keepalived_vrrp: invalid version. 3 and expect 2
Jun 21 12:20:01 RT-8 Keepalived_vrrp: bogus VRRP packet received on eth0
Jun 21 12:20:01 RT-8 Keepalived_vrrp: VRRP_Instance(vyatta-eth0) Dropping
```

EdgeOS

Im Umfeld von VRRP ist EdgeOS deutlich weiter, denn die IPv6-kompatible Version 3 ist bereits mit von der Partie.
Zurück bei VRRPv2 und IPv4 ist das Zusammenspiel von VyOS und EdgeOS kein Problem, da beide auf derselben Software *Keepalived* basieren. Auch mit der Authentifizierung über IPsec einigen sich beide Router auf ihre Rolle als Master oder Backup.

Leider fehlt bei den EdgeMAX-Routern die Synchronisation der Sessiontabelle. Ein transparentes Failover ist damit nicht möglich. EdgeOS bietet zwar die lokale Sync-Gruppe, aber nicht die Synchronisation der Verbindungsdaten.
Zum besseren Verständnis ist die Abgrenzung dieser Techniken hilfreich: Die Sync-Gruppe sorgt nur dafür, dass sich alle lokalen Interfaces mit VRRP-Fähigkeit gleich verhalten. Fällt *ein* Interface dieses Routers aus, stellt sich

VRRP tot um ein Failover zum Backup-Router zu beginnen. Damit sind alle Interfaces synchron.

Der Zusatz *conntrack-sync* für eine Sync-Gruppe erweitert die Funktionalität um den Abgleich der Sessiontabellen *zwischen* mehreren Routern. Und genau dieses Zusatzpaket zur Tabellensynchronisation fehlt im EdgeOS.

Technischer Hintergrund

VyOS setzt auf die Linuxsoftware *Keepalived* [19] um VRRP anzubieten. Die Entwickler von Keepalived beschäftigen sich seit dem Jahr 2000 mit der Implementierung von VRRP. VyOS nutzt die Keepalived-Version 1.2.2 die sich auf VRRP Version 2 (RFC 3768) beschränkt und damit nur IPv4 beherrscht.

EdgeOS bedient sich ebenfalls bei Keepalived, aber hier ist schon Version 1.2.19 im Einsatz, die VRRP Version 3 (RFC 5798) bietet. Diese Version beschäftigt sich mit IPv6 und damit ist EdgeOS im Bereich VRRP bereits „IPv6-ready".

Um die Synchronisation der Verbindungsdaten kümmert sich der Linux-dienst *conntrackd*, der aus der *netfilter*-Welt stammt. *conntrackd* beobachtet den lokalen Cache auf Sessioninformationen und informiert seine Partner bei Änderungen. Die Unterscheidung nach internem und externem Cache kommt übrigens von conntrackd.

Kapitel 20

Cluster

Mit zwei Routern wird VyOS zum Hochverfügbarkeitscluster. Beide Router erfüllen dieselbe Aufgabe, z.B. Standardgateway für die Clients. Ein Router übernimmt die Arbeit und der zweite passt auf, ob der Erste noch tätig ist. Im Fehlerfall übernimmt er die Aufgaben und kein Anwender bemerkt den Ausfall.
Das Ziel ist eine Steigerung der Verfügbarkeit von Diensten oder Netzwerkpfaden.

Die Cluster-Funktion hat alle Fähigkeiten, die auch das *Virtual Router Redundancy Protocol* aus Kapitel 19 bietet. Und noch mehr, denn *Cluster* kümmert sich um die vielen Einschränkungen von VRRP und gibt dem Administrator mehr Flexibilität beim Netzdesign.

In der VyOS-Konfiguration heißt das Feature zur Verfügbarkeitssteigerung schlicht *Cluster*. Leider benutzen viele Netzprotokolle den Begriff *Cluster* mit ähnlicher Bedeutung. Für die weitere Beschreibung benutzen wir *HA-Cluster* für diese Disziplin.

Labor

Der Laboraufbau ist identisch wie in Kapitel 19 auf Seite 218, welches VRRP untersucht: RT-1 und RT-2 bilden das Gatewaycluster für Standort-1 und für WAN-1. Getestet werden das Cluster und sein Verhalten mit Datenverbindungen von CL-1 zu CL-2. Die Router erhalten dieselbe Konfiguration mit Ausnahme von VRRP-bezogenen Befehlen.

HA-Cluster

Das Ziel von HA-Cluster ist dasselbe wie von VRRP, aber die Kommandos sind unterschiedlich. HA-Cluster arbeiten ohne Prioritäten, sodass in der Konfiguration bereits der primäre und sekundäre Router vorbestimmt werden.

```
set cluster group CG-1 primary RT-1
set cluster group CG-1 secondary RT-2
```

Bei der Angabe der Hostnamen ist die korrekte Schreibweise wichtig. Die virtuelle IPv4-Adresse gehört ebenfalls zur Clustergruppe und wird als Triplett aus Adresse, Präfix und Interface angegeben.

```
set cluster group CG-1 service 10.1.1.5/24/eth0
set cluster group CG-1 service 198.51.100.12/24/eth4
```

HA-Cluster sendet die Keepalives an eine beliebige Multicast-Adresse in einem eigenen Netzsegment. Auch hier ist der Bereich 239.0.0.0/8 für administrative Zwecke ohne vorherige Registrierung die Quelle der Beispieladresse 239.22.6.1

```
set cluster interface eth2
set cluster keepalive-interval 1000
set cluster mcast-group 239.22.6.1
set cluster pre-shared-secret YOGHURT
```

Interessanterweise ist die Angabe vom `pre-shared-secret` zwingend: HA-Cluster arbeitet nicht ohne Sicherheit. Allerdings handelt es sich dabei nicht um Verschlüsselung, sondern nur um Authentifizierung.

Damit ist die Einrichtung von HA-Cluster auf RT-1 abgeschlossen. Bei RT-2 läuft es genauso ab, nur die Namen der Schnittstellen sind unterschiedlich.

Im Normalzustand sind beide Router Mitglied der HA-Gruppe, wobei RT-1 der primäre Arbeiter ist und RT-2 sein untätiger Stellvertreter. Zur Kontrolle bietet VyOS nur ein einziges Kommando:

```
vyos@RT-1:~$ show cluster status
=== Status report on primary node RT-1 ===

  Primary RT-1 (this node): Active

  Secondary RT-2: Active (standby)

  Resources [10.1.1.5/24/eth0]:
    Active on primary RT-1 (this node)

vyos@RT-2:~$ show cluster status
=== Status report on secondary node RT-2 ===

  Primary RT-1: Active

  Secondary RT-2 (this node): Active (standby)

  Resources [10.1.1.5/24/eth0]:
    Active on primary RT-1
```

Monitor-IP

Wenn die WAN-Verbindung vom primären Router unterbrochen ist, beginnt
kein Failover zum Standby-Router. Warum auch? Die Teilnehmer empfangen
gegenseitig ihre Keepalives und die Welt ist in Ordnung.
Die Möglichkeit der Monitor-IP ist ein ausgezeichnetes Feature von HA-
Cluster. Denn die Verfügbarkeit dieser Monitor-IP kann ein Failover starten,
auch wenn im LAN alles in Butter ist.
Und die Einrichtung ist echt nicht knifflig:

```
set cluster group CG-1 monitor 203.0.113.41
set cluster monitor-dead-interval 3000
```

Damit überwacht RT-1 die angegebene IPv4-Adresse mittels ping und reagiert nach dem Timeout von 3000 ms, wenn sie nicht erreichbar ist.
Damit die Adresse auch tatsächlich beantwortet wird, erhält Router RT-4
ein zusätzliches Interface, um die Anfragen von RT-1 zu beantworten.

```
set interfaces dummy dum1 address 203.0.113.41/32
```

Das macht auch die Failovertests einfach, denn sobald das Interface *dum1*
auf RT-4 gelöscht wird, reagiert RT-1 mit Failover.

235

Zustandstabelle

Alle Teilnehmer des HA-Clusters müssen ihre Sessiontabellen synchron halten. Denn nur wenn der sekundäre Router die Verbindungsdaten des Primären kennt, kann er sie nach einer Übernahme auch bedienen.
Unter VyOS passiert diese Synchronisierung über eine Clustergruppe, die auf beiden Routern eingerichtet wird.

```
set service conntrack-sync failover-mechanism cluster group CG-1
set service conntrack-sync interface eth2
```

Nach einem commit beginnen beide Router damit, Änderungen in ihren lokalen Sessiontabellen in ein IPv4-Paket zu verpacken und es an eine Multicastadresse zu verschicken. Genauso wie die Adresse fürs Heartbeat ist die Multicastgruppe frei wählbar. Ohne Angabe entscheidet sich VyOS für 225.0.0.50.
Mit dem Austausch der Sessioninformationen berichten die beiden Mitglieder der Clustergruppe gegenseitig über ihre Verbindungstabellen.

Im Hintergrund sendet VyOS regelmäßig Multicast-Pakete als Lebenszeichen und weitere Multicast-Pakete zur Synchronisation der Tabellen. Inhaltlich lassen sich diese beiden Pakettypen nicht zusammenfassen, da es sich um unterschiedliche Protokolle handelt. Zusätzlich werden die Lebenszeichen zu festen Intervallen gesendet, während die Tabelleninhalte bei Bedarf versendet werden.

Wenn CL-1 einen HTTP-Download von CL-2 startet, registriert der primäre Router im HA-Cluster die neue Verbindung und leitet diese Information an seinen Partner im Cluster weiter.

```
vyos@RT-1:~$ show conntrack-sync internal-cache | match 10.1.1.25
|10.1.1.25|:34265            |10.2.1.25|:80                 tcp [6]

vyos@RT-2:~$ show conntrack-sync external-cache | match 10.1.1.25
|10.1.1.25|:34265            |10.2.1.25|:80                 tcp [6]
```

Mehrere Webzugriffe vom selben Client lassen sich zuverlässig durch den Quellport (hier 34265) unterscheiden.

Ausfall

Ein Failover von RT-1 zu seinem Assistenten RT-2 erfolgt bei HA-Cluster durch mehrere Auslöser: Wenn RT-1 keine Lebenszeichen mehr sendet, ist natürlich ein Umschwenken auf RT-2 unerlässlich. Zusätzlich dazu kann der ping-Check ein Failover beginnen.

Beide Ereignisse führen zum selben Ergebnis. Der plötzliche Tod von RT-1 kann zur Unterbrechung von Clientverbindungen führen, wenn der letzte Sync der Sessiontabellen zu lange zurückliegt. Bei einem *graceful*–Failover, den der ping-Test antriggert, gibt RT-1 alle Verbindungsdaten an seinen Nachfolger, bevor dieser unterbrechungsfrei die Arbeit aufnimmt.

```
vyos@RT-2:~$ show cluster status
=== Status report on secondary node RT-2 ===

  Primary RT-1: Down

  Secondary RT-2 (this node): Active

  Monitor 203.0.113.42: Reachable

  Resources [10.1.1.5/24/eth0 198.51.100.12/24/eth1]:
    Active on secondary RT-2 (this node)
```

Abgrenzung zu VRRP

Die Ähnlichkeiten mit VRRP sind unübersehbar, aber im Detail bietet HA-Cluster mehr Goodies. Die wichtigsten Unterschiede sind in Tabelle 20.1 aufgeführt.

HA-Cluster gibt sehr großzügige Möglichkeiten für die Wahl des Keepalive- und Dead-Intervalls. Das Minimum für beide Werte ist eine Millisekunde, wobei das Dead-Timeout um den Faktor 3–4 größer sein sollte als das Keepalive-Intervall. VRRP dagegen beginnt bei einer Sekunde mit einem unveränderbaren Timeout.

Mit diesen geringen Intervallen von HA-Cluster lässt sich ein Umschaltverhalten von unter einer Sekunde realisieren. Wenn die Netzverbindung zuverlässig und breitbandig genug ist, erreichen Keepalives im Abstand von 250 ms und ein Timeout von 800 ms genau dieses *Sub-Second–Failover*.

Kategorie	VRRP	HA-Cluster
Intervall	1–255 Sekunden	1–4294967295 ms
Timeout	3x Intervall	1–29999 ms
MAC-Adresse	00-00-5E-00-01-*VRID*	Adresse des Netzadapters
Failover	MAC unverändert	gratutious ARP
Maximale Anzahl Router	unbegrenzt	2
Wahl zum Master	über Prioritäten	vorkonfiguriert
Monitor-IP	nein	ja, mehrere möglich
Keepalives	Multicast an feste IP	Multicast an beliebige IP
Synchronisation der Tabellen	conntrack-sync	conntrack-sync
Authentifizierung	ja, optional	ja, zwingend
Basiert auf	keepalived [19]	heartbeat [20]
Standard	RFC 3768	kein Standard
IPv6	nicht implementiert	nicht implementiert
EdgeOS	kompatibel	nicht vorhanden

Tabelle 20.1: Unterschiede zwischen VRRP und HA-Cluster

Wenn sich ein ausgefallener Router mit einer höheren Priorität wieder zurückmeldet, wird er bei VRRP schnell wieder der Master. Das ist bei anderen Redundanzprotokollen genau umgekehrt: Bei HA-Cluster und auch bei Ciscos HSRP bleibt der bisherige Router der Master, auch wenn er eine geringere Priorität hat.

Ob nach einem Ausfall der ursprüngliche Router wieder Chef wird, bestimmt das *preempt*–Verhalten. Bei VRRP ist Preempt voreingestellt und bei HA-Cluster ist Preempt inaktiv. Natürlich lässt sich auch bei HA-Cluster mit

```
set cluster group CG-1 auto-failback true
```

die Preempt-Funktion aktivieren.

Die Software *keepalived*, die VyOS für seine VRRP-Funktion nutzt, kann den Status der VRRP-Gruppe durch eine *Monitor-IP* regelmäßig prüfen. Leider nutzt VyOS dieses schicke Feature nicht, sodass ein VRRP-Failover nur dann passiert, wenn der Backup-Router keine Lebenszeichen mehr vom Master erhält.

Mit dem HA-Cluster ist die Monitor-IP fester Teil vom Programm. Die beispielhafte IP-Adresse wird kontinuierlich angepingt. Sobald sie nicht mehr erreichbar ist, gibt der Cluster-Master seine Dienste ab und beginnt ein Failover zum sekundären Router.

Und nun kommen die Nachteile – der größte zuerst: HA-Cluster basiert *nicht* auf einem RFC. Also funktioniert HA-Cluster nur zwischen VyOS-Routern. Ein Zusammenspiel mit Routern von Cisco, Juniper oder Ubiquiti wird nicht funktionieren.

Je nach Einsatzzweck auch sehr unangenehm: HA-Cluster erlaubt maximal zwei Teilnehmer. Mehrere Backup-Router, wie bei VRRP, sind nicht möglich.

Weitere Unterschiede liegen nur noch im Detail. VRRP nutzt eine feste MAC-Adresse, die während eines Failovers vom Master zu Backup wandert. Bei HA-Cluster haben beide Router die normale MAC-Adresse der Netzwerkkarte und informieren die anderen Netzteilnehmer während des Failovers per *gratutious ARP*, dass sich die MAC-Adresse geändert hat.

Technischer Hintergrund

VyOS setzt auf *heartbeat* [20] als Motor des HA-Clusters. *heartbeat* ist seit 1999 im Bereich der Hochverfügbarkeit dabei und sehr verbreitet in der Linux-Welt.

Die verwendete *heartbeat*–Version 3.0.2 ist zwar recht aktuell, aber VyOS benutzt nur die älteren Komponenten: *haresources* als Ressourcenmanager und *heartbeat* als Kommunikationsmanager. Um die moderneren, aber auch komplexeren Pakete Corosync und Pacemaker macht VyOS einen Bogen, um die fundamentalste Regel der Hochverfügbarkeit nicht zu verletzen: Keep it Simple!

Um den Austausch der Verbindungstabellen kümmert sich, wie auch bei VRRP (vgl. Kap. 19), der gute alte *conntrackd*. Das Prinzip ist absolut dasselbe, denn ob irgendwo im Userspace ein paar *heartbeat*-Prozesse laufen (HA-Cluster) oder ein *keepalived* (VRRP), ist ihm egal. *conntrackd* guckt in die Verbindungstabelle und meldet sich bei Änderungen.

IP Version 6

Kurz und schmerzlos: Das implementierte HA-Cluster ist nicht bereit für IPv6. VyOS scheitert beim commit, wenn bei der Clustergruppe ein Triplett aus IPv6-Adresse, Präfix und Interface angegeben wird. Das Kommando

```
set cluster group CG-1 service fd00:1::5/64/eth0
```

wird zwar scheinbar angenommen, aber bei der notwendigen Bestätigung kommt das böse Erwachen.

Das darunterliegende *haresources* als Cluster-Ressourcenmanager (CRM) hat seine Stabilität und sein Entwicklungsende bereits vor dem allgemeinen IPv6–Hype erreicht.

Es ist zu hoffen, dass zukünftige Versionen von VyOS auf einen moderneren CRM setzen, wie z. B. Pacemaker, der keine Scheu vor IPv6-Adressen hat.

EdgeOS

Beim HA-Cluster enttäuscht EdgeOS, denn das Feature ist schlichtweg nicht vorhanden. Wie in Abschnitt *Geschichte* auf Seite 20 beschrieben, begann EdgeOS als eine Abspaltung von Vyatta 6.3. Und diese Version hatte bereits eine stabile Unterstützung für HA-Cluster. Warum Ubiquiti die Funktion entfernen ließ, ist nicht eindeutig bekannt. Hinweise in den Foren deuten darauf hin, dass es einfach aus Platzgründen rausprogrammiert wurde.

Kapitel 21

NetFlow

Router sind fleißig, aber schweigsam. Ihrem Besitzer geben sie einen Einblick in die Statistik der Netzadapter. Mehr als übermittelte Bytes und verworfene Pakete verrät diese Ansicht allerdings nicht.

Ein Router wird deutlich redseliger, wenn das Zauberwort *NetFlow* fällt. Damit wird VyOS zur Quasselstrippe: Jeder übermittelte IP-Datenstrom wird sofort protokolliert und diese Information per UDP an einen NetFlow-Kollektor gesendet.

Der Kollektor sammelt alle Werte von den Routern und hat damit eine ausgezeichnete Informationsquelle für Statistiken, Analysen oder Kapazitätsplanungen.

Inhalt eines Flows

In einem NetFlow-Paket sind die Steckbriefe mehrerer Datenströme. Jeder Datensatz gibt genaue Information über die IP-Verbindung. Bei der gängigen NetFlow-Version 5 enthält jeder Flow:

- Quell- und Ziel-IPv4-Adressen

- Quell- und Ziel-Ports (bei TCP oder UDP)

- Anzahl der übermittelten Bytes und Pakete

- Beginn und Ende der Verbindung

- Eingehendes und ausgehendes Interface des Routers

- QoS-Informationen

- Autonomes System (wenn BGP-Router)

- TCP-Flags

- IP-Protokoll (TCP, UDP, ICMP)

Der Router erhebt diesen Datensatz für jede Verbindung. Dabei ist es egal, ob es sich um eine kurzlebige DNS-Anfrage von 200 Bytes oder ein größerer Download von 750 Megabytes handelt – alles wird notiert, verpackt und an den Kollektor verschickt.

NetFlow basiert auf dem verbindungslosen UDP-Protokoll, also wird der Router nicht böse oder blockiert, wenn der Kollektor seine Pakete nicht annimmt. Gleichzeitig gibt es kein Feedback, wenn diese Pakete verloren gehen.

Labor

Als professionelles Router-Betriebssystem hat VyOS einen Exporter für NetFlow unter der Haube. NetFlow lässt sich nicht einfach anschalten. Die Einrichtung dreht sich um drei zentrale Fragen: An welchen lokalen Interfaces soll der Verkehr protokolliert werden? Wohin werden die Daten gesendet? Und welche NetFlow-Version erwartet der Empfänger?
Für ein erstes Beispiel ist der Router RT-1 bereit, die Flows von seinem Interface *eth0* an den Laborserver 10.4.1.7 per NetFlow in der Version 5 zu berichten. Nach der Konfiguration von

```
set system flow-accounting interface eth0
set system flow-accounting netflow server 10.4.1.7
set system flow-accounting netflow version 5
```

passiert erst mal nichts. Denn solange kein Verkehr durch den Router fließt, kann er auch nichts erzählen.
Traffic erzeugen ist nicht das Problem: Ein paar Webzugriffe von Client CL-1 und RT-1 informiert seinen Kollektor über die Aktivitäten seiner Klienten.

Viel Traffic erzeugt viele NetFlow-Pakete. Wenn es überhandnimmt, lässt sich der Mitteilungsdrang der Router mit der Samplingrate reduzieren. Dann wird nur noch jedes N-te Paket untersucht; also gehen Details verloren.

```
set system flow-accounting netflow sampling-rate 10
```

Mit einer Samplingrate von 10 prüft VyOS nur noch jedes zehnte Paket. Der NetFlow-Kollektor muss die Samplingrate kennen und vergrößert die gemessenen Bandbreiten um den Faktor 10. Folglich ist die Gesamtzahl zwar etwas ungenau, aber die Netzlast durch NetFlow reduziert sich auf ein Zehntel.

Damit ist die Einrichtung auf Router-Seite bereits abgeschlossen. Das Herz einer NetFlow-Installation liegt im Kollektor, der mit der Fülle an Informationen sinnvoll umgehen muss.

Kollektor

Der NetFlow-Kollektor ist eine Software, die NetFlow-Pakete empfängt, versteht und die enthaltenen Informationen irgendwo ablegt. Damit verbunden ist fast immer ein NetFlow-Analyser, der aus den Verbindungsdaten wichtige Schlüsse zieht.
Für die Laborumgebung reicht eine schlanke Linux-Software, die den Empfang der Flow-Pakete beherrscht und auf der lokalen Festplatte ablegt.
Am Beispiel von *NFDUMP* [21] erhält der Labserver eine Software mit Kollektorfunktion für NetFlow und sFlow. Für das Betriebssystem CentOS 7 gibt es sogar ein fertiges Paket, sodass die Installation mit minimalem Aufwand abläuft:

```
yum install epel-release
yum install nfdump
```

Das Paket kommt ohne Startskript, also ist Fleißarbeit auf der Kommandozeile gefordert.

```
mkdir -p /var/{netflow,sflow}
/usr/bin/nfcapd -D -4 -p 2055 -S 0 -l /var/netflow  2>/dev/null
/usr/bin/sfcapd -D -4 -p 6343 -S 0 -l /var/sflow    2>/dev/null
```

Die Kommandos legen unterschiedliche Verzeichnisse für NetFlow und sFlow unter /var an und starten die beiden Dienste. Diese verschwinden sofort in den Hintergrund (-D) und lauschen auf der lokalen IPv4-Adresse (-4) auf den üblichen UDP-Ports (-p). Neue eingehende Pakete werden erst mal im Speicher gehalten und nach maximal fünf Minuten auf die Festplatte geschrieben (-l). Jede Datei hat das Format

```
nfcapd.YYYYMMDDHHMM
```

und enthält Flowinformationen von exakt fünf Minuten. Einen Blick in die Binärdatei bietet das Kommando nfdump, welches dem Softwarepaket seinen Namen leiht. Mit verschiedenen Parametern lässt sich die Ausgabe verschönern, sortieren und zusammenfassen:

```
nfdump -r /var/netflow/nfcapd.201612162228 -o line -a -O bytes
```

Troubleshooting

Für die Fehlersuche und zur Freude der Statistiker führt VyOS auch auf dem lokalen Router genau Buch über die aktuellen IP-Ströme. Ein Blick in die Verbindungsliste zeigt alle Flows, die der eigene Router am angegebenen Interface übermittelt hat.

```
vyos@RT-1:~$ show flow-accounting
flow-accounting for [eth0]
Src Addr     Dst Addr         Sport Dport Proto   Packets     Bytes Flows
10.1.1.25    216.58.214.46    33542 443     tcp       428     27014     1
10.1.1.25    163.172.201.107  51582 443     tcp        36      4741     1
10.1.1.25    216.58.214.46    33546 443     tcp        43      3808     1
10.1.1.25    163.172.201.107  51585 443     tcp        23      3225     1
```

Dieses Flow-Accounting funktioniert auch ohne NetFlow in Netzen, die keinen eigenen Kollektor haben.
Eine sehr volle Tabelle lässt sich zu Beginn einer Fehlersuche kurzerhand leeren mit

```
clear flow-accounting counters
```

Nebeneffekte auf die Routingtabelle, Firewall oder den Durchsatz gibt es nicht.

sFlow

Der kleine Bruder von NetFlow ist sFlow. Das gilt für seine geringere Verbreitung, denn der Einsatzzweck und die Funktionalität sind gleichwertig. Die Entwickler von sFlow haben mit einem RFC begonnen, sodass alle Hersteller sFlow verwenden können und auch dürfen. Cisco, als Besitzer von NetFlow, hat darauf reagiert und drei Jahre später sein NetFlow in der Version 9 auch als RFC standardisiert.

Für VyOS ist dieser politische Unterschied egal und hat beide Standards zur Überwachung im Gepäck. Die Konfiguration unterscheidet sich nur durch das Schlüsselwort `sflow`, aber natürlich muss der Kollektor das völlig unterschiedliche Protokoll auch verstehen.

```
set system flow-accounting interface eth0
set system flow-accounting sflow server 10.4.1.7
```

Wenn der sFlow-Kollektor wie in Abschnitt *Kollektor* gestartet ist, sollte sich das Verzeichnis `/var/sflow/` mit Dateien füllen, die die Verkehrsinformationen enthalten. Die Auswertung funktioniert wie bei NetFlow mit dem Kommando `nfdump`.

Technischer Hintergrund

VyOS erfindet das Rad für die NetFlow-Unterstützung nicht neu, sondern bedient sich der Software *pmacct* [22]. Die Auswahl an kleinen NetFlow-Projekten in der Linux-Welt ist beachtlich, aber mit der Wahl von *pmacct* gewinnt VyOS die Kenntnis aller gängigen Versionen von NetFlow, sFlow und sogar das bisher unerwähnte IPFIX.

Unter dem Mantel von *pmacct* existieren mehrere Dienste, die auf unterschiedliche Weise an Verkehrsinformationen gelangen und über Plugins diese per NetFlow oder sFlow verarbeiten.

Als Firewall entscheidet sich VyOS für `iptables` als Quelle der Verkehrsinformationen. Eine weitere `iptables`–Regel sendet jedes erlaubte Paket zum ULOG-Ziel, welches einfach die Information über einen Socket an den Dienst `uacctd` der *pmacct*-Software weiterreicht. Die Regeln zum ULOG-Ziel verrät `iptables` nur über die Linux-Kommandozeile:

```
iptables -vL -t raw --line-numbers
```

Bei uacctd angekommen, werden die Infos in einem NetFlow-Paket gesammelt. Sobald das Paket voll ist, schickt es das NetFlow/sFlow–Plugin von uacctd auf die Reise übers Netzwerk zum Kollektor.

VyOS verwendet die ältere Version 0.14.1 aus dem Jahr 2012. Neuere Funktionen, wie GeoIP, MPLS, SQL oder BGP sind im aktuellen Release von *pmacct* bereits vorhanden und freuen sich auf den Einzug in VyOS.

IPv6

NetFlow in der Version 9 und sFlow sind durchaus in der Lage über IPv6-Verbindungen zu berichten. Leider läuft die Implementierung unter VyOS in eine Einschränkung, die IPv6 einen Strich durch die Rechnung macht. Trotz korrekter Konfiguration liefert VyOS IPv6-fähige Flow-Pakete, die aber nur IPv4-Verbindungen enthalten.

Warum bleibt IPv6 außen vor, wenn doch NetFlow, sFlow, Linux und der Flow-Agent *pmacct* alle tauglich für IPv6 sind? Die Erklärung dazu liegt in der Art und Weise, wie VyOS an die Verkehrsinformationen gelangt. Der eingesetzte Linux-Paketfilter *iptables* hat stets eine Regel, die jede Verbindung weder erlaubt, noch verbietet, sondern an das interne Ziel ULOG sendet. ULOG ist die Schnittstelle zwischen der Routing-Abteilung und dem Prozess zum Sammeln und Versenden der NetFlow-Daten. Und hier endet die Verarbeitung bei IPv6, denn ULOG ist ein reines IPv4-Produkt.

Wer auf IPv6 nicht verzichten möchte, kann die vorhandene Software über andere Methoden zu neuen Wirkungsgraden bringen. Der Weg führt über die Kommandozeile zum pmacct-Prozess und beginnt in Kapitel 26.

EdgeOS

Die Unterstützung für NetFlow und sFlow ist in EdgeOS weiter fortgeschritten als unter VyOS. Bei NetFlow reicht es sogar bis zur aktuellsten Version 10. Außerdem lassen sich unterschiedliche Flows zusammenfassen, bevor sie an den Kollektor gelangen.

Die neueren Funktionen sind möglich, weil unter der Haube bereits *pmacct* in der deutlich moderneren Version 1.5.0 brummt.

Kapitel 22

Kompatibilität mit Cisco IOS

Ein VyOS-Router spielt selten alleine im Netz. Beim gemischten Doppel mit Geräten anderer Hersteller, müssen alle Beteiligten eine gemeinsame Sprache sprechen. Diese Sprache ist üblicherweise durch einen IEEE-Standard oder *Request for Comment* (RFC) vorgeschrieben, sodass es keine Unstimmigkeiten geben kann.
Soweit die Theorie, denn in der Praxis gibt es unterschiedliche Protokollvarianten, aktualisierte RFCs und Implementierungsfehler. Je besser die Router zusammenarbeiten, desto besser wird das Netz funktionieren.

Es beginnt mit der Untersuchung, wie gut VyOS und ein Cisco IOS-Router bei der Gateway-Redundanz abschneiden. Welches Protokoll eignet sich und welche Features harmonisieren zwischen den Geräten?
Beim statischen Routing besteht keine Gefahr, dass die Router völlig inkompatibel sind, denn sie tauschen keine Statusinformationen aus. Beim dynamischen Routing müssen sich die Router erst auf gemeinsame Werte einigen, bevor das Match des Routen-Austauschens beginnt. OSPF darf hier seine Wirkung zeigen und unterschiedliche Hersteller vereinigen.

Kandidaten

Der untersuchte Cisco-Router ist ein *Cisco 2901* mit zwei integrierten Gigabit-Ethernet–Adaptern ohne weitere Module. Das Gerät arbeitet unter IOS 15.4(3) mit dem Technologiepaket *Security*.

Router	Hersteller	Modell	Software
RT-8	PC Engines	APU 1D4	VyOS 1.1.7
RT-9	Cisco	2901	IOS 15.4(3)M3
RT-5	Ubiquiti	EdgeRouter-X	EdgeOS 1.9.1

Tabelle 22.1: Die Specs der Router für den Kompatibilitätstest

Neben dem Cisco-Router nimmt auch ein EdgeMAX am Turnier teil. Dieser EdgeRouter wurde zwar bereits in vielen Kapiteln auf Verträglichkeit mit VyOS geprüft, aber er ist noch nie gegen einen Router von Cisco angetreten. Das Modell ist der bekannte *EdgeRouter-X* mit EdgeOS 1.9.1.

VyOS nimmt für dieses Kapitel auf einer physikalischen Hardware Platz. Damit sind alle Aspekte der Virtualisierung ausgeblendet, die sich später als Inkompatibilität einschleichen könnten. Das Modell ist ein *APU 1D4* des Anbieters PC-Engines [7]. Kapitel 2 beschreibt die Installation von VyOS auf dieser Plattform.

Tabelle 22.1 zeigt die teilnehmenden Routermodelle.

Laboraufbau

Das Spielfeld ist für die Untersuchung bewusst einfach gehalten; der Cisco-Router ersetzt kurzerhand Router RT-2 aus dem üblichen Laboraufbau. Das gemeinsame Netz von Standort-1 dient zum Testen von VRRP mit dem physikalischen VyOS-Router. Etwas abseits herrscht EdgeOS. Verbunden sind alle Router über die beiden WAN-Netze, in denen sich OSPF austoben kann. Die gemeinsamen Netzabschnitte zeigt Abbildung 22.1 und die verwendeten IP-Adressen listet Tabelle 22.2.

VRRP

Cisco Router haben zwar mehrere Protokolle für Gateway-Redundanz im Portfolio, aber der gemeinsame Nenner ist VRRP (vgl. Kap. 19), da es als Einziges herstellerunabhängig und in einem RFC festgeschrieben ist.

Alle drei Router bewerben sich um die Stelle des Standard-Gateways. Die Router konkurrieren im gemeinsamen Netzabschnitt 10.1.1.0/24 um die

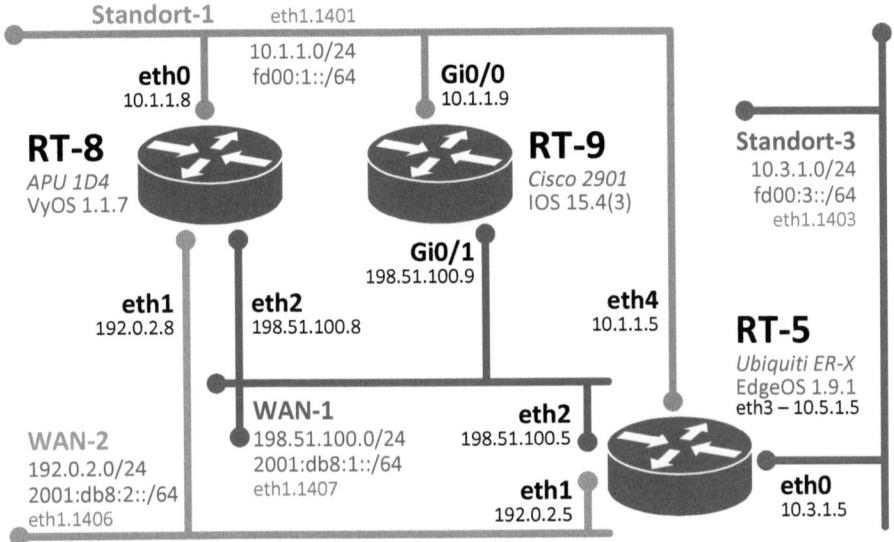

Abbildung 22.1: Laboraufbau für Untersuchungen zur Kompatibilität

Gunst der Clients, wie Abbildung 22.2 auf Seite 251 zeigt. Auf der Seite des Cisco-Routers reicht die Angabe von IPv4-Adresse, virtueller Gateway-adresse und Authentifizierungspasswort um die Konfiguration von VRRP zu beginnen.

```
interface GigabitEthernet0/0
 ip address 10.1.1.9 255.255.255.0
 ! 1 ist die Gruppennummer
 vrrp 1 ip 10.1.1.250
 vrrp 1 authentication SECRET
```

Denselben Effekt bewirken die Kommandos beim VRRP-Partner unter VyOS.

```
edit interfaces ethernet eth0
set address 10.1.1.8/24
set vrrp vrrp-group 1 virtual-address 10.1.1.250
set vrrp vrrp-group 1 authentication password SECRET
set vrrp vrrp-group 1 authentication type plaintext-password
```

Nun beginnt die Verhandlung der Master-Rolle und es gewinnt der Cisco-Router. Das hat nichts mit Marktanteil oder Popularität zu tun, sondern mit

Router	Interface	IPv4	IPv6
RT-8	eth0	10.1.1.8	fd00:1::8
	eth1	192.0.2.8	2001:db8:2::8
	eth2	198.51.100.8	2001:db8:1::8
RT-9	Gi0/0	10.1.1.9	fd00:1::9
	Gi0/1	198.51.100.9	2001:db8:1::9
RT-5	eth0	10.3.1.5	fd00:3::5
	eth1	192.0.2.5	2001:db8:2::5
	eth2	198.51.100.5	2001:db8:1::5
	eth4	10.1.1.5	fd00:1::5

Tabelle 22.2: Alle Router mit Interfaces und IPv4/IPv6-Adressen

den gewählten Einstellungen. Ohne die Angabe einer Priorität gewinnt der Router mit der numerisch größeren IPv4-Adresse, und das ist die 10.1.1.9 vom Interface Gi0/0 des IOS-Routers.

Damit sind die Fronten geklärt und VRRP geht ins Tagesgeschäft über. Im normalen Betrieb ist die VRRP-Kommunikation erstaunlich stabil, denn ohne einen physikalischen Ausfall protzen die Geräte mit ihrer Uptime, die unter *Last Transition* vermerkt ist.

```
vyos@RT-8:~$ show vrrp
                             RFC        Addr   Last        Sync
Interface    Group  State   Compliant  Owner  Transition  Group
---------    -----  -----   ---------  -----  ----------  -----
eth0         1      BACKUP  no         no     19w2d2h6m38s <none>
```

Wenns dann zu einem Failover kommt, geschieht dies innerhalb von ca. 4 Sekunden. Dieses Ergebnis ist realistisch, denn der Backup-Router beginnt seine Arbeit als Gateway erst, wenn er drei Hello-Pakete verpasst hat, die sekündlich erwartet werden.

Der Kummer beginnt bei der Wahl der Authentifizierung. Cisco benutzt einen MD5-String, der einfach ans VRRP-Paket angehängt wird. Das ist eine „mutige" Erweiterung des RFCs, aber es scheint von anderen Routern akzeptiert zu werden. VyOS dagegen benutzt die IPsec-Methode und schaltet einen Authentication-Header zwischen die IP- und VRRP-Kopfzeile. Das ist vorbildlich und entspricht dem älteren RFC 2338. Durch die ungewöhnliche

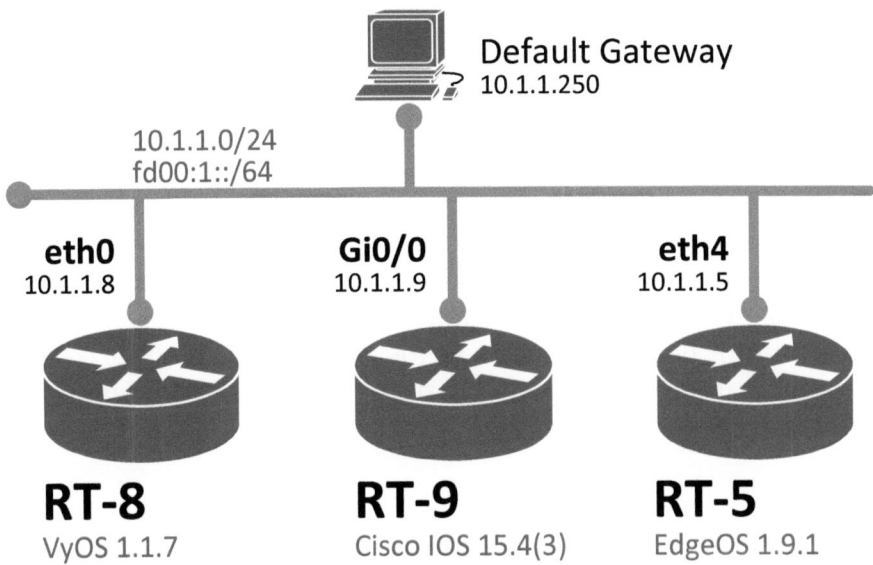

Abbildung 22.2: Cisco, VyOS und EdgeOS konkurrieren um die Gateway-Adresse

Sicherheitsstrategie des Cisco-Routers ist eine gemeinsame kryptografische Authentifizierung unmöglich. Es bleibt die Authentifizierung mit einem Klartextkennwort. Das hilft zwar nicht nachhaltig gegen einen Angreifer mit Wireshark, aber es verhindert ungewollte Partnerschaften von VRRP-Routern.

IPv6

Die fehlende Unterstützung von IPv6-Adressen bei VRRP musste VyOS bereits in Kapitel 19 zugeben. EdgeOS fühlt sich bei IPv6 und VRRP sicher und bietet eine virtuelle Gatewayadresse zur Konfiguration an. Hier endet auch schon die Magie, denn trotz IPv6-Adressen arbeitet EdgeOS mit VRRP-Version 2. VRRPv2 bedient ausschließlich IPv4 – in diesem Header ist kein Platz für längere Adressen. Wie kann EdgeOS da IPv6-Adressen reinpacken? Die Antwort ist einfach: gar nicht.

Aber der Versuch sieht interessant aus. Es verlassen VRRPv2-Pakete den EdgeMAX-Router, die von der IPv4-Adresse des Netzadapters stammen.

Im VRRP-Header steht als Gatewayadresse die 0.0.0.0, da IPv6-Adressen offensichtlich nicht in das 32-bit–Feld für die IPv4-Adresse passen.

Lediglich der Cisco-Router bietet eine saubere VRRPv3-Unterstützung an, die leider von keinem seiner Partner genutzt werden kann.
In einem VRRPv3-Verbund senden Cisco-Router nur noch VRRPv3-Pakete zur Kommunikation. Dieses korrekte Verhalten ist hinderlich, wenn derselbe Router auch mit einem EdgeOS- oder VyOS-Router gruppieren soll. Ein VyOS-Router im selben Netzsegment reagiert überaus sensibel auf die Version 3 von VRRP, denn diese Pakete werden als fehlerhafte VRRPv2-Pakete interpretiert. Hierbei ist VyOS sehr streng und meldet die unerwartete Version und entsorgt das ungültige Paket sogleich.

```
Jun 21 12:20:01 RT-8 Keepalived_vrrp: invalid version. 3 and expect 2
Jun 21 12:20:01 RT-8 Keepalived_vrrp: bogus VRRP packet received on eth0 !
Jun 21 12:20:01 RT-8 Keepalived_vrrp: VRRP_Instance(vyatta-eth0-1)
   Dropping received VRRP packet...
```

In diesem Fall muss sich der Cisco-Router in den Kompatibilitäts-Modus begeben.

```
interface GigabitEthernet0/0
 vrrp 1 address-family ipv4
  vrrpv2
  exit-vrrp
```

Als Folge sendet der VRRP-Prozess alle Botschaften zweimal: zuerst als VRRPv3-Paket und anschließend im Format von VRRP-Version 2.

OSPF

Das Routingprotokoll OSPF eignet sich für den Austausch von Netzinformationen zwischen Routern unterschiedlicher Hersteller (vgl. Kap. 11). Die Grundlagen und Erweiterungen von OSPF sammeln sich in einer Vielzahl von RFCs, die von den Programmierern mehr oder weniger exakt eingehalten werden. Die Qualität der Implementierung bestimmt die Kompatibilität. Wie gut oder schlecht die OSPF-Prozesse von Cisco, EdgeOS und VyOS zusammenarbeiten, durchleuchtet dieser Abschnitt mit Abbildung 22.3.
Da Cisco-Router deutlich länger auf dem Markt präsent sind, beginnt die

Runde beim Router RT-9. Der IOS-Router macht den Anstoß und legt mit Kommandos rund um OSPF vor. Anschließend zeigen VyOS und EdgeOS, wie gut sie auf die Vorlage reagieren. Es gewinnt nicht der Spieler mit den besten Features, sondern das Team mit den meisten Gemeinsamkeiten.

Der Laboraufbau ist unverändert und OSPF kann beginnen, ohne dass die VRRP-Konfiguration des vorherigen Abschnitts entfernt werden muss. Ebenso wie in Kapitel 11 nehmen die Standortnetze eine eigene Area ein, während die WAN-Strecken die Backbone-Area darstellen. Zwischen den Geräten sorgt Authentifizierung für Sicherheit gegen ungewollte Nachbarschaften. Alle drei Router verbinden jeweils eine Area mit dem Backbone und erhalten daher den Titel *Area-Border Router*. Abbildung 22.3 verdeutlicht die Zuordnung von Area, IP-Netz und Router.

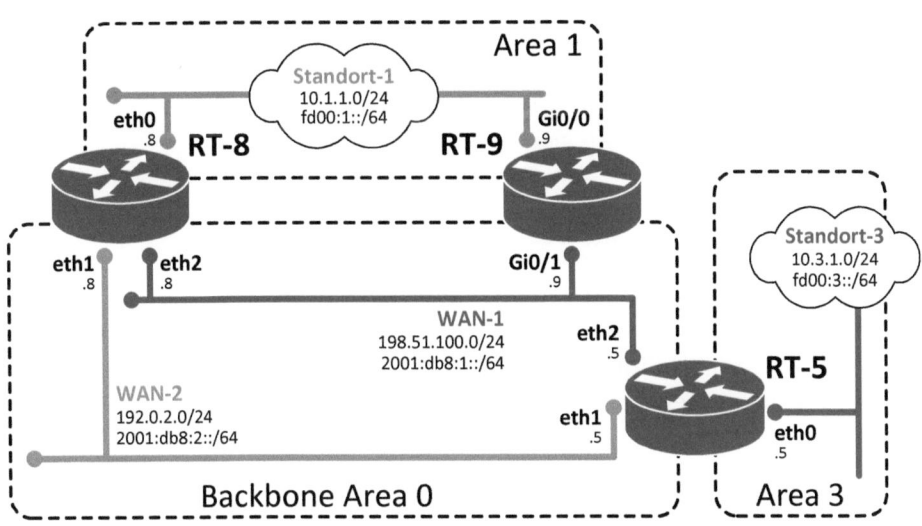

Abbildung 22.3: Router unterschiedlicher Hersteller sprechen gemeinsames OSPF

Die Konfigurationsbefehle von OSPF auf einem Cisco-Router verteilen sich zwischen dem jeweiligen Interface und dem Routingprozess.

```
interface GigabitEthernet0/0
 ip address 10.1.1.9 255.255.255.0
!
interface GigabitEthernet0/1
 ip address 198.51.100.9 255.255.255.0
```

```
!
router ospf 1
 router-id 203.0.113.9
 network 10.1.1.0 0.0.0.255 area 1
 network 198.51.100.0 0.0.0.255 area 0
```

Die Netzadapter erhalten die passende IPv4-Adresse und der OSPF-Prozess beginnt seine Arbeit für alle Interfaces, die eine Adresse aus den angegebenen Bereichen 10.1.1.0/24 und 198.51.100.0/24 haben. Damit ist der Cisco-Router einsatzbereit und wartet aktiv auf andere OSPF-Router.

VyOS und EdgeOS haben eine sehr ähnliche Logik für die Anordnung der IPv4-Netze zu den Areas. VyOS nimmt die OSPF-Herausforderung des Cisco-Routers mit den folgenden Befehlen an. Unter EdgeOS muss die Area und Router-ID noch abgeändert werden.

```
set protocols ospf area 0 network 198.51.100.0/24
set protocols ospf area 0 network 192.0.2.0/24
set protocols ospf area 1 network 10.1.1.0/24
set protocols ospf parameters abr-type cisco
set protocols ospf parameters router-id 203.0.113.8
```

Die Software-Entwickler haben sich bereits auf die Zusammenarbeit mit Cisco vorbereitet und den Befehl abr-type cisco eingebaut. Damit entfernt sich VyOS minimal vom OSPF-Standard und nähert sich dem Verhalten der Cisco-Router. Der Standard erwartet, dass ein Area-Border–Router alle Routen durch Nicht-Backbone-Areas ignoriert, solange er seine Verbindung zum Backbone verloren hat. Cisco sieht das etwas lockerer und erlaubt zumindest Summary-Routen. Die Nachbarschaft von VyOS besteht jetzt aus den beiden anderen Routern, die jeweils über unterschiedliche Pfade verbunden sind.

```
vyos@RT-8:~$ show ip ospf neighbor

Neighbor ID  Pri State        Dead Time Address        Interface  [...]
203.0.113.5    1 Full/DROther  37.718s 198.51.100.5    eth2:198.51.100.8
203.0.113.9    1 Full/DR       30.920s 198.51.100.9    eth2:198.51.100.8
203.0.113.5    1 Full/Backup   38.673s 192.0.2.5       eth1:192.0.2.8
203.0.113.9    1 Full/Backup   37.355s 10.1.1.9        eth0:10.1.1.8
```

Die Befehlsausgaben machen deutlich, dass sich alle OSPF-Spieler an die Regeln halten und gut harmonieren.

IPv6

Alle vorgestellten Router zählen OSPF-für-IPv6 zu ihren Tugenden. Bis zu welchem Grad das stimmt, untersucht dieser Abschnitt mit denselben Area-Einstellungen wie bei OSPF-für-IPv4.

Die Grundkonfiguration unter IOS läuft etwas anders ab, denn Cisco verschiebt bei OSPFv3 die Zuweisung von IPv6-Adresse zur Area in die Konfigurationsumgebung des Interfaces.

```
interface GigabitEthernet0/0
 ipv6 address FD00:1::9/64
 ipv6 ospf 1 area 1
!
interface GigabitEthernet0/1
 ipv6 address 2001:DB8:1::9/64
 ipv6 ospf 1 area 0
!
ipv6 router ospf 1
 router-id 203.0.113.9
```

Da keine Wildcard-Masken (z. B. 0.0.0.255) mehr im Spiel sind, hat sich die Lesbarkeit damit tatsächlich verbessert.

EdgeOS übernimmt diese Syntax und verbindet in einem Einzeiler die Area mit dem Netzadapter.

```
set protocols ospfv3 area 0.0.0.0 interface eth2
set protocols ospfv3 area 0.0.0.3 interface eth0
set protocols ospfv3 area 0.0.0.3 range fd00:3::/32
set protocols ospfv3 parameters router-id 203.0.113.5
```

Die optionale Angabe der IPv6-Range gibt dem Router den Befehl eine Summary-Route zu verteilen, wenn er selber eine IPv6-Adresse aus diesem Bereich hat. Da der EdgeMAX-Router sein Interface *eth0* mit der Adresse fd00:3::5/64 betreibt, sollten die anderen OSPFv3-Router die zusammenfassende Route erhalten und anzeigen.

Die Konfiguration unter VyOS ist knapp, denn bei OSPFv3 funktioniert nur die Backbone-Area (vgl. Kap. 11).

```
1  set protocols ospfv3 area 0.0.0.0 interface eth2
2  set protocols ospfv3 parameters router-id 203.0.113.8
```

```
3  set protocols ospfv3 redistribute connected
4  set interfaces dummy dum82 address fd00:8:2::1/64
```

Damit lokale IPv6-Netze trotzdem im OSPF-Verbund bekannt sind, verpackt (redistribute) der Routingprozess alle direkt verbundenen IPv6-Präfixe (connected) und versendet diese als externe Routen an seine Partner. Die Adresse in Zeile 4 dient zur Prüfung, ob eine neue IPv6-Adresse bei RT-5 und RT-9 korrekt ankommt.

Zur Kontrolle: Der Cisco-Router RT-9 führt die IPv6-Informationen seiner Nachbarn in der eigenen Routingtabelle auf. Die Präfixe von RT-8 erscheinen als externe Routen (OE1) und das IPv6-Netz hinter RT-5 meldet sich als Inter-Area–Route.

```
RT-9#show ipv6 route ospf
IPv6 Routing Table - default - 15 entries
Codes: C - Connected, L - Local, S - Static, U - Per-user Static route
       B - BGP, R - RIP, H - NHRP, I1 - ISIS L1
       I2 - ISIS L2, IA - ISIS interarea, IS - ISIS summary, D - EIGRP
       EX - EIGRP external, ND - ND Default, NDp - ND Prefix, DCE - Dest.
       NDr - Redirect, O - OSPF Intra, OI - OSPF Inter, OE1 - OSPF ext 1
       OE2 - OSPF ext 2, ON1 - OSPF NSSA ext 1, ON2 - OSPF NSSA ext 2
       a - Application
OE1 2001:DB8:2::/64 [110/1]
       via FE80::20D:B9FF:FE35:B062, GigabitEthernet0/1
OI  FD00:3::/32 [110/2]
       via FE80::203:B2FF:FE2D:E1C8, GigabitEthernet0/1
OE1 FD00:8:2::/64 [110/1]
       via FE80::20D:B9FF:FE35:B062, GigabitEthernet0/1
```

Und auch der EdgeOS-Router hat die Pfade zu Standort-1 gelernt und akzeptiert.

```
ubnt@RT-5:~$ show ipv6 route ospf
IP Route Table for VRF "default"
O IA   fd00:1::/64 [110/2] via fe80::2f2:8bff:fe0d:f031, eth2, 1d02h24m
O      fd00:3::/32 [110/0] via ::, Null, 2d17h04m
O E1   fd00:8:2::/64 [110/1] via fe80::20d:b9ff:fe35:b062, eth2, 2d17h03m
```

Authentifizierung

Da das Routingprotokoll die Stabilität eines Netzes ausmacht, ist Authentifizierung der OSPF-Pakete ein wichtiger Schritt zu Absicherung gegen böse Absichten.

Alle verwendeten Router bieten zur Authentifizierung die kryptografische

Hashfunktion MD5 an. Der Algorithmus gilt zwar mittlerweile nicht mehr als sicher, aber für die Signatur von Paketen im lokalen Netz bietet sie weitaus mehr Sicherheit als ohne!

Der Cisco-Router hinterlegt für jedes seiner Netzadapter ein Passwort und aktiviert anschließend die Authentifizierung pro OSPF-Area.

```
interface GigabitEthernet0/0
 ip ospf message-digest-key 1 md5 SECRET
!
interface GigabitEthernet0/1
 ip ospf message-digest-key 1 md5 SECRET
!
router ospf 1
 area 0 authentication message-digest
 area 1 authentication message-digest
```

Diese Aktion unterbricht die Nachbarschaften solange, bis beide Seiten mit der Konfiguration fertig sind.

VyOS und EdgeOS gehen ähnlich vor: Die Interfaces benötigen ein Passwort und der OSPF-Prozess beginnt mit der Signierung der Pakete.

```
edit interfaces
set ethernet eth0 ip ospf authentication md5 key-id 1 md5-key SECRET
set ethernet eth1 ip ospf authentication md5 key-id 1 md5-key SECRET
set ethernet eth2 ip ospf authentication md5 key-id 1 md5-key SECRET
exit
set protocols ospf area 0 authentication md5
set protocols ospf area 1 authentication md5
```

Andersherum akzeptieren die Router auch nur noch Pakete, die mit demselben Kennwort signiert sind. Ungültige oder nichtsignierte Nachrichten werden ungelesen verworfen. Ein Tippfehler beim MD5-Schlüssel bewirkt folglich auch, dass eine Nachbarschaft getrennt bleibt.

Beim Verdacht auf unpassende Schlüssel hat die Fehlersuche hilfreiche Ansätze. Unter VyOS zeigt ein Blick in den OSPF-spezifischen Logbereich den Hinweis, dass die Prüfsummen nicht stimmen. Das kann zwar auch andere Gründe haben, aber wenn dieser Fehler wiederholt alle 10 Sekunden auftritt, sollte die Schreibweise des MD5-Schlüssels kontrolliert werden.

```
vyos@RT-8:~$ monitor protocol ospf
  OSPF: interface eth1:192.0.2.8: ospf_check_md5 checksum mismatch
```

Der Cisco-Router bietet aus seinem debug-Arsenal einen Helfer, der sich mit den Nachbarschaften beschäftigt. Hier ist die Ursache leichter erkennbar:

```
RT-9#debug ip ospf adj
OSPF adjacency debugging is on
20w1d: OSPF-1 ADJ  Gi0/1: Rcv pkt from 198.51.100.8 :
  Mismatched Authentication key - ID 1
20w1d: OSPF-1 ADJ  Gi0/1: Send with youngest Key 1
20w1d: OSPF-1 ADJ  Gi0/0: Send with youngest Key 1
```

Die Kompatibilität der Authentifizierungspakete für OSPFv3 ist schnell abgeschlossen, da weder VyOS noch EdgeOS dieses Feature unterstützen.

Teil IV

Für Entwickler

Kapitel 23

Kommandovorlagen

Die Kommandozeile von VyOS ist erweiterbar. Änderungen an existierenden Befehlen, Argumenten oder deren Reihenfolge lassen sich leicht durchführen. Aber auch die Integration von vollständig neuen Kommandos ist möglich und später von den Originalkommandos nicht mehr zu unterscheiden. Das gilt sowohl für Befehle im Ausführungsmodus als auch für Änderungen im Konfigurationsmodus.

Die VyOS-Kommandozeile besteht aus der vbash, Vervollständigungsregeln und Kommandovorlagen. Die vbash ist eine angepasste *Bourne-Again Shell* (Bash), die ihren Namen aus dem Kurzwort von VyOS und Bash erhalten hat. Die Anpassung bezieht sich auf die Vervollständigung von Kommandos, damit es sich für den Bediener so anfühlt wie bei Routern von Juniper oder Cisco.

Der Aufbau der Kommandos ist sehr einheitlich:

- Alle Kommandos sind Textdateien in Verzeichnissen

- Jedes Wort eines Kommandos ist ein Unterverzeichnis

- Die Beschreibungsdatei des Kommandos heißt stets node.def. Sie enthält Hilfetext, erlaubte Argumente und Bash-Anweisungen, die ausgeführt werden sollen

Die vbash mit ihren Eigenschaften funktioniert bei VyOS und EdgeOS identisch, sodass alle Beschreibungen auch für EdgeMAX-Router gelten.

Arbeitsweise

VyOS legt die Kommandostruktur im Dateisystem ab. Alle Beschreibungsda-
teien und Verzeichnisse liegen unterhalb von /opt/vyatta/share/. Danach
teilt sich die Verzeichnisstruktur in vyatta-cfg/ für Direktiven des Konfigurationsmodus und vyatta-op/ für Kommandos des Ausführungsmodus.
Alle vorhandenen VyOS-Befehle unter

```
/opt/vyatta/share/vyatta-[op|cfg]/templates/
```

sind wunderbare Beispiele oder Vorlagen für die eigenen Erweiterungen.

Ein simples Beispiel versucht etwas Licht in die abstrakte Erklärung zu
bringen. Das VyOS-Kommando

```
show hardware cpu
```

besteht aus drei Schlüsselwörtern, die nutzbar sind, weil es die Unterverzeichnisse

```
/opt/vyatta/share/vyatta-op/templates/show/hardware/cpu/
```

gibt. Im letzten Verzeichnis cpu/ liegt die Beschreibungsdatei node.def mit
Anweisungen für die vbash, damit diese weiß, was sie bei der Ausführung
machen soll:

```
help: Show CPU info
run:  lscpu
```

Das Minimalbeispiel nutzt das Linux-Kommando lscpu, dessen Ausgabe an
die vbash weitergereicht wird und schließlich den Bediener erreicht. Die
Anweisung bei run: darf auch einen anspruchsvollen Programmcode enthalten. Der Text in der *help*-Zeile kommt zum Einsatz, wenn der Anwender
in der CLI das Fragezeichen oder die Tab-Taste benutzt.
Für die Arbeiten an den Kommandovorlagen lohnt der Wechsel in die Linux
Bash, damit nicht jeder Befehl mit sudo beginnen muss.
Neue Verzeichnisse sind in der VyOS-CLI direkt sichtbar und (bei korrekter
node.def) nutzbar.

Die Datei node.def

Die vbash holt ihr Wissen zur Laufzeit aus der Datei node.def im Verzeichnis des ausgeführten Kommandos. Der Inhalt von node.def ist unterschiedlich für den Ausführungs- und Konfigurationsmodus. Die Reihenfolge der Optionen ist beliebig.

Für den Ausführungsmodus sind die Schlüsselwörter in Tabelle 23.1 aufgeführt, wobei allowed und run optionale Felder sind. Lediglich die Angabe

Direktive	Nutzung
run:	enthält Programmcode (Bash) der gestartet wird, wenn das Kommando ausgeführt wird
help:	Hilfetext, wenn in vbash <?> oder <TAB> aufgerufen wird
allowed:	enthält Programmcode (Bash) der die erlaubten Argumente und Optionen anzeigt

Tabelle 23.1: Schlüsselwörter der node.def im Ausführungsmodus

von run ist zwingend, damit die vbash auch etwas machen kann, wenn der Anwender das Kommando startet. Die Bash führt die Anweisungen von run aus. Zum Funktionsumfang des Interpreters gehören Schleifen, Bedingungen, Variablen und reguläre Ausdrücke. Falls das nicht ausreicht, kann bei run auch auf ein Skript einer anderen Sprache verwiesen werden: VyOS bietet Python (Version 2.6) und Perl (Version 5.10), allerdings ist die Auswahl der mitgelieferten Bibliotheken stark eingeschränkt.

Ein anschauliches Beispiel liefert das show-Kommando für LLDP und seine Entdeckungen der Nachbarn.

```
vyos@RT-1:~$ cat ${vyatta_op_templates}/show/lldp/neighbors/node.def
help: Show lldp neighbors

run: if cli-shell-api existsActive service lldp; then
        sudo /opt/vyatta/bin/sudo-users/vyatta-show-lldp.pl \
        --action=show-neighbor
    else
      echo LLDP not configured
    fi
```

Der Konfigurationsmodus

Im Konfigurationsmodus hat die `node.def` weitere Optionen, um die gewünschten Änderungen zu empfangen, zu prüfen und beim `commit` entsprechend zu handeln. Die neuen Optionen werden kurz vorgestellt.

Neue Kommandos werden nach dem Speichern der Konfiguration mit `save` in die Konfigurationsdatei aufgenommen und beim Systemstart ausgeführt. Eigene Methoden zum *Sichern* von Kommandoerweiterungen sind nicht erforderlich.

priority Hiermit wird die Reihenfolge der verschiedenen Kommandos gesteuert. Je geringer die Zahl, desto früher kommt das Kommando zum Zug. Beispielsweise wird eine VPN-Verbindung erst aufgebaut, wenn die Netzadapter aktiviert sind.
Beispiel: `priority: 900`

help hat die gleiche Bedeutung wie im Ausführungsmodus: Die `vbash` zeigt den Hilfetext, wenn <?> oder <TAB> gedrückt wird.
Beispiel: `help: DHCP server address`

type Welches Eingabeformat wird erwartet und akzeptiert? z.B. txt, ipv4, macaddr, bool. Damit wird eine fehlerhafte IP-Adresse bereits von der `vbash` zurückgewiesen.
Beispiel: `type: ipv4`

multi Das Kommando darf mehrmals ausgeführt werden, ohne sich gegenseitig zu überschreiben. Die Option wird benötigt, wenn der Zielprozess mehrere Werte für eine Variable akzeptiert, wie bei der DHCP-Relay–Funktion oder bei der Angabe von mehreren DNS-Servern.

```
set service dhcp-relay server 1.1.1.1
set service dhcp-relay server 1.1.1.2
```

Beispiel: `multi:`

tag wird benötigt, wenn Teile der Kommandozeile aus variablen Argumenten bestehen. Ein `tag` erklärt sich am einfachsten mit einem Beispiel. Das Kommando zur Deaktivierung eines Netzadapters erwartet die Bezeichnung des Interfaces.

```
set interfaces ethernet <ethN> disable
```

Da der Wert von <ethN> erst bekannt ist, wenn der Admin das Kommando verwendet, übernimmt der Name `node.tag` in der Verzeichnisstruktur die Rolle des unbekannten Werts. Der vollständige Pfad zur beschreibenden `node.def` lautet dann:

```
${vyatta_cfg_templates}/interfaces/ethernet/node.tag/disable/node.def
```

Die Angabe von `tag` gibt der vbash den Hinweis auf variable Anteile in der Kommandozeile.
Beispiel: `tag`:

allowed hat die gleiche Bedeutung wie im Ausführungsmodus und enthält Programmcode, der die erlaubten Argumente und Optionen anzeigt.
Beispiel: `allowed: echo admin operator`

syntax Syntaxcheck mit Angabe der erwarteten Syntax. Beispiel:

```
syntax:expression: ($VAR(@) >= 30 && $VAR(@) <= 86400) ; \
   "must between 30-86400 seconds"
```

commit Die Prüfung beim `commit` funktioniert genauso wie `syntax`, aber erst, wenn alle Änderungen mit `commit` eingespielt werden. Wenn die Prüfung fehlschlägt, wird das `commit` abgebrochen. Beispiel:

```
commit:expression: $VAR(interface) != "" ;
   "interface must be specified"
```

Der Ablauf einer Konfigurationsänderung an den Systemdiensten während eines `commit` muss zuverlässig programmiert sein, damit eine ungünstige Anweisung oder Reihenfolge keine fatale Auswirkung hat. Für den exakten Ablauf des `commit` hat die vbash weitere Schlüsselwörter, die je nach Änderungsziel berücksichtigt werden und in Tabelle 23.2 aufgelistet sind.

Direktive	Nutzung
begin:	wird zu Beginn des commit ausgeführt
end:	wird am Ende des commit ausgeführt
create:	wird ausgeführt, wenn ein neues Objekt ins Spiel kommt:
	z. B. Interface, OSPF-Area oder Firewallpolicy
update:	wird ausgeführt, wenn sich ein Objekt ändert
delete:	wird ausgeführt, wenn ein Objekt gelöscht wird

Tabelle 23.2: Zusätzliche Schlüsselwörter bei node.def

Eigenes Beispiel

Die bisherigen Beispiele erklären vorhandene Befehle der VyOS-CLI. Dieser Abschnitt füllt die Bibliothek mit neuen Kommandos für den Ausführungsmodus und den Konfigurationsmodus.

Das folgende Beispiel nutzt die vorhandene Funktion des Linux-Kernels die Menge der ausgehenden ICMP-Pakete zu begrenzen. Für Firewalls ist das eine Frage der Sicherheit, denn die Limitierung von Antwort-Paketen kann Denial-of-Service–Attacken verhindern oder zumindest abschwächen.

Der Grenzwert für versendete ICMP-Pakete ist eine Zahl im Kernel, die über das /proc–Dateisystem gesetzt und ausgelesen wird. Der voreingestellte Wert bei VyOS ist 1.000, was maximal ein einziges ICMP-Paket pro Sekunde duldet. Größere Zahlen erlauben *weniger* Pakete pro Sekunde und kleinere Werte versenden *mehr* Pakete. Die Angabe von 0 deaktiviert die Begrenzung, sodass der Kernel auf jedes ICMP-Paket reagieren muss.

Gut versteckt liegt die Pseudo-Datei icmp_ratelimit im proc-System unter

```
/proc/sys/net/ipv4/icmp_ratelimit
```

Der Pfad macht deutlich, dass das Limit nur für ICMP-Pakete im Gewand von IPv4 gilt.

Die Berechnung für den Wert von icmp_ratelimit liefert Formel 23.1, wobei das gewünschte Limit in Pakete-pro-Sekunde (pps) angegeben wird.

$$\texttt{icmp\_ratelimit} = \frac{1000}{Limit\ in\ pps} \tag{23.1}$$

Ein paar berechnete Werte liefert Tabelle 23.3.

Die Änderung des ICMP-Ratelimits soll nun von der VyOS-CLI möglich sein.

`icmp_ratelimit`	**Maximale Anzahl pro Sekunde**
3000	1 Paket innerhalb von 3 Sekunden
2000	1 Paket innerhalb von 2 Sekunden
1000	1 Paket pro Sekunde (VyOS Voreinstellung)
500	2 Pakete pro Sekunde
250	4 Pakete pro Sekunde
100	10 Pakete pro Sekunde
0	unbegrenzt (Limitierung deaktiviert)

Tabelle 23.3: Limitierung von ICMP-Paketen im Linux-Kernel

Wie das neue Kommando heißen soll und in welchem Verzeichnisbaum es liegt, ist beliebig wählbar. Anhand der Sortierung der vorhandenen Befehle könnte es seinen Platz finden als

```
set system ip icmp rate-limit <Nummer>
show ip icmp rate-limit
```

Damit der Wunschbefehl in der CLI sichtbar wird, benötigt das Dateisystem die folgende Struktur unterhalb von `/opt/vyatta/share/`:

```
rate-limit/vyatta-cfg/templates/system/ip/icmp/node.def
rate-limit/vyatta-cfg/templates/system/ip/icmp/rate-limit/node.def
rate-limit/vyatta-op/templates/show/ip/icmp/node.def
rate-limit/vyatta-op/templates/show/ip/icmp/rate-limit/node.def
```

Jedes neue Verzeichnis hat seine eigene `node.def` mit unterschiedlichem Inhalt. Die `node.def` im jeweils „tiefsten" Unterverzeichnis enthält den ausführbaren Code, die anderen nur Hilfetext.

```
help: show the limitation for sending ICMP packets
run: cat /proc/sys/net/ipv4/icmp_ratelimit
```

Listing 23.1: Die node.def vom show–Kommando

Die Beschreibungsdatei des show–Kommandos in Listing 23.1 holt und zeigt den aktuellen Wert von `icmp_ratelimit` aus dem proc-Dateisystem. Änderungen am ICMP-Ratelimit benötigen deutlich mehr Aufwand, wie Listing 23.2 veranschaulicht.

```
1  priority: 410
2  help: Limit the maximal rates for sending ICMP packets
3  val_help: u32:0-65535
4  type: u32
5
6  syntax:expression: $VAR(@) >= 0 && $VAR(@) <= 65535 ; \
7    "factor must be in range 0 (disabled) to 65535"
8  default: 1000
9
10 update: sudo sh -c "echo $VAR(@) >/proc/sys/net/ipv4/icmp_ratelimit"
11 delete: sudo sh -c "echo 1000 >/proc/sys/net/ipv4/icmp_ratelimit"
```

Listing 23.2: Die node.def vom set-Kommando

Beim Systemstart wird die Einstellung an Position 410 ausgeführt, was kurz nach den anderen system-Kommandos liegt. Durch Zeile 4 akzeptiert VyOS als Eingabewert eine vorzeichenlose Zahl. Damit der Kernel keine übergroßen Werte bekommt, reduziert Zeile 6 die Eingabe auf Zahlen im Bereich von 0 bis 65.535. Feedback für die Hilfe gibts in Zeile 2.

Wenn über die VyOS-CLI ein neuer Wert gewünscht ist, kommt die Funktion update in Zeile 10 zum Zug und sendet den Wert über das proc-System an den Kernel. Wenn der Admin die Ratenlimitierung aus der Konfiguration löscht, bewirkt Zeile 11 die Voreinstellung.

Beispiel: Proxyausnahme mit Quelladresse

In Kapitel 13 *Webproxy* benötigt der beschriebene Proxy-Dienst eine Erweiterung, um Entscheidungen anhand der Quell-IPv4-Adresse zu treffen. Um die Implementierung des neuen Kommandos hat sich bereits die Vyatta Community [13] gekümmert, sodass dieses fertige Beispiel seinen Weg in den lokalen Router findet.

Listing 23.3 erstellt das Verzeichnis (Zeile 3) und füllt die node.def mit den Anweisungen für das gewünschte Kommando (ab Zeile 6). Beim Anlegen einer Clientadresse wird die create-Anweisung aktiv (Zeile 14) und erstellt eine neue Regel für iptables, die *vor* den Regeln für den Proxyzugriff wirkt. Beim Abarbeiten des Regelwerks wird der Webzugriff von diesem Client auf die neue Regel zutreffen. Durch das *first-match*-Prinzip von iptables

```
1   sudo bash
2   cd $vyatta_cfg_templates/service/webproxy/
3   mkdir proxy-bypass-source && cd $_
4
5   cat <<EOF > node.def
6   multi:
7   type: txt
8   val_help: ipv4 ; IPv4 destination address to bypass
9   val_help: ipv4net ; IPv4 destination network to bypass
10  help: Address/network to bypass the proxy based on source address
11  syntax:expression: exec "/opt/vyatta/sbin/vyatta-validate-type.pl \
12      iptables4_addr $VAR(@)"
13
14  create: sudo iptables -t nat -I WEBPROXY 1 -p tcp --dport 80 \
15      -s "$VAR(@)" -m comment --comment "proxy-bypass" -j RETURN
16  delete: sudo iptables -t nat -D WEBPROXY -p tcp --dport 80 \
17      -s "$VAR(@)" -m comment --comment "proxy-bypass" -j RETURN
18  EOF
```

Listing 23.3: Ein neues VyOS-Kommando zum Umgehen des Proxyservers

ist die Abarbeitung dieser Chain damit abgeschlossen. Die neue Regel hat
also nur das Ziel zu verhindern, dass iptables bei der Suche nach einer
passenden Regel an die Stelle gelangt, von wo der Verkehr an den Proxydienst weitergeleitet wird. Für alle anderen Clients und Netzbereiche gilt
die neue Regel nicht, sodass die Proxy-Regel zuschlägt.

Beim Entfernen der Proxyausnahme wird die delete-Anweisung in Zeile 16
benutzt, um die iptables-Regel wieder zu löschen.

Kapitel 24

Programmierschnittstelle

VyOS ist eine Distribution mit Fokus auf Routing und Firewall unter der Regie von Linux. Bei Linux lässt sich nahezu jede Aufgabe skripten. Und VyOS macht davon mit seinen CLI-Befehlen, Startskripten und Konfigurationsänderungen viel Gebrauch. Alles sind Bash- oder Perl-Skripte, die unter der Haube die verschiedenen Linux-Dienste bedienen und für den normalen Routingbetrieb sorgen.

Als offene Routerplattform stellt VyOS seine Methoden per *Application Programming Interface* (API) zur Verfügung, sodass die Community eigene Befehle und Abläufe einbauen kann. Mit etwas Grundwissen in Perl steht dem Nachrüsten von Kommandos nichts mehr im Weg.

Zugänge zur API

VyOS stellt seine Fähigkeiten mehrfach zur Verfügung und ist nicht an eine einzelne Programmiersprache gebunden. Der Zugriff auf die API erfolgt durch Einbinden einer Bibliothek.

Hinweis

Alle verwendeten Beispiele funktionieren unter VyOS und EdgeOS.

Kommando-Skripting

Wie bei einer Stapelverarbeitung lassen sich VyOS-Befehle hintereinander ausführen. Dieses Kommando-Skript erfüllt seinen Zweck, jedoch fehlen grundlegende Funktionen wie Bedingungen, Schleifen und Variablen.

Das Kommando-Skripting ist keine echte API aber eignet sich für einfache Tätigkeiten, die regelmäßig ablaufen und keine Rückmeldung erwarten. Die DSL-Zwangstrennung in Kapitel 33 *Life Hacks* nutzt geskriptete Kommandos zum Unterbrechen der PPPoE-Verbindung.

Shell API

Die API der Kommandoshell ist ein Art Add-on der Bash, die verschiedene Methoden zum Auslesen und Prüfen der VyOS-Konfiguration mitbringt. Die Shell API erweitert damit die Möglichkeiten des Programmierers um alle Fähigkeiten der Bash, wie z. B. Bedingungen, Schleifen, Ein- und Ausgabeumleitung, Test-Operatoren und Variablen. Zum Aktivieren und Speichern der Konfiguration greift die Shell API auf das Kommando-Skripting zurück. Der Ablauf eines Shell-API–Skripts besteht aus einem Verbindungsaufbau zur API, gefolgt von beliebigen Kommandos und endet mit einem Verbindungsabbau.

Es folgt ein praxisnahes Beispiel mit verschiedenen Änderungen an der VyOS-Konfiguration. Mithilfe eines Internet-Speedtests ermittelt der lokale Router die verfügbare Bandbreite. Die gemessene Rate für den Upload wird anschließend in einem Traffic-Shaper verwendet, der die ausgehenden Datenströme auf diesen Wert glättet. Für die Praxis bedeutet das eine bessere Auslastung der Internetleitung.

Die Programmierung des Speedtests gehört nicht zum Beispiel, sodass eine fertige Software verwendet wird:

```
curl --user-agent vyos/1.1.7 --output /usr/bin/speedtest.py \
  https://raw.githubusercontent.com/sivel/speedtest-cli/ \
    master/speedtest.py
chmod a+x /usr/bin/speedtest.py
```

Das speedtest.py–Skript ermittelt genau das, was sein Name vermuten lässt: die Bandbreite der eigenen Internetverbindung.

```
vyos@RT-1:~$ python speedtest.py --simple
Ping: 22.517 ms
Download: 52.74 Mbit/s
Upload: 4.97 Mbit/s
```

Etwas skriptfreundlicher formatiert die Option --csv die Ausgabe zur besseren Weiterverarbeitung.

```
vyos@RT-1:~$ python speedtest.py --csv
6601,NetCologne,Cologne,2017-04-25T18:54:58.654872Z, \
   75.6940986165,24.48,53265275.4573, 4987177.40713
```

Diese Form der Ausgabe zeigt die Upload-Rate in Bits pro Sekunde und ist der letzte Wert der Zeile.

Damit endet der Exkurs des Speedtests, denn die Messergebnisse sollen in einem Shell-Skript sinnvoll weiterverarbeitet werden.

```
1  #!/bin/bash
2  SPEEDTEST=$(/usr/bin/speedtest.py --csv)
3  if [ $? -eq 0 ]; then
4    UPLOAD=$(echo ${SPEEDTEST} | awk 'BEGIN { FS="," }; { print $8 }')
5    printf "Upload Bandbreite %0.0f bit/s\n" ${UPLOAD}
6  else
7    echo "Fehler beim Ermitteln der Upload Bandbreite"
8    exit 1
9  fi
10
11 # Default-Route aus der Routingtabelle holen
12 WAN_IF=$(cat <<EOF | /bin/vbash
13 source /opt/vyatta/etc/functions/script-template
14 run show ip route 0.0.0.0/0 | grep ', via'
15 EOF
16 )
17
18 # Welches Interface nutzt die Default-Route?
19 WAN_IF=$(echo ${WAN_IF} | awk '{ print $4 }')
20 if [ -z ${WAN_IF} ] ; then
21   echo "Fehler: WAN-Interface nicht gefunden"
22   exit 2
23 else
24   echo "Interface zum Internet: ${WAN_IF}"
```

```
25  fi
26
27  # Traffic-Shaper einrichten
28  cat <<EOF | /bin/vbash
29  source /opt/vyatta/etc/functions/script-template
30  configure
31
32  delete traffic-policy shaper UPLOAD
33  set traffic-policy shaper UPLOAD bandwidth ${UPLOAD}bit
34  set traffic-policy shaper UPLOAD default bandwidth ${UPLOAD}bit
35
36  delete interfaces ethernet ${WAN_IF} traffic-policy out UPLOAD
37  set interfaces ethernet ${WAN_IF} traffic-policy out UPLOAD
38  commit
39  EOF
40  echo "Traffic-Shaper eingerichtet"
```

Zeile 2 führt den Speedtest aus und speichert die gemessenen Werte in einer Variablen. Bei erfolgreicher Messung (Zeile 3) popelt awk daraus den Messwert für die Upload-Bandbreite heraus. Zeilen 12 bis 16 werfen einen Blick in die Routingtabelle und gucken, welchen Netzadapter die Defaultroute benutzt, denn auf dieses Interface gehört der Traffic-Shaper. Auffällig ist, dass das Skript in Zeile 14 nicht das VyOS-typische match verwendet, sondern das Linux-eigene grep. Die Ursache dafür liegt bei der Kompatibilität mit EdgeOS, welches match in Skripten gar nicht mag.
Ohne ausgehendes Interface der Defaultroute (Zeile 19) kann das Skript nicht weiterarbeiten und würde sich in Zeile 22 kontrolliert beenden. Im Erfolgsfall beginnt die Konfigurationsänderung des VyOS-Routers (Zeilen 29–38) über die vbash. Dabei verwendet der neue Traffic-Shaper die gemessene Bandbreite für den Upload (Zeilen 33 und 34) und bindet sie ausgehend an das WAN-Interface (Zeile 37).

Hinweis

Das Skript erwartet einen Ethernet-Adapter als WAN-Schnittstelle. Falls die Defaultroute auf eine Bridge oder einen VPN-Tunnel zeigt, muss der Adaptertyp in den Zeilen 36 und 37 vorab händisch angepasst werden.

Perl API

Mit Perl hat VyOS eine vielseitige Programmiersprache im Gepäck. Die Bibliothek stammt noch aus der Zeit von Vyatta (siehe Abschnitt *Geschichte* auf Seite 20) und führt im Quellcode noch den alten Namen.

Die Methoden der Bibliothek erlauben das Auslesen der Konfiguration und Vorbereiten von Änderungen. Interessanterweise bietet die Bibliothek keine Funktion für ein commit. Bestätigt werden die Änderungen über den Umweg des Kommando-Skriptings.

Außerhalb der Bibliothek sind alle gewohnten Anweisungen der Programmiersprache Perl nutzbar: verschiedene Typen von Variablen und Schleifen, Zugriff auf Dateiinhalte, Debugging, reguläre Ausdrücke und der Aufruf von Bash-Kommandos, falls ein Linux-Befehl benötigt wird.

Hello World Ein einfaches Beispiel schreibt zwar nicht das berüchtigte „hello world" auf den Bildschirm, zeigt aber die ersten Gehversuche von Perl mit VyOS.

```
1  #!/usr/bin/perl
2  use lib '/opt/vyatta/share/perl5';
3  use Vyatta::Config;
4  $config = new Vyatta::Config;
5  print $config->returnEffectiveValue("system time-zone");
```

Viele interne Abläufe von VyOS sind in objektorientiertem Perl verfasst, sodass sich das Beispiel danach richtet. Das Skript bindet zuerst die Bibliothek ein (Zeilen 2 und 3) und instanziiert ein neues Objekt der Klasse Vyatta::Config in Zeile 4. Mit einer geeigneten Methode lässt sich dem Objekt jetzt Informationen über die VyOS-Konfiguration entlocken, wie beispielsweise die verwendete Zeitzone (Zeile 5). Die Ausgabe des Skripts liefert für den deutschsprachigen Raum:

```
Europe/Berlin
```

Syslog-Server Das Beispielskript in Listing 24.1 auf Seite 277 prüft die aktive Konfiguration auf seine hinterlegten Syslog-Server (vgl. Kap. 6) und fügt einen Weiteren hinzu, falls dieser fehlt.

> **Hinweis**
>
> Viele Methoden der Perl-API liefern bei der Ausführung:
>
> ```
> calling [...] without config session at \
>   /opt/vyatta/share/perl5/Vyatta/Config.pm line 122
> ```
>
> Dann muss die gewählte Methode auf die *aktive* Konfiguration wirken.
> Also `$config->listNodes()` ändern in
> `$config->listEffectiveNodes()`

Das Einbinden der VyOS-Bibliothek und das Erstellen eines Objekts ist aus dem letzten Beispiel bekannt. Die IPv4-Adresse eines neuen Syslog-Servers kommt in eine Variable (Zeile 5), da sie noch mehrfach benötigt wird.

Die Methode `existsOrig()` in Zeile 8 prüft zunächst, ob irgendein Syslog-Server eingerichtet ist. Falls ja, iteriert die `for`-Schleife in Zeile 9 über alle Einträge und vergleicht sie mit dem Neuzugang (Zeile 10). Wenn sich die IPv4-Adressen überschneiden, beendet sich das Skript in Zeile 12, weil der gewünschte Syslog-Eintrag bereits vorhanden ist.

Für die Änderung an der VyOS-Konfiguration bedient sich Perl den Möglichkeiten der `vbash` und beginnt einen Änderungswunsch mit `configure`, `set` und `commit` (Zeilen 18 bis 22). Erst das `system()`-Kommando von Perl führt den konstruierten Befehl in Zeile 25 aus.

Den Rückgabewert eines `system()`-Calls speichert Perl stets in der speziellen Variablen `$?`. Den Erfolg dieses Vorhabens prüft Programmzeile 27 und gibt eine Meldung von sich, wenn die Änderung erfolglos war.

```perl
1   #!/usr/bin/perl
2   use lib '/opt/vyatta/share/perl5';
3   use Vyatta::Config;
4   $config = new Vyatta::Config;
5   $neuer_server = '10.4.1.7';
6
7   # Sind Syslog-Server eingerichtet?
8   if ( $config->existsOrig("system syslog host") ) {
9     for my $host ($config->listEffectiveNodes("system syslog host")) {
10      if ( $host eq $neuer_server ) {
11        print "Syslog-Server $neuer_server ist bereits vorhanden\n";
12        exit 0;
13      }
14    }
15  }
16
17  # Das Kommando wird jetzt in configure+commit gewickelt...
18  my $cmd = "source /opt/vyatta/etc/functions/script-template\n".
19    "configure\n".
20    "set system syslog host $neuer_server facility local0\n".
21    "commit";
22  $cmd = "echo \"$cmd\" | /bin/vbash";
23
24  # ... und ausgeführt
25  system( $cmd );
26
27  if ( $? ) {      # Fehlerbehandlung
28    print "Fehler beim Ausfuehren von 'commit'\n";
29    exit 1;
30  }
```

Listing 24.1: Perl-Skript zum Ändern des Syslog-Servers

Kapitel 25

VyMGMT

VyOS-Router funktionieren auch sehr gut ohne Managementframeworks, Bibliotheken oder Programmierschnittstellen (API). Aber sie erleichtern die Verwaltung, wenn viele Geräte im Spiel sind. Ab wann sich eine Verwaltungssoftware für die Router lohnt, hängt davon ab, wie oft Änderungen auf wie vielen Geräten anstehen. Und natürlich davon, ob im IT-Team etwas Erfahrung mit Programmiersprachen vorliegt.

Das VyOS Management-Framework *VyMGMT* ist eine Bibliothek, die den Zugriff auf einen Router vereinheitlicht. Die verwendete Programmiersprache ist Python. VyMGMT ist keine echte API, sondern ein optimierter SSH-Client für die Bedienung von VyOS.
Sobald sich geplante Massenänderungen in Python-Code formulieren lassen, ist VyMGMT eine zeitsparende Hilfe. Für Einzelgeräte ist der Einsatz zu aufwendig.

Installation

VyMGMT hat an die VyOS-Router nur eine Anforderung: Die ausführende Maschine benötigt SSH-Zugriff mit Änderungsberechtigung.
Auf dem Server erwartet VyMGMT die Skriptsprache Python und den Paketinstaller *PIP*. Das installierte CentOS 7 auf dem Laborserver erhält diese Abhängigkeiten über das Kommando:

```
yum install python-pip
```

Unter Debian oder Ubuntu läuft die Installation ähnlich ab:

```
apt-get install python-async python-pip
```

Zuletzt holt PIP die notwendigen Dateien für VyMGMT auf die Maschine. Der Aufruf ist für die erwähnten Linux-Betriebssysteme identisch:

```
pip install vymgmt
```

Erste Schritte

Dieser Abschnitt des Buchs richtet sich an Programmierer. Aber auch ohne nachhaltiges Wissen über Python dürften die Beispielskripte verständlich sein, denn sie verwenden ähnliche Schlüsselwörter wie auch VyOS. Listing 25.1 zeigt das Beispiel der offiziellen Dokumentation. Es nutzt dieselben IP-Adressen wie im Labornetz, also sollte es ohne Anpassung funktionieren.

```
1   import vymgmt
2
3   vyos = vymgmt.Router('192.0.2.1', 'vyos', password='vyos', port=22)
4
5   vyos.login()
6   vyos.configure()
7
8   vyos.set("protocols static route 203.0.113.0/25 next-hop 192.0.2.6")
9   vyos.delete("system options reboot-on-panic")
10
11  vyos.commit()
12  vyos.save()
13  vyos.exit()
14  vyos.logout()
```

Listing 25.1: Offizielles Beispielskript für VyMGMT

Jedes VyMGMT-Skript beginnt damit, dass die Bibliothek in Zeile 1 geladen wird. Der Zielrouter wird inklusive Zugangsdaten in Zeile 3 festgelegt. Das SSH-Login erfolgt erst in Zeile 5. Genau wie auf der Kommandozeile des Routers beginnt die Konfiguration mit configure (Zeile 6).

Nun dürfen Änderungen im Stil von set/edit/delete folgen. Nach beliebig vielen Modifikationen beginnt die Aktivierungs-Trilogie commit+save+exit (Zeilen 11 bis 13). Ohne weitere show–Kommandos zum Überprüfen der Änderung endet das Beispielskript mit einem Logout in Zeile 14.

Die Kommandos entsprechen den Befehlen der VyOS-Kommandozeile. Der Vorteil der VyMGMT-Bibliothek liegt darin, dass der komplette Zauber von Python zur Verfügung steht: Schleifen, Bedingungen, Variablen und Fehlerbehandlung.

Praxisbeispiel

Ein etwas realistischeres Beispiel soll den Zugriff auf mehrere Router demonstrieren. Listing 25.2 ändert die IP-Adresse des konfigurierten DNS-Servers.

```
1   vyos_routers = ('10.4.1.1', '10.5.1.4')
2   for router in vyos_routers:
3           vyos = vymgmt.Router(
4                   address=router,
5                   user='vyos',
6                   password='vyos',
7                   port=22
8           )
9           vyos.login()
10          vyos.configure()
11          vyos.delete("system name-server 10.5.1.253")
12          vyos.set("system name-server 203.0.113.8")
13          vyos.commit()
14          vyos.save()
15          vyos.exit()
16          vyos.logout()
17  sys.exit(0)
```

Listing 25.2: Änderungen an mehreren Routern mit VyMGMT

Der Zugriff auf den VyOS-Router in den Zeilen 9 bis 16 unterscheidet sich syntaktisch nicht vom vorherigen Beispiel. Allerdings passiert der Aufruf innerhalb einer for-Schleife (Zeile 2), die für jeden Router durchlaufen wird. Die Router werden in Zeile 1 aufgeführt. Die Liste darf beliebig lang werden und akzeptiert IPv4-, IPv6-Adressen und einen auflösbaren Hostnamen. Python erstellt daraus in den Zeilen 3 bis 8 ein Objekt der Klasse VyMGMT, das die bekannten VyOS-Kommandos akzeptiert.

Die Kommandos bei `vyos.delete()` und `vyos.set()` sollten vollständig ausgeschrieben werden. Damit wird das Skript lesbarer und funktioniert auch bei EdgeOS-Routern, die abgekürzte Kommandos mit einer Fehlermeldung zurückweisen.

Die vollständigen Skripte sind online verfügbar (siehe Anhang B).

Kompatibilität

VyMGMT basiert auf SSH-Kommandos und funktioniert laut Entwickler auch auf anderen VyOS-Derivaten. Damit lässt sich die Konfiguration von VyOS, Vyatta, EdgeOS und vRouter über einen Kamm scheren.

Allerdings existieren nicht alle Befehle auf jeder Plattform. Durch die unterschiedliche Weiterentwicklung gibt es Kommandos, die unter VyOS akzeptiert werden, aber unter EdgeOS unbekannt sind. Das ist keine Inkompatibilität von VyMGMT, denn der Aufruf von `vyos.set()` wird den gewünschten Befehl an den Router herantragen und auf Ausführung bestehen. Erst der Router meldet dann den Fehler, welcher von VyMGMT korrekt an das aufrufende Skript zur weiteren Behandlung geleitet wird.

Diese Probleme müssen mit den Möglichkeiten von Python abgefangen werden. Wenn EdgeOS und VyOS im Netz gemischt sind, holt die Programmzeile

```
vyos.run_op_mode_command("show version")
```

Informationen über das Betriebssystem und eventuell auch die Version ein. Alle weiteren Codezeilen können dann auf das Zielsystem abgestimmt werden.

Interessanterweise funktioniert VyMGMT auch mit normalen Linuxservern, solange SSH aktiviert ist und die Anmeldeinformationen stimmen. Mit

```
server_uptime = vyos.run_op_mode_command("uptime")
```

lässt sich das Shellkommando uptime ausführen und sein Ergebnis in eine Variable speichern. Sobald eine entfernte Maschine per SSH erreichbar ist, bietet VyMGMT Möglichkeiten zur Konfiguration.

Kapitel 26

Verbesserungen

VyOS kann nicht alles. Und selbst wenn, haben die vielen kleinen Helferlein auch ihre Fehler und Einschränkungen. Fast alle Rezepte in diesem Kapitel erfordern Linux-Grundwissen, Zugriff auf die Kommandozeile und etwas Mut, denn hier werden Systemdateien verändert.

NetFlow für IPv6

VyOS gelangt an die Verkehrsinformationen über das ULOG-Ziel von iptables, um sie dann mit NetFlow oder sFlow zu verschicken. Das ULOG-Ziel spricht aber nur IPv4 und schweigt bei IPv6.

Die Software zum Versenden ist *pmacct* [22], ein schlanker und vielseitiger NetFlow- und sFlow-Reporter, der bereits IPv6-fähig ist.

Der Trick liegt darin, den Dienst von *pmacct* über eine andere Quelle mit Daten von IPv6-Verbindungen zu füttern. Listing 26.1 zeigt die Konfiguration von pmacctd passend zum Beispiel in Kapitel 21. Dazu schnüffelt der Dienst pmacctd neugierig an der Netzschnittstelle *eth0* nach IPv6-Paketen. Die gesammelten Informationen gelangen dann als NetFlow v9-Paket an den Kollektor (Zeilen 9–13). Die *named pipe* in Zeile 5 ist wichtig zum Auslesen von Statistiken.

Die Konfigurationsdatei enthält nur die VyOS-Konfiguration im Format, welches der Linux-Dienst erwartet. Dieser wird anschließend mit den Zeilen aus Listing 26.2 gestartet und bewirkt, dass er nach einem Reboot wieder präsent ist.

```
1  interface: eth0
2  pcap_filter ip6
3  daemonize: true
4  pidfile: /var/run/pmacctd.pid
5  imt_path: /tmp/collect.pipe
6  syslog: daemon
7  aggregate: src_host,dst_host
8  imt_path: /tmp/collect.pipe
9  plugins: memory,nfprobe[10.4.1.7-2055]
10 nfprobe_receiver[10.4.1.7-2055]: 10.4.1.7:2055
11 nfprobe_version[10.4.1.7-2055]: 9
12 nfprobe_engine[10.4.1.7-2055]: 0:0
13 nfprobe_timeouts[10.4.1.7-2055]: general=30:tcp.fin=300:tcp.rst=120
14    :expint=60:tcp=3600:udp=300:icmp=300:maxlife=604800
```

Listing 26.1: Konfigurationsdatei /etc/pmacct/pmacctd.conf

```
service pmacct start
echo "
# start NetFlow/sFlow accounting daemon
/etc/init.d/pmacct start
" >> /opt/vyatta/etc/config/scripts/vyatta-postconfig-bootup.script
```

Listing 26.2: Start des NetFlow-Daemons „pmacct"

Ob der Prozess tatsächlich IPv6-Verbindungen erkennt, zeigt der Aufruf von

pmacct -s

der ein paar Zeilen mit IPv6-Adressen auf den Bildschirm werfen sollte.

Data-, Management- und Control-Plane

Eine moderne Routerarchitektur unterteilt die anfallenden Aufgaben in drei Bereiche:

- Control-Plane (Kontrollschicht). Netzwerkgeräte tauschen ihre IP-Informationen über ein Routingprotokoll aus. Die Kontrollschicht steuert die Routingprozesse und füllt die Routingtabelle für Pfadentscheidungen. Hierzu gehören OSPF und BGP.

- Management-Plane (Verwaltungsschicht). Wenn der Admin auf das Gerät zugreift, dann über eine Software der Management-Plane. Anwendungen und Protokolle der Verwaltungsschicht sind SSH, Telnet und SNMP.

- Data-Plane (Datenschicht). Hier geht es um das Weiterleiten von Paketen, Datagrammen und Ethernetframes. Und das so schnell wie möglich.

Das Zusammenspiel der Schichten verdeutlicht Abbildung 26.1.

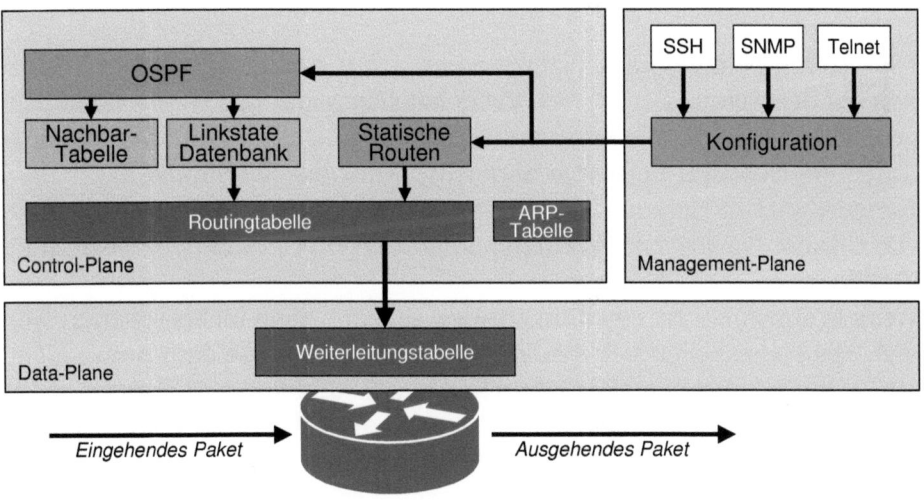

Abbildung 26.1: Zusammenspiel von Management-, Control- und Data-Plane

Die Management-Plane stellt kein großes Geheimnis dar, denn diese Schicht ist der primäre Kontakt für IT-Personal und Software für Netzwerkmanagement oder -monitoring.

Die Control-Plane beherbergt neben den bekannten Routingprotokollen auch noch weitere Methoden, mit denen sich die Router unterhalten: PPP, LLDP, CDP, ARP und IPv6 Neighbor Discovery. Ein Blick über den Tellerrand von VyOS bringt noch andere Protokolle.

Die Aufgabenbeschreibung der Data-Plane ist einfach, aber es beschränkt sich nicht nur auf den Datendurchsatz. Adressumsetzung (NAT) und Net-Flow fallen ebenfalls in die Arbeitsplatzbeschreibung der Datenschicht.

Diese Gewaltenteilung ist hilfreich fürs Verständnis, zeigt aber auch, an welchen Stellen ein Router verwundbar ist. Eine überlastete Control-Plane trennt den Router auf IP-Ebene und dynamisch gelernte Routen verschwinden aus der Routingtabelle. Als Folge sind IP-Netze nicht mehr erreichbar und die Data-Plane ist arbeitslos.

Eine überlastete Management-Plane macht das IT-Team „blind" gegenüber dem Netz, denn es hat keinen Einblick mehr in Datenströme, Auslastung von Leitungen und Fehlerzuständen.

Eine überlastete Data-Plane beginnt IP-Pakete zu verwerfen und schmälert damit die verfügbare Bandbreite für Anwendungen und Protokolle.

Die großen Netzwerkausrüster reagieren mit unterschiedlichen Techniken auf den Schutz der Planes. VyOS hat sich leider nur wenig Gedanken gemacht und legt seinen Fokus auf Beschleunigung der Data-Plane mit einer Aufteilung von CPU-Kernen je nach Auslastung der Netzadapter.

Dieser Ansatz ist ein guter Beginn für mehr Bandbreite im Bereich oberhalb von Gigabit. Für normale Szenarien lohnt sich eine strategische Zuweisung der Planes an die CPU-Kerne.

Wenn in einem Router eine Einkern-CPU arbeitet, kann nichts separiert werden. Alle Planes teilen sich den Prozessor. Wenn Prozesse der Control-Plane 100% der CPU-Leistung beanspruchen, dann steht keine Rechenzeit mehr für die Managementplane zur Verfügung. Als Folge wird der SSH- oder SNMP-Zugriff deutlich langsamer ablaufen oder ganz unmöglich sein. Ein Abzug der SNMP-Werte dauert im Labornetz ca. 2,5 Sekunden.

```
snmpwalk -v 2c -c public 10.5.1.1 1.3.6.1.2.1 >/dev/null
```

Wenn der Router unter 100% CPU-Last arbeiten muss, steigt die Zugriffszeit von snmpwalk auf knapp 10 Sekunden. Läuft der CPU-intensive Prozess mit höherer Priorität, dann kann der SNMP-Zugriff minutenlang auf Antwort warten.

CPUs mit zwei Kernen

Bei zwei CPU-Kernen lohnt sich eine strategische Aufteilung der Kerne: Auf dem ersten Kern (CPU-1) laufen die Prozesse der Management- und Control-Plane. Der zweite Kern (CPU-2) ist der Arbeitsknecht und unterstützt die Data-Plane beim Durchschieben der IP-Pakete.

Damit der Netzadapter weiß, mit welcher CPU er zusammenarbeiten soll, erstellt die VyOS-Konfiguration eine feste Zuweisung.

```
set interfaces ethernet eth0 smp_affinity 2
set interfaces ethernet eth1 smp_affinity 2
set interfaces ethernet eth2 smp_affinity 2
set interfaces ethernet eth3 smp_affinity 1
set interfaces ethernet eth4 smp_affinity 2
```

Damit geht die Aufmerksamkeit der Netzwerkkarten an CPU-2. Die Ausnahme bildet der Adapter eth3 von Router RT-1. Dieser führt ins Managementnetz und gehört damit zur Management-Plane, die von CPU-1 betreut wird.

Für die Anwendungsprozesse hat VyOS keine Zuweisung vorgesehen, sodass Linux mit eigenen Befehlen unterstützen muss. Das Linux-Kommando taskset kann einen laufenden Dienst anhand seiner Prozessnummer auf eine beliebige CPU umlagern.
Die wichtigen Prozesse der Control- und Management-Plane wandern mithilfe von taskset auf die erste CPU und sind damit von der Data-Plane lasttechnisch getrennt.

```
sudo taskset --pid 01 $(cat /var/run/snmpd.pid)
sudo taskset --pid 01 $(cat /var/run/lighttpd.pid)
sudo taskset --pid 01 $(cat /var/run/ntpd.pid)
sudo taskset --pid 01 $(cat /var/run/sshd.pid)
sudo taskset --pid 01 $(cat /var/run/quagga/bgpd.pid)
sudo taskset --pid 01 $(cat /var/run/quagga/ospf6d.pid)
sudo taskset --pid 01 $(cat /var/run/quagga/ospfd.pid)
sudo taskset --pid 01 $(cat /var/run/quagga/ripd.pid)
sudo taskset --pid 01 $(cat /var/run/quagga/ripngd.pid)
sudo taskset --pid 01 $(cat /var/run/quagga/zebra.pid)
```

Eine stark belastete Data-Plane beeinträchtigt den eigenen Datendurchsatz, aber die Management-Plane bleibt erreichbar und reagiert wie gewohnt. Der Zugriff auf die SNMP-Werte dauert erneut 2,5 Sekunden. Von den Spitzenlasten der Data-Plane ist nichts erkennbar.
Damit die Zuordnungen der Prozesse zur ersten CPU auch einen Neustart überstehen, gehört ihr Aufruf in den VyOS-Autostart – diesmal allerdings ohne vorangestelltes sudo.

```
echo "
taskset --pid 01 $(cat /var/run/snmpd.pid)
```

```
taskset --pid 01 $(cat /var/run/lighttpd.pid)
# und alle weiteren Prozesse aus obigem Listing...
" >> /opt/vyatta/etc/config/scripts/vyatta-postconfig-bootup.script
```

CPUs mit vier Kernen

Bei einer Quad-Core–CPU lässt sich die Separierung der Planes auf die Spitze treiben. Bei vier möglichen Kernen hat jede Plane ihren eigenen CPU-Kern und die Data-Plane sogar zwei.

Die Aufteilung könnte folgender Strategie folgen:

- CPU-1 für die Management-Plane (Dienste SSH, SNMP und Telnet)

- CPU-2 für die Control-Plane (Routingprotokolle OSPF und RIP)

- CPU-3 und CPU-4 für die Data-Plane

Das folgende Listing verschiebt laufende Prozesse auf die CPU-Kerne für Management- und Data-Plane.

```
sudo taskset --pid 01 $(cat /var/run/snmpd.pid)
sudo taskset --pid 01 $(cat /var/run/sshd.pid)
sudo taskset --pid 02 $(cat /var/run/quagga/ospfd.pid)
sudo taskset --pid 02 $(cat /var/run/quagga/ripd.pid)
```

Die Auflistung beinhaltet beispielhaft nur zwei Prozesse pro Plane. In einem produktiven Router sollten alle relevanten Dienste aufgeführt werden.

Die Netzadapter gehorchen den folgenden VyOS-Kommandos, aber die Zuweisung zur CPU bedarf näherer Betrachtung. Die Schnittstelle *eth3* gehört zum Managementnetz und damit zur Management-Plane auf CPU-1.

```
set interfaces ethernet eth0 smp_affinity c
set interfaces ethernet eth1 smp_affinity c
set interfaces ethernet eth2 smp_affinity c
set interfaces ethernet eth3 smp_affinity 1
set interfaces ethernet eth4 smp_affinity c
```

Für die Nummerierung der CPUs hilft Tabelle 26.1, denn die Angabe des Prozessors basiert auf einer Bitmaske. Diese Art der Adressierung erfordert etwas Kopfarbeit. Der tiefere Sinn liegt darin, dass mit einer hexadezimalen

CPU	Bitmaske	Hexadezimal
CPU 0	0001	1
CPU 1	0010	2
CPU 2	0100	4
CPU 3	1000	8
CPUs 0 oder 1	0011	3
CPUs 0 oder 2	0101	5
CPUs 0 oder 3	1001	9
CPUs 0, 1 oder 2	0111	7
CPUs 2 oder 3	1100	C
Alle CPUs	1111	F

Tabelle 26.1: Binäre und hexadezimale Nummerierung der CPUs

Zahl mehrere CPUs bezeichnet werden können. Wenn ein Prozess auf CPU 2 oder 3 laufen soll, dann werden die Binärwerte beider CPUs mit einem logischen *oder* kombiniert. Das Ergebnis von 0100 *oder* 1000 ist 1100 bzw. 0xC (hexadezimal).

Wenn der Scheduler die freie CPU-Wahl haben soll, werden alle CPUs ausgewählt und es gibt eine *Oder*-Verknüpfung von 1111 bzw. 0xF. Das ist auch die Voreinstellung von Linux.

Hinweis

Ein schlafender Prozess wechselt zur zugewiesenen CPU, sobald er aufwacht. Ein unbenutzter Dienst läuft daher lange nach Systemstart scheinbar noch auf der „falschen" CPU.

Ob die Prozesse auch tatsächlich auf der richtigen CPU angekommen sind, zeigt das Linux-Kommando

```
sudo ps -eLF
```

Die anschließende Ausgabe listet alle laufenden Prozesse mit Angabe der CPU-Nummer in der Spalte PSR. Die Nummerierung der CPU-Kerne beginnt allerdings bei Null, sodass alle Prozesse der ersten CPU in der Liste die Ziffer 0 führen.

Linux Control Groups

Eine weitere Möglichkeit zur Separierung der Prozesse von Control- und Management-Plane sind Linux Control Groups (cgroups). Diese Kontrollgruppen können die Ressourcennutzung von Prozessen künstlich einschränken. Sobald ein Prozess Mitglied einer cgroup ist, gelten für ihn Limits beim Arbeitsspeicher, CPU-Zeit, Disk-I/O oder Netzzugriff. Ein wildgewordener Dienst zieht dann nicht mehr das ganze System in den Abgrund, sondern wird vom Kernel an seiner Grenze gestoppt.

Die cgroups sind bereits seit 2008 im Kernel-Code vorhanden und können von den Distributionen benutzt werden. Die VyOS-Entwickler haben die Control Groups im Kernel zwar aktiviert, aber die Tools im User-Space weggelassen. Mit den eingerichteten Repositories aus Kapitel 4 erfolgt die Installation über den Paketmanager.

```
1  apt-get install cgroup-bin
2  echo "cgroup  /cgroup  cgroup  defaults  0   0" >> /etc/fstab
3  mkdir -p /cgroup && chmod 0 /cgroup
4  mount cgroup
```

Unter VyOS 1.1.7 bringt die Installation einen Fehler, weil das Post-Install-Skript die cgroup nicht ins Dateisystem einhängt. Dieser bekannte Fehler wird in den Zeilen 2 bis 4 durch eigenes Mounten der cgroup behoben.

Mit dem Softwarepaket sind die Kommandos cgcreate und cgset zum Erstellen und Anpassen einer Kontrollgruppe vorhanden. Der Ablauf besteht aus zwei Schritten: Zuerst wird eine Kontrollgruppe erstellt und mit Ressourcenlimits versehen. Danach ziehen die Prozesse in die Kontrollgruppe ein und nutzen ihre Beschränkungen.

Die Einrichtung benötigt keinen Neustart von Prozessen oder vom Betriebssystem. Aber die Control-Group übersteht keinen Reboot und muss daher in einem Boot-Skript verankert sein, wie Listing 26.3 vorschlägt.

Die neue Kontrollgruppe wird mit cgcreate in Zeile 4 erstellt und in den folgenden drei Zeilen mit Limits versehen. Zeile 5 beschränkt die CPU-Nutzung auf 75% und einen Prozessor (Zeile 6). Die Bearbeitung der cgroup kann über cgset erfolgen oder über gezielte Änderung der Dateien unterhalb von /cgroup. Die Zuweisung in Zeile 7 ist ein Pseudowert, der keine Beschränkung darstellt, sondern eine Fehlermeldung beim späteren Zuweisen verhindert.

```
1   cat <<EOF >> /config/scripts/vyatta-postconfig-bootup.script
2   # Limitierung von Management/Control-Plane
3   PLANE=mgmt_ctrl
4   cgcreate -g cpu:/$PLANE
5   cgset -r cpu.shares=750 $PLANE          # 75% CPU
6   echo 0 > /cgroup/$PLANE/cpuset.cpus     # nur CPU-1 benutzen
7   echo 0 > /cgroup/$PLANE/cpuset.mems
8
9   DAEMONS="snmpd lighttpd ntpd sshd quagga/bgpd quagga/ospfd \
10      quagga/ospf6d quagga/ripd quagga/ripngd quagga/zebra"
11
12  for DAEMON in $DAEMONS ; do
13      cgclassify -g cpu:$PLANE $(cat /var/run/$DAEMON.pid)
14  done
15  EOF
```

Listing 26.3: Aufteilung der Prozesse mit Linux Control-Groups

Alle relevanten Netzwerk-Dienste von VyOS kommen über eine for-Schleife beim cgclassify-Kommando vorbei und werden der neuen Control-Group zugewiesen. Damit sind alle genannten Prozesse und ihre Kindprozesse im Ressourcenkäfig der cgroup gefangen.

Zur Kontrolle: Ist der SSH-Dienst tatsächlich Mitglied der erstellten Kontrollgruppe? Das verrät das proc-Dateisystem, welches genau Buch über die laufenden Prozesse führt.

```
vyos@RT-1:~$ sudo cat /proc/$(cat /var/run/sshd.pid)/cgroup
2:cpu,cpuset:/mgmt_ctrl
```

Die Linux Control-Groups beherrschen noch weitere Disziplinen (Subsysteme) der Ressourcenbeschränkung, aber VyOS bietet nur die Limitierung des Prozessors an.

```
vyos@RT-1:~$ sudo lssubsys -am
cpuset,cpu /cgroup
```

In ihrer ganzen Schönheit bieten cgroups noch CPU-Accounting, Limitierung nach Geräten oder Festplatten, Arbeitsspeicher, Schreib-/Lesezugriffe, Netzwerkzugriff und auch das plötzliche (absichtliche) Einfrieren von Prozessen.

Teil V

Für Praktiker

Kapitel 27

Lastverteilung

Wenn die Leistungsgrenze eines Computersystems erreicht ist, passieren meist ungewollte Effekte: Server verweigern die Anmeldung, Arbeitsspeicher wird auf die Festplatte ausgelagert oder Firewalls lassen keine neuen Verbindungen durch.

Wenn Netzwerkverbindungen ausgelastet sind, beginnen Router damit IP-Pakete zu verwerfen. Das ist im Einzelfall nicht weiter schlimm und im TCP-Protokoll auch so vorgesehen. Bei einer Überlast steigt die Verlustrate und damit fehlen allen TCP-Verbindungen ein paar Pakete im Datenstrom. Die Auswirkung reicht von stockenden Anwendungen, über langsame Dateitransfers bis zum Abbruch. Eine Überlastsituation im Netzwerk hat Einfluss auf alle Endgeräte.

Die offensichtliche Lösung besteht aus der vertikalen Skalierung, bei der begrenzende Komponenten aufgerüstet werden. Der Server erhält leistungsstärkere Bauteile, die Firewall bekommt eine größere Sessiontabelle oder die Netzverbindung bekommt ein Technologieupdate mit mehr Bandbreite.

Aktive Komponenten im Netzwerk lassen sich meist nicht nachträglich in ihrer Leistung verbessern. Der Gigabit-Switch wird nicht über Nacht zum TenGigabit-Switch, der VPN-Durchsatz eines Routers hat eine obere Grenze (vgl. Kap. 30) und ein Technologie-Upgrade der Internet-Leitung scheidet häufig aus finanziellen Gründen aus.

Der Plan-B ist die horizontale Skalierbarkeit, die eine Leistungssteigerung durch mehrere parallele Geräte oder Leitungen vorsieht. Eine Gruppe von Servern beantwortet die Anfragen, mehrere gebündelte Gigabit-Leitungen verbinden Switche und Router, und eine zweite (günstige) Internetverbindung steigert die verfügbare Bandbreite. Die Last wird auf mehrere Komponenten *verteilt*.

Bezogen auf die Welt der Netzwerkgeräte ist die horizontale Skalierung die gängigste Form der Leistungsverbesserung, weil der finanzielle Einsatz überschaubar bleibt. Zusätzlich gibt es offene Standards (RFCs) für den Parallelbetrieb, die von vielen Herstellern akzeptiert und implementiert sind: Gateway-Redundanz mittels VRRP (vgl. Kap. 19), Bündelung von Ethernet-Schnittstellen als *Link Aggregation* (nach IEEE 802.1ad) oder mit dem Routingprotokoll OSPF (vgl. Kap. 11).

Dieses Kapitel untersucht die parallele Nutzung von mehreren Uplinkverbindungen, die administrativ nicht zum eigenen Netzwerk gehören. Typischerweise sind das Internet-Verbindungen, aber es könnte sich auch um MPLS- oder Standleitungen handeln. Grundsätzlich wird erwartet, dass sich der eigene Netzverkehr nach den Regeln der fremden Leitung richtet – vor allem in Bezug auf öffentliche IP-Adressen.

Anforderung

Was muss eine Lastverteilung über mehrere Leitungen erreichen? Die genauen Anforderungen ergeben sich aus der umgebenden Infrastruktur, orientieren sich aber an den folgenden Stichpunkten.

- Ausgehende Lastverteilung: Die Clients im LAN erreichen die Webserver im Internet über *mehrere* Leitungen.

- Eingehende Lastverteilung: Die angebotenen öffentlichen Dienste sind über mehrere Leitungen vom Internet aus erreichbar.

- Ausfallschutz: Eine fehlerhafte Leitung muss zeitnah erkannt werden und aus der Logik der Lastverteilung ausgenommen werden.

- Konfiguration: Die Wahl der Leitung darf nicht willkürlich erfolgen, sondern muss konfigurierbar sein.

- Gewichtung: Eine Internetleitung muss abhängig von ihrer Bandbreite belastet werden.

Diese Wunschliste betrifft nur den Bereich der Lastverteilung. Die Regeln für die Sicherheit im Internet mit Firewallpolicy bestehen weiterhin!

Lastverteilung im WAN

Was in der Theorie so einfach aussieht, wird in der Praxis zur Herausforderung. Wohin soll die Default-Route bei zwei Internetleitungen zeigen? Müssen die Bandbreiten der Uplinks gleichstark sein? Und wie können wichtige Anwendungen stets die bessere Leitung nutzen?

Die WAN-Lastverteilung unterscheidet zwischen ausgehendem Netzverkehr (vom LAN ins Internet) und eingehenden Verbindungen (vom Internet ins LAN bzw. DMZ). Bei ausgehenden Paketen entscheidet der letzte eigene Hop, welchen Internet-Service-Provider (ISP) er mit dem Transport beschäftigen wird. Für diese Entscheidung benutzt der lastverteilende Router seine konfigurierte Richtlinie.

Diese Richtlinie besteht aus einem Regelwerk, ähnlich einer Firewall (vgl. Kap. 8), welches jedem Client eine Internetleitung zuweist. Damit kann sehr granular bestimmt werden, welche Anwendung, welcher Client oder welches Zielnetz über welchen Serviceprovider das Internet betritt. Genau wie bei der Firewall gibt es eine Default-Regel, die den Traffic über eine zufällig gewählte Leitung sendet oder gänzlich blockiert.

Hinweis

Die Richtlinie zur Lastverteilung ersetzt nicht die lokale Firewall, welche zusätzlich zum WAN-Loadbalancing den Traffic untersucht und kontrolliert.

Bevor das Paket weitergeroutet wird, greift die Netzwerk-Adressumsetzung (NAT, vgl. Kap. 10) und passt die Quell–IP-Adresse der gewählten Internetleitung an. Dieser Schritt ist sehr wichtig, denn damit wird sichergestellt, dass die Antwortpakete über dieselbe Leitung zurückkommen.

Laborumgebung

In dieser Partie treten die Router, Clients und Netze des Demo-Labors (Abbildung 27.1) fast vollständig an: Standort-1 ist ein internes Netz, welches über den Lastverteiler RT-1 mit dem simulierten Internet kommuniziert. Dabei verfügt RT-1 über zwei Internetzugänge: Der erste ISP bietet eine gedachte Bandbreite von 34 Mbit/s über das dunkelgraue WAN-1 und den Zugangsrouter RT-4. Die zweite Internetleitung führt über das hellgraue WAN-2 mit 10 Mbit/s zum ISP-Router RT-3.

Hinter den ISP-Routern RT-3 und RT-4 befindet sich Standort-2. In Standort-2 wird der angeschlossene Rechner zum Server befördert, und darf sogleich mithilfe eines Webservers ein paar Demoseiten anzeigen. Diese Webseiten sollen nur prüfen, ob eine TCP-Verbindung zustande kommt und anzeigen, von welcher Leitung die Anfrage stammt.

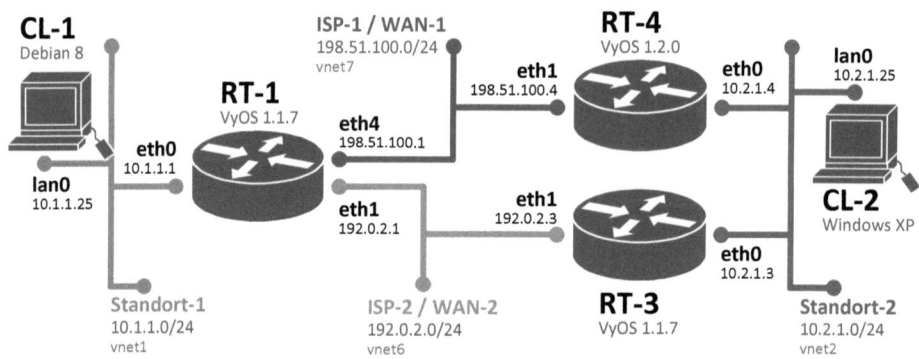

Abbildung 27.1: Standort-1 erreicht Standort-2 über mehrere Leitungen

Für die Untersuchung vom EdgeOS-Router greift Standort-3 über den Lastverteiler RT-5 durch dieselben Internetverbindungen und ISP-Router auf Standort-2 zu.

Im Folgenden wird sehr genau zwischen VyOS und EdgeOS unterschieden, denn ihre Arbeitsweise und Konfiguration für die Lastverteilung unterscheiden sich deutlich.

Webserver

Für die bessere Nachvollziehbarkeit benötigen die Netze von Standort-1 und Standort-2 jeweils einen HTTP-Server zum Anzeigen einer kleinen Webseite mit Statusinformationen. Für diesen Zweck eignen sich die vorhandenen Maschinen CL-1 und CL-2, aber jeder andere Server mit Webdienst tut hier gute Dienste.

Ein *Apache HTTP*-Server ist unter Linux und Windows schnell installiert. Das angebotene CGI-Skript `ip.cgi` (siehe Anhang B) gehört unter Debian ins Verzeichnis

```
/usr/lib/cgi-bin/
```

und unter Windows in den Ordner

```
c:\apache2\cgi-bin\
```

Verschlüsselung und Zertifikate verbessern zwar die Sicherheit im Web, helfen aber nicht beim Aufbau des Labors, also wird darauf verzichtet. Für die Prüfung der Lastverteilung reicht TCP-Port 80.

Arbeitsweise

Wenn ein IP-Paket den Router durch einen Netzadapter betritt, der unter der Obhut der Lastverteilung steht, dann durchläuft dieses Paket das Regelwerk *load-balance*. Abbildung 27.2 zeigt die Schritte des Pakets bis zum Verlassen des Routers.

Das Regelwerk wird sequenziell durchlaufen und der erste passende Eintrag bestimmt die weitere Vorgehensweise. Die Entscheidung der Regel wird mit der Gesundheit des ausgehenden Interfaces geprüft, denn nur ein funktionaler Netzadapter wird zur Weiterleitung benutzt.

Wenn kein Eintrag passt, fällt das Paket ins normale Routing zurück und wird anhand der Routingtabelle weitervermittelt.

Mit diesen Regeln lassen sich mehrere Szenarien abbilden:

- Ausfallschutz. Datenkommunikation erfolgt über das bevorzugte Interface. Nur im Fehlerfall kommt die Reserve-Leitung zum Einsatz.

Ausgehende Lastverteilung

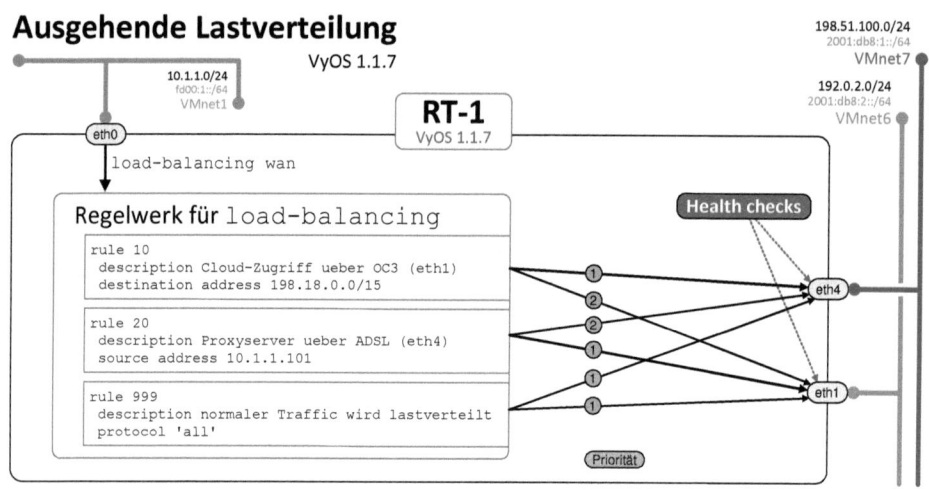

Abbildung 27.2: Die Arbeitsweise der Lastverteilung unter VyOS

- Load-Sharing. Alle Internet-Leitungen kommen zum Einsatz, wobei die genaue Verteilung weniger wichtig ist als die Verfügbarkeit.

- Load-Balancing. Die ausgehenden Verbindungen werden so verteilt, dass die Internet-Leitungen gleichmäßig ausgelastet sind.

Ein eingehendes IP-Paket durchläuft die Abteilungen Verbindungsverfolgung, Lastverteilung, Routing und Adressumsetzung, bevor es letztendlich versendet (oder verworfen) wird. Diagramm 27.3 zeigt einen vereinfachten Ablaufplan zur Entscheidungsfindung.

Ungeregelte Verteilung

Es beginnt mit der Routingentscheidung für mehrere Uplinks. VyOS hat zwei Pfade ins entfernte IP-Netz 10.2.1.0/24 von Standort-2 und benötigt dafür zwei Routen:

```
set protocols static route 10.2.1.0/24 next-hop 192.0.2.3
set protocols static route 10.2.1.0/24 next-hop 198.51.100.4
```

Nach einem commit benutzt VyOS bereits beide Pfade, denn beide Routen sind gleichwertig.

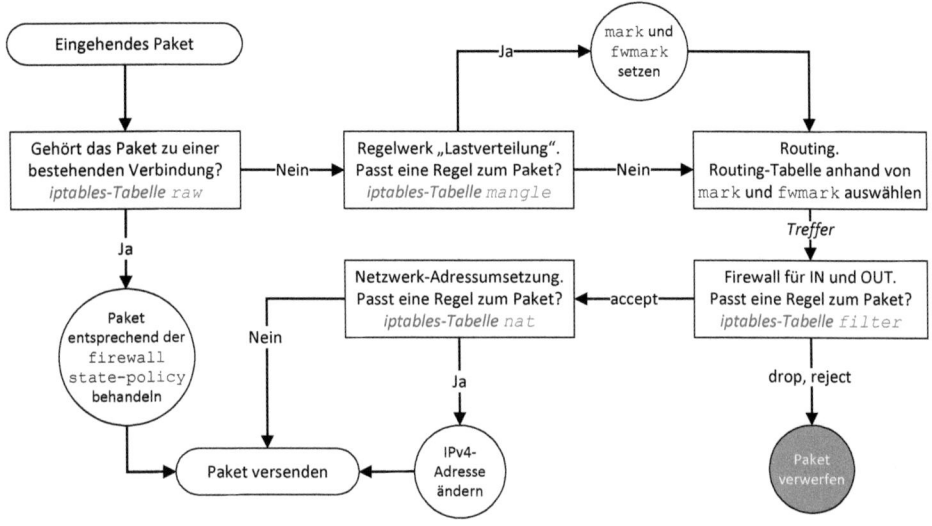

Diagramm 27.3: Welchen Weg nimmt ein IPv4-Paket durch iptables?

```
vyos@RT-1:~$ show ip route
S>* 10.2.1.0/24 [1/0] via 198.51.100.4, eth4
   *                  via 192.0.2.3, eth1
```

Es beginnt eine Lastverteilung, die alle Pakete einer Verbindung über dieselbe Leitung versendet. Der Lastausgleich wird durch *viele* Clientverbindungen erreicht, die über RT-3 und RT-4 gemischt verschickt werden.

Geregelte Verteilung

Das kontrollierte Versenden von zusammenhängenden Paketen übernimmt
das Lastverteilungs-Regelwerk, welches noch *vor* dem IP-Routing seine
Entscheidung treffen kann. Die Abarbeitung ähnelt dem Regelwerk der
Firewall mit einem gravierenden Unterschied: Das Ergebnis lautet nicht
erlauben oder *verbieten*, sondern liefert den Namen eines Interfaces zum
Weiterschicken des Verkehrs.

```
1   set load-balancing wan rule 10 inbound-interface eth0
2   set load-balancing wan rule 10 protocol tcp
3   set load-balancing wan rule 10 destination port 80
```

```
4  set load-balancing wan rule 10 interface eth1 weight 10
5  set load-balancing wan rule 10 interface eth4 weight 34
```

Die Regeln zur Lastverteilung lesen sich als Wenn-Dann–Bedingung: Wenn ein neues Paket über Netzadapter *eth0* den Router betritt (Zeile 1) *und* das TCP-Protokoll (Zeile 2) mit Zielport 80 (Zeile 3) verwendet, dann sende es über Interface *eth1* (Zeile 4) oder *eth4* (Zeile 5). Die Gewichtung von 10 und 34 bewirkt, dass beide Leitungen gemäß ihrer Bandbreite belastet werden.

Die Angabe von eingehendem und ausgehendem Interface muss in jeder Regel wiederholt werden. Fehlt ein Interface in der Regel, wird es nicht beachtet. Auf diese Weise können einzelne Anwendungen oder Dienste gezielt über eine bestimmte Internetleitung geroutet werden. Beispielsweise soll der TCP-Verkehr zu einer IPv4-Adresse nur über Interface *eth1* verschickt werden.

```
1  set load-balancing wan rule 20 inbound-interface eth0
2  set load-balancing wan rule 20 protocol tcp
3  set load-balancing wan rule 20 destination address 10.2.1.222
4  set load-balancing wan rule 20 interface eth1
```

> **Hinweis**
>
> Eine Regel wird nur berücksichtigt, wenn mindestens *ein* ausgehendes Interface verfügbar ist. Das Ergebnis des Health-Checks ist also Teil der Bedingung.

Falls Netzadapter *eth1* gestört ist, wird Regel 20 nicht verwendet und die Abarbeitungslogik sucht weiter nach Treffern im Regelwerk.

Eine finale Regel sollte nicht fehlen, die sich um alles kümmert, was vorher nicht genau klassifiziert wurde.

```
set load-balancing wan rule 999 inbound-interface eth0
set load-balancing wan rule 999 protocol all
set load-balancing wan rule 999 interface eth1 weight 10
set load-balancing wan rule 999 interface eth4 weight 34
```

Gleichzeitig bringt diese Regel Ausfallschutz für vorherige Regeln, die durch den Health-Check inaktiv sind.

Gesundheits-Check

Ob das auserwählte Interface tatsächlich funktioniert, prüft im eigenen Netz
ein Routingprotokoll mit dem regelmäßigen Austausch von Paketen als
Lebenszeichen (vgl. Kap. 11). Im Internet funktioniert das über das *Border
Gateway Protocol* (BGP), welches für größere Umgebungen vorgesehen ist.
Für bescheidene Umgebungen prüft der VyOS-Router mit eigenen Methoden
seine Internetverbindungen auf Funktionalität.
Im einfachsten Fall sendet RT-1 regelmäßig ein Ping an eine IPv4-Adresse
hinter der Internetleitung und hofft auf Antwort.

```
1  edit load-balancing wan
2  set interface-health eth1 failure-count 2
3  set interface-health eth1 nexthop 192.0.2.3
4  set interface-health eth1 success-count 3
5  set interface-health eth1 test 10 resp-time 5
6  set interface-health eth1 test 10 target 203.0.113.3
7  set interface-health eth1 test 10 type ping
8  top
9  set protocols static route 203.0.113.3/32 next-hop 192.0.2.3
```

Die Angabe des nächsten Routers in Zeile 3 ist nicht nur ein Hinweis für den
Health-Check, sondern bestimmt auch, an welchen benachbarten Router
die Clientverbindungen geschickt werden.
Die Häufigkeit des Pings und die Toleranz für erfolglose Prüfungen hat
großen Einfluss auf die Dauer, die eine defekte Leitung unerkannt bleibt.
Kleinere Werte erkennen eine ausgefallene Internetverbindung schneller,
erhöhen jedoch die Grundlast der Leitung und führen zu Fehlalarmen.
Die Zieladresse 203.0.113.3 ist im Laborumfeld eine zusätzliche Adresse
auf ISP-Router RT-3, welche mit dem folgenden Befehl zum Leben erweckt
wird.

```
set interfaces dummy dum0 address 203.0.113.3/32
```

Damit lassen sich später Ausfälle simulieren, wenn die IPv4-Adresse kurz-
fristig gelöscht wird.
Für die andere Leitung sieht der Health-Check sehr ähnlich aus, mit Ausnahme von Interface, Next-Hop und Ping-Adresse, die auf Router RT-4
gebunden wird. Ob beide Internetleitungen gesund und nutzbar sind, zeigt
nach einem `commit` das Kommando:

```
vyos@RT-1:~$ show wan-load-balance
Interface:  eth1
  Status:  active
  Last Status Change:  Sun Apr 30 20:09:38 2017
  +Test:  ping  Target: 203.0.113.3
    Last Interface Success:  0s
    Last Interface Failure:  n/a
    # Interface Failure(s):  0

Interface:  eth4
  Status:  active
  Last Status Change:  Sun Apr 30 20:09:38 2017
  +Test:  ping  Target: 203.0.113.4
    Last Interface Success:  0s
    Last Interface Failure:  n/a
    # Interface Failure(s):  0
```

Adressumsetzung

Die beiden WAN-Netze stellen das Internet dar und tolerieren, wie im echten Internet, keine privaten IPv4-Adressen. Der Router RT-1 muss zusätzlich zu seiner neuen Aufgabe als Lastverteiler die Absenderadresse der ausgehenden IPv4-Pakete noch durch eine öffentliche Adresse ersetzen (vgl. Kap. 10). Damit sind die Pakete der internen Clients von Standort-1 auch im Labor-Internet routbar.

Für die Wahl der passenden öffentlichen IPv4-Adresse bedient sich VyOS der Adresse seines Interfaces, welches das Regelwerk der Lastverteilung (oder der Zufall) für den ausgehenden Traffic vorgesehen hat.

```
set nat source rule 1 source address 10.1.1.0/24
set nat source rule 1 outbound-interface eth4
set nat source rule 1 translation address masquerade
set nat source rule 2 source address 10.1.1.0/24
set nat source rule 2 outbound-interface eth1
set nat source rule 2 translation address masquerade
```

Die ISP-Router RT-3 und RT-4 sollten nun keine privaten IPv4-Adressen von Standort-1 mehr erhalten. Internet-typisch verwerfen die ISP-Router Pakete mit privaten Adressen.

```
set protocols static route 10.1.1.0/24 blackhole
```

Szenario

Damit ist der Lastverteiler RT-1 minimal fertig eingerichtet. Der Webzugriff von Client CL-1 aus Standort-1 auf die Gegenstelle CL-2 in Standort 2 wird durch den Lastverteiler manchmal über WAN-1 und manchmal über WAN-2 transferiert. Der Webserver auf CL-2 gibt Auskunft über die Entscheidung des Lastverteilers anhand der Quell-Adresse der Zugriffe. Im Normalfall balanciert der Lastverteiler die Sessions im Verhältnis 34 zu 10 über seine Internet-Provider. Screenshot 27.4 zeigt zwei Zugriffe von Client CL-1 zum Webserver in Standort-2.

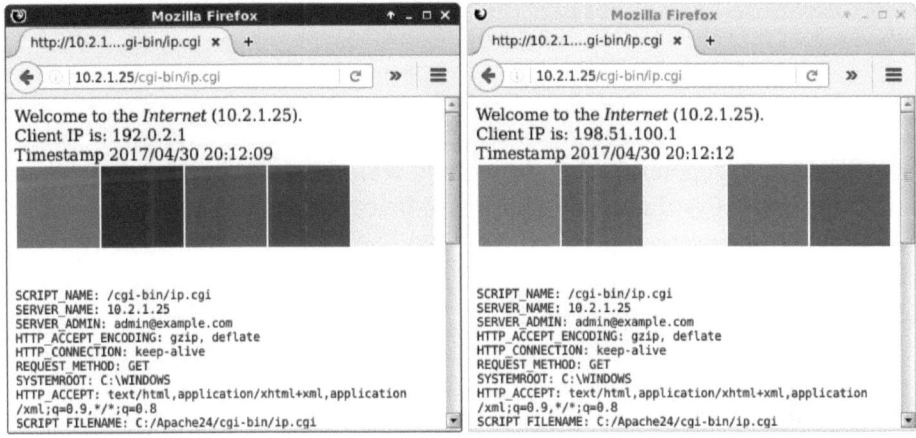

Abbildung 27.4: Zugriff auf denselben Server über verschiedene Leitungen

Ausfall

Es ist soweit: Die Internetleitung über RT-3 funktioniert nicht mehr und der Health-Check erkennt diesen Zustand, weil die Ping-Antworten ausbleiben. Der Ausfall lässt sich leicht simulieren, indem die IPv4-Adresse des Pseudo-Interfaces *dum0* von RT-3 gelöscht wird.

```
delete interfaces dummy dum0
```

Kurz darauf ändert sich die Paketverteilung von Lastverteiler RT-1, denn das Interface *eth1* steht nicht mehr zur Verfügung.

307

```
vyos@RT-1:~$ show wan-load-balance
Interface:  eth1
  Status:  failed
  Last Status Change:  Sun Apr 30 20:33:24 2017
  -Test:  ping  Target: 203.0.113.3
    Last Interface Success:  3m7s
    Last Interface Failure:  0s
    # Interface Failure(s):  17

Interface:  eth4
  Status:  active
  Last Status Change:  Sun Apr 30 20:09:38 2017
  +Test:  ping  Target: 203.0.113.4
    Last Interface Success:  0s
    Last Interface Failure:  n/a
    # Interface Failure(s):  0
```

Ausgehende Verbindungen wechseln auf die alternative Leitung. Bestehende TCP-Verbindungen werden abbrechen, weil die ausgehenden Pakete mit einer anderen öffentlichen Quelladresse beim Zielsystem ankommen. Und wechselnde IP-Adressen mag das TCP-Protokoll gar nicht. Robuste Applikationen bauen unmittelbar eine neue Verbindung auf, sodass dem Anwender eine Fehlermeldung erspart bleibt.

Monitoring

VyOS überwacht die Internetleitung durch dem `wan_lb`-Prozess und zeigt die Verfügbarkeit und Störungsdauer mit `show wan-load-balance` an. Der Ausfall einer Leitung bleibt weitgehend unbemerkt, bis auch der zweite Internetlink seinen Geist aufgibt. Wichtig ist also, dass wenigstens der verantwortliche Administrator oder ein Monitoring-Team über den Zustand informiert werden, um mit der Entstörung zu beginnen.

Für die Alarmierung erwartet VyOS ein Skript, welches den Admin per E-Mail informiert oder ein SNMP-Trap auslöst.

Das Alarm-Skript zum Versenden von Telegram-Nachrichten aus den Kapiteln 6 und 33 funktioniert auch zum Übermitteln von Statusänderungen bei der Lastverteilung.

```
set load-balancing wan hook \
  '/config/scripts/telegram Statusaenderung WAN-LB'
```

Sobald eine Leitung als fehlerhaft markiert wird, triggert VyOS eine Nachricht auf das Smartphone des Admins (Abbildung 27.5). Entstörungen werden ebenfalls berichtet, um eine Entwarnung zu signalisieren.

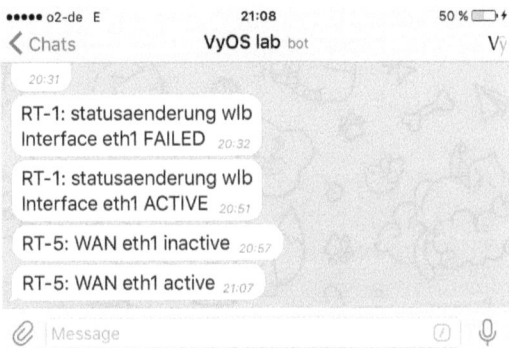

Abbildung 27.5: Telegram führt Buch über jede Zustandsänderung der Internetleitungen

IPv6

Die beschriebene Lastverteilung von IPv4-Paketen basiert auf Adressumsetzung (NAT). Die Notwendigkeit von NAT resultiert aus der Knappheit von IPv4-Adressen. Die IPv6-Welt hat ausreichend Adressen und benötigt kein NAT mehr.
Lastverteilung ist auch in IPv6-Netzen erwünscht, also hat sich NAT ebenso in die IPv6-Landschaft geschmuggelt. Etwa 20 Jahre nach dem Beginn von IPv6 erschien RFC 6296 mit dem Konzept der Präfix-Umsetzung *Network Prefix Translation* (NPTv6). Dabei werden interne IPv6-Netze in externe IPv6-Netze übersetzt. Bezogen auf das Labornetz ändert Router RT-1 Pakete von Clients aus seinem lokalen Netz fd00:1::/64 mittels NPTv6 in eine globale Adresse aus dem Präfix 2001:db8:4::/64. Der Client fd00:1::25 ist danach im Internet sichtbar als 2001:db8:4::25. Die Konfiguration von NPTv6 ist in Abschnitt *IPv6* von Kapitel 10 auf Seite 114 beschrieben.

Die Implementierung von NPTv6 in Verbindung mit Load-Balancing hat in VyOS noch keinen stabilen Stand erreicht. Der Health-Check kann zwar IPv6-Adressen prüfen, aber keinen IPv6-Router als nächsten Hop einsetzen.

Weiterhin akzeptieren die Lastverteilungsregeln keine IPv6-Adressen oder Präfixe. Eine ungeregelte Lastverteilung mit zwei Default-Routen liefert im Log den Fehler

```
May  1 22:00:01 RT-1 zebra[2482]: netlink-cmd error: No such \
    file or directory, type=RTM_NEWROUTE(24), seq=65, pid=0
```

mit dem Ergebnis, dass die Default-Routen ungenutzt bleiben oder gänzlich fehlen.

Ausfallschutz bei IPv6 mit VyOS bleibt eine manuelle Tätigkeit, die aus dem Wechsel der Default-Route besteht.
Mithilfe der Alarmierung bei einer Statusänderung (siehe Abschnitt *Monitoring*) oder dem Event-Handler (vgl. Kap. 6) in Verbindung mit der VyOS API (vgl. Kap. 24) lässt sich dieser Routenwechsel automatisieren.

Achtung

Derartige Eingriffe in VyOS stellen nur einen Workaround dar, der die Stabilität und die Konnektivität des Routers gefährden können.

Technischer Hintergrund

Der Linux-Kernel und Netfilter haben vielfältige Möglichkeiten, ein IP-Paket während der Abarbeitung zu manipulieren. Mit den Kommandos `iptables` und `ip` lassen sich die eingerichteten Methoden anzeigen und sogar verändern.
VyOS benutzt für die Konfiguration den selbstentwickelten Dienst `wan_lb`. Während eines `commit` füllt die VyOS-CLI die Konfigurationsdatei

```
/var/run/load-balance/wlb.conf
```

und übergibt die Kontrolle an den Lastverteilungs-Dienst. Anhand dieser Vorgaben wendet sich `wan_lb` selbstständig an Netfilter und richtet neue Regeln in den Tabellen `nat` und `mangle` ein.
In der Kette `PREROUTING` der `mangle`-Tabelle erkennt `iptables` Pakete, die lastverteilt werden sollen und setzt eine Markierung für das Paket. Die Markierung ist ein Hinweis darauf, welche Internetleitung später benutzt werden soll.

Wenn das Paket beim Routing angekommen ist, wird die Markierung ausgewertet. Pakete ohne Markierung benutzen die normale Routingtabelle. Pakete *mit* Markierung verwenden die spezielle Routingtabelle, die in der Markierung angegeben ist.

```
vyos@RT-1:~$ ip rule
0:        from all lookup local
32764:    from all fwmark 0x2 lookup 2
32765:    from all fwmark 0x1 lookup 1
32766:    from all lookup main
32767:    from all lookup default

vyos@RT-1:~$ ip route show table 1
default via 192.0.2.3 dev eth1

vyos@RT-1:~$ ip route show table 2
default via 198.51.100.4 dev eth4
```

Durch die unterschiedliche Default-Route biegt das Paket zum jeweiligen ISP ab. Auf diese Weise steuert VyOS die Verteilung von IP-Verbindungen über mehrere Internetleitungen.

EdgeOS

Der Laboraufbau berücksichtigt EdgeRouter RT-5 als Lastverteiler von Standort 3. Ausgestattet mit zwei Internetleitungen vermittelt er Clientverbindungen entweder über ISP-Router RT-3 oder RT-4.

Arbeitsweise

EdgeOS bringt seine eigene Implementierung für Lastverteilung mit, daher unterscheidet sich die Konfiguration und die Denkweise von der VyOS-Umgebung. Abbildung 27.6 visualisiert den Ablauf der Paketverteilung in einem EdgeRouter.

EdgeOS integriert das Regelwerk zur Lastverteilung ins Regelwerk der Firewall. Abhängig von einem Interface prüft die Firewall neue Pakete zusätzlich gegen die Lastverteilung-Regeln. Sobald eine Regel zutrifft, wandert das Paket zuerst in eine Lastverteilungs-Gruppe. Die Gruppe trifft die Routing-Entscheidung anhand der konfigurierten Routingtabelle und der

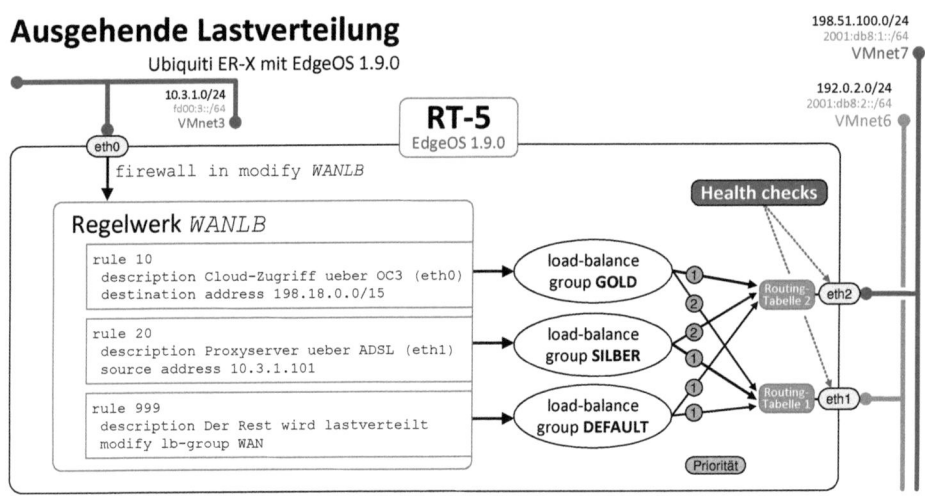

Abbildung 27.6: Die Arbeitsweise der Lastverteilung unter EdgeOS

Health-Checks. Sobald die Entscheidung feststeht, wird das Paket an das ausgehende Interface vermittelt und verschickt.

Multiple Routing-Tabellen

Für jede Internetleitung sollte eine eigene Routingtabelle zur Verfügung stehen. Diese kann beliebig viele Routen fassen. Um es einfach zu halten, liegt in jeder Routingtabelle nur die Default-Route zum jeweiligen ISP-Router.

```
set protocols static table 1 route 0.0.0.0/0 next-hop 192.0.2.3
set protocols static table 2 route 0.0.0.0/0 next-hop 198.51.100.4
```

Die konfigurierten Routingtabellen 1 und 2 kollidieren nicht mit der Haupt-tabelle. Ihre Routen werden nur verwendet, wenn sie aktiv angefordert werden, wie es bei den folgenden Verteilungsgruppen der Fall ist.

Hinweis

Die Lastverteilung von VyOS arbeitet intern auch mit mehreren Rou-tingtabellen, welche aber in der Konfiguration nicht erwähnt werden.

Gruppenarbeit

Das Konzept der Lastverteilungsgruppen bringt eine bessere Skalierbarkeit als bei VyOS, denn sie entkoppelt Regelwerk von Routingentscheidung. Für den praktischen Ansatz eignet sich für jedes Interface eine eigene Gruppe, die den Traffic bevorzugt darüber versendet. Zusätzlich wird eine allgemeine Gruppe benötigt, die Verbindungen behandelt, welche in keine der anderen Gruppen passen.

EdgeOS liefert keine vordefinierten Verteilungsgruppen. Eine allgemeingültige Gruppe *DEFAULT* muss zuerst angelegt werden, bevor sie den Netzverkehr wahllos über beide Routingtabellen und damit über beide Internetleitungen verteilt.

```
edit load-balance group DEFAULT
set interface eth1 route table 1
set interface eth1 route-test type ping target 203.0.113.3
set interface eth2 route table 2
set interface eth2 route-test type ping target 203.0.113.4
```

Weitere Gruppen zum gezielten Bevorzugen von einem bestimmten ISP sind möglich.

```
1  edit load-balance group SILBER
2  set interface eth1 route table 1
3  set interface eth1 route-test type ping target 203.0.113.3
4  set interface eth2 route table 2
5  set interface eth2 failover-only
6  set interface eth2 route-test type ping target 127.0.0.1
```

Das Beispiel erstellt die SILBER-Gruppe, welche ihre anvertrauten Pakete anhand von Routingtabelle 1 an den hinterlegten Internetprovider schickt. Ob die Verbindung zu diesem ISP funktioniert, prüft regelmäßig der Ping-Befehl mit der Zieladresse in Zeile 3. Bei Misserfolg (Zeile 5) sendet EdgeOS allen Verkehr über die Routingtabelle 2. Wenn kein Health-Check durchgeführt werden soll, bietet sich die eigene Loopback-Adresse als Ziel an, da EdgeOS bei fehlender Zieladresse den öffentlichen Server ping.ubnt.com einsetzt.

Regelwerk

Der fehlende Aspekt in der Lastverteilung ist das Regelwerk. Zusätzlich zu den bekannten Aktionen *accept* und *drop* bietet die Firewall die Entscheidung *modify*, welche das Paket an die Verteilungsgruppen übergibt.
Der eingehende Traffic bei Netzadapter *eth0* kommt in den Genuss der Lastverteilung durch das verbindende Element von Interface mit Firewall.

```
set interfaces ethernet eth0 firewall in modify WANLB
```

Mit der folgenden Konfiguration wird der Traffic von Client 10.3.1.24 an die Gruppe SILBER übergeben.

```
set firewall modify WANLB rule 10 action modify
set firewall modify WANLB rule 10 modify lb-group SILBER
set firewall modify WANLB rule 10 source address 10.3.1.24
```

Weitere Firewallregeln steuern das Verteilungsverhalten abhängig von Quelladresse, -port, Zieladresse, -port, Protokoll, TCP-Flag, Datum, Uhrzeit, Wochentag und sogar Anwendung (vgl. Kap. 29).
Wenn keine Regel zutrifft, widmet sich die finale Aufräumregel dem Traffic und sendet ihn an die DEFAULT-Gruppe.

```
set firewall modify WANLB rule 999 action modify
set firewall modify WANLB rule 999 modify lb-group DEFAULT
```

Diese Regel sorgt dafür, dass vergessene Applikationen und „Egal"-Traffic nicht durch die Lastverteilung blockiert werden.

Adressumsetzung

Genau wie bei VyOS benötigt EdgeOS für jede Internetleitung eine NAT-Regel, damit ausgehende Pakete stets eine Absenderadresse haben, die zum IPv4-Bereich des ISPs passt. Im einfachsten Fall ersetzt der EdgeRouter die Quelladresse der ausgehenden Pakete durch seine eigene IPv4-Adresse des öffentlichen Interfaces.
Abbildung 27.7 zeigt die bequeme Einrichtung der NAT-Regeln über die webbasierte Oberfläche von EdgeOS.

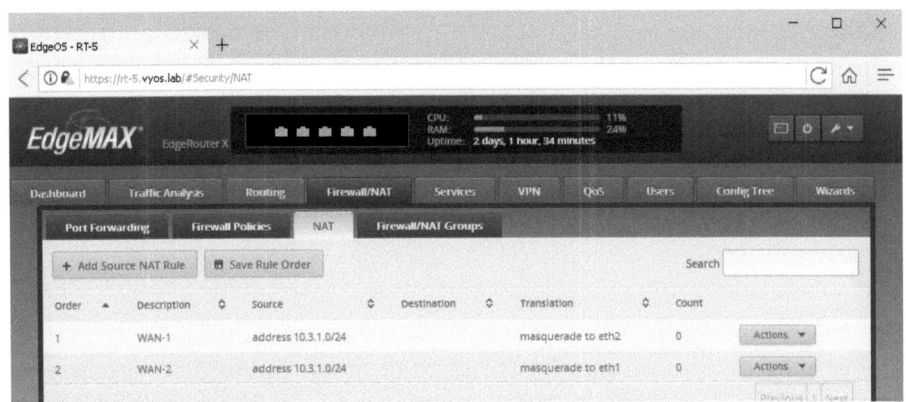

Abbildung 27.7: Die Web-UI von EdgeOS mit NAT-Regeln für Internetleitungen

Feedback

Ob die Internetleitungen nutzbar sind, protokolliert EdgeOS mit Datum und Uhrzeit. Gemäß der Schwellwerte wird eine Leitung außer Betrieb genommen oder wieder in Dienst gestellt. Ein show-Kommando gibt Einblick in den aktuellen Zustand.

```
vyos@RT-5:~$ show load-balance watchdog
Group WAN
  eth1
  status: Running
  pings: 0
  fails: 0
  run fails: 0/2
  route drops: 6
  ping gateway: 203.0.113.3 - REACHABLE
  last route drop   : Mon May  1 20:32:14 2017
  last route recover: Mon May  1 20:51:31 2017

  eth2
  status: Running
  pings: 617
  fails: 0
  run fails: 0/2
  route drops: 1
  ping gateway: 203.0.113.4 - REACHABLE
  last route drop   : Sun Apr 30 21:47:07 2017
  last route recover: Mon May  1 20:09:36 2017
```

Für die Alarmierung von Statusänderungen akzeptiert EdgeOS ein parameterloses Skript, sodass das Telegram-Skript (vgl. Kap. 6) eingesetzt werden kann. Die Kommando-Syntax dazu lautet

```
set load-balance group WAN transition-script \
  "/config/scripts/telegram"
```

IPv6

Die vielfältigen Möglichkeiten von NAT für IPv4 unter EdgeOS sucht man bei IPv6 vergebens. Im Community-Forum sind mögliche Ansätze beschrieben, welche NPTv6 direkt mit `ip6tables`-Befehlen einrichten. Diese Methode zum Implementieren von Features ignoriert die Validierung von Kommandos, die während einem `commit` ablaufen. Weiterhin besteht die Gefahr, dass sie von anderen Features überschrieben oder gelöscht werden. Abgesehen von diesem Hinweis hat EdgeOS keine offizielle Unterstützung für NPTv6.

Eingehende Lastverteilung

Die beschriebenen Techniken zur Verteilung des Netzverkehrs beziehen sich stets auf *ausgehende* Verbindungen: Ein interner Client baut eine Verbindung zu einem öffentlichen Server auf.

Andersherum könnte ein Client irgendwo im Internet einen Verbindungsversuch zum Server starten, der sich im privaten Netzwerk hinter dem VyOS-Router befindet. Entsprechende Firewall- und NAT-Regeln schränken den Zugriff auf gewünschte Anwendungen ein.

Diese Form der *eingehenden* Lastverteilung ist in Abbildung 27.8 dargestellt. Sie basiert auf der Umsetzung von öffentlichen IPv4-Adressen in eine private Adresse, um den angebotenen internen Server zu erreichen.

VyOS übersetzt die IPv4-Adresse *beider* Internetleitungen in die private Adresse des Servers. Damit sind Zugriffe von Clients über beide Leitungen möglich, ohne dass der Server die doppelte Wegeführung bemerkt.

Technisch betrachtet handelt es sich bei dieser Technik um Adressumsetzung von IPv4-Adressen. Wenn jede Internetleitung ihre eigene NAT-Regel erhält, die die Pakete zum selben internen Server sendet, dann können eingehende

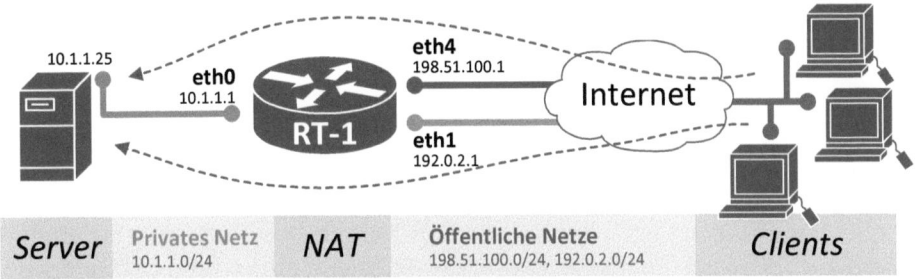

Abbildung 27.8: Erreichbar über mehrere Leitungen: eingehende Lastverteilung

IP-Verbindungen über beide Leitungen aufgeteilt werden und es entsteht eine Lastverteilung.

Wenn Router RT-1 die IP-Adressen seiner beiden WAN-Interfaces hergibt, um den internen Rechner CL-1 zu erreichen, dann werden zwei NAT-Regeln benötigt:

```
1   set nat destination rule 81 inbound-interface eth1
2   set nat destination rule 81 destination address 192.0.2.1
3   set nat destination rule 81 protocol tcp
4   set nat destination rule 81 destination port 80
5   set nat destination rule 81 translation address 10.1.1.25
6   set nat destination rule 82 inbound-interface eth4
7   set nat destination rule 82 destination address 198.51.100.1
8   set nat destination rule 82 protocol tcp
9   set nat destination rule 82 destination port 80
10  set nat destination rule 82 translation address 10.1.1.25
```

Am Beispiel von Regel 81 wird die IPv4-Zieladresse im Header geändert, wenn das Paket den Router über Adapter *eth1* erreicht (Zeile 1) und an die IP-Adresse 192.0.2.1 (Zeile 2) gerichtet ist und das TCP-Protokoll (Zeile 3) mit Port 80 (Zeile 4) transportiert. Dann ändert VyOS die Zieladresse in die IPv4 10.1.1.25 (Zeile 5) und sendet die Anfrage weiter an den Empfänger im internen Netz.

Wie erfahren die vielen Clients im Internet von der redundanten Anbindung des eigenen Servers? Hier hilft DNS, welches hinter einem einzelnen Namen mehrere IPv4-Adressen hinterlegen kann. Die Namensauflösung von `www.example.net` listet alle öffentlichen IPv4-Adressen, über die der Dienst erreichbar sein soll.

```
vyos@RT-1:~$ host www.example.net
www.example.net has address 192.0.2.1
www.example.net has address 198.51.100.1
```

Wichtig ist, dass der DNS-Server *alle* IP-Adressen in seiner Antwort an den Client zurückliefert. Je nach eingesetzter Software enthält die DNS-Antwort nur *eine* Adresse, die zwischen den Antworten wechselt. Dieses Verhalten bewirkt zwar eine Lastverteilung, verhindert aber einen Ausfallschutz. Sobald dem Client alle IPv4-Adressen des Servers bekannt sind, kann er sich für eine Adresse entscheiden und für den Verbindungsaufbau nutzen. Ist die Adresse unerreichbar, sollte er es mit der nächsten Adresse probieren.

Die Zuverlässigkeit dieser Lastverteilung ist abhängig vom Client und vom Zufall. Denn es ist möglich, dass 99% der Anfragen über dieselbe Leitung ankommen, weil sich die Clients ungünstig entschieden haben. Auch der Ausfallschutz ist Client-Sache: Nur wenn der Client die weiteren IPv4-Adressen erhält und verwendet, wird die Anwendung nach einem kurzen Timeout über die zweite Internetleitung mit dem Server kommunizieren.

Die Antwortpakete vom Server zurück zum Client wählen im Router RT-1 stets denselben Weg, über den sie angekommen sind. Es entsteht *kein* asymmetrisches Routing, bei dem das eingehende Paket über ISP-1 ankommt und das ausgehende Paket über ISP-2 zurückgeschickt wird. VyOS speichert Verbindungsdaten in seiner Connection-Tracking–Tabelle, die *vor* den Regelwerken von Lastverteilung, Adressumsetzung und Paketfilter konsultiert wird.

Kapitel 28

DSL-Router

Zu einem DSL-Anschluss gehört ein DSL-Router, der sich um die Einwahl, um die Adressumsetzung und um die Absicherung des internen Netzwerks kümmert. Im Heimumfeld sind die DSL-Geräte noch mit Wireless Access Point, Telefonanlage und Mini-NAS ausgestattet. Im Geschäftsumfeld wird eher Wert auf VPN und Verwaltbarkeit gelegt.

Dieses Kapitel beschreibt den Einsatz von einem EdgeRouter an einem VDSL2-Anschluss der Deutschen Telekom mit IPv4 und IPv6.

Die Abschnitte in diesem Kapitel sind grundsätzlich für alle EdgeRouter geeignet. Damit die Einrichtung einfacher beschrieben und nachvollzogen werden kann, beziehen sich alle Schritte auf die Kommandozeile.

DSL-Anschlüsse

Seit 2011 setzt die Deutsche Telekom verstärkt IP-basierte Telefonanschlüsse ein. Über das DSL-Signal flitzen dann nur noch IP-Pakete, die Telefonie, Fernsehen und normalen Webtraffic transportieren. Damit spart sich die Telekom den Unterhalt für die abgekündigte ISDN-Infrastruktur. Zusätzlich ist das Telefonkabel frei von Frequenzen, die bisher für die analoge Telefonie oder ISDN reserviert waren. Diese Frequenzbereiche nutzt der Router am All-IP–Anschluss für eine höhere Uploadrate.
Die Deutsche Telekom vermarktet den IP-basierten Anschluss unter den

Begriffen *DeutschlandLAN* für Geschäftskunden und *MagentaZuhause* für Privatkunden. Die Technik hinter diesen Anschlüssen basiert auf unterschiedlichen Standards:

- ITU-T G.992.5 Annex J. Die Übertragung benutzt die Technik von ADSL2+ mit den Frequenzänderungen nach Annex J. Im Downstream sind 16 Mbit/s möglich und im Upstream 2,4 Mbit/s.

- ITU-T G.993.2. Diese VDSL2-Übertragungungstechnik bietet dem Kunden einen Downstream von 50 Mbit/s mit einem Upstream von 10 Mbit/s.

- ITU-T G.993.5. Eine Beschleunigung des VDSL2-Zugangs bietet das Vectoring, welches den Downstream auf 100 Mbit/s und den Upstream auf 40 Mbit/s erweitert. Vectoring verbessert die Datenraten, indem es negative physikalische Effekte minimiert, die bei der Übertragung per Telefonkabel auftreten.

Laboraufbau

Der eingesetzte DSL-Router ist ein Ubiquiti EdgeRouter ER-X mit der Firmware EdgeOS 1.9.1 vom Dezember 2016. Die EdgeRouter haben kein internes VDSL-Modem, sodass die Terminierung der VDSL-Leitung durch ein zusätzliches Gerät erfolgen muss. Der EdgeRouter ist direkt mit dem Modem verbunden.

Abbildung 28.1 zeigt den Einsatzort eines typischen DSL-Routers. Über den Adapter *eth1* erfolgt die Einwahl und anschließend der Zugriff aufs Internet. Die Schnittstelle *eth0* erlaubt SSH- und HTTPS-Zugriff auf die Managementoberfläche von EdgeOS. Die restlichen Schnittstellen *eth2* bis *eth4* gehören zum internen Netz und dienen den Clients für die Internetkommunikation.

Die Trennung von Managementzugang und internen LAN-Ports erhöht die Sicherheit nur dann, wenn ein separates Managementnetz in der umgebenden Infrastruktur vorhanden ist. Falls das nicht der Fall ist, kann das Interface *eth0* als normaler LAN-Adapter betrieben werden, um einen weiteren physikalischen Anschluss zu haben.

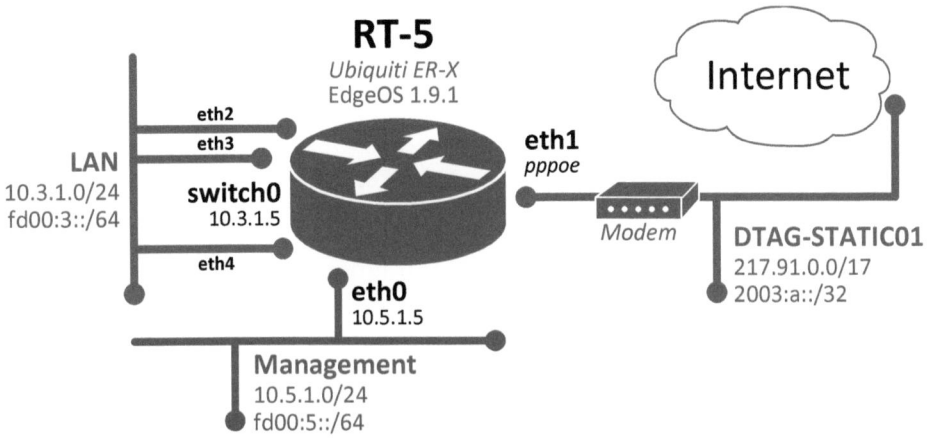

Abbildung 28.1: EdgeMAX als VDSL-Router

PPPoE-Einwahl

Auch wenn DSL eine Standleitungstechnologie ist, erwarten die meisten Internetprovider einen Verbindungsaufbau mit Einwahl, um Useranmeldung, Adresszuweisung und Abrechnung zu erzwingen. Bei deutschen ISPs kommt weitgehend PPPoE zum Einsatz (vgl. Kap. 12), welches das Point-to-Point–Protokoll (PPP) für Wählleitungen mit dem schnellen Ethernet verheiratet.

Die Deutsche Telekom geht noch einen Schritt weiter und nutzt bei den IP-basierten Anschlüssen eine VLAN-Markierung für die PPPoE-Pakete. Mit dem VLAN-Konzept lässt sich ein großes gemeinsames Netzwerk in mehrere kleine Subnetze teilen um Dienste, Abteilungen oder Rechenzentren voneinander abzuschotten (vgl. Kap. 5).

Die Telekom separiert mit diesem Ansatz ihr IP-basiertes Fernseh-Angebot (IPTV) vom regulären Internetbetrieb. Die IPTV-Plattform wurde anfangs parallel zum normalen Internetverkehr transportiert, was mit steigender Kundenzahl zu Problemen führte. Aus diesem Grund trennen VLANs den Multicast-IPTV-Traffic vom normalen Internetverkehr. Andere nationale ISPs nutzen denselben Ansatz und trennen teilweise noch ihre VoIP-Technik mit einem weiteren VLAN.

Aus der Menge der VLAN-Nummern von 1 bis 4094 hat sich die Telekom für die 7 entschieden. Damit muss der einwählende Router RT-5 die PPPoE-

Pakete markieren, bevor sie auf die Reise gehen.

```
1   edit interfaces ethernet eth1 vif 7
2   set pppoe 0 mtu 1492
3   set pppoe 0 name-server auto
4   set pppoe 0 user-id '00123456789012345678901203#0001@t-online.de'
5   set pppoe 0 password 12345678
```

Durch den zusätzlichen PPPoE-Header mit einer festen Länge von 8 Bytes geht dem Ethernet-Frame etwas Platz verloren. Von den maximalen 1500 Bytes hat sich PPPoE bereits acht Bytes reserviert, sodass eine maximale Größe von 1492 Bytes nutzbar ist (Zeile 2, vgl. Kap. 30). Für die Zugangsdaten hat die Telekom ihr eigentümliches Format, welches seit der ISDN-Ära unverändert ist (Zeile 4).

Hinweis

Wenn das Modem die VLAN-Markierung übernimmt, benötigt der Router keine VLAN-Kennung mehr und kann eine normale PPPoE-Einwahl machen. In dem Fall entfällt die Option `vif 7` in Konfigurationszeile 1.

Bei richtiger Verkabelung sollte der EdgeRouter bereits mit der PPPoE-Verhandlung beginnen. Wenn das DSL-Modem eine synchronisierte Verbindung meldet, steht einer erfolgreichen Einwahl nichts mehr im Weg. Notfalls kann EdgeOS mit dem Befehl

```
connect interface pppoe0
```

zu einem Einwahlversuch animiert werden.

Nach einer erfolgreichen PPPoE-Verbindung erhält der Router IP-Adressen und das Interface *pppoe0* meldet sich in der Liste der Netzadapter.

```
ubnt@RT-5:~$ show interfaces
Codes: S - State, L - Link, u - Up, D - Down, A - Admin Down
Interface      IP Address                    S/L  Description
---------      ----------                    ---  -----------
eth0           10.5.1.5/24                    u/u  Management
eth1           -                              u/u  DTAG VDSL2
eth1.7         -                              u/u  DTAG Internet
eth2           -                              u/u
eth3           -                              u/u
```

```
eth4           –                              u/D
lo             127.0.0.1/8                    u/u
               ::1/128
pppoe0         217.91.78.xxx                  u/u
               2003:a:47f:xxxx:xxxx:c9a:b72b:ebd2/64
```

Bei Misserfolg lohnt ein Blick in Abschnitt *Fehlersuche* von Kapitel 12.

> **Achtung**
>
> Nach diesem Schritt ist der Router bereits mit dem Internet verbunden, ohne dass eine Firewall aktiv ist.

Der EdgeRouter wird Schritt-für-Schritt zu einem vollwertigen DSL-Router, sodass Fehler in einem Konfigurationsschritt besser lokalisiert und gelöst werden können. Der Sicherheitsaspekt steht dabei im Hintergrund.

LAN-Ports

Die ungenutzten Ethernet-Anschlüsse des Routers können von Endgeräten für den Internetzugang benutzt werden. Die verbliebenen Ports verhalten sich wie ein kleiner Switch und werden ebenso konfiguriert.

```
1  set interfaces switch switch0 switch-port interface eth2
2  set interfaces switch switch0 switch-port interface eth3
3  set interfaces switch switch0 switch-port interface eth4
4  set interfaces switch switch0 address 10.3.1.5/24
```

Die Anweisungen in den Zeilen 1 bis 3 verbinden die physikalischen Adapter mit dem internen Switch *switch0*. Damit können die verbundenen Clients ohne weitere Einrichtung untereinander kommunizieren. Die IPv4-Adresse des Switches (Zeile 4) ist gleichzeitig das Default-Gateway für die angeschlossenen Computer.

DNS und DHCP

Die beiden Infrastrukturprotokolle DNS und DHCP werden meist zusammen behandelt, obwohl sie unterschiedliche Aufgaben erfüllen. Das *Domain*

Name System (DNS) behandelt die Namensauflösung. Sie verwandelt Servernamen wie www.example.net in ihre IPv4- oder IPv6-Adresse, die für die Kommunikation verwendet wird. Ein Client-Computer wird im Web keine Seite aufrufen können, wenn er keinen DNS-Server nach der hinterlegten Adresse fragen kann.

Das *Dynamic Host Configuration Protocol* (DHCP) ist die Plug-and-Play–Technik für IP-Netze. Der DHCP-Server weist Clients eine IP-Adresse zu und verrät ihnen weitere Fakten über das lokale Netz. So erhält der anfragende Client alle notwendigen Informationen um sich im Netz zurechtzufinden.

In der Disziplin DNS übernimmt EdgeOS nur die Rolle des Vermittlers. Anfragen von Clients nimmt der EdgeRouter zwar entgegen, aber für die Antwort muss er einen „richtigen" DNS-Server befragen.

```
set service dns forwarding listen-on switch0
```

Die Adresse des DNS-Servers zur Weiterleitung erhält EdgeOS automatisch per PPPoE. Wenn der ISP diese Informationen nicht mitliefert, erhält der EdgeRouter seine DNS-Server per Kommandozeile (vgl. Kap. 4). Wer die IP-Adressen der Nameserver seines Providers nicht im Kopf hat, freut sich bestimmt über die Adresswahl von *Google Public DNS*:

```
set system name-server 8.8.8.8
set system name-server 8.8.4.4
```

Der DHCP-Dienst erwartet für jedes IP-Netz einen Namen und Angaben zur Umgebung, die den Clients mitgeteilt wird.

```
1  set service dhcp-server disabled false
2  edit service dhcp-server shared-network-name LAN
3  set subnet 10.3.1.0/24 default-router 10.3.1.5
4  set subnet 10.3.1.0/24 dns-server 10.3.1.5
5  set subnet 10.3.1.0/24 dns-server 8.8.8.8
6  set subnet 10.3.1.0/24 lease 28800
7  set subnet 10.3.1.0/24 start 10.3.1.100 stop 10.3.1.199
```

Die Anweisung in Zeile 1 ist die Art von EdgeOS zu sagen, dass der DHCP-Dienst aktiv ist. Das Default-Gateway für die Clients ist der lokale Router (Zeile 3), da er den Pfad ins Internet kennt. Zur Namensauflösung können sich die Klienten zwischen dem EdgeRouter und Google-DNS entscheiden

(Zeilen 4 und 5). Die Zuweisung einer IPv4-Adresse ist endlich und beträgt acht Stunden (28.800 Sekunden). Zeile 7 bevollmächtigt den DHCP-Dienst zur Vergabe von Adressen aus dem angegebenen Bereich.

Sobald ein Computer an einem LAN-Port des Routers angeschlossen ist und als DHCP-Client eingerichtet ist, wird er im Netz nach einer IP-Adresse fragen. Diese Antwort wird von RT-5 mit der nächsten freien IPv4-Adresse beantwortet.

IPv4 mit Adressumsetzung

Mit der bisherigen Konfiguration erreichen die Clients den Router und der Router erreicht das Internet. Aber private IPv4-Adressen dürfen im Internet nicht mitspielen und müssen vor Eintritt ins große Netz durch eine öffentliche Adresse ersetzt werden. Diese Aufgabe erledigt der EdgeRouter mit einer Adressumsetzung (NAT, vgl. Kap. 10) aller ausgehenden Pakete.

```
1  set service nat rule 5000 protocol all
2  set service nat rule 5000 source address 10.3.1.0/24
3  set service nat rule 5000 outbound-interface pppoe0
4  set service nat rule 5000 type masquerade
```

Die Adresse im IP-Header tauscht der EdgeRouter bei allen Protokollen (Zeile 1), wenn ein Client aus dem IP-Netz 10.3.1.0 ankommt (Zeile 2) und über das Interface *pppoe0* ins Internet möchte (Zeile 3). Für die Ersetzung der IPv4-Adresse verwendet EdgeOS die eigene öffentliche Adresse des ausgehenden Interfaces (Zeile 4).

Clients können jetzt mit anderen Servern im Internet kommunizieren, Webseiten aufrufen und E-Mails verschicken. Aber nur über IP Version 4.

IPv6 mit Präfix-Delegation

Seit 2012 stattet die Deutsche Telekom DSL-Neuanschlüsse mit Dual-Stack–Technik aus. Dabei erhält der einwählende Router seine bewährte IPv4-Adresse und – wenn er danach fragt – auch ein IPv6-Präfix (vgl. Kap. 7). Damit kann der EdgeRouter mit der IPv6-Welt kommunizieren.

Die Adressumsetzung ist bei IPv6 verpönt, also muss der Router ein weiteres IPv6-Präfix beantragen und seine Clients per Präfix-Delegation damit ausstatten. Die Telekom versorgt ihre Kunden recht großzügig mit /56–Präfixen. Damit kann der Router 256 weitere interne IPv6-Netze adressieren und hat mehr IPv6-Adressen, als der ganze Adressraum von IPv4 hergibt.

Zuerst muss der EdgeRouter bei der Einwahl seinen IPv6-Wunsch nach einem bescheidenen /64–Präfix äußern.

```
set interfaces ethernet eth1 vif 7 pppoe 0 ipv6 enable
set interfaces ethernet eth1 vif 7 pppoe 0 ipv6 address autoconf
```

Mit dem kleinen Finger nimmt EdgeOS die ganze Hand und fordert sogleich ein großes /56–Präfix (Zeile 6).

```
1  edit interfaces ethernet eth1 vif 7 pppoe 0
2  set dhcpv6-pd pd 0 interface switch0 host-address ':22b0:2206'
3  set dhcpv6-pd pd 0 interface switch0 no-dns
4  set dhcpv6-pd pd 0 interface switch0 prefix-id 26
5  set dhcpv6-pd pd 0 interface switch0 service slaac
6  set dhcpv6-pd pd 0 prefix-length 56
7  set dhcpv6-pd prefix-only
8  set dhcpv6-pd rapid-commit enable
```

Dieses zusätzliche IPv6-Netz ist für die Clients an Switch *switch0* bestimmt und wird per *Stateless Address Auto-Configuration* (SLAAC, Zeile 5) genutzt. Bei diesem Verfahren zur Adressvergabe gibt EdgeOS gerade genug Ankündigungen, dass sich der Client im Netz zurechtfindet. Aus dem zugewiesenen IPv6-Bereich bildet sich auch der EdgeRouter seine eigene Adresse durch die Präfix-ID (Zeile 4) und Host-ID aus Zeile 2.

Der Vorgang der Präfix-Delegation ist dynamisch, denn bei einer erneuten Einwahl erhält der EdgeRouter eine andere IPv6-Adresse und ein anderes IPv6-Präfix für seine Clients. Eine Unterbrechung der DSL-Verbindung bewirkt also eine Umadressierung aller IPv6-Geräte.
Nach einer erneuten Einwahl hat der EdgeRouter das beispielhafte IPv6-Präfix 2003:a:1111:1100::/56 erhalten und daraus ein /64–Netz seinem Interface *swich0* spendiert.

```
ubnt@RT-5:~$ show interfaces
Codes: S - State, L - Link, u - Up, D - Down, A - Admin Down
Interface    IP Address                        S/L  Description
---------    ----------                        ---  -----------
eth0         10.5.1.5/24                        u/u  Management
eth1         -                                  u/u  DTAG VDSL2
eth1.7       -                                  u/u  DTAG Internet
eth2         -                                  u/u
eth3         -                                  u/u
eth4         -                                  u/u
pppoe0       217.91.78.xxx                      u/u
             2003:a:47f:xxxx:xxxx:c9a:b72b:ebd2/64
switch0      10.3.1.5/24                        u/u
             2003:a:1111:1126::22b0:2206/64
```

Das Präfix 2003:a:1111:11 erhält der Router bei der Einwahl. Die Präfix-ID 26 und Host-ID 22b0:2206 kennt der EdgeRouter anhand seiner Konfiguration. Aus diesen Informationen baut er sich die IPv6-Adresse für den LAN-Adapter zusammen.

Firewall

Ein Dual-Stack–Router mit seinen Füßen in beiden IP-Welten ist über beide Internet-Protokolle angreifbar. Daher benötigt er für beide Protokolle jeweils ein Firewallregelwerk, um sich und seine Klienten zu schützen. EdgeOS verwendet, genau wie VyOS, separate Firewallpolicies für IPv4 und IPv6, welche in der Syntax sehr ähnlich sind (vgl. Kap. 8).

Hinweis

Die folgenden Firewallrichtlinien sind minimalistisch und sollten vor einem produktiven Einsatz mit den eigenen Anforderungen abgeglichen werden. Die Beispiele erheben keinen Anspruch auf Vollständigkeit.

IPv4

Das Regelwerk zum Filtern von IPv4-Datenverkehr begrenzt einen Zugriff vom Internet auf interne Ressourcen oder den DSL-Router.

```
1  set firewall name INTERNET-IN default-action drop
2  set firewall name INTERNET-IN rule 1 action accept
3  set firewall name INTERNET-IN rule 1 log disable
4  set firewall name INTERNET-IN rule 1 protocol all
5  set firewall name INTERNET-IN rule 1 state established enable
6  set firewall name INTERNET-IN rule 1 state related enable
7  set firewall name INTERNET-IN rule 1 state invalid disable
8  set firewall name INTERNET-IN rule 1 state new disable
9  edit interfaces ethernet eth1 vif 7 pppoe 0
10 set firewall in name INTERNET-IN
11 set firewall local name INTERNET-IN
```

Eingehende Pakete müssen zu einer vorhandenen Verbindung gehören (Zeilen 5 und 6) oder werden kommentarlos verworfen (Zeilen 1, 7 und 8). Diese Vorgabe hat Gültigkeit für den logischen Netzadapter *pppoe0* und gilt für Traffic, der *durch* den Router fließt (Zeile 10) oder für ihn bestimmt ist (Zeile 11).

IPv6

Für die Datenkommunikation auf dem Rücken von IPv6 gelten dieselben Spielregeln wie bei IPv4, allerdings mit ein paar Erweiterungen.

```
1  set firewall ipv6-name INTERNET-IN-6 default-action drop
2  set firewall ipv6-name INTERNET-IN-6 enable-default-log
3  set firewall ipv6-name INTERNET-IN-6 rule 1 action accept
4  set firewall ipv6-name INTERNET-IN-6 rule 1 state established enable
5  set firewall ipv6-name INTERNET-IN-6 rule 1 state related enable
6  set firewall ipv6-name INTERNET-IN-6 rule 2 action drop
7  set firewall ipv6-name INTERNET-IN-6 rule 2 state invalid enable
8  set firewall ipv6-name INTERNET-IN-6 rule 4 action accept
9  set firewall ipv6-name INTERNET-IN-6 rule 4 log disable
10 set firewall ipv6-name INTERNET-IN-6 rule 4 protocol icmpv6
11 set firewall ipv6-name INTERNET-IN-6 rule 4 limit rate 50/second
12
13 set firewall ipv6-name INTERNET-LOCAL-6 default-action drop
14 set firewall ipv6-name INTERNET-LOCAL-6 enable-default-log
15 set firewall ipv6-name INTERNET-LOCAL-6 rule 1 action accept
16 set firewall ipv6-name INTERNET-LOCAL-6 rule 1 log disable
17 set firewall ipv6-name INTERNET-LOCAL-6 rule 1 state established enable
18 set firewall ipv6-name INTERNET-LOCAL-6 rule 1 state related enable
```

328

```
19  set firewall ipv6-name INTERNET-LOCAL-6 rule 2 action drop
20  set firewall ipv6-name INTERNET-LOCAL-6 rule 2 log disable
21  set firewall ipv6-name INTERNET-LOCAL-6 rule 2 state invalid enable
22  set firewall ipv6-name INTERNET-LOCAL-6 rule 4 action accept
23  set firewall ipv6-name INTERNET-LOCAL-6 rule 4 log disable
24  set firewall ipv6-name INTERNET-LOCAL-6 rule 4 protocol icmpv6
25  set firewall ipv6-name INTERNET-LOCAL-6 rule 4 limit rate 50/second
26  set firewall ipv6-name INTERNET-LOCAL-6 rule 6 action accept
27  set firewall ipv6-name INTERNET-LOCAL-6 rule 6 description 'DHCPv6'
28  set firewall ipv6-name INTERNET-LOCAL-6 rule 6 destination port 546
29  set firewall ipv6-name INTERNET-LOCAL-6 rule 6 protocol udp
30  set firewall ipv6-name INTERNET-LOCAL-6 rule 6 source port 547
31
32  edit interfaces ethernet eth1 vif 7 pppoe 0
33  set firewall in ipv6-name INTERNET-IN-6
34  set firewall local ipv6-name INTERNET-LOCAL-6
```

Das Internet-Protokoll in der Version 6 gibt dem *Internet Control Message Protocol* (ICMP) mehr Bedeutung. Die Funktionalität des *Address Resolution Protocol* (ARP) unter IPv4 gehört bei IPv6 zur Abteilung von ICMP. Auch die SLAAC bedient sich bei ICMPv6. Aus diesem Grund lässt sich ICMP nicht vollständig blockieren, sondern hat seine Daseinsberechtigung in einer Firewallpolicy. Regelnummer 4 (Zeilen 8 bis 11 und 22 bis 25) gestattet ICMP, aber nur bis zu einer Höchstgrenze von 50 Paketen pro Sekunde um *Denial of Service*–Attacken wenig Angriffsfläche zu bieten.

Der lokale Router gelangt an seine IPv6-Adresse nicht über PPPoE, sondern über DHCPv6. Regelnummer 6 (Zeilen 26 bis 30) duldet eine DHCPv6-Kommunikation anhand ihrer bekannten UDP-Portnummern.

Da die DHCPv6-Pakete keinen Zugang zum lokalen Netz haben sollen, muss die Firewallrichtlinie zwischen in und local unterscheiden. Die Firewall hat für beide Richtungen jeweils ein eigenes Regelwerk, welches in den Zeilen 32 bis 34 an das WAN-Interface *pppoe0* gebunden wird.

Managementzugang

In Umgebungen mit erhöhtem Sicherheitsbedarf kann der Verwaltungszugang zum Router vom Netzverkehr der Anwender getrennt werden (vgl. Kap. 31). Dazu werden Dienste von SSH und Weboberfläche an die Managementadresse gebunden und dieser Netzadapter mit Firewallregeln geschützt.

EdgeOS und VyOS haben vorgesorgt und bieten entsprechende Kommandos, um einen Dienst fest an eine IP-Adresse zu binden.

```
set interfaces ethernet eth0 address 10.5.1.5/24
set interfaces ethernet eth0 description Management-Interface
set service gui listen-address 10.5.1.5
set service ssh listen-address 10.5.1.5
```

Das Regelwerk für die Firewall kann den Zugriff auf die Dienste zusätzlich auf IP-Netze einschränken. Weiterhin verhindert es, dass das Managementinterface fürs Routing missbraucht wird.

```
1   set firewall name MGMT rule 10 action accept
2   set firewall name MGMT rule 10 state established enable
3   set firewall name MGMT rule 10 state related enable
4   set firewall name MGMT rule 22 action accept
5   set firewall name MGMT rule 22 description ssh,https
6   set firewall name MGMT rule 22 destination port 22,443
7   set firewall name MGMT rule 22 protocol tcp
8   set firewall name MGMT rule 22 source address 10.5.1.0/24
9   set firewall name MGMT rule 93 action accept
10  set firewall name MGMT rule 93 protocol icmp
11  set firewall name MGMT rule 93 icmp type-name echo-request
12  set firewall name MGMT rule 93 description ping
13  set firewall name MGMT default-action drop
14  set interfaces ethernet eth0 firewall local name MGMT
15
16  set firewall name MGMT-BLOCK default-action drop
17  set interfaces ethernet eth0 firewall in name MGMT-BLOCK
18  set interfaces ethernet eth0 firewall out name MGMT-BLOCK
```

Für IPv6 gelten dieselben Hausregeln, nur die Syntax variiert:

```
19  set firewall ipv6-name MGMT-6 rule 10 action accept
20  set firewall ipv6-name MGMT-6 rule 10 state established enable
```

```
21  set firewall ipv6-name MGMT-6 rule 10 state related enable
22  set firewall ipv6-name MGMT-6 rule 22 action accept
23  set firewall ipv6-name MGMT-6 rule 22 description ssh,https
24  set firewall ipv6-name MGMT-6 rule 22 destination port 22,443
25  set firewall ipv6-name MGMT-6 rule 22 protocol tcp
26  set firewall ipv6-name MGMT-6 rule 22 source address fd00:5::/64
27  set firewall ipv6-name MGMT-6 rule 93 description ping
28  set firewall ipv6-name MGMT-6 rule 93 action accept
29  set firewall ipv6-name MGMT-6 rule 93 protocol icmpv6
30  set firewall ipv6-name MGMT-6 default-action drop
31  set interfaces ethernet eth0 firewall local ipv6-name MGMT-6
32
33  set firewall ipv6-name MGMT-6-BLOCK default-action drop
34  set interfaces ethernet eth0 firewall in ipv6-name MGMT-6-BLOCK
35  set interfaces ethernet eth0 firewall out ipv6-name MGMT-6-BLOCK
```

Diese Firewallrichtlinie erlaubt eingehende Kommunikation per SSH und HTTPS vom IP-Netz 10.5.1.0/24 (Zeilen 4–8) und den üblichen Ping (Zeilen 9–12). Wenn weitere IP-Netze auf die Konfigurationsoberfläche zugreifen sollen, benötigt der EdgeRouter noch statische Routen, die den Traffic zurück ans richtige Gateway senden. Ansonsten wandern die Antwortpakete über die Default-Route ins Internet.

Die Richtlinie *MGMT-BLOCK* gestattet keine anderen ein- oder ausgehenden Verbindungsversuche (Zeilen 16–18).

Fazit

Mit der beschriebenen Konfiguration und einem passenden Modem wird selbst das kleinste Modell der EdgeMAX-Klasse zum vollwertigen DSL-Router, der seinen Clients das Internet über IPv4 und IPv6 eröffnet.

Aber EdgeOS hat noch weitere Tricks, die über den regulären Router-Betrieb hinausgehen:

- Dynamisches DNS. Der EdgeRouter hinterlegt seine IP-Adresse bei einem DNS-Anbieter und ist damit unter seinem Namen im Internet erreichbar.

- Verkehrsanalyse. EdgeOS untersucht den Datenstrom und versucht die Anwendung zu erkennen. Die Auswertung liefert der Firewall Informationen, um beispielsweise ungewollte Web-Inhalte zu blockieren (vgl. Kap. 29).

- Traffic-Shaping. Der EdgeRouter kann Datenströme anhand von IP-Adresse oder Anwendung gezielt ausbremsen. Damit klaut beispielsweise das nächste Internet-basierte Softwareupdate der speicherhungrigen CAD-Anwendung nicht mehr die volle DSL-Bandbreite, sondern beschränkt sich zwangsweise mit den konfigurierten 6 Mbit/s.

Kapitel 29

Verkehrsanalyse

Wenn ein Router brav die eingehenden IP-Pakete in die korrekte Richtung sendet, hat er seine Tagesarbeit erfüllt. Aber etwas Feedback über die verrichtete Arbeit wäre ganz nett, damit der Administrator Engpässe erkennt, unerwünschten Traffic blockiert oder einfach nur weiß, was in seinem Netzwerk los ist.

Die klassische Verkehrsanalyse wirft einen flüchtigen Blick auf die Internetadresse und die TCP- oder UDP-Portnummer. Anhand der Portnummer lassen sich die bekannten Protokolle ermitteln und geben einen Hinweis auf die transportierte Anwendung.

Wenn sich aber 99% des Netzverkehrs in `http` und `https` verstecken, dann hilft eine erweiterte Analyse des IP-Pakets.

Deep Packet Inspection (DPI) schaut sich die Pakete etwas genauer an und versucht jenseits des TCP-Headers die Anwendung zu erkennen. Damit weiß der Router, welche *Anwendungen* im Netz unterwegs sind und wie viel Bandbreite sie verwenden.

Ein paar enttäuschende Worte vorweg: Deep Packet Inspection gibt es nur auf den Routern von Ubiquiti. Das Feature ist proprietär, daher ist eine Portierung auf VyOS unwahrscheinlich.

Ubiquiti hat DPI in der Jahresmitte 2015 in seine Geräte eingebaut. Produktabgrenzung gibt es nicht, denn DPI ist auf allen EdgeRoutern verfügbar, sogar auf dem günstigen 60-Euro–Gerät.

DPI aktivieren

Die Paketinspektion wird wahlweise über die GUI oder die CLI aktiviert. Die Auswertung gibt es nur grafisch als bunte Webseite. Mit den beiden Kommandos

```
set system traffic-analysis dpi enable
set system traffic-analysis export enable
```

startet die Untersuchung der Paketinhalte. Wenn das EdgeMAX-Gerät als Router im Datenpfad sitzt, wird sich die Webseite *Traffic Analysis* schnell mit Werten füllen. Bei geswitchtem oder umgelenktem Traffic sind ein paar Tricks nötig, um DPI mit Paketen zu füttern.

Das EdgeOS-Betriebssystem holt sich zeitgesteuert die neuesten Signaturen, damit auch neue Anwendungen eine gute Chance auf Erkennung haben. Dieser Prozess läuft stündlich, kann aber auch händisch gestartet werden, um ein fehlgeschlagenes Update nachzuholen.

```
ubnt@RT-5:~$ update dpi signatures
No new signatures available
```

Analyse im Datenpfad

Wenn der EdgeRouter den Internetzugang bereitstellt oder als VLAN-Router das Campusnetz verbindet, fließen die IP-Pakete bereits durch die DPI-Engine und werden analysiert. Anspruchsvoller wird es, wenn der Edge-Router als Switch arbeitet oder als zusätzliche Komponente ins Netz gebracht wird.
Im Netzdiagram 29.1 soll der EdgeRouter transparent ins Netz eingebaut werden, um zu analysieren und ungewünschten Verkehr zu blockieren.
Für die anderen aktiven Komponenten ist der EdgeRouter unsichtbar, denn die Schnittstellen *eth0* und *eth1* leiten den Verkehr ohne Modifikation weiter wie ein normaler Switch. Die beste Platzierung für den EdgeRouter ist abhängig davon, was er analysieren soll. Bei Internettraffic eignet sich eine Position nahe bei der Firewall oder dem Providerrouter. Im beispielhaften Netz aus Abbildung 29.1 sitzt der EdgeRouter zwischen Firewall und Internetrouter.

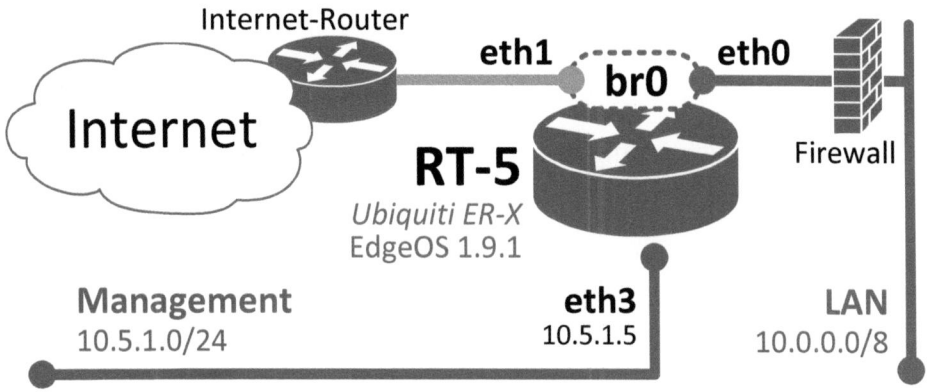

Abbildung 29.1: Traffic-Analyse im transparenten Modus

Die EdgeMAX-Geräte erreichen hohe Transferraten durch Auslagerung der Switchingfunktion in spezielle Chips, die flotter arbeiten und die CPU nicht belasten. Damit läuft der Netzverkehr an der Packet-Inspection–Engine vorbei. Für die Analyse muss von Hardware-Switching auf Softwareswitching umgeschaltet werden. Je nach EdgeMAX-Modell gibt es einen Befehl, der mit `set system offload` beginnt, aber die zuverlässigste Methode ist die Nutzung einer Netzbrücke *brX* anstelle eines Switches *switch0*. Denn die Bridge ist eine Softwareimplementierung und damit der einfachste Weg das Hardware-Offloading zu vermeiden.

> **Hinweis**
>
> Es soll nicht der Eindruck entstehen, dass Hardware-Offloading etwas Schlechtes ist. Damit werden hohe Transferraten erreicht, die eine Gigabitleitung sättigen können. Allerdings passt Hardware-Offloading und DPI (noch) nicht zusammen, was der Grund für die Deaktivierung ist.

Mit den Adaptern *eth0* und *eth1* als Teil der Netzbrücke *br0* verhält sich der Router auf diesen beiden Interfaces passiv wie ein normaler Switch.

```
set interfaces bridge br0
set interfaces ethernet eth0 bridge-group bridge br0
set interfaces ethernet eth1 bridge-group bridge br0
```

```
set interfaces ethernet eth3 address 10.5.1.5/24
set system traffic-analysis dpi enable
set system traffic-analysis export enable
```

Wenn die untersuchte Umgebung mehrere Firewalls hat, können noch weitere Netzadapter des EdgeRouters Mitglied der Bridge *br0* werden und an der Analyse teilnehmen.

Das neue Interface *br0* erhält keine eigene IP-Adresse, um unsichtbar zu bleiben. Zugriff auf den EdgeRouter ist über das separate Managementinterface *eth3* möglich.

Für die Auswertung macht es keinen Unterschied *wie* die Pakete durch den Router fließen. Jede gesichtete IP-Adresse wird protokolliert und die übertragene Datenmenge gezählt. Abbildung 29.2 zeigt einen sehr surffreudigen Client und seine bevorzugten Anwendungen.

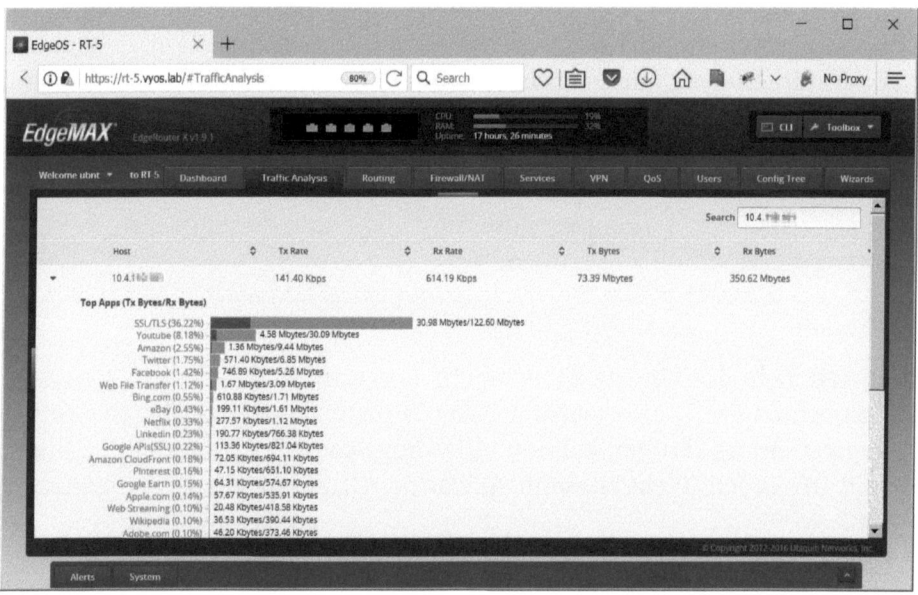

Abbildung 29.2: Welche Webanwendungen benutzt ein Client?

Blockade

Die Deep Packet Inspection erzeugt nicht nur bunte Ringe und lange Listen mit IP-Adressen. Die Erkenntnisse lassen sich auch für Firewallregeln verwenden, um Anwendungen zu blockieren oder zu erlauben. Nur anhand der IP-Adresse und Portnummer wird es schwierig beispielsweise ein Videoportal zu sperren.

Als zusätzliches Kriterium einer Firewallregel greift EdgeOS mit dem Schlüsselwort *application* auf die DPI-Informationen zu. In den Kapiteln 8 und 9 hat sich das Regelwerk der VyOS-Firewall stets auf TCP/UDP-Ports oder IP-Adressen bezogen.

Mit der DPI lässt sich Netzverkehr transparent anhand der ermittelten Kategorie blocken. Die Logik der Firewall und ihre Arbeitsweise sind unverändert. Im folgenden Beispiel reduziert der EdgeRouter den Internetzugriff um alle erkannten Anwendungen der Kategorie *Peer-to-Peer*.

```
set firewall name INTERNET default-action accept
set firewall name INTERNET rule 100 application category P2P
set firewall name INTERNET rule 100 action drop
set interfaces bridge br0 firewall in name INTERNET
```

Ausnahmen von dieser Kategorisierung benötigen eine weitere Regel *vor* der abgedruckten Regel.

Entfernte Analyse

Je nach Topologie ist ein Dazwischen-Schalten des EdgeRouters nicht machbar. Beispielsweise gibt es in virtuellen Umgebungen keine Kabel, wo ein EdgeRouter reingebrückt werden könnte. Oder wenn der Internetzugang andere Anschlüsse nutzt, als der EdgeRouter bereitstellt (z. B. Kabelanschluss, UMTS, Glasfaser) muss mit Tricks gearbeitet werden, damit die DPI-Engine die Pakete sieht.

Irgendwie müssen die IP-Verbindungen an der DPI-Engine vorbeikommen. Nur wenn das mit einem Gerät der vorhandenen Infrastruktur möglich ist, kann die Paketinspektion genutzt werden. Die meisten Geräte der günstigen Consumer-Klasse haben keine Möglichkeit den Datenstrom künstlich umzulenken oder zu spiegeln.

Wenn VyOS als Firewall oder Router im Netz zum Einsatz kommt, kann mit einem Mirror-Port (vgl. Kap. 33) eine Kopie jedes Pakets zum Edge-Router gespiegelt werden. Der EdgeRouter leitet das Paket weiter an die DPI-Engine, welche es *nicht* weiter ins Netz sendet.

Durch den VyOS-Router RT-1 in Diagramm 29.3 fließen die Datenströme der Anwender. Alle Pakete, die durch das LAN-Interface *eth0* wandern, sendet VyOS in Kopie an den EdgeRouter RT-5 zur Analyse.

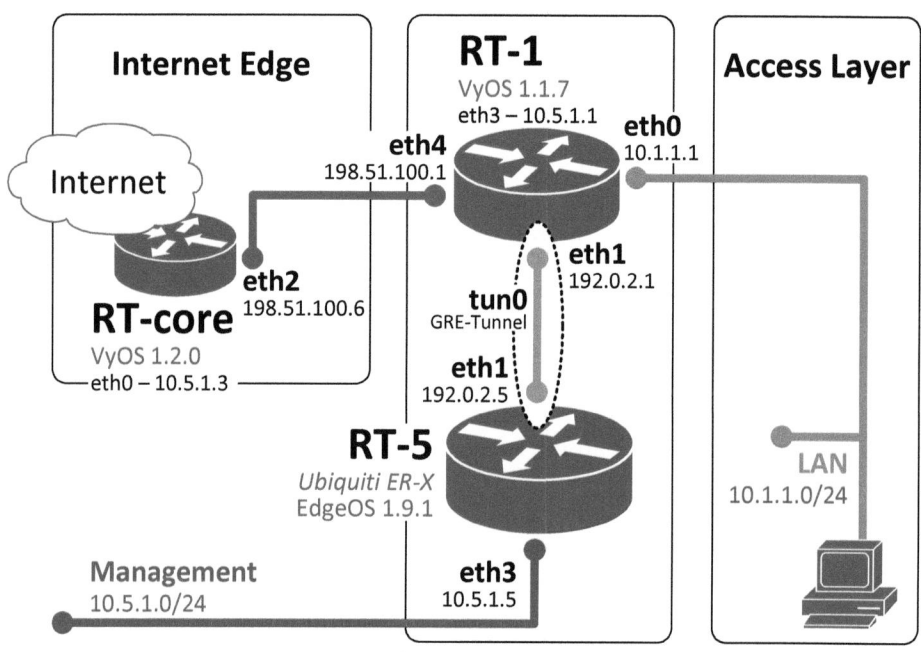

Diagramm 29.3: Traffic-Analyse auf Basis von Paketkopien

In der dargestellten Laborumgebung sind Quelle und Ziel des Mirror-Ports im gleichen Subnetz und direkt miteinander verbunden. Aber der Mirror-Port funktioniert auch, wenn die Geräte in unterschiedlichen IP-Netzen platziert sind. Für diesen Fall wird Datenstrom durch das IP-Netz *getunnelt*. Der Tunnel ist ein einfacher unverschlüsselter GRE-Tunnel ohne besondere Eigenschaften. Dieselbe Technik benutzt auch Cisco mit dem *encapsulated remote switched port analyzer* (ERSPAN), allerdings mit einem proprietären Header.

Die Konfiguration von VyOS als Datenquelle besteht aus dem Tunnel mit Quell- und Zieladresse, sowie dem Wunsch das Interface *eth0* zum Tunneladapter zu replizieren.

```
set interfaces tunnel tun0 encapsulation gre
set interfaces tunnel tun0 local-ip 192.0.2.1
set interfaces tunnel tun0 remote-ip 192.0.2.5
set interfaces ethernet eth0 mirror tun0
```

Anschließend sendet RT-1 schon GRE-Pakete in Richtung 192.0.2.5. Der Zielrouter RT-5 erhält ebenfalls einen Tunneladapter, um als Gegenstelle die Pakete anzunehmen.

```
set interfaces tunnel tun0 encapsulation gre
set interfaces tunnel tun0 local-ip 192.0.2.5
set interfaces tunnel tun0 remote-ip 192.0.2.1
set system traffic-analysis dpi enable
set system traffic-analysis export enable
```

Die DPI-Engine stört sich nicht an diesem zusätzlichen GRE-Header. Und nach kurzer Zeit sollte sich die Webseite des EdgeMAX-Routers im Bereich *Traffic Analysis* mit Daten füllen, wie Abbildung 29.4 beispielhaft zeigt.

Einschränkungen

Die erweiterte Paketanalyse ist noch ein junges Produkt von Ubiquiti und auch noch mit ein paar Schwächen behaftet. Die folgenden Einschränkungen beziehen sich auf Version 1.9.1 von EdgeOS und werden möglicherweise in zukünftigen Releases verbessert.

Die Paketinspektion erkennt US-amerikanische Applikationen und Webseiten deutlich besser als ihre Parallelen im deutschsprachigen Raum. Die Klassifizierung der Pakete zu einer bestimmten Anwendung bleibt das Geheimnis von Ubiquiti. Es gibt keine Möglichkeit zum Nachbessern, Erweitern oder Korrigieren von fehlerhaften Zuordnungen. Darunter leiden die Auswertung und auch die Firewallregeln, denn ein Regelwerk auf Basis von DPI ist nur so stark wie die Applikationserkennung. Eine unerkannte Anwendung schlüpft damit durch die Firewallpolicy oder benötigt zusätzliche Maßnahmen, um wirksam blockiert zu werden.

Die Verkehrsanalyse macht keine Unterscheidung nach eingehendem oder

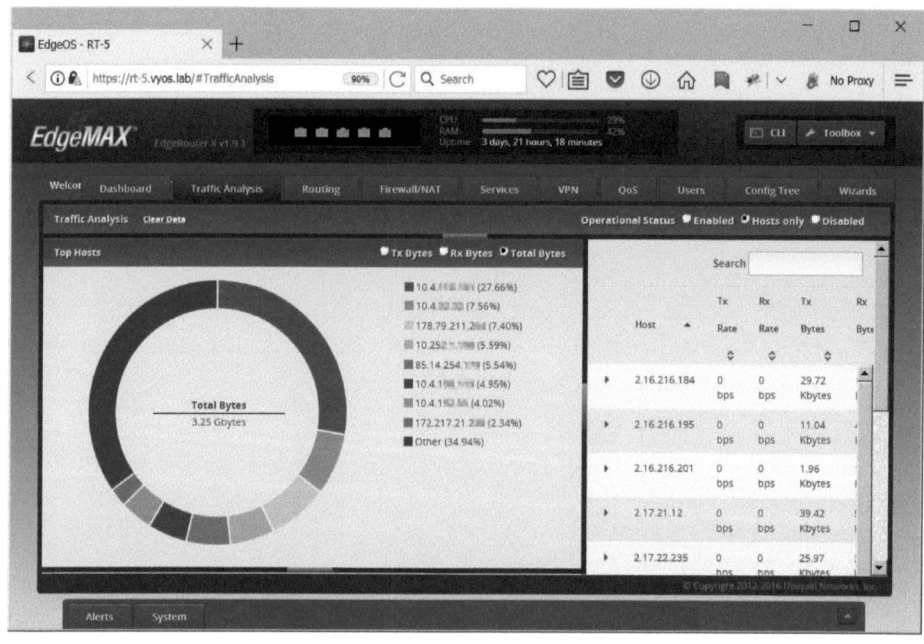

Abbildung 29.4: Grafische Auswertung der Traffic-Analyse

ausgehendem Traffic. Alles was durch den Router läuft, wird analysiert, protokolliert und geht in die Statistik ein. Ausnahmen lassen sich nicht konfigurieren. Beispielsweise werden das eigene Monitoringsystem und die Server zur Softwareverteilung stets auf den oberen Plätzen der Bandbreitennutzer stehen. Von den Ergebnissen können keine einzelnen IP-Adressen oder -Bereiche ausgeschlossen werden.

Einsicht in die Analyseergebnisse ist nur von der Weboberfläche möglich; auf der Kommandozeile lässt sich das Feature nur an- und ausschalten. Das verhindert ein skriptbasiertes Weiterverarbeiten der Listen für beispielsweise einen Tagesreport oder zum automatischen Archivieren.

Die Untersuchung jedes IP-Pakets bis in den Anwendungsheader benötigt seitens des EdgeRouters Prozessorleistung und Arbeitsspeicher. Ob DPI den vorhandenen Router überlastet, lässt sich nicht pauschal beantworten. Das ist hauptsächlich abhängig von der Leistungsklasse des EdgeRouters und vom Bandbreitenbedarf der verwendeten Anwendungen.

Das EdgeOS-Kommando show system processes listet alle laufenden Prozesse und entspricht dem Linux-Kommando top. Für die Verarbeitung nutzt
DPI das Kommando ubnt-util. Wenn dieser Name beim Listing der Prozesse mehrmals mit 99% CPU-Bedarf auftaucht, stößt der Router an seine
Grenzen und könnte zum Flaschenhals werden.

Der folgende Auszug zeigt einen EdgeRouter-X bei der Paketanalyse eines
Datenstroms von etwa 30 Mbit/s.

```
ubnt@RT-5:~$ show system processes extensive | match "ubnt-util|PID"
  PID USER   PR  NI  VIRT RES  SHR S  %CPU %MEM    TIME+  COMMAND
14589 root   20   0  119m 23m 2788 R  99.9  9.4 157:29.20 ubnt-util
  366 root   20   0  137m 25m 3264 S  84.3 10.4 206:33.74 ubnt-util
14648 root   20   0  143m 30m 3144 R  19.2 12.3 179:41.37 ubnt-util
```

Während ein EdgeRouter zur Analyse im Pfad neutral platziert werden
kann, ist der Aufwand bei einem *out-of-path*-Szenario aufwendiger und
EdgeMAX ist recht engstirnig gegenüber bekannten Mirrorfunktionen.

Der Cisco *Switched Port Analyser* (SPAN) arbeitet genau wie ein Mirror-
Port unter VyOS. Der EdgeRouter empfängt die gespiegelten Frames, aber
verarbeitet Unicast-Pakete außerhalb der CPU. Dieses Hardware-Offloading
hat bereits in Abschnitt *Analyse im Datenpfad* die DPI verhindert. Je nach
Routermodell lässt sich das Offloading auch nicht abschalten, sodass eine
Paketanalyse mittels SPAN-Port keine Aussicht auf Erfolg hat.

Die Technik von Ciscos ERSPAN kann leider auch nicht benutzt werden. Die
gespiegelten Pakete erreichen zwar durch den GRE-Tunnel erfolgreich den
EdgeRouter, aber Cisco benutzt innerhalb des Tunnels einen Ethertyp, den
EdgeOS nicht erkennt.

Zuletzt sei erwähnt, dass DPI aktuell nur IPv4-Verbindungen analysiert. Die
Ausweitung auf IPv6 ist seitens Ubiquiti hoffentlich nur eine Frage der Zeit.

Technischer Hintergrund

Ubiquiti hat auf seiner Webseite viele Anleitungen und mehrere Videos
zur Paketanalyse, aber kaum Hinweise auf den Ablauf hinter den Kulissen.
Glücklicherweise gestattet EdgeOS einen Blick auf das Betriebssystem, wo
DPI seine Arbeit verrichtet.

Das Kernelmodul ubnt_nf_app ist das Herz der Paketinspektion. Die Kommandozeile und die Web-UI kommunizieren über das Pseudodateisystem
proc mit dem Modul. Der Kernel stellt die analysierten Daten unter

```
/proc/nf_dpi/flows
```

bereit, aber leider in einem unbekannten Binärformat.

Im Sinne des Open-Source–Gedankens stellt Ubiquiti die Quellen zu seiner Linuxdistribution *EdgeOS* frei zur Verfügung, sodass der Quellcode von DPI zur Einsicht bereitliegt. Im Paket

```
ubnt-platform_*.tgz
```

befindet sich der Code im Unterverzeichnis `ubnt_nf_app/`, aber leider völlig kommentarlos. Die genaue Analyse von `ubnt_nf_app.ko` würde den Rahmen sprengen und passt eigentlich nicht in ein Buch über VyOS.

Teil VI

Für Trickser

Kapitel 30

Performance Tuning

VyOS basiert auf Linux. Als universelles Betriebssystem kann Linux zwar auf fast jeder Hardware benutzt werden, aber der Grundgedanke war stets die Vielseitigkeit und nicht der schnelle Transport von Datenpaketen. Verglichen mit hochoptimierten Systemen, die nur Durchsatz im Kopf haben, bietet Linux eine schwache Performance. Auch wenn das lokale System mit leistungsstarker Hardware punkten kann, ist der Netzwerk-Stack von Linux doch eher ein Allrounder, der mit jeder Umgebung klarkommt und kein Spezialist für Hochleistungsnetze.

Dennoch macht Linux auf Netzwerkgeräten eine gute Figur. Im Linux-Kernel und seinen Anwendungsprogrammen gibt es mehrere Schalter und Regler, um die Paketverarbeitung voranzutreiben. Eigene Verbesserungen im TCP/IP-Stack sind meist eher Wunschdenken, aber auch kleine Schritte können Steigerungen bewirken.

Wie viel Leistung und Bandbreite ist von einem Linux-basierten Router zu erwarten? Dieses Kapitel zeigt, mit welchen Kommandos sich das Ergebnis prüfen und eventuell steigern lässt.

Laboraufbau

Dieses Kapitel untersucht VyOS-Router RT-1 auf Leistung beim Durchreichen von Paketen mit und ohne Verschlüsselung. Zur Messung sendet der benachbarte Router RT-2 Pakete mit maximaler Bandbreite durch RT-1 an RT-3, welcher die Daten empfängt, protokolliert und verwirft.

Die Messung der Crypto-Leistung benutzt einen VPN-Tunnel zwischen RT-1 und RT-3, wobei RT-1 gleichzeitig Messpunkt ist. Diagramm 30.1 zeigt den Versuchsaufbau.

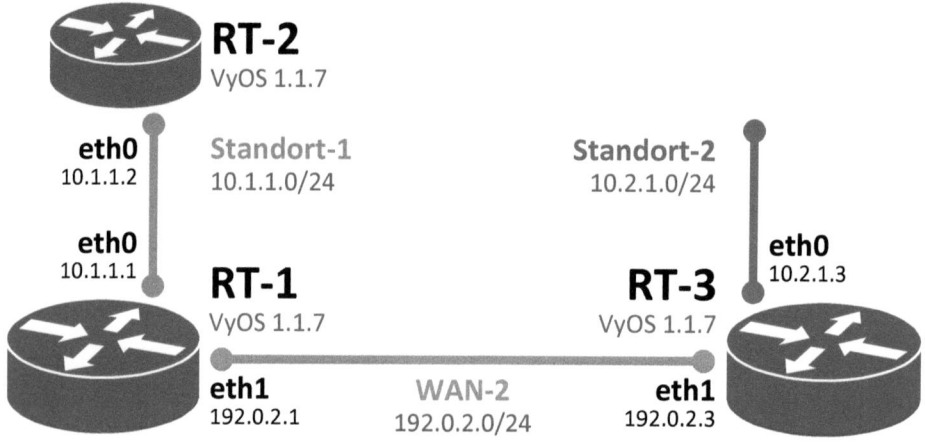

Diagramm 30.1: Laboraufbau zur Leistungsmessung

Auslastung

Bevor es mit den Tricksereien losgeht, kommt der VyOS-Router auf den Prüfstand, um die momentanen Leistungsdaten zu ermitteln. Während benachbarte Geräte mit maximaler Rate Pakete durch den Router schieben, bieten verschiedene Befehle detaillierten Einblick in die Ressourcenauslastung.

Diese Überwachungstools gehören zu den üblichen verdächtigen Linux-Kommandos, die beim Troubleshooting gern gesehen sind und in keiner Distribution fehlen dürfen.

bmon Alle lokalen Netzadapter im Überblick mit Übertragungsraten in Echtzeit liefert bmon. Der grafische Modus bringt sogar die Auslastung einer Netzwerkkarte der letzten 60 Sekunden in ASCII-Art.

iftop   Welche Client-Verbindungen transportiert der Router? Das zeigt iftop pro Interface an und listet neben der Session auch die Übertragungsrate der letzten 2, 10 und 40 Sekunden.

jnettop   Die Ausgabe und Funktion von jnettop ähnelt iftop. Der Fokus liegt allerdings beim Aufspüren von Clients, die die meiste Netzlast erzeugen.

iptraf   Menügestützt beinhaltet iptraf Funktionen zum Anzeigen von IP-Verbindungen und viele Statistiken über die lokalen Netzadapter. Dazu gehört die Aufteilung des Netzverkehrs in Protokolle, Paketgrößen und Portnummern.

top   Neben einer aktuellen Liste von Linux-Prozessen liefert top noch die momentane Auslastung von Prozessor, Arbeitsspeicher, SWAP und System-Load.

ethtool   Einem Netzadapter lassen sich mit ethtool viele Parameter und Statistiken entlocken. Darüber hinaus gibt es Funktionen zur Diagnose und zum Selbsttest eines Adapters.

Virtueller Netzadapter

In einer virtuellen Umgebung lässt sich der Typ des Netzadapters eines Gastsystems mit wenigen Handgriffen ändern.
VirtualBox hat die Auswahl des Adaptertyps in die GUI eingebaut. Die Dropdown-Box ist gefüllt mit Netzwerkkarten von AMD und Intel, die dem Gastsystem als Hardware präsentiert werden. Aber es geht auch ohne Emulation: Der paravirtualisierte Netzadapter *virtio-net* stellt dem Gast eine software-basierte NIC bereit. Das Gastbetriebssystem muss dieses Prinzip kennen und bereits Treiber dabei haben. Da virtio ein offener Standard ist, hat Linux seit 2008 (und damit auch VyOS) den passenden Code direkt im Kernel.

VMware Workstation wählt automatisch den Intel e1000-Adapter. ESXi pendelt zwischen e1000 und dem hauseigenen Adapter, aber auch Hardware von AMD ist verfügbar. Zur Leistungssteigerung nutzt VMware ebenfalls den Ansatz der Paravirtualisierung bei Netzadaptern, allerdings mit eigener Software unter dem Begriff *VMXNET*. Der Treiber für VMXNET-Adapter ist in den VMware-Tools enthalten, die auf dem Gastsystem installiert sein müssen.

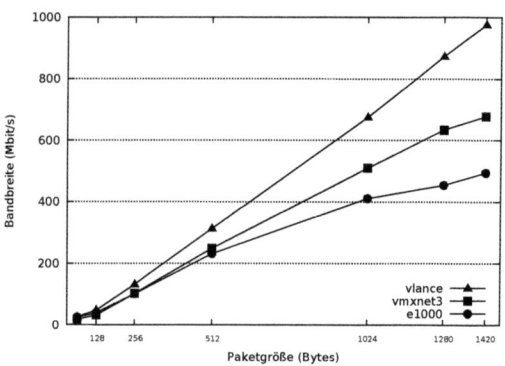

Abbildung 30.2: Durchsatzraten bei verschiedenen Paketgrößen (VMware Player)

Änderung des Adaptertyps ist durch einen Eingriff in die Beschreibungsdatei des Gastsystems möglich. Auf dem VM-Hostsystem liegt im Verzeichnis jedes Gasts eine Datei mit der Erweiterung vmx. Diese Textdatei enthält die Konfiguration des Gastsystems mit der Angabe des Netzadapters, z. B. ethernet0.virtualDev = "e1000"

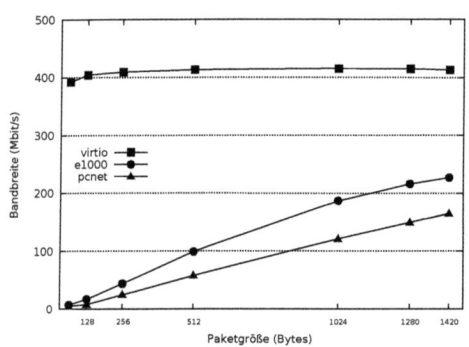

Abbildung 30.3: Durchsatzraten bei verschiedenen Paketgrößen (VirtualBox)

Änderungen an der Datei funktionieren nur bei ausgeschalteter virtueller Maschine. Mögliche Adaptertypen sind *vlance, vmxnet3, e1000* und *e1000e*.

Welcher Adapter ist der Richtige oder der Schnellste? Abbildungen 30.2, 30.3 und 30.4 zeigen die Durchsatzraten der verschiedenen Adapter bei unterschiedlichen Paketgrößen und Hypervisoren. Die gemessene Bandbreite ist weniger entscheidend als die Leistungs*unterschiede* der Adapter.

Diese Messungen zeigen die Durchsatzraten eines virtuellen VyOS-Routers ohne aktivierte Funktionen, wie Firewall, IPsec, NetFlow oder NAT.

Andere Betriebssysteme oder andere Treiber können zu unterschiedlichen Ergebnissen führen. Daher gelten die Aussagen der Diagramme nur für VyOS 1.1.7 auf den verschiedenen Hostsystemen.

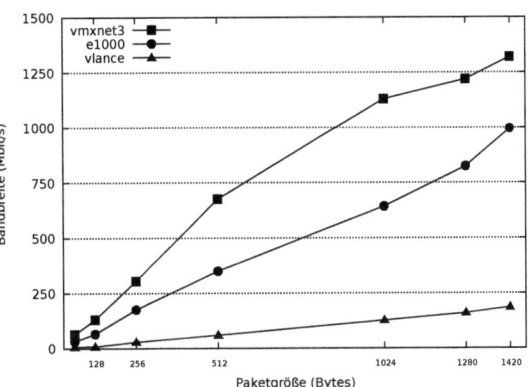

Abbildung 30.4: Durchsatzraten bei verschiedenen Paketgrößen (ESXi 6)

Die Messung der unterschiedlichen Adaptertypen ist einseitig und berücksichtigt nur die reine Durchsatzrate. Fähigkeiten wie Jumbo Frames, TCP-Checksum–Offload, TCP-Segmentation-Offload und die verursachte CPU-Last während der Messung bleiben unberücksichtigt.

Routing-Durchsatz

Wenn der VyOS-Router hohe Datenraten erreichen soll, lohnt sich ein Blick auf die Zuweisung von Netzadapter zu Prozessorkern. In der Voreinstellung überlässt VyOS diese Entscheidung dem Linux-Kernel.

In einem ungünstigen Fall landen die stärksten Netzadapter beim gleichen Prozessor und streiten sich um die CPU-Zyklen, während andere Kerne gelangweilt zuschauen.

Dann ist Eingreifen angesagt und VyOS stellt für diesen Fall Kommandos bereit, die die Interrupts einer Netzwerkkarte gezielt an einen CPU-Kern senden können. Ob diese ungünstige Verteilung tatsächlich vorliegt, zeigt ein Blick in die Liste der Interrupts.

```
vyos@RT-1:~$ cat /proc/interrupts | egrep "CPU|eth"
          CPU0      CPU1     CPU2     CPU3
   16:      171      118        9        0    IO-APIC-fasteoi   eth2
   18:     6548       45        0       57    IO-APIC-fasteoi   eth0, eth3
   19:     1996        0        0        0    IO-APIC-fasteoi   eth4, eth1
```

In diesem (zugegeben konstruierten) Beispiel nutzen die bandbreitenhungrigsten Netzadapter denselben CPU-Kern eines Quad-Core–Prozessors. Die

Adressierung der CPUs oder Kerne basiert auf einer Bitmaske, die in Tabelle 26.1 auf Seite 291 mit Beispielen dargestellt ist.

```
set interfaces ethernet eth0 smp_affinity 1    # CPU 1
set interfaces ethernet eth1 smp_affinity 2    # CPU 2
set interfaces ethernet eth2 smp_affinity 4    # CPU 3
set interfaces ethernet eth3 smp_affinity 4    # CPU 3
set interfaces ethernet eth4 smp_affinity 8    # CPU 4
```

Mit dieser Konfiguration erhält jede High-Speed–NIC ihre eigene CPU und die Gesamtlast verteilt sich besser. Eine anschließende Leistungsmessung sollte entweder mehr Durchsatz zeigen oder geringere CPU-Last auf dem Router bewirken.

Um die strategische Aufteilung von Netzadaptern, Prozessen und Diensten der Routingprotokolle geht es in Kapitel 26.

IPsec-Durchsatz

Wenn hohe Durchsatzraten für einen IPsec-Tunnel benötigt werden, ist eine vorherige Untersuchung sinnvoll, um die Hardware zu dimensionieren. Die IPsec-Leistung ist leider kein fester Wert, der einfach abgelesen wird. Die Verschlüsselungsleistung ist abhängig von:

- Prozessor. Eventuell bringt die CPU eine Hardwareunterstützung für Kryptobefehle mit. Diese Befehlssatzerweiterung beschleunigt die Ver- und Entschlüsselung, aber die VPN-Software muss sie auch benutzen, um ihre Vorteile auszureizen.

- Crypto-Prozessor, Hardwarebeschleunigung oder *IPsec Offload* (so heißt es bei EdgeMAX). Ein dedizierter Chip für die Verschlüsselung entlastet die Haupt-CPU und bringt bei hoher Last eine gleichbleibende Durchsatzrate.

- Bus. Wie schnell bringt der interne Datenbus die Paketinhalte von der Netzwerkkarte zur CPU und zurück?

- Crypto-Bibliothek. Wie effizient haben die Programmierer gearbeitet und die Algorithmen im Quellcode umgesetzt?

- Eingesetzter Algorithmus und Schlüssellänge. AES ist mathematisch einfacher als 3DES. Folglich geht die Verschlüsselung mit AES schneller und es können mehr Pakete im gleichen Zeitintervall verschickt werden. Das resultiert in höherem Durchsatz. Das Gleiche gilt für die Schlüssellänge: je länger der Schlüssel, desto größer der Aufwand zum Kryptieren.

Die Ergebnisse der Messung in Abbildung 30.5 zeigen beispielhaft die Crypto-Leistung einer VM mit e1000-Adapter. Paketgröße und Algorithmus variieren, um den Einfluss auf die ermittelte Durchsatzrate zu verdeutlichen. Zuletzt sind die Ergebnisse auch abhängig von der Dauer des Tests. Ein

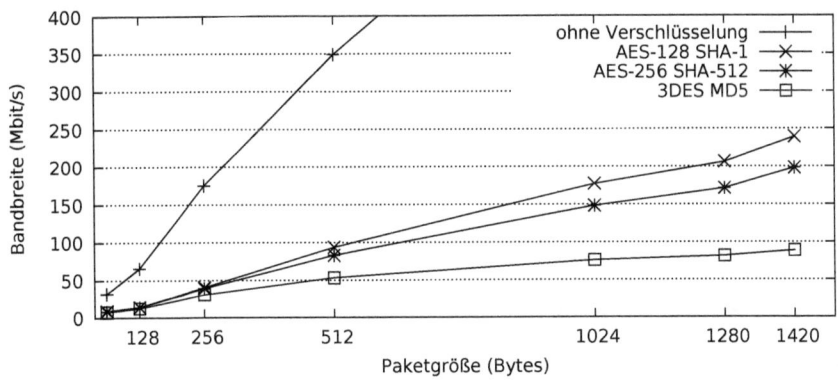

Abbildung 30.5: Durchsatzrate mit und ohne Verschlüsselung

kurzer Test von weniger als 10 Sekunden erzeugt kaum Paketverluste, weil der Router die Überlastpakete nicht verwerfen muss, sondern in Puffern zwischenspeichern kann. Das ist grundsätzlich ein vorteilhaftes Verhalten, aber es verfälscht das Ergebnis. Ein aussagestarkes Resultat wird nach 60 bis 120 Sekunden erreicht.

Messmethodik

Um die Gunst der besten Messmethode buhlen mehrere RFCs und Internet Drafts. Für die Ermittlung der IPsec-Durchsatzrate sendet ein neutraler Messrechner Pakete an das erste IPsec-Gateway. Dieses verschlüsselt die

Pakete und leitet sie weiter an das zweite Gateway zum Entschlüsseln. Zuletzt erreichen die Pakete das Ziel. Abbildung 30.1 zeigt den unveränderten
Versuchsaufbau. Die gleichbleibenden Rahmenbedingungen einer Messung
sind:

- Testdauer von 60 Sekunden

- IPsec im Tunnelmodus

- Jeder Test wird dreimal wiederholt, um Ausreißer zu finden und einen
  Durchschnittswert zu ermitteln

- Die Paketgröße wird in festen Schritten erhöht, so wie RFC 2544 es
  empfiehlt

Für die Durchführung der Messung hat VyOS ein hervorragendes Werkzeug
dabei: *iperf* [23]. iperf übermittelt Pakete mit maximalem Durchsatz zwischen zwei Geräten und zeigt anschließend die erreichte Transferrate an.
Auf dem ersten Host wird iperf als Server gestartet, der die Messpakete
empfängt. Der zweite Host startet iperf als Client mit Angabe der IP-Adresse
des Servers. Sofort beginnt der Client Pakete zu generieren und an den
Server zu senden.

> **Achtung**
>
> iperf gibt es in den zueinander inkompatiblen Versionen 2 und 3. Für
> die Beispiele in diesem Buch kommt Version 2 zum Einsatz, da es bei
> VyOS vorinstalliert ist.

Die unterschiedlichen Paketgrößen erhält der iperf-Client per Skript:

```
for MTU in 1420 1280 1024 512 256 128 88 ; do
  echo "*** Messung mit MTU ${MTU} Bytes"
  sudo ifconfig eth0 mtu ${MTU}
  sleep 2
  iperf --client 10.2.1.3 --window 128K --time 60
done
```

Das Ergebnis ist eine gute Abschätzung der möglichen Durchsatzrate des
Routers bei verschiedenen Paketgrößen.

> **Hinweis**
>
> Leistung und Durchsatz von virtuellen Routern schwanken in Abhängigkeit von der Lastsituation des Hostsystems und der anderen Gäste.

Die Messergebnisse sind dann weniger aussagestark und müssen mit einer gewissen Toleranz betrachtet werden.

Leistungssteigerung

Der Erfolg von Maßnahmen zur Leistungssteigerung hängt von der Hardwareausstattung und Netzwerkumgebung ab. Die folgenden Empfehlungen können Verbesserungen ermöglichen, aber nicht versprechen.

AES-NI

Neuere Prozessoren von Intel und AMD unterstützen die Befehlssatzerweiterung *AES-NI*, um Verschlüsselung besser (und schneller) zu bearbeiten. Der Name deutet es schon an: Der Befehlssatz behandelt nur den Algorithmus AES. Um die Vorteile von AES-NI nutzen zu können, müssen Prozessor, Software und Konfiguration die neuen Befehle beherrschen und verwenden. Spricht der verwendete Prozessor AES-NI? Dann muss die CPU-Info das Schlüsselwort aes liefern.

```
vyos@RT-3:~$ grep -o aes /proc/cpuinfo
aes
```

Die Hardware-Unterstützung von AES-NI ist nur die halbe Miete, denn auch der Kernel muss die Befehlserweiterung ansprechen. VyOS hat seine Kenntnisse der Krypto-Sprache in ein Kernel-Modul ausgelagert, was sich einfach nachprüfen lässt:

```
vyos@RT-3:~$ sort -u /proc/crypto | grep module | grep aes
module    : aes_x86_64
module    : aesni_intel
```

VyOS bietet bei VPN-Tunneln die beiden Algorithmen 3DES und AES mit verschiedenen Schlüssellängen. Heutzutage ist AES der bevorzugte Crypto-Algorithmus, weil:

- Die meisten x86-Prozessoren bieten den optimierten Befehlssatz für AES

- Die Bearbeitung von AES ist grundsätzlich schneller, weil 3DES dreimal hintereinander verschlüsselt.

- AES ist sicherer als 3DES. Das liegt am stärkeren Schlüssel, an der größeren Blocklänge, an der Unanfälligkeit für die bekannten Attacken auf den Algorithmus und an der deutlich größeren Zeitspanne für einen Brute-Force–Angriff.

3DES wurde entwickelt für den Einsatz auf Hardware. Bei einem Vergleich der Crypto-Leistung eines Routers mit zusätzlicher Hardwarebeschleunigung für 3DES könnte AES unterliegen.

IPsec

Ein IPsec-VPN wird durch den `charon`-Prozess aufgebaut und im laufenden Betrieb vom `ipsec`-Prozess betreut. Beide Prozesse nutzen das Kernel-Modul `aesni_intel` zur Verschlüsselung von AES in allen verfügbaren Schlüssellängen.
VyOS 1.1 und 1.2 benutzen strongSwan [16] Version 4.5 als IPsec-Engine, welches noch keinen eigenen Support für AES-NI hat. Durch das Kernel-Modul sind die Verschlüsselungen der VPN-Tunnel dennoch beschleunigt. Die Beta-Version von VyOS bringt ein Update auf strongSwan 5.3 mit eigener Unterstützung für AES-NI. Leistungsvorteile bringt das allerdings nicht mit, weil die AES-Verschlüsselung bereits die AES-NI-Befehle nutzt.

Die Leistungssteigerung liegt beim IPsec-VPN lediglich darin, AES als Verschlüsselungsalgorithmus zu nutzen.

OpenVPN

Bei OpenVPN sieht die Softwareimplementierung anders aus: OpenVPN benutzt die OpenSSL-Bibliothek für alle Krypto-Operationen. Ab Version 1.0.1 kennt OpenSSL AES-NI und verschlüsselt AES etwas flotter.
VyOS 1.1 und 1.2 bringen das ältere OpenSSL 0.9.8 mit und haben daher

mit AES-NI nichts am Hut. Erst in der Beta-Variante von VyOS ist die passende OpenSSL-Version enthalten und damit profitieren die Tunnel von 30–50% mehr Durchsatz. Die pure Verschlüsselungsleistung der CPU ist noch ein Vielfaches höher, aber der Weg des Pakets durch den Router besteht nicht nur aus Verschlüsseln.

Die Messung in Diagramm 30.6 zeigt den Durchsatz eines OpenVPN-Tunnels mit verschiedenen Krypto-Algorithmen bei konstanter Paketgröße von 1280 Bytes. Die unterschiedlichen Bandbreiten zeigen deutlich die Leistungssteigerung von OpenSSL mit AES-NI-Kommandos.

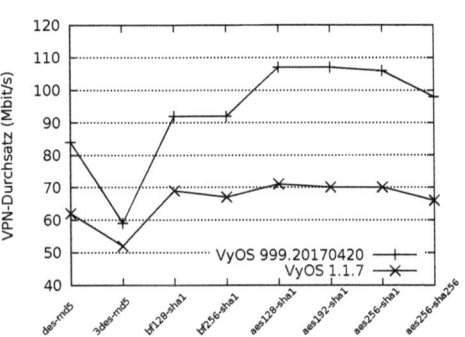

Diagramm 30.6: OpenVPN-Durchsatz bei verschiedenen Chiffren

Eine Leistungssteigerung bei OpenVPN kann mit der Beta-Version von VyOS erreicht werden. Ob sich diese Entwicklungs-Version im produktiven Umfeld bewährt, sollte vorher getestet werden. Glücklicherweise kann VyOS mehrere Versionen parallel installieren, sodass der Sprung zur stabilen Version nur einen Reboot kostet (vgl. Kap. 15).

Mehr Prozessor-Kerne

Ein Prozessor mit mehreren Kernen kann Aufgaben parallel erledigen und sie damit schneller abarbeiten. Bei der Ver- und Entschlüsselung von Paketen bringt das eventuell nichts. Die Protokolle der höheren Schichten erwarten die Pakete in der richtigen Reihenfolge. Wenn Crypto-Arbeit auf mehrere CPU-Kerne verteilt wird, müssen die entschlüsselten Pakete danach korrekt sortiert werden, was Zeit kostet. Beim Verschlüsseln und Verschicken muss der Empfänger die Reihenfolge kontrollieren und die Sortierung einhalten, bevor das Anwendungsprogramm die Daten erhält. Je nach „Unordnung" der empfangenen Pakete dauert das Sortieren seine Zeit und schmälert den Datendurchsatz.

In einer virtuellen Umgebung kann (und sollte) die Durchsatzrate der VPN-Router mit verschiedenen CPU-Kernen geprüft werden.

Bei einem physikalischen Gerät bestimmt der Prozessortyp über die Anzahl der Kerne. Selbst im Bereich der Embedded-Router sind Mehrkern-CPUs keine Seltenheit mehr. Dann lohnt es sich, die Prozesse für Verschlüsselung und Netzverkehr auf denselben Kern zu binden. Erfolgversprechend ist das nur bei OpenVPN, da die Verschlüsselung im Prozess passiert und nicht im Kernel wie bei IPsec mit strongSwan. Dazu bieten sich die Techniken der Linux Control Groups und SMP-Affinity (vgl. Kap. 26) an.

MTU und MSS

Die Technik des Transportnetzes gibt eine maximale Größe für ein einzelnes Paket vor. Bei Ethernet sind das die bekannten 1500 Bytes. Diese Grenze ist die *Maximum Transmission Unit* (MTU). Beim TCP-Protokoll nennt sich das Limit *Maximum Segment Size* (MSS) und bestimmt die maximale Anzahl Bytes, die in ein TCP-Segment passen. Das Prinzip beider Größen ist dasselbe.

Wenn Client und Server nur durch Ethernet-Switche verbunden sind, stellt die MTU keine Herausforderung dar. Die Schwierigkeit liegt bei Topologien, die mit zusätzlichen Kopfzeilen (engl. Header) etwas Platz im Paket beanspruchen. Da die MTU des Pakets nicht wachsen kann, muss die Datenmenge schrumpfen.

Ein VPN-Tunnel mit seinen vielen Headern (vgl. Kap. 17) nagt deutlich am Budget. Ungünstigerweise wissen weder Client noch Server von der reduzierten Nutzdatenmenge und senden weiter mit ihrer bekannten MTU bzw. MSS.

Das Performanceproblem beginnt beim Router, der vom Client volle 1500-Bytes–Pakete erhält und diese mit zusätzlichen VPN-Headern versehen muss, bevor sie auf die Reise ins Internet gehen. Da die Pakete bereits die maximale Größe haben, wird der Router aus diesem Paket *zwei* Pakete machen und verschicken. Die fragmentierten Pakete erreichen den Zielrouter, welcher sie entschlüsselt und an den Server zustellt.

Bei vollen Paketen müssen beide Router doppelt so viele Pakete verschlüsseln und entschlüsseln. Die Durchsatzrate der VPN-Verbindung bricht oberhalb der MSS des Tunnels ein.

Viel günstiger ist es, wenn Client und Server nur Pakete schicken, die vom Router nicht fragmentiert werden müssen. Damit muss den Endgeräten im LAN die MSS des Tunnels bekannt sein.

Zum Ermitteln der MSS gibt es zwei Methoden: Ausrechnen oder Ausprobieren. Bei der Berechnung wird die Größe aller beteiligter Header aufsummiert und von der MTU abgezogen. Das Ergebnis ist die MSS.

Natürlich gibt es webbasierte Helferlein, die ein Tunnelpaket grafisch nachbauen und die berechnete MSS anzeigen. Empfehlenswert ist [24] oder eine Stichwortsuche nach *ipsec overhead calculator*.

Weniger akademisch ist das Ausprobieren der richtigen MSS. Hierfür ist iperf ein guter Partner, der mit der Option --print_mss nach fertiger Messung die MSS angibt.

```
root@labsrv ~> iperf --print_mss --client 10.2.1.25
------------------------------------------------------------
Client connecting to 10.2.1.25, TCP port 5001
TCP window size: 16.0 KByte (default)
------------------------------------------------------------
[  4] local 10.4.1.7 port 55596 connected with 10.2.1.25 port 5001
[ ID] Interval        Transfer     Bandwidth
[  4]  0.0-10.0 sec   21.5 MBytes  18.0 Mbits/sec
[  4] MSS size 1321 bytes (MTU 1361 bytes, unknown interface)
```

Wenn beide Methoden zu aufwendig sind oder keine sinnvollen Werte liefern, gibt es noch den Faustwert von 1300 Bytes. Diese MSS berücksichtigt die verschiedenen Tunnelmodi, Verschlüsselungstypen und NAT-Traversal. Negativ macht sich bemerkbar, dass in jedem Paket ein paar Bytes unbenutzt sind, was den Durchsatz ein wenig schmälert.

Die ermittelte MSS wird in Abbildung 30.7 auf elegante Weise den Endgeräten mitgeteilt. Beim Aufbau einer TCP-Verbindung kündigen beide Teilnehmer ihre bevorzugte MSS an (Schritte 1 und 3), die für die Dauer der Verbindung genutzt wird.

VyOS muss nun in die TCP-Aushandlung eingreifen und die Werte für MSS überschreiben (Schritte 2 und 4). Aus der Sicht der Teilnehmer hat der jeweilige Partner die geringere MSS vorgeschlagen. Tatsächlich hat der VPN-Router die MSS stellvertretend festgelegt, um eine Fragmentierung vorbeugend zu verhindern.

Die Router müssen an beiden Enden des VPN-Tunnels die MSS manipulieren. VyOS bewerkstellig diesen Eingriff mittels Policy-Routing.

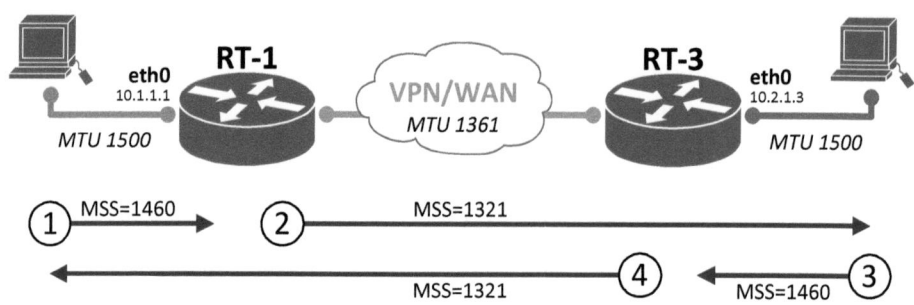

Abbildung 30.7: Der VyOS-Router manipuliert die Werte für MSS

```
1  set policy route MSS rule 10 source address 10.1.1.0/24
2  set policy route MSS rule 10 destination address 10.2.1.0/24
3  set policy route MSS rule 10 protocol tcp
4  set policy route MSS rule 10 tcp flags SYN
5  set policy route MSS rule 10 set tcp-mss 1321
6  set interfaces ethernet eth0 policy route MSS
```

Die Regel liest sich als Wenn-Dann-Bedingung: Wenn Quelladresse (Zeile 1) und Zieladresse (Zeile 2) passen und die Verbindung TCP benutzt (Zeile 3) und das SYN-Flag gesetzt ist (Zeile 4), dann wird die MSS auf den Wert 1321 Bytes gesetzt (Zeile 5). Da der VPN-Tunnel nicht zwingend ein Interface hat, wirkt die Regel auf eingehende TCP-Verbindungen des LAN-Adapters *eth0*.

Für die Gegenstelle des VPN-Tunnels ist die Konfiguration vom Policy-Routing identisch, wobei die Schlüsselwörter `source` und `destination` vertauscht sein müssen.

ARP-Cache befüllen

Wenn ein Router die MAC-Adresse des nächsten Routers nicht kennt, kann er sie mit dem *Address Resolution Protocol* (ARP) ermitteln. Während sich die Router über ihre MAC-Adressen austauschen, müssen die Endgeräte ein paar Sekunden warten, bevor der Verkehr fließen kann.

Der Verbindungsaufbau der Clients ist etwas schneller, wenn der ARP-Cache der Router bereits die MAC-Adressen aller Nachbarn beinhaltet.

Das Skript in Listing 30.1 ermittelt die Next-Hop-Router anhand der Routingtabelle und prüft, ob es für jeden Nachbarn einen ARP-Eintrag gibt. Fehlt dieser Eintrag, wird mit `ping` eine ARP-Anfrage ausgelöst, deren Antwort den ARP-Cache aktuell hält.

```
NEIGHBORS=$(/sbin/ip route list | grep via | awk '{print $3}')
for NEIGHBOR in ${NEIGHBORS} ; do
  arp -an | grep ${NEIGHBOR} >/dev/null  || \
    /bin/ping -t1 -c1 -W1 ${NEIGHBOR} >/dev/null
done
```

Listing 30.1: Skript zum Befüllen des ARP-Caches

Das Skript versendet nur Pakete, wenn der ARP-Cache Lücken enthält – ein häufiges Ausführen erzeugt also keine erhöhte Netzlast. Der bevorzugte Speicherort ist unter `/config/scripts/`, denn dieses Verzeichnis wird bei Updates nicht überschrieben.

Mit zwei Befehlen startet der Aufgabenplaner von VyOS das Skript mit dem beispielhaften Namen `fill_arp_cache.sh` regelmäßig.

```
set system task-scheduler task ARPCACHE executable path \
  /config/scripts/fill_arp_cache.sh
set system task-scheduler task ARPCACHE interval 5m
```

Fazit

Eine Leistungssteigerung ist machbar, wenn Einstellungen unpassend getroffen sind oder die Konfiguration nicht zur Umgebung passt.

Wenn der Router bereits mit den optimalen Settings arbeitet, ist der nächste Schritt für mehr Durchsatz eine leistungsstärkere Hardware.

Kapitel 31

Best Practice

Wenn alles funktioniert, geht es nur noch darum, Kleinigkeiten zu verbessern und Arbeitsabläufe zu vereinfachen. Die vorgestellten *Best Practices* gelten gleichermaßen auch für Router anderer Hersteller, nur die praktische Umsetzung ist unterschiedlich.

Änderungen mit Sicherungsnetz

Nicht alle Router befinden sich in der unmittelbaren Umgebung. Bei Änderungen an Routern in weit entfernten Standorten empfiehlt sich eine besondere Vorsicht. Gerade bei Modifikation an IP-Adressen, Routing oder Firewallregeln besteht die Gefahr, dass eine Unachtsamkeit zur Unerreichbarkeit des Routers führt. Kein ping oder SSH ist mehr möglich und der Router ist erst mal verloren.
Wie der Seiltänzer im Zirkus ein Sicherungsnetz unter sich hat, gibt es auch bei VyOS eine Absicherung gegen Fehler bei Konfigurationsänderungen.

In Ciscos IOS plant der Admin einen Reboot des Geräts in der unmittelbaren Zukunft, z. B. in 10 Minuten: `reload in 10`. Dann folgen die kritischen Änderungen. Wenn alles gut geht, wird der geplante Reboot mit `reload cancel` gelöscht und die Änderungen gespeichert. Wenn etwas schief geht, erfolgt nach 10 Minuten der Reboot und der Router startet mit der guten `startup-config`, also *ohne* die fatale Änderung. Der Neustart unterbricht zwar die Netzwerkverbindungen, aber kritische Änderungen dieser Art gehören in ein Wartungsfenster in denen Anwender Unterbrechungen akzeptieren (müssen).

VyOS hat durch das `commit`-Konzept einen leicht unterschiedlichen Ansatz:

1. Eine besondere Vorbereitung gibt es nicht: Die Befehle mit `set` oder `delete` unverändert eintippen. Denn das ändert noch gar nichts, solange nicht mit `commit` bestätigt wird.

2. Die vorbereiteten Kommandos mit `commit-confirm` bestätigen. Das System wird jetzt die Änderungen wie ein normales `commit` aktivieren, erwartet aber eine Bestätigung innerhalb von 10 Minuten. Der Standardwert beträgt 10 Minuten; hinter `commit-confirm` akzeptiert VyOS eine beliebige Zahl, die einen Minuten-Timer darstellt.

3. Wenn die Bestätigung vom Admin ausbleibt, rebootet der Router und löscht die letzten Änderungen; also ein Rollback zum letzten Stand. Wenn der Admin mit `confirm` bestätigt, wird der Reboot verhindert und die Änderungen bleiben aktiv.

4. Wenn alles in Ordnung ist, sollten die Änderungen mit `save` dauerhaft gespeichert werden.

Wichtig bei der Vorgehensweise mit Sicherungsnetz ist, dass die funktionierende Konfiguration nicht voreilig mit `save` überschrieben wird. Denn dann kann der Reboot auch nicht mehr helfen. Das `save` ist das letzte Kommando eines ordentlichen Änderungsprozesses.

Natürlich darf auch die administrative Bestätigung nicht fehlen, denn sonst erinnert der Router den Admin mit einem Reboot an seine Vergesslichkeit.

Factory-Default

Jedes gute Netzwerkgerät hat die Möglichkeit alle Änderungen zu verwerfen und damit den Auslieferzustand zu erreichen. Diese Werkseinstellungen sind nötig, wenn der Router verkauft wird, oder die Teststellung zurück zum Hersteller muss. Im einfachsten Fall wechselt der Router nur seine Funktion und soll keine störenden Konfigurationsreste aufweisen. Grundsätzlich wird ein Router auf *Factory-Default* gesetzt, um alle Spuren zu löschen. Der Ablauf erfordert Zugriff auf die serielle Konsole.

Booten ohne Konfiguration vorbereiten

- Den Bootloader GRUB durch Drücken der ESC-Taste betreten

- Kommandoeditor mit „e"-Taste starten

- Die Kerneloptionen um
  `vyos-config=/opt/vyatta/etc/config.boot.default`
  erweitern. Die Zeile beginnt mit *linux*
  Die offiziell dokumentierte Option `no-vyos-configure` funktioniert
  nicht zuverlässig.

- Zuletzt mit Strg-X das System booten

In diesem frühen Status des Bootvorgangs wurde noch kein Tastaturtreiber
geladen, sodass das US-amerikanische Keyboard erwartet wird. Tabelle 31.1
zeigt die benötigten Tasten auf der deutschen Tastatur.

erwartetes Zeichen	benötigte Taste auf DE-Tastatur
–	ß
=	'
y	z
/	–

Tabelle 31.1: Zuordnung der Zeichen zwischen US- und DE-Tastatur

Booten VyOS startet. Die Anmeldung erfolgt mit den Anfangswerten
vyos/vyos. Die Konfiguration ist wie erwartet leer.

Dateisystem säubern Ein tiefer Blick ins System unterhalb der VyOS-
Kommandozeile liefert viele verräterische Informationen: Logdateien, SSH-
Schlüssel und temporäre Konfigurationsdateien. Diese werden mit den
Methoden des Betriebssystems entfernt:

```
delete file running://config/config.boot*
sudo rm -rf /config/*
sudo rm -rf /var/log/*
sudo rm -r ~/.ssh/authorized_keys
sudo rm -r ~/.bash_history
```

363

```
sudo rm -r /etc/ssh/ssh_host_*
reboot now
```

Jetzt ist die Kiste gesäubert und bereit für eBay.

Management-Interface

Zugriff auf die Management-Plane der Router benötigt eine erreichbare IP-Adresse. Wenn diese Adresse zu den „normalen" IP-Adressen des Geräts gehört, spricht man von *in-band*–Management. Sobald dieses Interface getrennt wird oder unter hoher Last arbeitet, wird der SSH-Zugang träge oder funktioniert nicht mehr.

Diese Situation wird vermieden, wenn der Router einen separaten Netzwerkport mit einer zusätzlichen IP-Adresse bekommt. Dieser Port arbeitet *out-of-band* und:

- transportiert keine Nutzerdaten,

- erhält eine IP-Adresse, die vom normalen Routing ausgenommen ist,

- nutzt eine Filterliste, die nur die verwendeten Managementprotokolle erlaubt, und

- gestattet ausgehende Verbindungen nur in vorher definierte IP-Netze.

Dieser gehärtete Zugang zum Router macht nur Sinn, wenn über die anderen Schnittstellen kein Managementzugriff möglich ist.

VyOS erfüllt zwar diese Anforderungen, bringt aber keine fertige Konfiguration mit. Das Management-Interface und die Firewallregeln müssen selber angelegt werden. Zu einer beispielhaften praktischen Umsetzung führt Listing 31.1 und Abbildung 31.1. Die Firewallregel *MGMT* erlaubt die Ports der Protokolle SSH, https (Zeilen 4–7) und SNMP (Zeilen 8–11) eingehend zum Interface *eth3* (Zeile 21), welches am Beispielrouter RT-1 das auserwählte Managementinterface ist. Freundlicherweise wird mit ICMP-Typ 8 *echo-request* auch ein `ping` gestattet (Zeilen 12–15).

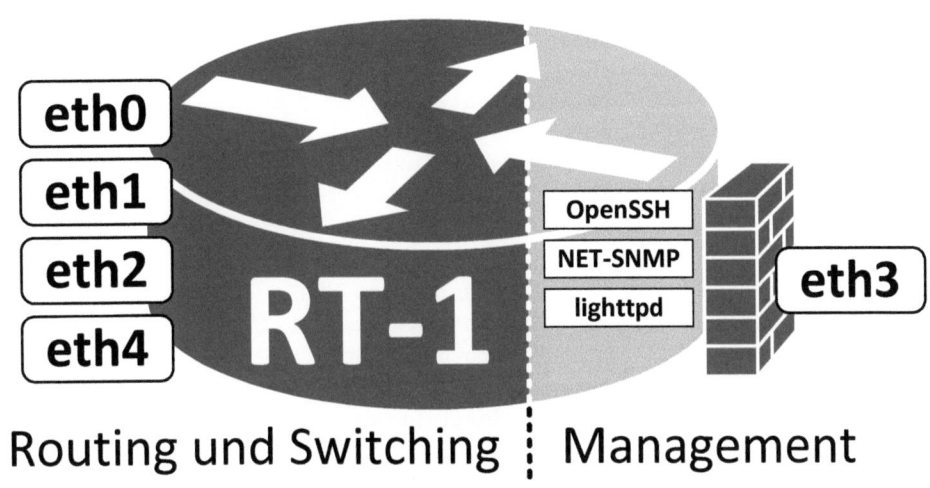

Abbildung 31.1: Out-of-band Management

Die Zeilen 1 bis 3 erlauben Pakete von bereits aufgebauten Verbindungen. Das sind Antwortpakete von ausgehenden Sessions, die der Administrator (oder ein Updateprozess) initiiert hat. Das ist nicht zwingend erforderlich, hilft aber in einem Szenario, bei dem sich von Router zu Router gehangelt wird, um Routingprobleme zu umgehen.

Nicht namentlich genannter Traffic filtert VyOS fraglos aus (Zeile 16). Eingehender Netzwerkverkehr, der *durch* den Router fließen soll, wird bei VyOS anders behandelt und durch die kurze Firewallregel in den Zeilen 18 und 22 vollständig verworfen.

Die Prozesse von OpenSSH, NET-SNMP und lighttpd binden sich an die Management-IPv4-Adresse (Zeilen 24–26). Die Bindung von Prozess an eine IPv4 sorgt dafür, dass dieser Dienst nicht über andere IP-Adressen erreichbar ist. Die Firewallregel verhindert, dass weitere Dienste über das Management-Interface kommunizieren, die dort nicht erwünscht sind, wie beispielsweise ein Webproxy, VPN-Server oder Routing-Daemon.

Der NTP-Dienst ist etwas freizügig und startet stets als 0.0.0.0:123 bzw. :::123, und lauscht damit auf allen IP-Adressen. Ohne passende Filterregel erhält ein Angreifer die Uhrzeit vom lokalen Router und ein paar Infos übers Betriebssystem.

```
1   set firewall name MGMT rule 10 action accept
2   set firewall name MGMT rule 10 state established enable
3   set firewall name MGMT rule 10 state related enable
4   set firewall name MGMT rule 22 action accept
5   set firewall name MGMT rule 22 description ssh,https
6   set firewall name MGMT rule 22 destination port 22,443
7   set firewall name MGMT rule 22 protocol tcp
8   set firewall name MGMT rule 61 action accept
9   set firewall name MGMT rule 61 description SNMP
10  set firewall name MGMT rule 61 destination port 161
11  set firewall name MGMT rule 61 protocol udp
12  set firewall name MGMT rule 93 action accept
13  set firewall name MGMT rule 93 description ping
14  set firewall name MGMT rule 93 protocol icmp
15  set firewall name MGMT rule 93 icmp type-name echo-request
16  set firewall name MGMT default-action drop
17
18  set firewall name MGMT-IN default-action drop
19
20  set interfaces ethernet eth3 description Management-Interface
21  set interfaces ethernet eth3 firewall local name MGMT
22  set interfaces ethernet eth3 firewall in name MGMT-IN
23
24  set service ssh listen-address 10.5.1.1
25  set service snmp listen-address 10.5.1.1
26  set service https listen-address 10.5.1.1
```

Listing 31.1: Regelwerk für eingehenden IPv4–Management-Traffic

Das Regelwerk für die IPv6-Welt ist grundsätzlich identisch, allerdings unterscheidet VyOS bei den Firewallregeln zwischen IPv4 und IPv6. Also wird die Konfiguration der IPv4-Firewall aus Listing 31.1 nochmals als IPv6-Variante angelegt. Die Kommandos stehen in Listing 31.2 und unterscheiden sich nur durch den Zusatz von *ipv6* bei den Schlüsselwörtern. Die Antwortpakete von eingehenden Verbindungen finden ihren Rückweg anhand der Routingtabelle. Wenn dort ein Next-Hop eingetragen ist, der *nicht* im Managementnetz ist, entsteht asymmetrisches Routing und wahrscheinlich Probleme mit anderen Paketfiltern.

```
1    set firewall ipv6-name MGMT6 rule 10 action accept
2    set firewall ipv6-name MGMT6 rule 10 state established enable
3    set firewall ipv6-name MGMT6 rule 10 state related enable
4    set firewall ipv6-name MGMT6 rule 22 action accept
5    set firewall ipv6-name MGMT6 rule 22 description ssh,https
6    set firewall ipv6-name MGMT6 rule 22 destination port 22,443
7    set firewall ipv6-name MGMT6 rule 22 protocol tcp
8    set firewall ipv6-name MGMT6 rule 61 action accept
9    set firewall ipv6-name MGMT6 rule 61 description SNMP
10   set firewall ipv6-name MGMT6 rule 61 destination port 161
11   set firewall ipv6-name MGMT6 rule 61 protocol udp
12   set firewall ipv6-name MGMT6 rule 93 action accept
13   set firewall ipv6-name MGMT6 rule 93 description ping
14   set firewall ipv6-name MGMT6 rule 93 protocol icmp
15   set firewall ipv6-name MGMT6 rule 93 icmp type echo-request
16   set firewall ipv6-name MGMT6 default-action drop
17
18   set firewall ipv6-name MGMT6-IN default-action drop
19
20   set interfaces ethernet eth3 description Management-Interface
21   set interfaces ethernet eth3 firewall local ipv6-name MGMT6
22   set interfaces ethernet eth3 firewall in ipv6-name MGMT6-IN
23
24   set service ssh listen-address fd00:5::1
25   set service snmp listen-address fd00:5::1
26   set service https listen-address fd00:5::1
```

Listing 31.2: Regelwerk für eingehenden IPv6–Management-Traffic

Wer es auf die Spitze treiben will, bindet die Kommunikation zum eigenen Managementnetz (hier: 10.5.0.0/16) an das Management-Interface (hier: *eth3*). Listing 31.3 zeigt die benötigten Kommandos. Wenn User-Traffic sich ins Managementnetz schleichen möchte, verhindert eine Umleitung diesen Versuch. Die Policy-Route (PBR) in Zeile 1 nutzt für Routingentscheidungen die Tabelle 1. Und in dieser Tabelle steht sinngemäß: alles verwerfen (Zeile 2). Die Verbindung von Policy und Interface findet unspektakulär in Zeile 3 statt. Erwünschter Zugriff aufs Managementinterface benötigt eine explizite Einladung inform einer Route (Zeile 4).

Das Konzept ähnelt dem *Virtual Routing and Forwarding* (VRF), aber das steht bei VyOS noch auf der Liste „Future Enhancement".

```
1  set policy route MGMT-OUT rule 10 set table 1
2  set protocols static table 1 route 0.0.0.0/0 blackhole
3  set interfaces ethernet eth3 policy route MGMT-OUT
4  set protocols static route 10.5.0.0/16 next-hop 10.5.1.250
```

Listing 31.3: Regelwerk für ausgehenden IPv4–Management-Traffic

---

Hinweis

Traffic, der *durch* den Router fließt, kann mit Policy Routing umgelenkt werden. Traffic, der *vom* Router ausgeht, nutzt stets die normale Routingtabelle. Erst mit der Implementierung von *Virtual Routing and Forwarding* (VRF) wird diese Limitierung durchbrochen.

Eine Firewallregel zum Filtern von ausgehenden Verbindungen ist hier ebenfalls möglich und sollte bei öffentlich erreichbaren IPv4-Adressen Anwendung finden. Der Aufbau des Regelwerks ist identisch mit der eingehenden Richtung in Listing 31.1, allerdings wird die Firewall in umgekehrter Richtung (out) an das Interface gebunden:

```
set interfaces ethernet eth3 firewall out name MGMT
```

Die IPv6-Welt funktioniert auch hier ähnlich, allerdings hat VyOS noch nicht alle Features am Start. Das Policy-Routing bietet nicht die Auswahl einer alternativen Routing-Tabelle. Also bleibt nur eine statische IPv6-Route ins beispielhafte Management-Netz 2001:db8:9::/64.

```
set protocols static route6 2001:db8:9::/64 next-hop 2001:db8:2::6
```

Hinweis

Für die Absicherung des Management-Interfaces eignen sich Linux *Network Namespaces* viel besser. Leider hat VyOS diese Namensräume nicht im Programm. Und der direkte Zugriff auf netns liefert Fehler anstatt Sicherheit.

Durchsatz messen

Der verfügbare Durchsatz zwischen zwei Routern entspricht nur im Idealfall der Bandbreite der Netzschnittstelle. Meistens sind limitierende Faktoren auf der Strecke, die den Durchsatz verringern.

iperf

Zwischen zwei VyOS-Instanzen kann mit `iperf` schnell die verfügbare Bandbreite gemessen werden. `iperf` ist vorinstalliert, leicht zu verwenden, liefert aussagestarke Ergebnisse und läuft unter Windows oder Linux; sogar mit Java-basierter GUI.

Bei `iperf` verschickt der Sender Daten mit maximaler Geschwindigkeit zum Empfänger und beide ermitteln den Durchsatz.
Ein VyOS-Router ist der Empfänger und der Andere ist der Sender. Die Rollen entscheiden über die Richtung der Messung, denn die gemessene Bandbreite gilt von Sender zum Empfänger. Für eine Messung der Gegenrichtung wird das Experiment wiederholt, allerdings mit vertauschen Rollen.
Der Empfänger startet im Operationsmodus mit `iperf -s` und der Sender führt `iperf -c <IP_der_Gegenstelle>` aus. Wenn zwischen den Routern eine Firewall versteckt ist, muss TCP-Port 5001 erlaubt sein.
Im folgenden Beispiel sendet RT-1 an RT-4 und zeigt die gemessene Bandbreite.

```
vyos@RT-4:~$ iperf -s
------------------------------------------------------------
Server listening on TCP port 5001
TCP window size: 85.3 KByte (default)
------------------------------------------------------------
[  4] local 198.51.100.4 port 5001 connected with 198.51.100.1 port 47141
[ ID] Interval       Transfer     Bandwidth
[  4]  0.0-10.0 sec  2.63 GBytes  2.26 Gbits/sec
```

Listing 31.4: iperf-Server auf RT-4

Die Messdauer von 10 Sekunden ist die Voreinstellung und kann über das Kommandozeilenargument `--time` beliebig verändert werden. Alle Optionen zeigt `iperf --help` an.

369

```
vyos@RT-1:~$ iperf -c 198.51.100.4
------------------------------------------------------------
Client connecting to 198.51.100.4, TCP port 5001
TCP window size: 85.0 KByte (default)
------------------------------------------------------------
[  3] local 198.51.100.1 port 47141 connected with 198.51.100.4 port 5001
[ ID] Interval       Transfer     Bandwidth
[  3]  0.0-10.0 sec  2.63 GBytes  2.26 Gbits/sec
```

Listing 31.5: iperf-Client auf RT-1

EdgeOS bietet auch `iperf`, aber leider nur in der neueren Version 3. Das klingt zwar gut, aber die Versionen 2 und 3 spielen nicht miteinander; andere TCP-Ports, anderes Format und keine sinnvollen Ergebnisse. Was tun? `iperf2` für EdgeOS kompilieren ist eine große Herausforderung, `iperf3` für VyOS kompilieren ist im Bereich des Machbaren. Mit einem Debian-6–Buildhost kann ein statisches Binary gebaut werden, dass ohne Abhängigkeiten auskommt und auf VyOS startet.

ttcp

Eine Bandbreitenmessung zu einem Cisco-Router ist in der Vorbereitung etwas aufwendiger, denn leider bietet Cisco kein `iperf`, sondern nur das gute alte `ttcp`. Das ist kein Mangel an Fantasie, sondern hat historische Gründe: `ttcp` gab es schon 1984 und `iperf` kam knapp zwei Jahrzehnte später.

Auf der Seite von VyOS buhlen die Implementierungen `nttcp` und `nuttcp` um die Gunst des Admins. Sie bringen Neuerungen und versuchen gleichzeitig mit ihrem Vorbild `ttcp` kompatibel zu sein. Je nach Einsatz und Richtung haben beide ihre Stärken; also lohnt sich der Einsatz von beiden Tools.

Die Software ist kein Feature von VyOS, also muss das Betriebssystem für die Installation herhalten. Bei eingerichtetem Repository (vgl. Kap. 4 auf Seite 60) bringt das Kommando

```
apt-get install nttcp nuttcp
```

die Software ins System.

Leider spielt das historische `ttcp` nicht allzu gern mit den jungen Implementierungen: Manchmal werden keine Daten übertragen und manchmal wird die Verbindung sofort zurückgesetzt. Für einen erfolgreichen Ablauf sind die folgenden Konstellationen zielführend:

- VyOS als Sender und Cisco als Empfänger: Funktioniert mit nuttcp

- Cisco als Sender und VyOS als Empfänger: Funktioniert mit nttcp

ttcp ist im IOS seit Beginn ein verstecktes Kommando, sodass es leider keine integrierte Hilfe zu seiner Benutzung oder seinen Parametern gibt. Für eine einfache Messung reichen die vorgegebenen Werte und der Cisco-Router wartet in Listing 31.6 auf Daten. Für dieses Beispiel kommt der Cisco 2901 Router aus Kapitel 22 erneut zum Einsatz.

```
RT-9#ttcp
transmit or receive [receive]:
perform tcp half close [n]:
receive buflen [8192]:
bufalign [16384]:
bufoffset [0]:
port [5001]:
sinkmode [y]:
rcvwndsize [4128]:
delayed ACK [y]:
show tcp information at end [n]:

ttcp-r: buflen=8192, align=16384/0, port=5001
rcvwndsize=4128, delayedack=yes  tcp
```

Listing 31.6: ttcp-Empfänger in Cisco IOS

Eine mögliche Firewall im Pfad zwischen den Testern muss TCP-Port 5001 passieren lassen. VyOS beginnt seinen Teil der Messung mit dem Kommando nuttcp und anschließend zeigen beide Router ihre ermittelte Bandbreite.

```
nuttcp -t 198.51.100.9
nuttcp-t: Info: attempting to switch to deprecated "classic" mode
nuttcp-t: Info: will use less reliable transmitter side statistics
   40.8743 MB /  10.00 sec =   34.2865 Mbps 2 %TX
```

Etwas ungewohnt für den ersten Blick zeigt VyOS die Bandbreite in Megabit pro Sekunde, während Cisco sein Ergebnis in Kilobyte pro Sekunde präsentiert. Die Umrechnungsfaktoren von Byte zu Bit ist 8 und von Mega

371

zu Kilo ist 1024. Auf die leichte Ungenauigkeit des Ergebnisses weist die Kommandoausgabe von nuttcp bereits hin, sodass kleine Abweichungen und Rundungsfehler toleriert werden müssen.

```
ttcp-r: accept from 198.51.100.8
ttcp-r: 42859760 bytes in 10008 ms (10.0 real seconds) (~4181 kB/s)
ttcp-r: 29089 I/O calls
ttcp-r: 0 sleeps (0 ms total) (0 ms average)
```

SSH-Login ohne Passworteingabe

VyOS erwartet für jedes Login auf jedem Router das Kennwort. Und da ein gutes Passwort aus vielen Buchstaben, Zahlen und Sonderzeichen besteht, ist die wiederholte Eingabe mühsam.

Hinter dem SSH-Login verbirgt sich der vielseitige OpenSSH-Server, der neben der Authentifizierung per Passwort noch weitere Methoden vorhält. Die Kennworteingabe lässt sich mit kryptografischen Schlüsseln erweitern oder ersetzen.

Wenn die vorherrschende Sicherheitsrichtlinie der Umgebung es erlaubt, authentifiziert sich der Administrator mit seinem privaten Schlüssel gegenüber dem VyOS-Router (Abbildung 31.2). Dieser überprüft den angebotenen Schlüssel und startet eine Login-Shell, welche dem Admin die CLI präsentiert – ohne Passwort. Und solange der Admin seinen privaten Schlüssel nicht verliert, ist diese Einwahlmethode sicherer als das normale Kennwort.

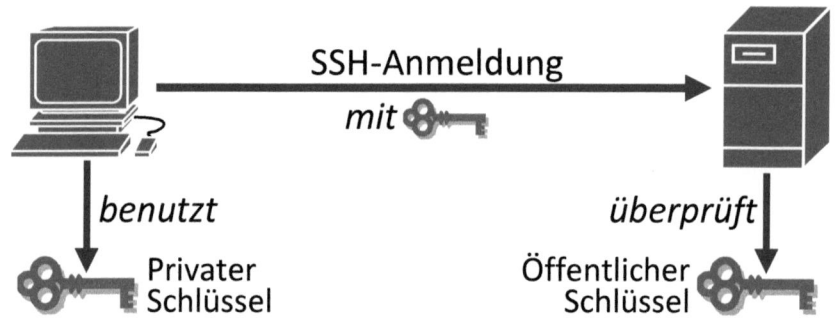

Abbildung 31.2: SSH-Login mit Anmeldung per Schlüssel

Bevor dieser Ablauf nutzbar ist, müssen Schlüssel erzeugt und verteilt werden:

1. Schlüsselpaar erzeugen. Das passiert einmal pro Administrator.

2. Privaten Schlüssel gesichert ablegen.

3. Öffentlichen Schlüssel auf den VyOS-Routern eintragen, die in der Verantwortung des Admins sind.

Eine Linux-Distribution bringt häufig OpenSSH als SSH-Client mit. Unter Windows hat es die Software *PuTTY* [18] zu großer Akzeptanz gebracht, was vermutlich daran liegt, dass sie vielseitig und einfach zu bedienen ist. Weiterhin muss PuTTY nicht installiert werden und ist kostenlos.

Schlüsselpaar erzeugen

Ein Windows-Rechner benötigt das grafische Werkzeug *puttygen.exe* zum Erstellen eines Schlüsselpärchens. Die folgenden Beispiele basieren auf einem RSA-Schlüssel mit 2048 Bit Länge. Aus heutiger Sicht ist das ein ausreichend starker Schlüssel. Bei einem hohen Sicherheitsbedarf kann der Schlüssel auch 4096 Bit lang sein. Der Button *Generate* beginnt mit dem Sammeln von Zufallszahlen und zeigt anschließend den erzeugten öffentlichen Schlüssel. Für die weiteren Schritte werden beide Teile des Schlüssels benötigt, also unbedingt mit den Save–Buttons abspeichern. Die Dateinamen sind grundsätzlich egal, daher kann die Namenskonvention von OpenSSH übernommen werden: id_rsa.pub für den öffentlichen Schlüssel und id_rsa für den privaten Schlüssel.
Unter Linux ist das Tool zum Schlüsselerzeugen mit dem OpenSSH-Paket meist vorinstalliert. Einen Schlüssel vom selben Typ generiert das Kommando

```
ssh-keygen -t rsa -b 2048 -f ~/.ssh/id_rsa -N ''
```

und legt es in Dateiform im Ordner .ssh/ des HOME-Verzeichnisses ab. Dieser Teil des Schlüssels muss geheim, verborgen, gesichert und/oder passwort-geschützt werden. Wenn der private Schlüssel kompromittiert wird, ist die Sicherheit dahin! Dann hilft nur: Schnell den öffentlichen Schlüssel dieses Pärchens von den Routern entfernen.

Öffentlichen Schlüssel anzeigen

Zur Kontrolle werfen wir einen Blick in die Datei mit dem öffentlichen Schlüssel. Ziemlich unspektakulär zeigt sich der Key als ein langes Wort aus ASCII-Zeichen. Dazu gibt es noch einen Identifier, der im Beispiel grau hinterlegt ist. Unter Windows lautet der soeben erzeugte öffentliche Schlüssel:

```
---- BEGIN SSH2 PUBLIC KEY ----
Comment: "rsa-key-20170315"
AAAAB3NzaC1yc2EAAAABJQAAAQEA7dIWOtadLw5Wgh4HjMIzBzZ6neErJpf1AGty
6ZY6DMNVYD1N7AME8zCeaIa2Es7mAJMZAgGYDQSS2ChkMTZSObuboLDgK6iWnMub
qyjVmKUGLi20jwqHgUqJYxxXFK7ypp3V6+z3LjiFYS8ITu51L+RiNJiy+MO1y3MZ
8J9CqllgOOKSsHTAHaXuPHSHVpSFsN+93yOTvwhJ+JSMowftu6rpDTp97GYs3hcs
RwV/TXfQniKHm/7X53iGoFu6UVSYBNtNG9GY95Bs+kyxL6BtE/TQWuTsRhIdxP8A
YDmWuKNeaG3z34Ficq5AM8+EuSjFPc/h5zkvdGyzJ8u1zvqtEQ==
---- END SSH2 PUBLIC KEY ----
```

Unter Linux meldet sich der Schlüssel in einer ähnlichen Syntax:

```
ssh-rsa AAAAB3NzaC1yc2EAAQABAAAABAQCxEQhUQB3EfYWLH[...] root@labsrv
```

Öffentlichen Schlüssel auf VyOS-Router eintragen

Nun muss der lange Buchstabencode des öffentlichen Schlüssels seinen Weg zum VyOS-Router finden. Dieser verbindet dann Schlüssel mit Benutzeraccount, sodass ein passwortloses Login möglich wird.

```
1  edit system login user admin authentication
2  set encrypted-password !
3  set public-keys rsa-key-20170315 type ssh-rsa
4  set public-keys rsa-key-20170315 key AAAAB3NzaC1yc2EAAA[...]
```

Die vier Konfigurationszeilen für den neuen Zugang namens *admin* arbeiten Hand-in-Hand: Zeile 2 setzt ein ungültiges Passwort, was effektiv die Passworteingabe verbietet. Dieses Kommando ist für EdgeOS notwendig und für VyOS optional.

Zeile 3 kündigt einen RSA-Schlüssel mit dem markierten Schlüsselnamen an. Den Namen hat puttygen vorgeschlagen. Der Key-Generator unter Linux hat sich für root@labsrv entschieden, welches den grau hinterlegten Text ersetzen könnte.

Hinweis

Pro User können mehrere Schlüssel hinterlegt werden. Das ist hilfreich beim Auswechseln von Schlüsseln oder wenn sich mehrere Admins einen Account teilen.

Erst in Zeile 4 erfährt der VyOS-Router den Schlüsselstring. Ein `commit` schließt die Krypto-Konfiguration ab.

Achtung

Der öffentliche Schlüssel ist eine *einzeilige* Zeichenkette. Auch wenn `puttygen` den Schlüssel mehrzeilig abspeichert, muss er bei VyOS und EdgeOS ohne Leerzeichen und Zeilenumbrüchen ankommen.

Login mit privatem Schlüssel

Der SSH-Client unter Linux verwendet automatisch die verwendete Schlüsseldatei im Unterverzeichnis `.ssh/`, sodass ein Login auf dem Router bereits passwortlos erfolgen sollte:

```
ssh admin@10.5.1.1
```

PuTTY dagegen erwartet unter *Connection* → *SSH* → *Auth* den Pfad zur privaten Schlüsseldatei. Anschließend verwendet die SSH-Anmeldung anstelle des Kennworts die Krypto-Schlüssel.

Kapitel 32

Konfiguration sichern

Das Einzigartige an einem VyOS-Router ist seine Konfiguration. Alles andere stammt von der Installations-CD. Grund genug der Konfigurationssicherung ein weiteres Kapitel zu widmen.
VyOS kann mit Bordmitteln seine Konfiguration per TFTP oder SCP auf einen entfernten Server kopieren (vgl. Kap. 16).

In diesem Kapitel sichert VyOS seine Konfigurationsdaten nach Dropbox und Google Drive. Auf diese Weise lässt sich die Konfiguration aller VyOS-Router an einer zentralen Stelle ablegen, ohne dass ein eigener Server bereitstehen muss. Die Verbindung zum Cloudserver des Anbieters ist zwar gesichert, aber wo und wie die US-amerikanischen Anbieter die Daten speichern, ist nicht immer nachvollziehbar.

> **Achtung**
>
> Die folgenden Schritte führen Änderungen am Linux-Betriebssystem durch und können die Stabilität des VyOS-Routers beeinträchtigen.

Dropbox

Dropbox ist der Klassiker für günstigen Speicherplatz im Internet. Die ersten Gigabytes gibt es kostenlos und Dropbox akzeptiert alle Arten von Dateien, die man ihr vorwirft – also auch `config`-Dateien.

Auf die einfache Bedienung, die den Anbieter populär gemacht hat, kann VyOS nicht zurückgreifen, denn die `config`-Sicherung läuft auf der Kommandozeile ab. Und die benötigt einen Dropbox-Client.

Unter VyOS stehen keine Compiler zur Verfügung und die Auswahl an Interpretern ist sehr begrenzt. Ein Dropbox-Client, der lediglich `curl` und die Bash-Befehle nutzt, wartet bei GitHub auf seinen Einsatz [25].

```
1  sudo bash
2  curl --user-agent vyos/1.1.7 --output /usr/bin/dropbox  \
3    https://raw.githubusercontent.com/andreafabrizi/  \
4      Dropbox-Uploader/master/dropbox_uploader.sh
5  chmod a+x /usr/bin/dropbox
```

GitHub erwartet zwar seinen eigenen Client für den Zugriff auf Projektdaten, aber ein einfacher Aufruf von `curl` zum Übertragen reicht auch. Aus den Quellen wird lediglich das Bash-Skript benötigt, welches in Zeile 2 in einem Linux-typischen Pfad platziert wird. Damit ist der Dropbox-Client startklar und wird mit dem simplen Befehl `dropbox` angesprochen.

Beim ersten Start begrüßt `dropbox` mit viel Information, wie im eigenen Dropbox-Account die API aktiviert und ein *Access token* erzeugt wird. Diese Schritte sind notwendig, damit der `dropbox`-Befehl gesichert auf den richtigen Cloudstorage zugreift.

Sobald das `dropbox`-Skript sein Accesstoken erhalten hat, ist der Zugriff auf Dropbox möglich. In einem ersten Test sendet das Kommando die lokale Konfiguration an Dropbox. Der Zusatz von `sudo` ist notwendig, weil das folgende Kommando `dropbox` kein VyOS-Befehl ist, sondern von der Bash verarbeitet werden soll.

```
sudo -i dropbox upload /config/config.boot $HOSTNAME.config.txt
 > Uploading "/config/config.boot" to "/RT-1.config.txt"... DONE
```

Das Kommando meldet zwar Erfolg, aber erst der Blick in die Weboberfläche von Dropbox gibt Gewissheit, wie Abbildung 32.1 bestätigt.

Hinweis

Die lokale Datei `config.boot` sollte bei Dropbox die Erweiterung `.txt` haben, damit ihr Inhalt in der Dropbox Web-UI per Vorschau sichtbar ist.

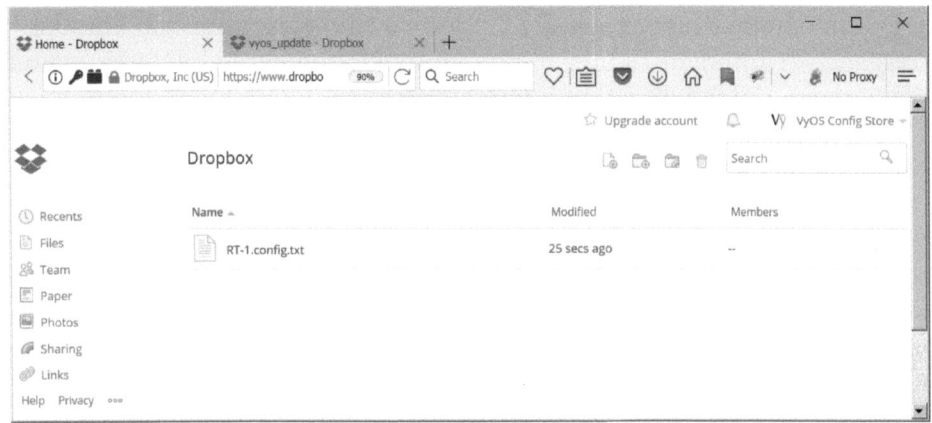

Abbildung 32.1: Dropbox als zentraler Speicherort für Konfigurationsdateien

Automatische Sicherung

Die neue Form der Sicherung ist etwas umständlich, denn das Kommando save speichert nur auf der lokalen Festplatte. Für die automatische Sicherung der Konfigurationsdatei in die Dropbox benötigt das lokale Userkonto vyos ebenfalls Zugriff auf den Accesstoken der Dropbox-API. Um die umständliche Einrichtung nicht zu wiederholen, stellt der root-User freundlicherweise seinen Zugang bereit.

```
/usr/bin/install --owner=vyos /root/.dropbox_uploader /home/vyos/
```

Nun wird in die Methode zum Speichern um den Upload zur Dropbox erweitert. Die Datei

```
/opt/vyatta/share/vyatta-cfg/functions/interpreter/vyatta-cfg-run
```

enthält den Programmcode, der beim Aufruf von save ausgeführt wird: vyatta_config_save(). Rund um Zeile 194 (bei VyOS 1.1.7) endet die Methode mit einer schließenden geschweiften Klammer }. Davor gehört der Uploadwunsch zur Dropbox:

```
dropbox upload /config/config.boot $(hostname -f).config.txt
```

Den Befehl hostname -f ersetzt VyOS zur Laufzeit durch den vollqualifizierten Routernamen – beispielsweise *RT-1.vyos.lab*. Speichern und ausprobieren.

Das Kommando dropbox hat die Option -q (für *quiet*), um die Standardausgabe verstummen zu lassen. Von dieser Option wird abgeraten, damit Fehler beim Upload direkt angezeigt werden.

Mit dieser Erweiterung sichert VyOS beim Aufruf von save stets eine Kopie der Konfiguration in die Dropbox. Der Speicherbedarf einer Konfigurationsdatei liegt bei wenigen Kilobytes, sodass in das kostenlose Basis-Konto viele Tausend Konfigurationen reinpassen. Obendrein macht Dropbox eine Versionierung der Dateien (Abbildung 32.2) und gibt damit Zugriff auf vorherige Konfigurationsstände.

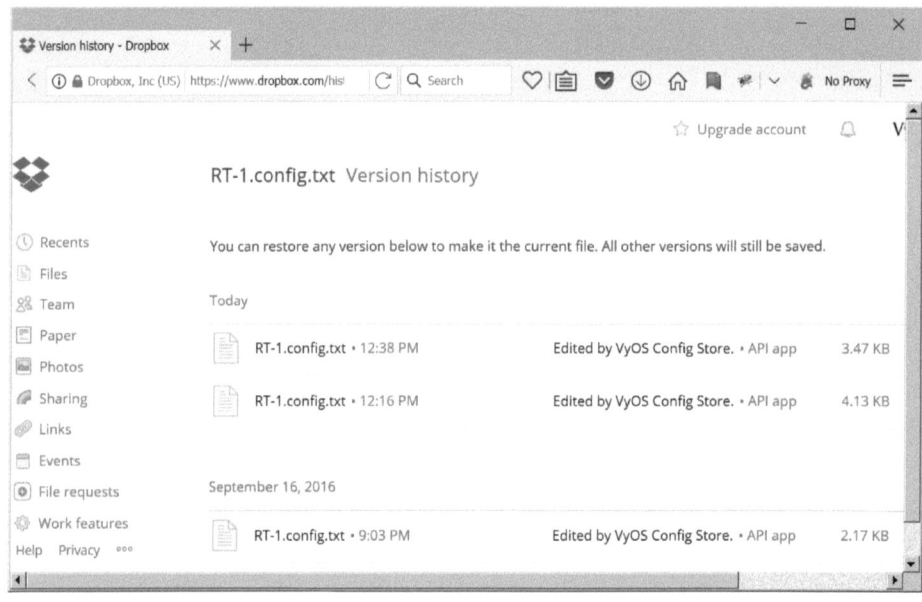

Abbildung 32.2: Dropbox sichert Konfigurationsdateien versioniert

EdgeOS

Der EdgeMAX-Router unterstützt den Zugriff auf das Dropbox-Konto genausogut wie VyOS, allerdings unterscheidet sich die automatische Konfigurationssicherung leicht von der Methode in VyOS. Das Upload-Skript nimmt im lokalen Dateisystem als dropbox Platz. Beim ersten Aufruf erwartet das Kommando das *Access token* für den Zugriff auf die Dropbox-API. Wenn das vorherige Token nicht greifbar ist, wird über die angegebene Dropbox-Webseite kurzerhand ein Neues generiert und dem wartenden CLI-Programm mitgegeben, welches es in der versteckten Datei .dropbox_uploader ablegt.

```
1  sudo bash
2  curl --silent --output /usr/bin/dropbox  \
3    https://raw.githubusercontent.com/andreafabrizi/  \
4      Dropbox-Uploader/master/dropbox_uploader.sh
5  chmod a+x /usr/bin/dropbox
6  /usr/bin/dropbox
7  /usr/bin/install --owner=ubnt /root/.dropbox_uploader /home/ubnt/
```

Der Befehl in der letzten Zeile teilt das Accesstoken mit dem Userkonto ubnt, sodass der API-Zugriff auch geskriptet möglich ist.

Wenn die Router-Konfiguration beim Aufruf von save automatisch an die Dropbox gehen soll, benötigt EdgeOS einen kleinen Eingriff in die Skriptdatei, welche den Speichervorgang beinhaltet:

```
/opt/vyatta/sbin/vyatta-save-config.pl
```

Der Aufruf des Dropbox-Uploads gehört kurz vor die letzte Zeile, die das Programm mit exit 0; beendet. Da es sich um Perl-Code handelt, muss das Dropbox-Skript in einen system()–Befehl eingewickelt werden.

```
system('/usr/bin/dropbox upload /config/config.boot \
  $(hostname --fqdn).config.txt');
```

Zuletzt sollte die neue Funktion getestet werden. Dazu reicht der Aufruf von save im Konfigurationsmodus. Neben dem üblichen Speichern der config.boot auf der lokalen Festplatte geht nun eine Kopie dieser Datei an Dropbox.

Google Drive

Die Konfigurationssicherung mit Google Drive unterscheidet sich von Dropbox nur durch das Upload-Kommando und den entfernten Speicherort. Das Ergebnis ist dasselbe: Die Konfigurationsdatei befindet sich – nach etwas Einrichtungsaufwand – im Cloudspeicher.

Einen hervorragenden Kommandozeilen-Client für Google Drive bietet die Software *gdrive* [26], die auf GitHub bereitsteht. Für viele Betriebssysteme und Architekturen stellt der Anbieter vorkompilierte Binaries zur Verfügung. Damit entfällt der Umstand eine eigene Compile-Umgebung für die verwendete Programmiersprache Go zu schaffen. Mit `curl` greift der VyOS-Router auf das bereitgestellte `gdrive`-Binary zu und platziert es als ausführbare Datei im Dateisystem.

```
1  sudo dash
2  curl --output /usr/bin/gdrive --silent --location \
3    "https://docs.google.com/uc?id= \
4      0B3X9GlR6EmbnQ0FtZmJJUXEyRTA&export=download"
5  chmod a+x /usr/bin/gdrive
```

Der Aufruf der `dash`-Shell in Zeile 1 ist übrigens kein Tippfehler, sondern ein Workaround: In der normalen Bash-Shell wird das Fragezeichen als Hilfewunsch interpretiert. Dummerweise enthält der Downloadlink vom gdrive-Binary ein Fragezeichen, welches in der Bash nicht angezeigt wird. Die Folge ist eine fehlerhafte URL und der Download scheitert mit der bekannten Meldung 404: Datei nicht gefunden. Um komplizierte Substitutionen des Fragezeichens zu vermeiden, benutzt das Listing die `dash`-Shell.

Mit dem neuen Kommando an Bord geht es weiter zum Aufruf von `gdrive`:

```
sudo -i gdrive list
```

Da der Client noch keinen Zugriff auf die Google Drive API hat, gibt er auf der Kommandoausgabe nur eine weiterführende Webadresse aus. Nach dem Aufruf dieser Webadresse in einem Browser mit angemeldetem Google-Konto spendiert Google einen Access-Code, ähnlich diesem:

```
4/23hn3yDWwJ2ZyN8vf1nCAVSaPqRdreJhH3xZxLW1xVs
```

Dieser Code gehört per Copy-and-Paste in das wartende `gdrive`-Kommando, um Tippfehler zu vermeiden.

Damit die üblichen verdächtigen Benutzeraccounts auf Google Drive zugreifen können, gibt `root` seinen Zugang weiter an den `vyos`-User.

```
/usr/bin/install -D --owner=vyos /root/.gdrive/token_v2.json \
  /home/vyos/.gdrive/token_v2.json
```

In einem ersten Test sendet `gdrive` die aktuelle Konfiguration an Google Drive. Der Hinweis `sudo` gibt bekannt, dass `gdrive` kein VyOS-Kommando ist, sondern von der Bash verarbeitet werden soll.

```
vyos@RT-1:~$ sudo -i gdrive upload /config/config.boot
Uploading /config/config.boot
Uploaded 0B-NPbEEh8S9mQVhLUUlRajdIZGs at 3.5 KB/s, total 3.5 KB
```

Die letzte Zeile bestätigt einen erfolgreichen Kopiervorgang.

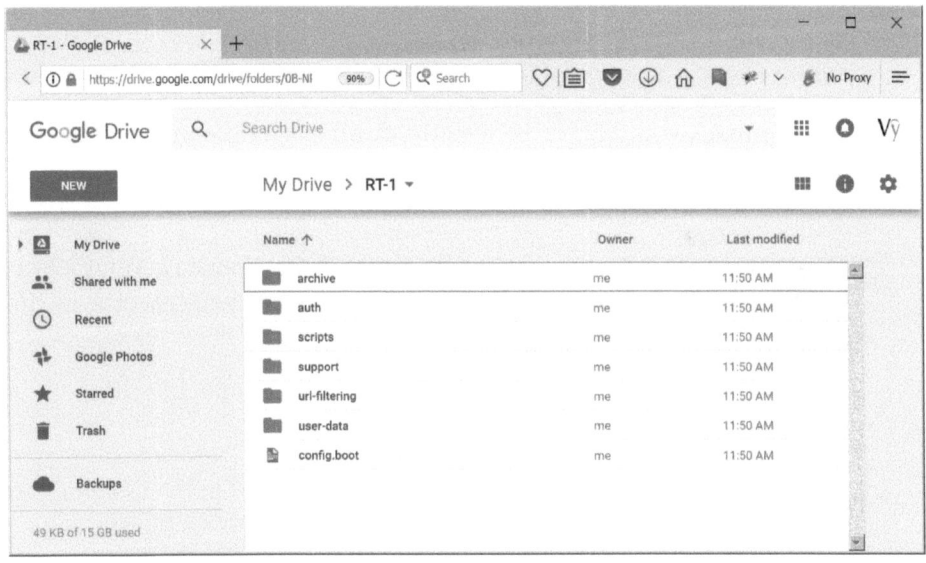

Abbildung 32.3: Routerkonfiguration nach Google Drive ausgelagert

Im Gegensatz zu Dropbox macht Google Drive beim normalen Upload keine automatische Versionierung von Dateien mit gleichem Namen. Nach zehn Uploads von zehn Routern liegen bereits einhundert namensgleiche Dateien im Drive, die sich äußerlich nur durch ihre Zeitstempel unterscheiden. Mit der Option `--name` kann das `gdrive`-Kommando noch den Routernamen mitgeben.

383

```
gdrive upload --name config.$(hostname).boot /config/config.boot
```

Damit wird das Laufwerk zwar etwas übersichtlicher, aber Google hat besssere Ansätze für wiederholte Uploads von ähnlichen Dateien: Synchronisierung und Unterverzeichnisse. Jeder VyOS-Router synchronisiert seinen /config-Ordner in ein eigenes Unterverzeichnis bei Google Drive. Damit enthält das Drive nur Verzeichnisse mit Routernamen und der Inhalt ist die Konfigurationsdatei, wie Abbildung 32.3 zeigt.

Die Einrichtung der Verzeichnisse und die Dateisynchronisation passiert auf der VyOS-Kommandozeile.

1. Verzeichnis im Google Drive anlegen. Als Namen bietet sich der Hostname des Routers an:

```
vyos@RT-1:~$ gdrive mkdir $(hostname --fqdn)
Directory 0B-NpBeE8hS9mVp0yp1uTg created
```

   Das Feedback von gdrive ist wichtig, denn es gibt die interne Bezeichnung des Verzeichnisses an, so wie es in den folgenden Kommandos angesprochen werden muss.

2. Ausnahmen definieren. Nicht alle Dateien im /config-Verzeichnis müssen ins Google Drive. Ausnahmen gehören zeilenweise in die Datei .gdriveignore:

```
cat <<EOF >/config/.gdriveignore
archive/config.boot*
.gdriveignore
.vyatta_config
EOF
```

3. Erste Synchronisation starten. Wohin? Als Ziel erwartet gdrive den Verzeichnisnamen im Googledrive-Dialekt.

```
gdrive sync upload --keep-local /config 0B-NpBeE8hS9mVp0yp1uTg
```

   Falls es mal zum Streit kommt, welche Datei neuer ist, *muss* die lokale Datei im Router gewinnen. Die Option --keep-local macht stets VyOS zum Sieger und verhindert, dass Dateien *vom* Google Drive ins /config-Verzeichnis kopiert werden.

4. Automatische Synchronisation beim save-Kommando. Der Programm-code zum Speichern liegt in der Textdatei

```
/opt/vyatta/share/vyatta-cfg/functions/interpreter/vyatta-cfg-run
```

Die Funktion vyatta_config_save() musste bereits bei Dropbox für Änderungen herhalten. Der Aufruf zur Synchronisation mit Google Drive gehört ans Ende der Methode kurz vor die schließende geschweifte Klammer }. Bei VyOS 1.1.7 ist das in Zeile 194.

```
gdrive sync upload --keep-local /config 0B-NpBeE8hS9mVp0yp1uTg
```

Der Aufruf von save im Konfigurationsmodus sollte ab jetzt etwas ausführlicher werden, denn gdrive berichtet über geänderte und synchronisierte Dateien.

```
vyos@RT-1# save
Saving configuration to '/config/config.boot'...
Done
Starting sync...
Collecting local and remote file information...
Found 14 local files and 14 remote files

2 local files has changed
[0001/0002] Updating archive/commits -> RT-1/archive/commits
[0002/0002] Updating config.boot -> RT-1/config.boot
Sync finished in 3.214701164s
[edit]
```

Die Synchronisation des /config-Verzeichnisses hat den charmanten Vorteil, dass neben der Konfiguration auch User-Skripte, URL-Filter und Supportdateien gesichert werden. Und für Dateien, die per sync-Kommando beim Drive ankommen, macht Google sogar eine Versionierung.

EdgeOS

Die EdgeMAX-Router haben einen Prozessor der Octeon-Serie des Herstellers *Cavium*. Bei dieser CPU-Familie handelt es sich um eine MIPS64-Architektur. Der Programmierer von gdrive bietet zwar ein vorkompiliertes Executable für MIPS64, aber leider lässt sich das Ergebnis nicht auf dem EdgeOS-Router ausführen.
Eine Anleitung zum Kompilieren vom gdrive-Quellcode für MIPS64 auf

einer Debian-Maschine würde den Rahmen des Kapitels sprengen. Daher fällt Google Drive als Speicherort für EdgeOS-Router aus. Der Grund dafür liegt allerdings im erhöhten Aufwand und *nicht* an der technischen Realisierbarkeit oder einer Einschränkung von Google.

Kapitel 33

Life Hacks

Wie gestaltet sich das Arbeiten unter VyOS einfacher? Oder effektiver? Als quelloffene Software lässt sich in VyOS einiges anpassen, ungewöhnliche Kommandos angleichen oder Features nachrüsten. Dieses Kapitel beschreibt Methoden, mit denen der Umgang und die Fehlersuche mit VyOS effizient ablaufen.

Die Kommandos in den Beispielen sind keine VyOS-Befehle, sondern Bash-Kommandos. Die werden von VyOS entweder durch ein vorangestelltes sudo an die Bash übergeben, oder einfach vorab mit sudo bash von der VyOS-CLI in die Bash wechseln.

> **Achtung**
>
> In diesem Kapitel werden Dateien verändert, deren Änderung im normalen Routerbetrieb nicht vorgesehen ist. Vor der ersten Modifikation sollte eine Kopie der Datei erstellt werden, damit bei Problemen schnell der Originalzustand hergestellt werden kann.

Wer unter Linux zuhause ist, kann die Dateien direkt auf der Kommandozeile ändern. Als Editor stehen vim oder nano bereit. Verfechter des *emacs* kommen nicht auf ihre Kosten und müssen sich mit den vorhandenen Editoren begnügen. Eine kleine Auffrischung rund um die Arbeit an Dateien unter Linux gibts in Anhang A.
Windows-User brauchen sich nicht an der Linux-Welt neu orientieren, denn

es gibt grafische Dateibrowser, deren bekannter Vertreter im folgendem Abschnitt *Zugriff von Windows* vorgestellt wird.

Die beschriebenen Änderungen in den lokalen Dateien beziehen sich nur auf VyOS in der jeweils angegebenen Version. Die Parallelen zu EdgeOS sind nur aufgeführt, falls ein Feature dort ähnlich funktioniert.

Zugriff von Windows

Verfechter von Windows müssen sich für den Zugriff auf die Verzeichnisstruktur von Linux nicht die Finger wundtippen. Unter Windows vollbringt ein grafischer SCP- oder SFTP-Client gute Dienste, sodass mit der Maus in einer Explorer-ähnlichen Ansicht gearbeitet wird. Der bekannte Vertreter *WinSCP* [27] verbindet sich nach Angabe von Hostnamen oder IP-Adresse, Usernamen und Kennwort mit dem VyOS-Router und startet das Browsen im Home-Verzeichnis des Anwenders. Von hier aus können die folgenden Verzeichnisse angesteuert werden und die Dateien liegen zur Bearbeitung bereit.

Für Cisco-Umsteiger

Das Betriebssystem *IOS* der Cisco-Router ist deutlich populärer als das *Junos* der Juniper-Geräte, an der sich die Bedienung von VyOS orientiert. Daher ist auch die Syntax von IOS bekannter. Also beginnt hier der Versuch die VyOS-CLI etwas IOS-ähnlicher zu gestalten.

configure terminal

Wer die Cisco-CLI gewöhnt ist, wird das Problem kennen: Zu oft tippen die Finger „conf t" anstelle von „conf" und VyOS meldet

```
Invalid command: configure [t]
```

Schön wäre es, wenn VyOS das Kommando „conf t" genauso wie „conf" behandelt und sich die Fehlermeldung erspart.
Zur Erklärung: „conf t" ist die Kurzform von „configure terminal" und wechselt auf einem Cisco-Router in den Konfigurationsmodus. Die Option

terminal ist unter VyOS nicht erforderlich und führt zum Fehler.
Um das Schlüsselwort *terminal* dennoch zu akzeptieren, erweitern wir die
Kommandovorlagen (vgl. Kap. 23) um eine Option mit diesem Namen.

```
mkdir /opt/vyatta/share/vyatta-op/templates/configure/terminal
cd /opt/vyatta/share/vyatta-op/templates/configure/terminal
ln -s ../node.def
```

Die Kommando-Beschreibungsdatei `node.def` von „configure terminal"
ist jetzt eine Verknüpfung zur Beschreibungsdatei von *configure*. Beide
Kommandos sind damit identisch und schon kennt VyOS auch „conf t".

Konfiguration speichern mit „write"

VyOS bietet das Kommando `save` zum Speichern der Konfiguration. Aber
die Finger (oder Skripte) des Cisco-Admins schreiben beharrlich *write* und
gespeichert wird nichts.
Für diesen Komfort müssen zwei Dateien angepasst werden. Die Zeilennum-
mern beziehen sich auf VyOS 1.1.7 und Version 1.2.0-beta1. Die genaue
Schreibweise des Programmcodes ist wichtig.

`/opt/vyatta/share/vyatta-cfg/functions/interpreter/vyatta-cfg-run`

- Die Variable `_vyatta_cfg_cmds` in Zeile 26 bekommt einen neuen
  Eintrag mit dem Titel *write*. Dazu in der folgenden Zeile 27 eine neue
  Zeile mit dem Inhalt

  ```
  "write" \
  ```

  einfügen.

- Die passenden Hilfebeschreibungen befinden sich in der Variablen
  `_vyatta_cfg_helps`, deren Inhalt direkt darunter in Zeile 47 beginnt.
  Auch hier eine neue Zeile mit dem Text

  ```
  "Write configuration to a file" \
  ```

  anfügen, sodass die Reihenfolge von Kommandos und Kommandohil-
  fen passen.

- Die Zuweisung von VyOS-Befehl zu Programmcode beginnt in Zeile 548 und lautet

```
case $fcmd in
```

Auch hier kommt eine neue Zeile direkt darunter, die den neuen Befehl write mit der Konfigurationssicherung verbindet:

```
write) vyatta_config_save "${@:2}" ;;
```

- Die gleiche case-Anweisung gibts noch mal in Zeile 598 und bewirkt die Kommandovervollständigung. Die Zeile 599

```
save|load|merge)
```

bitte erweitern zu

```
save|load|merge|write)
```

```
/etc/bash_completion.d/vyatta-cfg
```

Hier ist nur eine Änderung notwendig: Die Variable unalias_cmds kennt das neue write–Kommando noch nicht. Dazu die Originalzeile 108

```
declare -a unalias_cmds=( clear configure date debug edit [...]
```

erweitern zu

```
declare -a unalias_cmds=( write clear configure date debug [...]
```

Anschließend erlaubt VyOS zum Sichern der Konfiguration die Kommandos save und das neue write.

show run

Das Kommando show run gehört zu den beliebtesten Befehlen in der Cisco-Welt und zeigt die aktive Konfiguration des Routers an. Unter VyOS gibts dazu das „show configuration commands".
Das bekannte „show run" wird ein Teil der VyOS-Sprache durch geschickte Verlinkung innerhalb der Kommandovorlagen, die in Kapitel 23 ausführlich behandelt wurden.

```
cd /opt/vyatta/share/vyatta-op/templates/show/
mkdir running-config/
ln -s ../configuration/commands/node.def running-config/
```

Das neue Verzeichnis *running-config* unterhalb von show/ bewirkt, dass VyOS das Kommando kennt. Inhaltlich soll es dieselbe Funktion bekommen wie „show configuration commands", also reicht ein Softlink aus. „show run" und „show configuration commands" zeigen auf dieselbe Beschreibungsdatei und sind daher funktional identisch.

Mirror Port

Das Spiegeln von Netzwerkverkehr hat viele Namen: *Port mirroring, Port monitoring, Switched Port Analyzer* oder *Mirror port*. Gemeint ist stets dasselbe: Die ein- und ausgehenden Netzwerkpakete von einem Interface werden auf ein anderes Interface kopiert. Der Originalverkehr bleibt davon unberührt.

Hinter dem Port mit den Paketkopien lauscht meistens irgendeine Art von Netzwerkanalyser oder *Intrusion Detection*-System.

VyOS bringt eine einfache Funktion zum Spiegeln von Netzwerkports mit. Mit dem Konfigurationsbefehl

```
set interfaces ethernet <Quellport> mirror <Zielport>
```

überwacht VyOS alle *eingehenden* Pakete am Quellport und sendet eine Kopie ins Netz des Zielports. Das Kommando kann wiederholt verwendet werden, um mehrere Quellports zu überwachen.

Da es sich um einen Konfigurationsbefehl handelt, muss anschließend noch mit commit bestätigt werden. Nach verrichteter Arbeit wird der Portspiegel entfernt mit

```
delete interfaces ethernet <Quellport> mirror <Zielport>
```

und abschließendem commit.

Die erwähnte Einschränkung liegt in der *Richtung* der Überwachung, denn es werden tatsächlich nur die *eingehenden* Pakete gespiegelt. Alle Pakete, die das Quellinterface verlassen, werden nicht dupliziert. Je nach Einsatzzweck ist das ausreichend.

VyOS bringt keine Funktion zum Spiegeln von *ausgehendem* Netzwerkverkehr mit, aber es stehen ausgezeichnete Zusatz-Tools bereit. Einfach zu installieren und benutzen ist *Daemonlogger* [28]. Die Installation benötigt die VyOS-Repositories, deren Einrichtung in Kapitel 4 auf Seite 60 beschrieben ist. Anschließend kommt *Daemonlogger* unter VyOS 1.1.X mit dem Kommando

```
sudo aptitude install daemonlogger
```

aufs System. VyOS 1.2.X ist bei der Installation etwas anspruchsvoller und erwartet den Speicherort vom Debian-Repository.

```
sudo wget http://ftp.de.debian.org/debian/pool/main/d/ \
   daemonlogger/daemonlogger_1.2.1-8_amd64.deb
sudo dpkt --install daemonlogger_1.2.1-8_amd64.deb
```

Die Benutzung ist bei allen VyOS-Versionen identisch:

```
sudo daemonlogger -i <Quellport> -o <Zielport>
```

Ein Beispiel: RT-1 möchte Traffic von *eth4* auf *eth1* spiegeln. Der Aufruf von

```
sudo daemonlogger -i eth4 -o eth1
```

beginnt sofort mit der Arbeit und sendet jedes Paket von und zu *eth4* in Kopie an *eth1*, aber nicht umgekehrt. Rückmeldung gibt es direkt im Programmfenster, welches solange spiegelt bis es mit Strg-C beendet wird.

```
[-] Interface set to eth4
[-] Log filename set to "daemonlogger.pcap"
[-] Tap output interface set to eth1
[-] Pidfile configured to "daemonlogger.pid"
[-] Pidpath configured to "/var/run"
[-] Rollover size set to 18446744071562067968 bytes
[-] Rollover time configured for 0 seconds
[-] Pruning behavior set to oldest IN DIRECTORY

-*> DaemonLogger <*-
Version 1.2.1
By Martin Roesch
(C) Copyright 2006-2007 Sourcefire Inc., All rights reserved

sniffing on interface eth4
```

Wenn aus Versehen als Zielport das Management-Interface angegeben wurde, passiert nichts Schlimmes, denn *Daemonlogger* sendet die Paketkopien
zusätzlich zum normalen Netzverkehr. Die eigene SSH-Verbindung bleibt
also bestehen. Der *Switched Port Analyser* auf Cisco Routern und Switchen
ist in dieser Situation nicht so freundlich.

Es ist auch möglich mehrere Quellinterfaces auf einen einzelnen Zielport
zu spiegeln. Dazu wird der *Daemonlogger* für jede Quelle einzeln gestartet.
Die Option -d startet das Tool im Hintergrund, sodass die Kommandozeile
wieder frei ist für den zweiten Aufruf.

```
sudo daemonlogger -i eth4 -o eth1 -d
sudo daemonlogger -i eth2 -o eth1 -d
```

Wenn die Spiegelaktionen fertig sind, müssen die Prozesse mit Linuxmetho-
den händisch beendet werden.
Daemonlogger ist sehr großzügig bei der Wahl der Quelle, denn neben
Ethernet-Adaptern sind auch Interfaces wie *vxlan*, Bridge oder *l2tpv3* nutz-
bar.
Einzige Einschränkung: Jedes Quellinterface muss eine IP-Adresse haben.
Wenn das Interface keine hat oder keine braucht, reicht auch eine Dummy-
Adresse, wie 127.1.1.1/32.

EdgeOS

Auf einem EdgeMAX-Router steht dasselbe *mirror*-Kommando zur Verfügung wie unter VyOS; sogar mit denselben Einschränkungen. Auch hier
bessert der *daemonlogger* nach und erreicht Portspiegel in beide Richtungen und mit unterschiedlichen Quellmedien.
Die Installation benötigt das Debian-Repository, dessen Einrichtung in Kapitel 4 beschrieben ist. Anschließend werden das Softwarepaket und seine
Abhängigkeiten mit diesem Kommando installiert:

```
sudo apt-get install daemonlogger
```

Event Handler

Der Event Handler von VyOS ist eventuell noch aus Kapitel 6 bekannt:
Syslog-Nachrichten werden auf beliebige Muster untersucht und im Erfolgsfall wird ein Skript ausgeführt. Das Skript ist meist eine Benachrichtigung
an den Admin mit einer knappen Problembeschreibung.
Leider besteht die Beschreibung nur aus einem *vorher* festgelegten Text –
zusätzliche Informationen zum Event gibts nicht.

Der Dienst zum Überwachen *eventwatchd* wickelt den Aufruf des Alarm-
skripts ohne Umschweife oder sinnvolle Variablen in einen system()-Befehl.
Damit geht das Skript ans Betriebssystem und kommt zur Ausführung. Etwas mehr Informationen sind wünschenswert und über eine Modifikation
von *eventwatchd* möglich.
Die Datei *eventwatchd* ist ein Perl-Skript und lässt sich in einem Texteditor
gut bearbeiten:

```
sudo vi /usr/bin/eventwatchd
```

In Zeile 169 (VyOS 1.1.7) steht der system()–Aufruf:

```
my $result = system($command);
```

Wenn zusätzliche Informationen während des system()–Befehls bekannt
sein sollen, müssen die eigenen Anpassungen *vor* dieser Zeile eingefügt
werden.
Hier empfiehlt sich eine Umgebungsvariable, z. B. VYATTA_EVENT_LINE, die
dem Alarmskript den Inhalt der auslösenden Syslognachricht übergibt:

```
s/['!]//g;
$ENV{'VYATTA_EVENT_LINE'} = '$_';
```

Die kryptische erste Zeile sorgt dafür, dass Ausrufezeichen oder Hochkommata vorher aus der Nachricht entfernt werden.

Das Alarmskript telegram aus Kapitel 6 sollte die neue Variable auch
nutzen und wird entsprechend zu Skript 33.1 umgebaut.
Um abwärtskompatibel zu bleiben, prüft Zeile 9 zuerst, ob die neue Variable
überhaupt bekannt ist. Falls ja, wird sie in voller Länge (und ohne stören-
de Hochkommata) der Nachricht angehängt. Falls mehrere VyOS-Router

```
1   #!/bin/bash
2   API_KEY="327481982:ABeQYxOBbt72Qd4noMakpVo1CESQJwbL5fc"
3   CHAT_ID=282926585
4   HOSTNAME='/bin/hostname'
5   MESSAGE="$@"
6
7   # Wenn das Skript /usr/bin/eventwatchd fuer die erweiterte Aus-
8   # wertung angepasst ist, kann diese Info hier genutzt werden
9   if [ ! -z "$VYATTA_EVENT_LINE" ] ; then
10    MESSAGE="$MESSAGE%0A$VYATTA_EVENT_LINE"
11  fi
12
13  /usr/bin/curl --insecure \
14    --data "chat_id=$CHAT_ID&text=$HOSTNAME:+$MESSAGE" \
15    https://api.telegram.org/bot$API_KEY/sendMessage
```

Listing 33.1: VyOS sendet vollständige Logmeldungen an Telegram

Meldungen posten, gibt Zeile 14 den Systemnamen mit. Die Übergabe der
Nachricht an den Telegram-Dienst in Zeile 13 läuft über eine Web-API und
wird mit curl realisiert.

Damit erhält der Admin neben der Alarmierung auch die passende Syslogmeldung. Daraus ist erkennbar, welcher Router wie betroffen ist.

Hinweis

Die vorgegebene Datenquelle des Event-Handlers überwacht leider
nicht alle Dienste und Protokolle, die Meldungen erzeugen.

```
set system event-handler feed SYSLOG source preset syslog
```

Logeinträge zum Zustand der Netzadapter und Meldungen von Routingprotokollen werden nicht geliefert und können folglich auch keine Aktion
triggern.
Eine Datenquelle für *alle* Meldungen bietet VyOS nur über ein Skript an:

```
set system event-handler feed SYSLOG source custom \
   command '/config/scripts/monitor_log'
```

Das beispielhafte Skript `monitor_log` greift einfach auf einen anderen Logbereich von Syslog zu und liefert *alle* Meldungen:

```
tail --lines=0 --disable-inotify --follow=name /var/log/messages
```

VyOS erwartet dieses Skript unter `/config/scripts/` zu finden. Welche Arten von Meldungen sind so interessant, dass sie einen Alarm wert sind? Das hängt von der Funktion des Routers ab. Für einen Router mit Internet-einwahl ist es kritisch, wenn die WAN-Schnittstelle fehlschlägt. Oder wenn übermäßig viele Loginversuche von unbekannten Adressen stattfinden.

Das Beispiel in Listing 33.2 überwacht allgemein die Netzwerkkarten des Routers auf Veränderung. Beide Zustandswechsel sind eine Alarmierung wert: Die DOWN-Meldung triggert eine Warnung und die UP-Meldung bewirkt eine Entwarnung.

Das Ereignis *LOGIN* lauscht auf fehlgeschlagene Anmeldeversuche und sendet für jedes Einzelne einen Notruf zum Admin. Wenn der SSH-Zugang des Routers vom Internet erreichbar ist, sind Anmeldeversuche an der Tagesordnung. Die Alarmierung jedes einzelnen bringt keinen Sicherheitsvorteil. Sinnvoller ist ein starkes Passwort oder die Absicherung des SSH-Logins mit einer Firewallregel (Kapitel 31) oder einem vorgeschalteten VPN-Tunnel (Kapitel 17 und 18).

EdgeOS

Die Ubiquiti-Router haben keinen Event-Handler an Bord. Auch etwas Vergleichbares ist nicht griffbereit. Wenn der Router im Umfeld eines Syslogservers arbeitet, können die Meldungen an diesen zur Untersuchung gesendet werden. Bei einem alarmierenden Inhalt kümmert sich der Logserver dann um die Benachrichtigung per E-Mail oder Telegram.

Wenn das EdgeOS-Gerät als Einzelkämpfer operiert, gibt es eine alternative Möglichkeit zum Reagieren auf Systemmeldungen: der lokale Syslog-Dienst. Dieser basiert auf *rsyslog* in der Version 5.8, welcher bereits Filter und Skripte hat.

Da es sich um einen Linux-Dienst handelt, läuft die Konfiguration nicht in der Web-GUI oder CLI von EdgeOS ab, sondern auf der Linux-Kommandozeile. Windows-Fans können auch auf grafische Hilfsmittel zurückgreifen, wie in Abschnitt *Zugriff von Windows* auf Seite 388 beschrieben.

```
1   edit system event-handler feed SYSLOG
2   set policy 'ALERT'
3   set source custom command '/config/scripts/monitor_log'
4   top
5   edit system event-handler policy ALERT event LINK_DOWN
6   set pattern 'NIC Link is Down'
7   set run '/config/scripts/telegram Link down'
8   top
9   edit system event-handler policy ALERT event LINK_UP
10  set pattern 'NIC Link is Up'
11  set run '/config/scripts/telegram Link up'
12  top
13  edit system event-handler policy ALERT event LOGIN
14  set pattern 'access denied'
15  set run '/config/scripts/telegram Login fehlgeschlagen'
16  exit
```

Listing 33.2: VyOS Event-Handler alarmiert bei kritischen Meldungen

Listing 33.2 folgend soll *rsyslog* in den neuen Logmeldungen nach fehlgeschlagenen Loginversuchen stöbern und anschließend ein Telegram versenden. *rsyslog* parkt seine Konfigurationsdateien im Unterverzeichnis von /etc/rsyslog.d/ und genau dorthin gehört die neue Datei

/etc/rsyslog.d/telegram.conf

Die Syntax von *rsyslog*-Filtern ist etwas gewöhnungsbedürftig und orientiert sich an: Typ, Filter, Suchwort, Aktion. Für die Suche nach Loginversuchen und Statusänderungen der Netzadapter bietet sich der Dateiinhalt

```
:msg, regex, "authentication failure" ^/config/scripts/telegram
:msg, regex, "NIC Link is Up" ^/config/scripts/telegram
:msg, regex, "NIC Link is Down" ^/config/scripts/telegram
```

an. Jede neue Nachricht (:msg) wird per regulärem Ausdruck (*regex*) auf das Muster *authentication failure* geprüft und im Erfolgsfall das hinterlegte Skript gestartet. *rsyslog* hängt an den Skriptaufruf automatisch die auslösende Syslogmeldung an.

Die Aktivierung besteht nicht aus einem commit, sondern aus einem Neustart des Syslog-Prozesses. Dieser erfolgt händisch durch das finale Kommando:

```
sudo service rsyslog restart
```

Fertig ist der Event-Handler–Nachbau. Bei näherer Betrachtung fällt auf, dass VyOS die ältere Version 4.6 vom *rsyslog* mitbringt, die zwar Filter, aber keine Skriptaktionen beherrscht. Der *Event Handler* ist also das notwendige Zusatzpaket, um unter VyOS flexibel auf Logmeldungen zu reagieren.

cron

Kommandos oder Skripte können zeitgesteuert und regelmäßig ausgeführt werden. Das ist kein Feature von VyOS, sondern vom darunterliegenden Linux. VyOS verwendet diese Funktion, um im Hintergrund das Festplatten-RAID zu prüfen, Lock-Dateien zu verwalten oder Caches zu leeren.
Über das Zauberwort *task-scheduler* lässt sich der *cron*-Dienst auch für eigene Vorhaben einspannen und beliebige Skripte ausführen. Das können neben Bash-Befehlen auch VyOS-Kommandos sein – die Programmierschnittstelle aus Kapitel 24 machts möglich.

VyOS kennt nicht die Eigenart der ADSL-Anschlüsse in Deutschland, die nach 24 Stunden Dauerbetrieb vom Serviceprovider absichtlich unterbrochen werden. Diese „Zwangstrennung" lässt sich nicht verhindern, aber mittels Zeitsteuerung kann sie in die frühen Morgenstunden verlegt werden, sodass sie niemanden stört. Und genau da beginnt das Beispiel, denn für dieses Szenario ist der Task-Scheduler der richtige Ansatz.

```
set system task-scheduler task ADSL executable \
  path '/config/scripts/Zwangstrennung'
set system task-scheduler task ADSL crontab-spec '0 3 * * *'
```

Das Skript /config/scripts/Zwangstrennung soll zur Minute 0 in der Stunde 3 an jedem Tag in jedem Monat und an jedem beliebigen Wochentag ausgeführt werden. Die Angabe für „beliebig" bzw. „jeder" ist das Sternchen. cron erwartet die Zeit- und Datumsangabe im Format:

```
Minute Stunde Tag Monat Wochentag
```

Um drei Uhr nachts wird jetzt das Skript Zwangstrennung gestartet, welches genau dasselbe macht wie der ADSL-Provider: Es trennt die PPPoE-Sitzung.

Zusätzlich startet es sofort danach eine neue PPPoE-Einwahl, sodass der Internetzugriff kurz darauf wieder möglich ist.

Das Skript in Listing 33.3 nutzt die VyOS API, die in Kapitel 24 ausführlich beschrieben ist.

```
1  #!/bin/vbash
2  source /opt/vyatta/etc/functions/script-template
3
4  run disconnect interface pppoe0
5  run connect interface pppoe0
```

Listing 33.3: Skript zur Zwangstrennung einer ADSL-Leitung

Als kurze Erklärung: Zeile 2 lädt die VyOS-Programmierumgebung, sodass anschließend die Konfigurationskommandos folgen können. Die Befehle in den Zeilen 4 und 5 gehören zum Ausführungsmodus, also muss run vor den Aufruf. Die Anweisungen sind sprechend: Zeile 4 trennt das PPPoE-Interface und Zeile 5 startet den Verbindungsaufbau.

Dieses kleine Skript ist auch ein guter Platz, um einen möglichen DynDNS-Anbieter mit der neuen IPv4-Adresse zu versorgen.

Erfahrene Linux-Anwender werden sich wie Zuhause fühlen. Denn VyOS platziert alle eingerichteten Task-Scheduler in der zentralen Datei /etc/cron.d/vyatta-crontab und passt Zeitangaben und User an:

```
### Added by /opt/vyatta/sbin/vyatta-update-crontab.pl ###
0 3 * * * root /config/scripts/Zwangstrennung
```

Mit cron unter der Haube lassen sich auch komplexere Zeitangaben einrichten, wie z. B. „jeden Freitag" (* * * * 5) oder „alle zwei Stunden" (* */2 * * *). Die man-Page von cron dazu ist hervorragend:

```
sudo man 5 crontab
```

Eigene cron-Skripte können auch „an VyOS vorbei" gebaut werden. Dafür eignet sich das Verzeichnis /etc/cron.d/, allerdings sind diese Änderungen nicht Bestandteil der VyOS-Konfiguration und müssen separat gesichert werden.

Literaturverzeichnis

[1] Ubiquiti Networks, Inc: *Ubiqiti Network – Products*. 2017.
https://www.ubnt.com/products/#edgemax

[2] Debian Wiki: *Debian Hardware Portal*. 2016.
https://wiki.debian.org/Hardware

[3] VyOS development group: *VyOS—an open source router operating
system*. 2016. http://vyos.net/

[4] Icons8 LLC: *Icons by Icons8*. 2015.
https://icons8.com/license/

[5] VyOS: *Repository Server*. 2016.
http://packages.vyos.net/iso/release/

[6] Ian Moore: *phpVirtualBox*. 2016.
https://sourceforge.net/projects/phpvirtualbox/

[7] PC Engines: *apu1d4*. 2014.
http://www.pcengines.ch/apu1d4.htm

[8] HabitLab: *UNetbootin*. 2016.
https://unetbootin.github.io/

[9] Nicolas Brechet: *VyOS bootable dongle for APU.1D4*. 2015. https:
//gist.github.com/nicolasbrechet/cbae692d38716567c84f

[10] Elasticsearch: *Der Open Source Elastic Stack*. 2017.
https://www.elastic.co/de/products

[11] Telegram Messenger LLP: *Telegram Messenger*. 2017.
https://telegram.org/

[12] Kunihiro Ishiguro: *Quagga Routing Software Suite*. 2012.
http://www.nongnu.org/quagga/

[13] Vyatta4People: *proxy-bypass based on source address*. 2011.
http://www.vyatta4people.org/
proxy-bypass-based-on-source-address/

[14] Bundesrepublik Deutschland: *Strafgesetzbuch § 202a – Ausspähen von Daten*. 2007. https://dejure.org/gesetze/StGB/202a.html

[15] Openwall: *John the Ripper*. 2013.
http://www.openwall.com/john

[16] Andreas Steffen: *OpenSource IPsec-based VPN Solution*. 2017.
https://www.strongswan.org/

[17] OpenVPN: *Community Downloads*. 2017.
https://openvpn.net/index.php/download/
community-downloads.html

[18] Simon Tatham: *PuTTY: a free SSH and Telnet client*. 2017.
http://www.chiark.greenend.org.uk/~sgtatham/putty/

[19] Alexandre Cassen: *Keepalived for Linux*. 2016.
http://www.keepalived.org/

[20] Alan Robertson: *Linux-HA*. 2016.
http://www.linux-ha.org/

[21] Peter Haag: *NFDUMP*. 2014.
http://nfdump.sourceforge.net/

[22] Paolo Lucente: *pmacct project*. 2016.
http://www.pmacct.net/

[23] Robert McMahon: *iperf2*. 2016.
https://sourceforge.net/projects/iperf2/

[24] Cisco Systems: *IPsec Overhead Calculator Tool*. 2013.
https://cway.cisco.com/tools/ipsec-overhead-calc/
ipsec-overhead-calc.html

[25] Andrea Fabrizi: *Dropbox Uploader*. 2016.
https://github.com/andreafabrizi/Dropbox-Uploader

[26] Petter Rasmussen: *Google Drive CLI Client*. 2017.
https://github.com/prasmussen/gdrive

[27] Martin Prikryl: *WinSCP*. 2017.
https://winscp.net/de/

[28] Martin Roesch: *Daemonlogger*. 2013.
https://daemonlogger.sourceforge.io/

Index

Anhang A

Editor unter Linux

VyOS hat die Kommando-Oberfläche von Vyatta übernommen, die sich stark an der Syntax von Juniper orientiert. In verschiedenen Kapiteln geht die Bedienung über die VyOS-CLI hinaus und es wird Zugriff auf das unterliegende Linux benötigt. Dem stellt VyOS keine Barrieren in den Weg und ermöglicht den Wechsel auf die Betriebssystem-Ebene mit einem

```
sudo bash
```

aus dem Konfiguration- oder Ausführungsmodus.

Ab diesem Punkt ist erhöhte Vorsicht geboten, denn nun hält VyOS nicht mehr die schützende Hand über Änderungen.

Dateien anzeigen

Den Inhalt einer Textdatei zeigt das more–Kommando seitenweise an. Zur nächsten Seite springt man mit der Leertaste, zur nächsten Zeile gehts mit der Enter-Taste.
Einen beispielhaften Blick in eine Konfigurationsdatei vom Squid-Proxy erfolgt mit:

```
more /usr/share/squid3/mime.conf
```

Während des Blätterns innerhalb der Datei wechselt die Taste *v* in den Texteditor, falls Änderungen am Inhalt gewünscht sind. Mit *q* beendet more die Anzeige vorzeitig.

Dateien editieren

Keine Änderung ohne vorherige Sicherung! Bevor die Finger im Dateiinhalt wirken, sollte eine Kopie der Originaldatei angefertigt werden. Der Aufwand dafür ist minimal und hilft in der Not, wenn die Änderung zu fatalen Ergebnissen führt.

Das Kommando zum Kopieren von Dateien unter Linux ist cp mit Angabe von Quelldatei und Zieldatei. Eine Sicherungskopie der obigen Textdatei wird mit dem folgenden Befehl erstellt.

```
cp /usr/share/squid3/mime.conf /usr/share/squid3/mime.conf.orig
```

Die Angabe der Zieldatei lässt sich abkürzen, um Tipparbeit zu sparen.

```
cp /usr/share/squid3/mime.conf{,.orig}
```

Unter VyOS stehen zwei Editoren zur Verfügung, die sich in ihrer Bedienung unterscheiden. Für Anwender mit wenig Vorkenntnissen in Linux ist der nano–Editor leichter zu erlernen. Wer sich in Linux tiefer einarbeiten möchte, sollte einen Blick auf den vi–Editor werfen.

GNU nano

Der nano ist ein leichtgewichtiger Editor, der die grundlegenden Funktionen zum Bearbeiten von Dateiinhalten beherrscht. Beim Start erwartet das Kommando den Dateinamen, der sogleich im Editor-Fenster geöffnet wird.

```
nano /usr/share/squid3/mime.conf
```

Die Kopfzeile ist gefüllt mit dem Namen der geladenen Datei. Zur einfachen Bedienung zeigt der nano seine Kommandos in der Fußzeile an. Das Kürzel ^X steht dabei für die Tastenkombination *Strg-X* und beendet den Editor. Zum Speichern einer Datei dient der Shortcut *Strg-O*.

Mehr Infos zu diesem Editor bietet die integrierte Hilfe unter *Strg-G* und die Webseite https://www.nano-editor.org/docs.php

Vi IMproved

Der `vim`-Texteditor ist eine Weiterentwicklung des älteren `vi` und verbessert Bedienkomfort und Funktionalität. Für einfache Änderungen in Textdateien ist er eigentlich überqualifiziert.

Der `vi` unterscheidet zwischen dem Normalmodus und dem Einfügemodus. Im Normalmodus werden Eingaben von der Tastatur als Kommandos interpretiert. Damit lassen sich Zeilen löschen, Wörter kopieren, Suchen-und-Ersetzen oder in der Datei navigieren. Mit der Taste *i* (für *insert*, engl. einfügen) wechselt der `vi` in den Einfügemodus. Tastatureingaben landen jetzt direkt im Text an der Stelle, die der Cursor markiert. Die *Esc*-Taste bringt den Editor wieder in den Normalmodus.

Die übliche Arbeitsweise mit dem `vi` besteht aus einem häufigen Wechseln des Modus. Der `vi` ist gewöhnungsbedürftig, aber mit Kenntnis der wichtigsten Befehle lassen sich Dateien sehr effizient bearbeiten.

Der Editor hört auf das Kommando `vi` und erwartet einen Dateinamen für die folgenden Änderungen.

```
vi /usr/share/squid3/mime.conf
```

Tabelle A.1 auf Seite 414 listet die wichtigsten `vi`-Kommandos. Viele Kommandos lassen sich durch Voranstellen einer Zahl mehrfach ausführen. Beispielsweise löscht der Befehl `5dd` gleich fünf Zeilen auf einmal. Nach der Eingabe von `10x` verschwinden die nächsten zehn Zeichen vom Bildschirm. Wenn der `vi` mal wieder zu viel verändert oder gelöscht hat, macht das mehrmalige Drücken der Taste *u* solange Änderungen rückgängig bis die Datei wieder die bekannte Form hat. Und wenn der Dateiinhalt hoffnungslos durcheinander ist, hilft nur Beenden ohne zu Speichern mit `:q!`.

Über den `vi` wurden vollständige Bücher verfasst, aber einen guten Einstieg bietet die Webseite des Entwicklers `http://www.vim.org/`

Alle Kapitel dieses Buchs wurden mit dem `vi` verfasst.

Befehl	Wirkung
:w	*write.* Datei speichern.
:q	*quit.* Editor beenden ohne zu Speichern.
:q!	Editor beenden ohne zu Speichern (falls Datei verändert wurde).
:wq	Datei speichern und Editor beenden.
i	*insert.* Fügt Text an der Position des Cursors ein.
I	Fügt den Text am Anfang der aktuellen Zeile ein.
a	*append.* Fügt Text an der Position nach dem Cursor ein.
A	Fügt den Text am Ende der aktuellen Zeile ein.
o	Fügt eine neue Zeile unterhalb der aktuellen Zeile ein.
O	Fügt eine neue Zeile oberhalb der aktuellen Zeile ein.
x	Löscht das Zeichen unter dem Cursor.
D	*delete.* Löscht ab der Position des Cursors den Rest der Zeile.
dd	Löscht die aktuelle Zeile.
yy	*yank.* Kopiert die aktuelle Zeile in den Puffer.
p	*paste.* Kopiert den Inhalt des Puffers in den Text.
u	*undo.* Macht die letzte Aktion rückgängig.

Tabelle A.1: Die wichtigsten Kurzkommandos des vim-Editors

Anhang B

Zusatzmaterial

Die abgedruckte Konfiguration in den vorherigen Kapiteln enthält stets nur einen Ausschnitt, der zum jeweiligen Thema passt. Die vollständige Konfiguration aller Geräte ist online verfügbar unter

```
https://der-vyos-praktiker.github.io
https://github.com/der-vyos-praktiker
```

und alternativ unter

```
https://der-vyos-praktiker.sourceforge.io
https://sourceforge.net/projects/der-vyos-praktiker/
```

Dort befindet sich zusätzliches Material, das den Umfang des Buchs gesprengt hätte.

- Konfiguration der Router aus allen Kapiteln

- Netzdiagramm der vollständigen Laborumgebung

- Netzdiagramm der Kompatibilitätstests (Kapitel 22)

- Errata (Korrekturverzeichnis)

- Ergebnisse der Leistungsmessung von Routing- und Crypto-Durchsatz

- Alle Skripte, die in den Kapiteln teilweise verkürzt abgedruckt sind oder nur erwähnt werden